"一带一路"
教育共同体建设与教育国际化研究

顾明远　鲍东明◎主　编
曾晓洁　张瑞芳◎副主编

教育科学出版社
·北　京·

序　言

新时代比较教育的新使命

顾明远

比较教育是比较研究世界各国教育改革、世界教育发展动向的一门学科。它立足中国、放眼世界，吸收各国教育改革的经验，跟踪世界教育发展的趋势，促进我国教育的改革和发展。我国比较教育学科是改革开放以后才真正建立起来的，是改革开放的产物。40多年来，比较教育介绍各国教育现代化发展的历程和改革经验，引进各种现代教育思潮，参与国际教育论坛，这不仅促进了我国教育改革和发展，而且也促进了国际文化教育交流。

今天，中国特色社会主义进入了一个新时代。习近平新时代中国特色社会主义思想为新时代我国社会主义建设做出了新部署，提出了新举措。习近平总书记站在人类社会发展的高度提出"人类命运共同体"的主张，并提出"一带一路"建设的倡议，为人类发展创造一个共建、共荣、共同发展的局面，促进世界和平。

实现新时代的新任务，教育肩负着重要的责任。习近平总书记提出"教育决定着人类的今天，也决定着人类的未来"的论断，阐明了教育在人类发展中的重要作用。

新时代比较教育面临着新的挑战和新的机遇，我国比较教育应该更加有所作为。10年以前还有人在说"比较教育的身份危机"，令比较教育学者深感任务之艰巨。然而，2013年"一带一路"倡议的提出使我们眼睛一亮。长期以来，我们的研究主要集中在发达国家的教育改革，虽然从20世纪90年代开始，逐渐开展对发展中国家教育的研究，但数量极少，未成气候。"一带一路"倡议的提出，让我们发现原来我们对"一带一路"沿线很多国家的教育几乎一无所知。因此，比较教育应该尽快组织力量研究"一带一路"国家的教育，配合"一带一路"的建设。"一带一路"跨越了欧亚大陆，各个国家制度不同、经济发展水平不同、民族文化风情不同。比较教育研究者不仅要掌握所研究国家通用的语言，而且还应该了解当地的民风习俗，这样才能对该国的教育改革有较深入的了解。

改革开放40多年来，我国经济社会发生了巨大的变化，国际地位日益提高，世界需要中国参与国际教育治理，但是我国参与国际教育治理的能力有待提高。比较教育应该研究国际组织参与国际教育治理的策略和规则。如联合国教科文组织、世界银行、经济合作与发展组织、联合国儿童基金会等国际组织都有专家队伍，研究教育的发展趋势，几乎每年都会发表教育报告。我们亟须关注他们的动向，研究他们的观点及其背景，使我们能够更好地把握世界教育改革和发展的走向。目前国际组织中缺少中国籍员工，缺少中国声音。虽然比较教育研究机构不是培养国际人才的教学机构，但是有责任介绍国际组织在参与国际教育治理方面的情况，探讨国际人才的标准和规则，为国际人才培养提供参考。

当今世界已经进入信息化、人工智能时代，信息化必然会引起教育的变革。世界各国都在研究未来教育的发展及人才培养模式的转变，比较教育不能无视这种变革。长期以来，我国比较教育较重视各国教育政策的研究，较少研究课程、教学、评估等微观层面的问题。教育的终极目的是培养适应时代的人才。随着教育信息化的发展、教育生态的变化，人才培养方式的变革必然会成为教育研究的热点。比较教育需要吸引多学科人才，共同研究未来教育的种种问题。

我们一直认为，比较教育不仅是教育科学群体中的一门分支学科，而且是国际教育交流的平台。比较教育是一个跨地区、跨文化的研究领域。我们研究不同国家、不同地区的教育，但是我们不可能到这些国家去做长期深入的田野调查，因此我们需要研究对象国、对象地区的学者来参与研究，通过他们获取第一手资料。我们要把比较教育办成国际教育交流平台，定期举行国际研讨会，这样才会有利于我国比较教育的发展。

比较教育不是外国教育，需要立足中国、放眼世界。比较教育研究者需要胸中有中国，不能只埋头于外国文献资料之中，需要与我国教育联系起来进行思考。一方面，我们要借鉴外国经验促进我国教育发展；另一方面，我们也要利用国际教育交流平台，把我国教育改革的经验介绍给世界。

长期以来，之所以存在着所谓"比较教育身份危机"说，就在于比较教育还缺乏一套完整的理论体系和知识体系，缺乏对比较教育的本体论、价值论、实践论、方法论的深入研究。这是比较教育学科建设避不开的问题，需要有一个团队来进行研究，争取在国家"十三五"规划期间有所突破。

比较教育在发达国家已有较长的历史，出版了重要的著作，特别是美国出版发行的《比较教育评论》和英国出版发行的《比较教育》两个刊物，在比较教育研究和发展中发挥了重要作用。几十年来这些刊物关注了什么问题？在20世纪90年代到21世纪头十年这20年间，国际风云变幻、教育改革频繁，这些刊物做出了什么反应和评论？这对于我国了解和认识世界教育的昨天和今天，都有重要的意义。但是国内似乎还没有人研究。我们对比较教育自身的研究还很不足，何谈比较教育的身份危机？比较教育的学科建设，不仅要紧密联系实际，研究现实问题，而且要研究历史，以史为鉴，才能理解今天，预测明天。

教育部人文社会科学重点研究基地北京师范大学比较教育研究中心，肩负着学术研究、人才培养以及国际教育交流平台、教育信息库、教育改革智库建设的使命，需要在新时代迈出新的步伐，提供新的成果，为我国教育现代化做出应有的贡献。

（顾明远，北京师范大学资深教授，国家教育咨询委员会委员，中国教育学会名誉会长。原载《比较教育研究》2018年第8期，略有改动。）

目　录

总　论

共建"一带一路"教育共同体研究

海外孔子学院办学研究

部分国家教育国际化战略研究

总　论 <<<<<

广义国际化与世界一流大学建设

王英杰

今天的世界正面临诸多问题的挑战，当前人类社会走到了发展的关键节点，环境污染、气候变暖、恐怖主义、地区冲突、霸权主义、民粹主义等问题威胁和影响了全人类的生存与发展。面对世界性问题的挑战，习近平总书记高屋建瓴地提出了"构建人类命运共同体"的思想。他最初于 2013 年 3 月 23 日在莫斯科国际关系学院的演讲中首次提及"命运共同体"，此后几乎在一切重要国际交流场合都提及"人类命运共同体"。在 2017 年 10 月 18 日召开的中国共产党第十九次全国代表大会上，习近平总书记更是以"坚持和平发展道路，推动构建人类命运共同体"作为其大会报告第 12 部分的标题，深入解析了"构建人类命运共同体"的意义和内涵，使"构建人类命运共同体"成为习近平新时代中国特色社会主义思想的重要组成部分。"构建人类命运共同体"已经成为中国积极参与国际事务、维护世界和平与发展的指导思想。其核心就是"建设持久和平、普遍安全、共同繁荣、开放包容、清洁美丽的世界"，"世界命运应该由各国共同掌握，国际规则应该由各国共同书写，全球事务应该由各国共同治理，发展成果应该由各国共同分享"。"构建人类命运共同体"已为越来越多的国家所理解和认同，联合国已将"构建人类命运共同体"载入了多项决议之中。"人类命运共同体"思想已经确立形成，"构建人类命运共同体"方舟已经起航。但是以研究、保存和传播人类先进思想为己任的我们的一流大学为此做好准备了吗？它们能够胜任"构建人类命运共同体"的参与者和引领者吗？它们能够培养出胜任参与全球治理的人才吗？它们能够研究解决人类社会面对的共同问题吗？虽然我们的国家已经开始进入"构建人类命运共同体"的广义国际化新时代，但是我们的一流大学对国际化的理解似乎还停留在对留学生数量和教师国际经验的孜孜以求的狭义国际化阶段。

一、高等教育的狭义国际化与广义国际化

国际化正在改变高等教育世界，国际化的高等教育正在成为世界全球化的重要引擎。在全球化的世界，对于高等教育，特别是世界一流大学必须国际化，现在可能很少有人会去质疑。但是对高等教育国际化的理解和认识却存在很大差异。对于一流大学教师来说，他们可能主要关注的是国际学术交流，特别是出国开会、学习和合作研究的机会，以及在国际主流学术期刊上发表论文；对于一流大学学生来说，他们可能更多考虑本科毕业后到国外深造的可能；而对于一流大学的行政人员来说，通过国际化提升大学的声誉才是他们的主要关注点，他们认为声誉就是大学的"货币"，有了声誉就可以吸引更多的投入，"购买"一流的学者，吸引一流的生源，有了一流的教师和一流的学生，就有了更高的学术声誉和更多的"货币"，从而形成大学的持续发展，实现建成世界一流大学的雄心壮志；对于决策者来说，他们急切地希望看到本国一流大学成为世界顶尖大学，因为世界一流大学已经成为强国的重要显性指标；对于公众而言，他们希望自己的子女进入国际化的世界一流大学，从而获得锦绣前程。

有关国际组织也对高等教育的国际化极为关注。世界贸易组织（WTO）制定的《服务贸易总协定》（GATS）把高等教育视作一种服务、一种商品，不仅在本国内部制造和消费，而且可以在国际上进行贸易。[①]该协定明确了服务贸易使用与供给的四种模式：（1）跨境交付；（2）境外消费；（3）商业存在；（4）自然人流动。就教育而言，与这四种模式对应的是：（1）计划项目（课程）的跨境流动；（2）学生的跨境流动；（3）机构的跨境流动；（4）学术的跨境流动。简单来讲，就是把教育（特别是高等教育）看作是具有国际属性、可以跨境流动、必须跨境流动的商品。该协议已经得到包括我国在内的世界大多数国家的承认与签署。如果说世界贸易组织是从商业全球化的角度定义高等教育国际化的话，那么经济合作与发展组织（OECD）则把高等教育国际化视作改进高等教育国际维度的过程，它的定义是："在大学或类似的教育机构中，以改进高等教育

---

① 《服务贸易总协定》所包含的12个大的服务贸易部门是：商业服务（包括专门服务和计算机服务）、通信服务、建筑和相关工程服务、分销服务、教育服务、环境服务、金融服务（包括银行和保险服务）、与健康相关的服务和社会服务、旅游与旅游相关服务、娱乐文化和体育服务、运输服务、其他未包括的服务。

中的国际维度为目标的有计划或无计划的共同努力的综合过程。"[1]

以上的认识和定义无所谓正确与否，但基本上是从高等教育的某个维度来认识高等教育国际化的，可以说基本上属于狭义国际化的范畴。笔者所指的狭义国际化就是把国际化局限于人员的国际交流，包括教师出国学习、参会和讲学，以及吸引国际学生等可以量化的国际维度。所谓广义国际化，也许我们可以借用加拿大学者奈特（Jane Knight）关于高等教育国际化的定义，她将高等教育国际化定义为"将国际的、跨文化或全球的维度融入高等教育的目标、功能（教学、研究、服务）和供给的过程"[2]。之所以说这个定义较以往的定义更广义是因为，第一，它将国际化定义为一个过程，也就是说国际化是一个进行中的和持续不断的努力过程，不能一蹴而就，在一定意义上说有始而无终。对于一所一流大学来说，要始终不懈地追求更全面、更多维度和更深刻的国际化。第二，它涵盖了国际、跨文化和全球的维度，避免了在这几个范畴间无意义的争论，将这三个词的内涵视为相互补充、相互促进，而非相互冲突与相互矛盾，这三个词反映了国际化的广度与深度。第三，它涉及了高等教育的目标与全部功能：教学、科研和服务。第四，它使用了"融入"一词，就是不把国际化作为大学的功能或职能之一，而是要求大学将国际化渗透到大学方方面面的工作中，这样就避免了将国际化置于大学各项工作的边缘，从而确保国际化与大学的各项工作融为一体，从而具有可持续性。

二、高等教育广义国际化与世界一流大学建设

由于全球经济一体化继续强势进入高等教育，大学的国际化成为一种世界现象。就像企业界一样，要想具有全球竞争力以及保持和发展全球的相关性，就要使广义国际化进入大学的愿景以及大学发展的战略规划。如果说一般大学的国际化还仍然处于狭义国际化的阶段，也就是说仍然在为实现国际化显性目标（在教师队伍中具有海外学习与工作经验的教师所占比例，招收留学生的人数，举办国际会议的次数等）而努力，那么一流大学则应尽快进入广义国际化的阶段，把重点放在文化、精神和制度层面。我们在这里可以看看国际上两类一流大学的国际化经验，一类是先发、历史悠久的世界一流大学，另一类是后发、近年来快速发展的世界一流大学。

（一）美国世界一流大学的国际化

第一类世界一流大学以美国大学为代表。可以说，美国大学的飞跃，从国际高等教育的边缘进入到世界高等教育的中心，进而引领世界高等教育的发展，是与其国际化战略密不可分的。

美国独立时仅有 7 所学院，基本上是其宗主国学院的翻版。建国后，特别是 1862 年《土地赠与法》颁布后，州立大学有了迅速发展，美国大学的规模急剧膨胀，但是就其学术质量而言远不及欧洲的大学，当时美国有志于学术的青年都跑到德国去学习。他们学成归国后对德国的研究型大学赞美有加，掀起了美国真正意义上的学术革命，在传统的英国学院模式上叠加了德国的研究型模式，特别是 1876 年约翰·霍普金斯大学的建立，标志着美国开始了迈向世界一流大学的历史进程。如果从国际化的角度审视这次学术革命，这次革命的实质就是通过国际化改造美国的大学，提高美国大学的学术质量。在此后的半个多世纪中，美国不仅学习了德国研究型大学模式，还学习了德国大学的教学与科研结合，学术自治和学术自由等大学办学的制度。可以说，美国大学的这些制度构建是美国这次学术革命的核心内容，也是国际化的核心构成，为美国大学日后成为世界一流大学奠定了制度基础。

美国真正建成世界一流大学，引领世界高等教育的潮流是在第二次世界大战（以下简称"二战"）以后。美国挟"二战"胜利之威，从欧洲吸引了许多世界级的科学家。在 20 世纪 60 年代美国更借民权运动风起云涌之势，于 1965 年通过了《移民和国籍法》，打开了世界各地特别是亚洲优秀人才进入美国的大门，从而使美国大学汇聚了天下之才，大大提升了美国大学的学术水平，进而吸引了世界优秀学生进入美国大学，美国大学借此开始了优秀人才的良性循环，拥有一流的国际化教师队伍、一流的国际化学生群体，创建了美国一流大学追求卓越的大学精神，以解决世界性的难题为己任，以培养世界级的领袖为教育目标。我们不难得出结论，这轮国际化使得美国大学升华为世界顶级大学，完成了化茧为蝶的创建世界一流大学的历史进程。

进入 21 世纪后，美国教育部有史以来首次出台了教育全面国际化的战略，制定这一战略的目的是提升国家和劳动力的竞争力，促进国家安全与外交，并加强美国应对全球挑战的能力。该战略反映了国际参与作为教育部核心工作的重要性，也反映了对一个世界一流教育系统来说国际交流的重要性。美国教育委员会的调查发现，美国提供海外学习机会的高校数量剧增，占比从 2001 年的 65% 上升到 2006 年的 91%。提供海外实习机会和国外服务机会的高校数量也大大增加，从 2001 年到 2006 年，前者所占比例从 9% 增加到 31%，后者从 7% 增加到 29%。[3] 耶鲁大学前任校长雷文（Richard C. Levin）多次指出，耶鲁大学已经成为一所真正的全球性大学。耶鲁大学向全体学生提供国际经验，保证需要财政支持的本科生有机会并能获得经费支持到国外工作、学习或开展科研。耶鲁大学还支持了数百名教师的世界合作项目。新世纪开启了美国世界一流大学全体学生全面参与国际化的新时代。

美国顶尖世界一流大学广义国际化的热潮已经传递到次一级的大学。宾州州立大学（2017 年美国新闻与世界报道大学排名第 57 名）的校长斯潘尼尔（Graham Spanier）2006 年明确提出大学国际化的重要性，"在宾州州立大学，我们认识到，解决世界最紧迫问题的答案来自其知识跨越国际边界的受过教育的公民"[4]。为此，宾州州立大学明确提出，"宾州州立大学要在学术和国际工作方面成为全球领袖，最终的结果是造就全球的宾州州立大学"，其教育目标就是培养"全球公民，全球领袖"。为了实现这一目标，宾州州立大学国际办公室制定了具体战略目标：（1）与教师结成伙伴，以使培养全球公民成为教学的特色；（2）与学院和校区结成伙伴，以促成朝气蓬勃的国际化；（3）与全球的院校结成伙伴，以改进宾州州立大学在全球的存在和全球领导力；（4）创造便捷的中央资源，以支持宾州州立大学获得全球关注；（5）与州政府结成伙伴，以提升宾夕法尼亚州全球经济竞争力。从这里我们可以看出：宾州州立大学的国际化愿景是相当广义的。一是要调动所有教师的积极性，视教师参与为实现广义国际化的关键因素，鼓励教师将国际要素融入日常的课程和教学中去，使学生学会如何将获得的知识运用到国际环境中。二是为所有学生提供最佳的、文化敏锐的国际学习经验，在日益相互依赖的全球社区加速美国学生向全球公民转化的过程。三是建设全球化的校园环境，"全球思考，地方行动"是宾州州立大学国际化的指导原则，要想使大学成为学术和国际工作的全球领导中心，首先必须在"家里"实现变革，大学校园要成为国际化的典范，改进校园整体的"国际感"，建立和完善相关的制度，例如将国际课程和国际科研经验纳入终身聘用和晋升的考评因素。聘请全球知名学者和领袖开设论坛、短期课程和讲座等平台，促进国内学生、国际学生、校内教师和校外专家间的相互交流和互动，培植一种国际化的校园环境，熏陶师生的国际素养，让师生拥有审视当代重大国际国内问题的全球视野。[4]

我们不难看出，美国世界一流大学是国际化的先行者，它们在国际化中注重精神、使命、目标、文化和制度层面的建设，这样自然在显性指标方面也走在世界前列。比如，2017年耶鲁大学共有来自118个国家的4410名国际学生和访问学人，占到本科生和研究生总数的1/3。从美国国际化的历程我们可以看到，美国一流大学的国际化始于制度的建构，继而把重点放到顶尖人才的引入上，在这个过程中，形成了国际化的校园环境、精神气质，随之大量的一流人才和优秀学生纷至沓来，到国外学习、实习、服务和工作的机会也惠及全体学生。可以说，广义国际化已成为美国世界一流大学的典型特征和重大发展战略。

（二）亚洲新兴世界一流大学的国际化

在过去20年中，亚洲一批大学开始崛起，它们迅速步入世界一流大学的行列，在世界四大大学排行榜（QS、泰晤士高等教育、美国新闻与世界报道、上海交大）中都有数所亚洲大学进入前100名。这些大学的飞速发展正在改变世界知识创新的版图。美国国家科学基金会2008年发布的一份报告指出，2005年美国发明者申报的专利从1996年占世界的55%下降到了53%，报告认为这是由于亚洲发明者数量的增加。报告还注意到，美国在同行评议刊物上发表的"高影响力论文"所占比例也减少了，从1992年的63%下降到2003年的58%，这是由于中国、新加坡、韩国等"高影响力论文"的增加。报告认为，"创新及研究与发展（R&D）正在推动全球经济"，"我们看到更多的国家认识到了这一点，创建了自己版本的美国研究型大学和基础结构"。[5]从报告中我们不难得出结论，巨额的经费投入加上国际化是亚洲这些大学高速发展的重要动力。中国香港科技大学和新加坡国立大学是以政府巨额投入加国际化为发展战略建设世界一流大学的经典案例。

1.中国香港科技大学的国际化发展经验

香港科技大学建于1991年，在不到30年的时间内就跻身于世界一流大学之列，2017年在泰晤士高等教育全球年轻大学排行榜中名列第二，在QS亚洲大学排行榜中名列第三，在英国金融时报EMBA（高级管理人员工商管理硕士）课程排行榜中排名第一。香港科技大学之所以取得如此迅速的进步，与其兴办时的定位和所选择的发展战略密切相关。

香港以其在国际上的活跃而著称，对外交流频繁，英语使用广泛，教育制度与国际接轨。香港科技大学一经成立就确立以国际化和美国研究型大学为模型的发展战略，在全球搜罗校长人选，要求校长必须具有策略性愿景及领先思维，以及既能以国际视野推动高等教育、创新及知识转移，亦能了解相关领域于本地及区域性方面的发展。[6]出任首任校长的是吴家玮，他是出任美国主要大学校长的第一位华裔，其后几任校长朱经武、陈繁昌和史维都有在美国一流研究型大学长期任教的经历。所聘的教师80%以上在北美获得博士学位。当然必须指出的是，香港科技大学的国际化聘任政策是以巨大公共经费为依托的，但是毋庸置疑的是，其国际化的办学理念和核心价值起了决定性的作用。其理念是：成为一所具有国际影响力及对本地有承诺的领先学府。其核心价值是：追求卓越、坚守诚信、维护学术自由；放眼全球发展，贡献地方社会；凡事皆可为的精神；和谐共融、汇聚多元、彼此尊重；同一科大。[7]从其核心价值我们可以看到世界一流大学所必须具备的大学精神：追求卓越，凡事皆可为（创新）；大学制度：学术自由；大学责任：贡献地方；学术共同体文化：诚信、和谐和彼此尊重。有了这样的办学理念和核心价值，大学的方向是明确的，赋予了世界一流大学以丰富的内涵。

在具有国际视野的校长的领导和教师的参与下，2018年香港科技大学在全球拥有250多个合作伙伴，致力于为学生争取更多的交流机会，培养他们的国际视野和企业精神，目标是培养他们成为未来的环球领袖。

香港科技大学以国际化为战略建设世界一流学科，与美国南加州大学和意大利博科尼大学合办，推出了全球第一个让学生了解三地文化、同获三所大学颁授学位、横跨三大洲的工商管理本科课程，使其EMBA课程迅速成为全球第一。香港科技大学还通过其国际本科生研究计划，令学生有机会到欧洲核子研究中心，了解世界各地粒子物理研究权威的前沿研究，从而促进物理学科的发展。

最后应该指出的是，香港科技大学国际化中的一个独特因素是从海外回归的学术卓著的中国人，他们出于对中华民族文化传统的归属感，积极参与香港科技大学的一流大学建设，他们受两种文化浸淫，对国际化情有独钟，能够深切理解香港科技大学的办学理念，从而成为广义国际化的积极促进因素。

2. 新加坡国立大学国际化发展经验

新加坡国立大学创建于1905年，初创时为一所单科学院——"海峡殖民地与马来西亚联邦政府医学院",开学时仅招收了23名学生。大学历经了殖民地时期、并入马来西亚联邦时期,以及新加坡独立成国后的经济快速发展时期,于1980年和南洋大学合并,始定现名。如今已然跻身亚洲顶尖大学之列。2017年在泰晤士高等教育排行榜中名列第24位,在QS亚洲大学排行榜中名列第1位。

新加坡国立大学的办学渗透了国际化的因素,当我们打开新加坡国立大学官网的时候,国际化之风迎面扑来,使读者深深感到这是一所国际化的大学。它提出的大学愿景是"引领世界,形塑未来",大学的使命是"教育、启迪、改造"。为了实现其愿景,完成其使命,新加坡国立大学进行了一系列制度创新与实践。在教育上以"环球教育亚洲视角"为指导思想,向学生提供展现亚洲独特视角的全球体验,让学生有机会不仅在学术上追求卓越,而且在社会上茁壮成长,成为能够担当起未来的领导者。新加坡国立大学自2001年起在美国、中国、瑞典、德国、瑞士和以色列等国家建立了九所海外学院,还在美国旧金山、中国苏州和印尼雅加达建立了创业中心,让学生走出国门积极参与各种探讨当今世界重大现实问题的项目,让学生到海外起步公司实习,从创业环境里汲取创业经验,同时在海外著名伙伴大学攻读创业课程,培养毕业生成为有贡献、有担当、具有企业精神的全球公民。

新加坡国立大学在积极走出国门的同时也全力推行"在地国际化战略"。第一,新加坡充分利用殖民地的遗产,把英语既作为促进国内各族裔相互理解的共同语言,也将之作为新加坡与世界经济相联系的纽带。新加坡国立大学也顺理成章地把英语作为授课的语言和校内交流沟通的工具,同时也推进了大学从知识生产的边缘地带走向中心的进程。第二,新加坡国立大学学习了牛津、剑桥、哈佛、耶鲁等世界一流大学丰富的本科教育经验,在大学城建设了住读学院,让不同族裔、不同国籍、不同年龄、不同社会背景和不同学科倾向的学生共同生活和学习在一起,在学院导师的指导下,经历思想的碰撞,学会理解、宽容和理性的思考,培养学生的探究态度、风险意识和创业精神。第三,与世界一流大学合作,建立特色鲜明和国际前沿的合作项目。例如,在2011年与耶鲁大学合作建立了耶鲁–新加坡国立大学学院(Yale-NUS College),在技术至上的时代,探索耶鲁奉为经典的博雅教育,将现有的科学和博雅教育传统优势与亚洲乃至世界博大精深的各种智慧传统和文化相结合,设计出新型的博雅课程,形成了自己独特的东西方文化融合的优势。在2005年与美国杜克大学合作建立了杜克-新加坡国立大学医学院，以拿来主义的战略，照搬了杜克医学院的课程，从而改造和提升了大学原本的本科医学院，加速了一流学科的建设。第四，在大学科研中，非常注重支持具有国际内涵的项目，大学建立了一系列地区性研究机构，如亚洲研究所、东亚研究所、南亚研究所、中东研究所、苏州研究所。此外，还有许多与国际问题密切相关的研究机构，如全球卫生健康及生物医药科技研究院、国际法研究中心、海事研究中心和亚太物流研究所等。

新加坡国立大学把国际化融入教育、科研和服务，使得广义国际化既是大学发展的战略手段，也是大学发展的战略目标。

三、中国一流大学国际化的成绩与问题

改革开放 40 余年，我们的大学在国际化中实现了脱胎换骨的改造。我们的一流大学基本建成了研究型大学的样态，教学、科研和服务成为大学的基本功能；建立和不断完善了学位制度，与国际高等教育有效地接了轨；制定了学分制度，给予了学生更多选择；重构了学术基础结构，促进了学科发展；设立了研究基金，大学教师开始有了追求卓越的冲动与精神。

中国高等教育国际化最显性的成就是改革开放 40 年出国留学人数达到 519.49 万人，完成学业回国人员达到 313.20 万人，留学回国人数不断增加，高层次人才回流趋势明显。与此同时，中国已然成为亚洲最大的留学目的国，2017 年共有来自 204 个国家和地区的 48.92 万留学人员在 31 个省（区、市）的 935 所高校就读。[8] 我们一流大学的校长以及多数教师大都有在国外大学学习或研修的经历。

从以上的成绩我们可以看到，在改革开放的 40 余年里，我们的一流大学有了国际化的基本样态，可以说从表面形式看，有点像国际化的大学了。但是与世界一流大学的国际化相比，我们多数一流大学在广义国际化方面还有很大的改进空间。

第一，在我们的大学愿景和使命中，鲜有世界一流大学的气质、内涵和勇气，尚很少见到培养全球公民的提法，更少见到培养世界领袖的提法。当然我们的民族文化传统含蓄和内敛，但是作为一流大学，就是要不停顿地追求卓越，如果不能培养出世界一流的学生，特别是能参与世界新秩序制定的领袖人物，那么我们的一流大学就很难成为世界利益共同体航船的航标灯，从而也就失去了我们投入巨资建设世界一流大学的意义。

第二，我们在招收国际学生时，或者过多地从学校的经济利益出发，或者从满足大学排行的某项指标出发，功利的目的超越了学术的目的，于是乎为国际学生特设考试（甚至专门取消国际学生的笔试），降低标准录取，不顾自身学科设置条件竞相录取语言生，忘记了追求学术卓越是世界一流大学的基本精神，是大学各项工作的出发点与归宿。这样的学生进入我们的一流大学，为后来的培养带来了诸多的问题：一是学科专业极不平衡，他们多数是短期的语言学生；二是难以培养出世界一流的学生，难以培养出国际汉学界对华友好的领军人物，或者其他专门行业的领袖。即使在我们校内，他们的学业成绩也很难与我们国内普通学生相比。这从一个方面说明，我们的一流大学还处于世界大学体系的边缘。

第三，缺少文化和制度自信。这些国际学生在我们的一流大学中仍然是孤守一隅的特殊群体，并没有和我们的学生融合在一起。我们把他们作为特殊群体管理，可能是出于悠久的好客传统，有朋自远方来就得特殊对待。但是由于我们忘了大学的根本追求是卓越，同时也由于我们的管理人员对国际文化和国际大学办学通用的制度缺少理解，再加上我们个别管理人员的官僚拖沓，导致我们的"好心"并不被国际学生所理解。更主要的是国际学生也是同一所大学的学生，他们也要享有同一大学所有学生的权利，遵守为所有学生制定的制度。像我们这样如此特殊地对待国际学生在世界上任何一所一流大学都是不可思议的。这样既隔断了外国留学生与中国文化、历史和当代社会之间的有机联系，又割舍了中国学生理解不同文化、欣赏不同文化、提高自己国际理解力的宝贵机会。从这一点上说，我们的国际化是狭义的，是缺少文化和制度自信心的表现。

第四，缺少对大学本质属性与核心制度的认识和理解。大学自治、学术自由、学术共同体的民主管理，这是大学的基本制度和核心价值，是由大学本质属性所决定的，大学要在国际化中理解和认识这一大学的真谛。我们要在新的形势下研究这一问题，研究解决如何把大学的这些本质性的制度、价值、精神和文化与中国特色制度和传统文化结合起来、协调起来。解决好这一点，我们才可以对世界大学的治理做出中国的贡献。

第五，在教师的聘用上缺少国际化制度的构建。我们的大学越来越重视在全世界聘用教师，这是走向国际化的重要一步。但我们也看到，我们聘来的这些重要学者中许多是已过退休年龄的长者或短期到中国的猎奇者，很少有世界影响力的一流学者。新加坡国立大学前任校长陈祝全一语道破聘用一流学者的秘籍："打造全球化的师资队伍最关键的是要给优秀人才一个可以充分实现自身价值的平台。"[9]我们现在许多大学的招聘只强调了收入和待遇以及对他们的教学量和科研成果发表的要求，但是鲜有说明大学所能提供的发展平台和文化环境。在他们被聘用以后，过了"蜜月期"，就会发现他们很难融入我们大学的学术共同体，与教师间缺少交流，多数情况下无法参加教师的会议，不能有同样的晋升制度和机会，无法申请课题，等等。在这样的大学氛围下，是很难聘来世界一流学者的。同时，这样的做法也打击了我们国家自己的博士生培养，名义上是对全球招聘的广告，但很多时候却又不面向中国本土培养的人才，这样的招聘，暗含了贬损国内自己的高级人才培养，忘记了在大学人才招聘中最高的指导原则是卓越。当我们的大学能以国际的视野与胸怀，建立起真正的不分境内外的全球招聘制度、人才使用制度时，我们的大学就成为了世界一流大学。

第六，在我们的教育中缺少国际化的内涵。随着世界变得越来越平坦，随着中国在国际舞台上不断从边缘走向中心，中国逐步走上"构建人类命运共同体"的重大博弈场域。中国一流大学重要的使命就是培养具有国际视野的人，具有国际理解能力的人，具有国际交流能力的人。我们生活在同一个地球，我们培养出的人要能够学习和了解人类不同的文明，要认识和理解国际重大的问题，比如饥饿、疾病、贫穷、环境污染、气候变暖、战争、反恐和贸易战等世界各国都关心的重大问题。面对这些国际重大问题，我们要了解国际法则，有国际担当、责任、勇气、理想与能力，到国际组织中去工作，到我们援助第一线和国际冲突第一线去工作。但是，我们的教育计划为学生提供国际体验的机会还非常有限，尚远不如亚洲其他国家正在起飞的一流大学。我们具有国际交往经验的学生非常少，比例很低。虽然现在和前几年不同了，情况有所改善，但主要还是集中在研究生层面。由于我们很少有大学在国外设置分校园，所以也就难以为学生提供在国外学习和实习的机会。我们的课程设计中与当代热点国际问题直接相关的课程还很少，更不要说把国际因素渗透到所有课程中去，让我们的学生了解他们所学的知识如何在国际场域中运用。虽然我们每年培养的工程师数量雄居世界第一位，我们在国际上承接的工程项目世界第一，但是具有到国际化环境中工作的能力的毕业生比例完全不能与我们制造大国的地位相匹配，更不要讲我们一流大学是否为"2025 中国制造"的更加开放做好了准备。

第七，语言问题。授课语言是高等教育国际化中不可回避的问题，英语作为学校教学语言在世界范围如燎原之势，英语正在世界范围内成为各类学校的通用语，从小学到大学都是如此，高校管理人员更倾向于将英语作为教学语言，一是可以更多地吸引留学生，二是可以作为提高大学排名的路径。另一项关于学术国际化的调查"学术职业变革"得出了与上述调查基本相同的结论，该项调查对五大洲 18 个国家的 2500 名教师进行了调查，53% 参与调查的大学教师在其学术活动中主要使用英语，其中 17% 的教师母语为英语，36% 的教师将其作为第二语言。"学术职业变革"的调查支持以下结论：英语是当代学术界的"共通语"，研究是最具国际化的学术活动。[10] 毋庸置疑的是，世界上最国际化的大学多为英语为母语国家的一流大学（如美国、英国、加拿大和澳大利亚），因为今天它们仍然是知识生产的中心。亚洲的一些大学拥有殖民地的遗产，英语较为普及，以英语授课没有技术上或民族心理上的大问题，它们也通过以英语授课和从事学术活动向以西方为中心的学术标准和评价体系迅速靠拢。我们国家作为一个具有强烈民族情怀的大国，全面用英语授课既不现实，也不正确，但是我们要从知识生产的边缘走向知识生产的中心，要参与世界的治理，要引领人类命运共同体的构建和发展方向，我们的一流大学必须要有明确的语言政策。目前我们尚没有明晰的国家政策或校园政策处理和解决大学授课的语言问题，暂时地利用高报酬鼓励以英语开课，以英语在国际上发表文章，甚至以其他外语在国外发表文章都是不可取的，这将造成政策的进退失据，执行的无所适从。我们首先应该做的是鼓励为来华留学生开设英语授课课程，与国际问题直接相关的课程以英语授课，给学生创造更多的机会获得国际学习经验和实习服务机会，对于发表文章则要坚持以卓越为唯一标准，不管用什么语言发表。在我们生活的世界，英语仍然是最主要的国际交流语言，英语仍统治着知识生产成果的呈现，国际交流语言的更迭是以世纪为计算单位的。因此，当代我们的一流大学必须有能力培养出熟练掌握英语、既有文化自信又有国际情怀的世界领袖。

四、结语

我们的一流大学已经在国际化的道路上走了 40 余年，取得了巨大的成绩，但是我们许多一流大学对国际化的理解似乎还停留在狭义国际化阶段，在广义国际化方面还有很大的前进空间。我们的一流大学要更多地思考如何把国际化融入到大学教学、科研和服务的各项工作中，不仅把国际化作为建设世界一流大学的战略，而且更要把国际化看作大学发展的起点和归宿，不要再受大学排行榜国际化量化指标的制约，而是更加重视大学国际化精神、制度和文化的建设。

当前我国在为捍卫贸易全球化的规则进行殊死博弈，我们已经提出了建设"人类命运共同体"。我们的一流大学为此做好准备了吗？我们的一流大学不能再被拖着被动地进入国际化大潮中去，而应当站在国际化的最前列，为我国构建和引领"人类命运共同体"培养合格人才，提供基础性的服务和支撑。

参考文献

［1］Definitions of internationalization of higher education［EB/OL］.（2018-04-22）［2018-04-22］. https://iau-aiu.net/.

［2］KNIGHT J. Internationalization remodeled: definition, approaches, and rationales［J］. Journal of studies in international education, 2004, 8（1）: 5-31.

［3］HAZELKORN E. Globalization, internationalization and rankings［J］. International higher education, 2008（53）: 8-11.

［4］University office of international programs strategic plan: 2009-2013［EB/OL］.（2018-04-22）［2018-04-22］. https://www.psu.edu/.

［5］SUCHIOLA G, REDUX C. Asian rising: countries funnel billions into universities[EB/OL]. (2009-10-05)[2018-06-10]. https://www.chronicle.com/article/asia-rising-countries-funnel-billions-into-universities/.

［6］科大委任史维教授为第四任校长［EB/OL］.（2018-01-18）［2018-04-22］. https://hkust.edu.hk/zh-hans/news/announcements/hkust-appoints-prof-wei-shyy-fourth-president.

［7］使命与理念［EB/OL］.［2018-04-22］. https://www.ust.hk/zh-hans/about/mission-vision#mission-vision.

［8］张烁. 中国去年出国留学人数首破60万［N］. 人民日报（海外版），2018-03-31（2）.

［9］徐玲玲. 新加坡国立大学：全球化的创业型高校［J］. 上海教育，2017（26）: 27.

［10］MICHELER. 英语"共通语"与学术国际化［J］. 国际高等教育（内部刊物），2011，4（2）: 53-55.

（王英杰，北京师范大学国际与比较教育研究院教授。原载《比较教育研究》2018年第7期，略有改动。）

"一带一路"倡议与教育外交

周谷平　韩　亮

党的十九大报告指出，全面推进中国特色大国外交，形成全方位、多层次、立体化的外交布局，为我国发展营造了良好外部条件。随着"一带一路"倡议的深入推进实施，中国教育的对外开放迎来了历史性契机，与之相伴随，"教育外交"在国家总体外交格局中的角色正在从模糊走向清晰，定位正在从边缘走向中心，对它的运用正在从自发走向自觉，形成一种相对独立且日益重要的外交形式，构成中国特色大国外交的重要组成部分。在我国日益走近世界舞台中央、不断为人类做出更大贡献的新时代，布局教育外交急需提上日程。

一、"一带一路"倡议呼唤教育外交

"一带一路"倡议是当代中国坚持对外开放的基本国策。2015 年 3 月，国家发展改革委、外交部、商务部联合发布的《推动共建丝绸之路经济带和 21 世纪海上丝绸之路的愿景与行动》(以下简称《愿景与行动》)明确将"打造政治互信、经济融合、文化包容的利益共同体、命运共同体和责任共同体"作为"一带一路"建设的发展目标，以加强与沿线国家的"政策沟通、设施联通、贸易畅通、资金融通、民心相通"作为合作重点。教育部在《推进共建"一带一路"教育行动》中指出，教育交流为沿线各国民心相通架设桥梁，人才培养为沿线各国政策沟通、设施联通、贸易畅通、资金融通提供支撑。教育在"一带一路"建设中具有显著的基础性、先导性和长期性作用，这种作用随着国家实力的增强还将继续凸显。

新时代呼唤新的外交形式。"一带一路"倡议为推动教育大开放、大交流、大融合提供了大契机，也为拓展和丰富中国特色大国外交提供了新舞台，以教育作为载体和形式的教育外交必将伴随着"一带一路"倡议的深入实施而顺势兴起。中国需要启动和布局教育外交，绝非一个应景而空洞的政治口号，而是一项能够从历史、理论和实践层面做出深刻回答的学术命题。

第一，从国家实力增长演进的历史逻辑出发，中国需要布局教育外交。国家能力在学术层面通常被划分为"硬实力"和"软实力"。"软实力"的提出者约瑟夫·奈（Joseph Nye）从国家角度定义了"软实力"概念，认为软实力"是一种依靠吸引力，而非通过威逼或利诱的手段来达到目标的能力"[1]。"软实力"源于文化、政治价值观和对外政策。[2]在中国，"硬实力"主要表现在经济领域，"软实力"则体现在经济背后的文化价值和形象塑造。[3]而从国家实力获得的逻辑顺序来看，往往是"硬实力"积累到一定程度之后，才逐步获得"软实力"。经过改革开放40多年来的持续经济建设，当前中国"软实力"的拓展正是"硬实力"增长的必然结果。[2]而从国家发展的路径和趋势来看，正日益接近世界舞台中心的中国，对"软实力"的需求将会极大地提升。教育作为一种活跃的生成性要素，本身是"软实力"的重要组成部分，教育外交将在运用和彰显国家实力的过程中发挥日益重要且不可替代的作用。

第二，从持续诠释民族复兴的理论逻辑出发，中国需要布局教育外交。中国崛起被认为是21世纪最重大的事件之一，而中国不承认美国等西方国家奉行的价值观的普适性。[4]这就使得中国在和平崛起的过程中，始终面临着以西方国家为主体的外部世界的理论追问。这一理论追问可以描述成一个"三环一核"的框架结构：外环是中国国家身份与国家形象的认同与定位问题，即中国到底是一个怎样的国家？中环是中国的发展道路和战略走向问题，即中国如何实现复兴？内环是中国行动的逻辑问题，即中国的文化价值观是什么？而核心是中国政治制度和主流意识形态的自信问题，以及在全世界范围的合法性认同问题，这些都将是始终伴随着中国和平崛起全过程的重大理论问题。从这个意义上说，中国外交的主要任务之一，不仅仅是"把一个真实的中国告诉世界"，还必须从理论逻辑上回应西方世界的关切。然而，这些重大理论问题都是远离一般公众的学术问题，既有的公共外交渠道往往难以在深层次的价值观上发挥作用，只有放置在教育和学术的特定场域中才有可能形成对话交流并得以逐步解决，从而为中国的和平发展赢得世界的理解、认同与钦佩。

第三，从讲好"中国故事"的实践逻辑出发，中国需要布局教育外交。正在崛起的中国需要向世界讲述"中国故事"，而从深层次上说，

"中国故事"不是镶嵌在精深的"高概念"和宏大的政治叙事当中，而是蕴藏在细致深入的教育教学过程之中。可以说，能否讲出"中国故事"，依靠的是强大的经济、科技、军事实力；能否讲成"中国故事"，主要依靠较高的教育文化发展水平及其对外影响；而能否讲好"中国故事"，则有赖于教育外交这一新的国家工程的积极有效的运用。从更宏大的视野来观察，作为走中国特色社会主义道路的国家，中国应该是"中国故事"的创造者，而不仅仅是一个自我"讲述者"。"中国故事"要具有强大的理论说服力，除了要依靠我们自身深厚的文化底蕴和自信，还应邀请理解中国文化、认同中国价值的外国人士做"中国故事"的"讲述者"。能否源源不断地培育出知华、友华、亲华的外国知识精英和各界人士，关乎中华民族能否持久地向世界讲好"中国故事"。这就急需立足于中国对外开放的人才培养——它既需要教育工作者长年累月地不懈努力，更需要从国家层面对教育外交予以更高层次和更为宏远的布局。

综上所述，布局和实施教育外交具有战略上的必要性、可行性和紧迫性。然而，目前学术界在这方面的理论准备明显不足，在中国知网上以"教育外交"为关键词检索到的学术论文寥寥无几，且多在一般意义上进行讨论，未能针对"教育外交"的内涵、范畴和特征进行深入分析和探讨。显然，"教育外交"要从概念走向观念，从认识走向实践，迫切需要理论的支撑和创新。

需要特别指出的是，不是有了"一带一路"倡议才产生"教育外交"，而是教育外交作为一种外交策略和手段早已在实践中得到自觉运用，"一带一路"倡议为国家正式确立和布局教育外交，提供了新的更宽广的国际舞台和政策纵深，使得过去早已存在的不太凸显的这种外交形式，在国家总体外交格局当中变得越发举足轻重。总之，"教育外交"急需从配套性的政策举措提升为一项关乎长远的新的国家工程。

二、教育外交的概念和内涵

从理论上说，一个新术语尤其是外交新术语的出现，固然是出于对近期外交经验的总结，但更重要的原因是源于它所捕捉到的"新内容"无法用原有的术语来精准描述。因而有必要从学术上廓清教育外交的基本概念，并辨析其与相邻概念"公共外交"的异同。

首先，教育外交的基本概念。人们能够在一般意义上使用"教育外交"一词，说明其大体意义是明晰而确定的。教育外交的本质属性是"外交","教育"是其实现形式和载体,"教育外交"兼具"教育"和"外交"两者自身的特性。教育外交的主体是一国政府。国家是国际关系的行为主体,尽管在教育外交实施过程中通常涉及政府、智库、学校、企业、公益组织等多种主体,但其权力和职责均源于政府的授权、特许或委托,同时受政府的主导,这是外交活动的本质属性。教育外交活动通过对知识的交换和传播来运用国家权力。教育外交的成效能够从总体上反映一个国家的教育发展水平和教育动员能力。

教育外交的客体是外国受教育者。教育具有面向未来的特性,从狭义的教育概念出发,教育外交客体特指接受学校教育的青少年学生群体。在实践中,教育外交活动还要受国际政治、国际法和国际伦理等因素的制约,教育外交的客体通常会随着外交活动的实施方式、层次和重点的改变,以及教育技术等的发展做出调整,因而往往比国内受教育者更加复杂。但教育外交主要面向外国青少年学生群体,这个客体一般稳定不变。

教育外交的目标是维护国家利益和协调国际利益。教育自身的目标往往是多元多向的,教育外交的重要目标是维护本国的国家利益,然而作为外交活动,还要尊重其他国家的利益,从而实现合作共赢。教育外交尤其应在维护国家长远利益方面发挥作用,通过向特定的青少年学生群体传授知识技能,促进人力资源增值,增进民生福祉,进而影响他国公众的情感、态度和倾向,使各国人民获得中国改革开放的红利。教育外交的基本功能是促进民心相通。无论是在国际还是国内,"民心是最大的政治"都是一条基本的政治运行法则。教育外交的基本功能在于用系统的教育教学方法,影响青年一代的政治认知和政治态度,促进深层次和持久的国际理解,达到民心相通,进而软化并减少国家间的矛盾和冲突,为构建人类命运共同体提供坚实的基础。从功能上说,教育外交通过作用于外国的"民心",起到文明交流互鉴、相亲相近相通的效果。

教育外交的作用方式是以人才培养为主体的各种人文交流活动。具有独特的作用方式是教育外交区别于其他外交形式的重要特征,主要包括遵循教育的基本规律、系统的组织形式、多样化的方法手段等。教育外交活动伴随着密集的知识生产与传播,而这些知识往往与特定的政治制度和生产力水平相联系,因而,理想的教育外交能够实现"硬实力变软"和"软实力变硬"的转化。

综上所述,教育外交是指主权国家以维护国家利益为目的,以教育教学活动为载体，提高他国受教育者的知识技能和综合素质，影响其情感态度的一种外交形式。

其次，教育外交概念与公共外交概念的关系。教育外交是一种相对独立的外交形式，最容易与教育外交混淆的概念是公共外交。公共外交的经典含义是一国政府为争取他国民心而采取的公关行动。[5]从概念的外延上看，公共外交和教育外交本质上都是外交活动的具体类型，都是外交在现代国际关系中的延展形式，都能够深入到外交对象国的社会层面；两者有着相同的主体（本国政府）和根本目的（维护国家利益）。

然而，在具体内涵和表现形式方面，教育外交与公共外交仍然有着较大的差异。主要表现在五个方面：一是客体不同。公共外交的客体是全体外国公众，而教育外交的客体则更加强调未来能够发挥长远作用的青少年学生。二是主要功能不同。公共外交致力于达成近期、中期目标，而教育外交则专注于长期目标，因而公共外交在化解突发性、具象性的社会危机上游刃有余，教育外交则在解决价值观层面的"说服"工作方面更有优势。三是作用方式不同。公共外交起源于宣传，依赖于现代大众传媒工具的广泛运用，而教育外交主要侧重于教育教学过程本身。四是作用深度不同。公共外交侧重于外交信息公开、信息传递和改变认知，而教育外交则致力于从深层次上影响受众的内心世界。五是外部性差异。公共外交的外部性较小，而教育外交因专注于人自身的文化水平和能力素质提高，能够为当地社会提供持久的溢出效应，有显著的正向外部性。

人们一般认为，公共外交似乎包括教育外交，教育外交被视为是公共外交在教育领域的延伸、拓展和细化。笔者承认教育外交在范畴上与公共外交存在一定的交叉重叠，在功能上与公共外交存在一定的互补性，但教育外交在指向上更清晰、对象上更专注、方法手段上更多样、效用上更持久，具有基础性、先导性和长期性。因此，有必要提出"教育外交"这一专门概念，从理论和实践上丰富我国新时代全方位、多层次、立体化外交格局的内涵，全面推进中国特色大国外交。

三、教育外交的基本特点

我国外交历来重视争取国外民众民心的工作。教育外交兼具教育和外交两方面的基本属性，相较于首脑外交、公共外交、经济外交、民间外交等外交形式，其主要特点表现在"通""柔""惠""久"四个方面。

第一，教育外交具有联通性。教育具有"通天下之不通"的教化功用，教育外交讲求"以文化人"和"以文育人"，比其他外交形式更具有"水滴石穿"和"心灵渗透"的能力，它能够在潜移默化、春风化雨的环境中，穿越国家、民族、种族、文化、宗教和区域隔阂，在深层次上沟通国际理解，促进人类命运共同体的形成。《愿景与行动》指出，民心相通是"一带一路"建设的社会根基。在"民心相通"重点合作内容中，教育位列七大类合作领域首位，充分体现了教育的支撑作用和基础性地位。要实现中国与"一带一路"国家的"互联互通"，既要重视道路交通等基础设施的"硬联通"，也应强调规则制度的"软联通"，尤其是文化教育的"人联通"。[6] "人联通"居于基础和核心地位，教育外交发挥独特功用的领域正是"人联通"，通过开展教育外交促进教育先行具有很强的现实意义。

第二，教育外交具有柔韧性。教育外交的柔韧性突出地表现在两个层面：一是微观层面。教育外交能够充分运用多样与灵活的教育教学方法，通过耐心细致甚至隐性的工作，深入地影响青年一代的认知和情感。二是宏观层面。教育外交对短期现实利益的介入并不直接和急切，因而能够在国家整体外交格局当中，较少地受到当前功利性目标的羁绊，可以不计较眼前"一城一池"或"一时一地"的得失，不受具体政治事件的干扰影响，能够对冲甚至平复短期国际关系的波动，使外交全局具有较大的政策回旋和弹性空间。这两方面的柔韧性，使教育外交在争取人心方面，往往可以收到事半功倍的效果。开展教育外交工作的基本要求是"有意而不必刻意"，看似不主动追求国家利益最大化，却在事关国家长远利益、根本利益的事务上能够大显身手。

第三，教育外交具有民生性。"外交"是典型的国际政治中的"高概念"，但经教育外交的合理转化运用，可将外交"高概念"转化为个人安身立命的实用资源，从而将国家战略建立在异域他国更深厚和更宽广的社会基础之上。教育面向人的终身发展，具有显而易见的社会公益性和正向外部性，突出体现为教育对人力资源的价值投资和增值。教育外交能够使对象国民众直接受益，教育投入比其他以营利为目的的经济类项目更容易树立国际道义感和号召力。此外，通过人才培养，提升人力资源开发水平，推动产业升级，从而帮助解决"一带一路"国家面临的日趋严重的青年失业问题[6]，直面并有效地解决沿线国家的民生问题。

第四，教育外交具有长效性。教育本身具有长周期性、未来性和因积累而带来的滞效性等显著特性，教育外交是一项以人才成长周期为最小周期的事业，其目标是培养和培育国际关系学上"隐蔽的说服者"，无法用一时的传播效应和量化指标衡量，短期内没有速效之功，其效果往往要到十余年甚至数十年之后才能充分显现出来。哈萨克斯坦人卡里姆·马西莫夫（Karim Masimov）和埃塞俄比亚人穆拉图·特肖梅（Mulatu Teshome）青年时期曾分别在武汉大学和北京大学留学并获得学位，20多年后两人分别当选为各自国家政府总理和总统的生动事例，就充分说明了这一点。[7]因而，教育外交侧重于关注那些需要经过长期积累的重大利益和全局利益，它瞄准的目标是面向对象的未来，因而在纷繁复杂的国际环境中，教育外交能够成为国家间关系真正的"压舱石"，从容面对国际关系的风云变幻。教育是做人的工作，如果做得好，那么世世代代都可以享受其成果。这也说明，做好教育外交工作，需要长远和超前的眼光，需要提前谋划布局。

四、在"一带一路"建设中推进教育外交的基本策略

推进教育外交，应针对当前存在的问题，系统规划，科学施策，审慎推进，以取得预期的成效。

第一，坚持精准施策。"精准施策"是习近平总书记在国内扶贫工作中提出的重要思想，作为方法策略，同样适用于"一带一路"建设的教育外交大局。沿线国家教育发展水平参差不齐，都有极具自身特点的教育和人才规划，在"一带一路"倡议实施之前，也已形成了自成体系的教育供给。若不注重分析相关需求，统筹协调相关资源，很容易导致各地区各层次学校各自为政，形成粗放式、碎片化的局面。"精准施策"体现在两个基本维度上：在横向上，实行"一国一策""一地一策"，甚至"一项一策"，落实"精耕细作"的要求；在纵向上，人才培养分为"招进来"和"走出去"两大类，"招进来"以培养高层次人才和骨干人才为主，而"走出去"以合作办学为主，尤其是推进职业教育走出去，以保证当地产业发展对应用型人才的需求。《推进共建"一带一路"教育行动》提出，"鼓励中国优质职业教育配合高铁、电信运营等行业企业走出去，探索开展多种形式的境外合作办学"。"鼓励"和"探索"应该建立在严谨细致的需求调查的基础之上，确保资金投入上的"精确滴灌"。推出的对外教育合作项目，无论具体的合作主体是谁，都贴着国家制造的标签，属于典型的公共物品。[8]管理不当不仅起不到应有的作用，甚至影响国家整体形象。我国应建立对外合作项目可行性联合评估制度，教

育合作应在资源优质、切实可行、有序可控的前提下进行，实行总体规划、分步实施、动态调整，防止一哄而起和虎头蛇尾。

第二，坚持育人惠民。教育经济学理论已经证明了人力资本在经济增长中的决定性作用和核心地位，尤其在今天知识创新的时代，教育是经济增长的重要驱动力，这也是教育外交能够实现"惠民"的理论基础。实证研究表明，"一带一路"国家高等教育和中等教育对经济增长的贡献较大，中东欧和西亚、北非等沿线高收入国家发展高等教育是重中之重，而东亚、南亚、中亚等地区收入偏低的国家应重视发展中等教育和初等教育，培养技能技术型人才。[9] 相对于大多数"一带一路"国家而言，我国已经从整体上跨越了工业化中期阶段，高等教育毛入学率已快速上升至 2016 年的 42.7%，在改革开放近 40 年的时间里，走出了一条其他发展中国家可交流借鉴的教育发展道路。人才是实现"五通"的前提和保障，授人以鱼，不如授人以渔，"一带一路"国家既需要经济、金融、贸易、基础设施，更需要通过有效的人才培养，提升自身的"造血"功能，中国教育扶贫的成效已经证明了这一点。只有让教育合作惠及"一带一路"国家的广大普通民众，形成可持续发展的实实在在的"人才红利"，"一带一路"建设才能行稳致远。

第三，坚持构建品牌。教育外交品牌化运作最大的功用是提高外部显示度、信任度和满意度，进而维护国家的形象与声誉。有学者指出，品牌化策略"只有用一种有力而简单的核心思想，捕捉国家独特的品质，强化其变动的现实，并突出其品牌化内涵才会实现传播效果"[10]。教育外交品牌化需要按照品牌运作和传播规律行事，应注重以下几点：一是项目目的明确，具有针对性；二是对象清晰，受众细分；三是内容集中凝练，少而精；四是连续运作，持续强化。应在宏观框架下，进一步整合现有教育资源及其供给渠道，认证、凝练一批教育合作项目，根据功能定位统一归整为品牌化项目，例如，可与文化交流的多种形式结合，推出"游学中国""研修中国""体验中国"等系列活动，在目标国家和目标群体中形成稳定的国际认知，从而提高资源利用效率，提升国际声誉。

第四，保持适度"中立"。教育外交容易触碰到其他国家最核心的文化价值观及其背后的教育主权，相较于经济领域更容易产生"国际理解"问题。受国内叙事方式的影响，中国在实施重大工程或项目时，习惯性地注重阐释和张扬其中的重要意义，甚至有一种急于讲好"中国故事"的冲动，常致忽视"国际受众"的情感和认知，容易引发一些矛盾冲突。

教育外交需要灵活、有效地利用国际规则话语，而不能过于直接和生硬，这里的"国际规则"应当理解为跨文化语境中的"最大公约数"，即注重在相关国家最能够接受、主动愿意开放的领域开展合作，如人才培养宜主要在高等教育或职业教育领域进行。事实上，为配合"一带一路"倡议的长期实施，在教育外交推进过程中，宜主动保持低姿态与务实合作，甚至策略性地保持适度"中立"或政治无涉的立场，用实际成效和十足诚意取信于"一带一路"各国人民。

第五，保持战略定力。合作双方都能够长期持续受益才是富有生命力的合作。在我国改革开放以来的国际教育合作中，我国通过专注、虚心地向发达国家学习，在教育领域取得了举世瞩目的成绩。然而，在"一带一路"建设中，能够使中方直接受益的教育合作领域或项目并不多。"一带一路"沿线国家除少数国家外，大多数国家的文化教育水平落后于中国，中国的教育机构更愿意与欧美发达国家的高水平大学开展合作。加之一直以来，比较教育研究的对象主要是西方发达国家，对我国周边国家的教育研究得甚少。[11]在这种情况下，开展教育合作，推进教育外交，中方合作主体难以从中获得更多的经验和技术，却需要付出较大的成本和精力，因而面临缺乏可持续合作动力的难题，教育合作可能流于事实上的"教育援助"或"国家任务"，这将极大地考验中方持续实施的战略定力。前几年理论界曾热议的"金砖国家"教育合作，就出现了"风声大，雨点小"的问题。[12]反观邻国日本，其对泰国先皇技术学院的援助持续近40年，使该校由一个仅有23名学生的大学发展成为拥有2.2万名在校生的工科类综合性大学。[13]因此，在国家教育外交的统筹谋划当中，应该对教育合作的可持续性问题给予充分的关注和强调。保持长期实施的战略定力，需要有数十年如一日的坚定信念和一以贯之的长期规划，更需要从资金、项目和管理上予以切实保障，防止政策摇摆或热度递减。

参考文献

[1] 奈. 软实力 [M]. 马娟娟，译. 北京：中信出版社，2013：XII.

[2] 奈，王缉思. 中国软实力的兴起及其对美国的影响 [J]. 世界经济与政治，2009（6）：6-12.

[3] 唐小松. 中国公共外交的发展及其体系构建 [J]. 现代国际关系，2006（2）：42-46.

[4] 刘德斌. 公共外交时代 [J]. 吉林大学社会科学学报，2015，55（3）：5-19，171.

［5］曲星. 公共外交的经典含义与中国特色［J］. 国际问题研究，2010（6）：4-9.

［6］周谷平，阚阅. "一带一路"战略的人才支撑与教育路径［J］. 教育研究，2015（10）：4-9，22.

［7］雷墨. 中国布局"留学外交"［J］. 南风窗，2014（10）：51-53.

［8］周鑫宇. 公共外交的"高政治"探讨：权力运用与利益维护［J］. 世界经济与政治，2015（2）：96-110.

［9］苏丽锋，李俊杰. "一带一路"沿线国家教育对经济增长影响效应分析：基于地域和收入水平的分类比较［J］. 教育与经济，2017，33（2）：33-41.

［10］许静. 论公共外交中的国家品牌化策略传播［J］. 南京社会科学，2012（6）：110.

［11］顾明远. "一带一路"与比较教育的使命［J］. 比较教育研究，2015（6）：1-2.

［12］周满生. "一带一路"与扩大教育对外开放［J］. 比较教育研究，2015（6）：2-3.

［13］柯银斌，包茂红. 中国与东南亚国家公共外交［M］. 北京：新华出版社，2012.

（周谷平，浙江大学教育学院教授、博士生导师，教育学博士研究生；韩亮，中国美术学院副研究员，浙江大学教育学院2015级博士研究生。原载《比较教育研究》2018年第4期，略有改动。）

中国高等教育国际化：一个类型框架与评价

叶　琳　王增涛

本文首先以高等教育管理和国际商务理论为基础，构建了中国高等教育国际化的一个类型框架，明晰了中国高等教育国际化类型，阐述了各类型之间的关系，在丰富高等教育国际化理论的同时，为中国高等教育国际化评价提供了依据；其次，以中国高等教育国际化类型框架为基础，从内向和外向两个层面对中国高等教育国际化发展状况进行了评价，指明了中国高等教育国际化的未来发展方向。

一、中国高等教育国际化的一个类型框架

（一）文献综述

20 世纪 90 年代以来，高等教育国际化的分析单位从国家演进到部门再到机构，进而使"国际化"从一个多视角的分散概念演进为一个综合性与集成性的概念。目前，学界虽然在"国际化"概念层面尚未达成完全共识，但整体而言，现存"国际化"概念间的联结与相似要远大于分歧与矛盾。[1]伴随高等教育国际化概念的演进，高等教育国际化类型研究得到了众多机构和学者的关注与研究。

《服务贸易总协定》（GATS）认为，教育服务是国际服务贸易的重要构成部分，包括了跨境交付（远程教育）、境外消费（留学生教育）、商业存在（境外合作和独立办学）和自然人流动（教师和专家的国际流动）四种形式；黄福涛指出，教育国际化的形式有人员交流、课程国际化、跨境教育、建立区域（全球）性协作组织等。[2]我们把文献中的相关分类进行了汇总（表 1）：

表1　高等教育国际化的分类

分类
1. 进口导向、出口导向、进口及出口导向[3]
2. 联盟、结对子、海外分校、跨国网络提供[4]
3. 出口、双认证、特许、合资、独资[5]
4. 国内国际化与国外国际化[6]
5. 学生、教师、项目和机构流动[7]
6. 招募国际生、派出学生、课程国际化、教师研究与交流、组织国际承诺[8]
7. 特许项目、项目合作/联合学位、结对子项目、离岸校园[9]
8. 内向型国际化、外向型国际化和综合型国际化[10]
9. 国际研究计划、国际机构连接、学生交换项目等11种[11]
10. 人员交流、课程国际化、跨境教育、建立区域（全球）性协作组织[2]
11. 学术项目、研究和学术合作、课外活动、外部关系和服务[12]
12. 机构流动、学生流动、人员提升和课程变革[13]
13. 科研和教育有关的活动、技术援助与合作、课外活动与服务[14]
14. 员工发展、学生流动、课程革新、组织变革[15]

　　不难发现，现有高等教育国际化类型研究虽然成果繁多，但仍存在两个方面的不足：第一，高等教育国际化分类很多，但这些分类并非严格意义上的分类，更像是国际化活动的全面罗列，活动之间重叠与混杂严重[16]；第二，现有国际化分类缺乏国际化方向的考量。仅有的考虑方向性的研究[10]，将国际化方向分类过于绝对化，认为一国教育国际化要么内向，要么外向，要么综合，从而事实上将各国高等教育国际化归入第三类"综合型"，进而导致该分类失去了意义。因此，以既有研究为基础，在对国际化活动进行提炼与归类的基础上，考虑国际化方向成为我们构建中国高等教育国际化类型框架的基本思路。

（二）高等教育国际化类型

　　本文以高等教育管理和国际商务理论相结合的方法研究高等教育国

际化类型，主要的考虑是：第一，理论与方法薄弱是高等教育国际化研究长期存在的一个重要问题，尝试运用多学科的理论视角来建构研究以及解释研究的文献非常有限；第二，高等院校和企业至少存在竞争（自由和开放的竞争）和制度（获取政治权力和合法性）两种形式的同构[17]；高等教育国际化包括了专业服务和商业服务，与知识密集型服务企业的国际化存在相似之处[18]；第三，高等教育机构虽然不是企业，不是以利润最大化为目的的经济组织，但高等教育机构也是独立的法人，也要考虑收入与支出问题。随着财政拨款的减少，各高校支出的持续增加（如为获取优秀人才而提供的高待遇等支出），收支问题成为高校共同关心的问题。因此，借鉴国际商务领域的既有研究成果，结合高等教育管理理论来研究高等教育国际化类型是本文的理论基础。

国际商务理论认为，企业国际化方式包括贸易式、契约式和投资式三类。在三类国际化方式中，企业卷入程度不同，控制程度、资源承诺及承担的风险也存在着较大的差异。直接将企业国际化分类引入高等教育国际化领域虽然具有减少高等教育国际化类型数量，体现不同类型活动在控制和风险等关键指标上的差异等优点，但却无法体现高等教育国际化的特殊性。因此，结合国际商务理论及高等教育国际化相关研究，以钦科陶（Michael. R. Czinkota）等人和奈特（Jane Knight）的国际化分类为依据，我们把高等教育国际化方式归类为人员流动、项目流动和机构流动三类。其中，人员流动包括了学生、教师和研究人员流动；项目流动包括了项目特许、结对子等流动；机构流动包括了机构虚拟流动（远程教育）和实质流动（合资或独资海外分校）。与国际商务理论一致，三类国际化方式的机构承诺、卷入度、控制力和承担的经济风险从人员流动到项目流动再到机构流动均逐渐增加，但与国际商务理论不同的是，三类国际化方式的质量风险从项目流动再到机构流动却逐渐减少。究其原因，质量保证依赖于质量控制机制的充分实施。质量控制机制在国际化过程中虽然可以通过合同安排来实现，但在国外，尤其是在母国不拥有法律管辖权的东道国却并不容易实施。因此，只有投入更多的资源才能确保更多的学术控制力，才能促进并确保质量控制机制的实施，进而实现质量保证的目的。所以，投入越多，质量风险越小；反之，质量风险越大。（图1）[19]

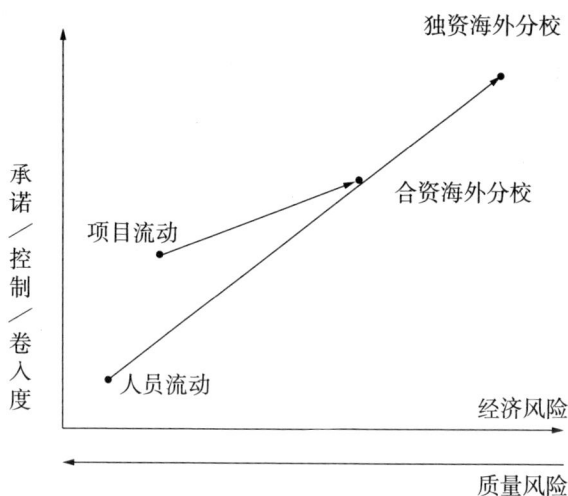

图1　高等教育国际化方式主要指标差异

　　可以看出，把高等教育国际化方式归类为人员流动、项目流动和机构流动三类，减少了国际化类型数目，有助于研究者和实践者从整体上把握和理解高等教育国际化，并根据关键指标的差异制定切实可行的国际化战略，继而推动高等教育国际化发展。不过，深入分析却可以发现，以方式为依据的单一分类存在国际化对一国高等教育、社会及经济发展影响模糊的问题。之所以如此，是因为三类活动均存在流入和流出两个不同的方向，而流入和流出对东道国和母国存在着完全不同的影响。以学生流动对中国的影响为例，学生流入可以增加贸易收入，改善高校收支，有利于吸引人才以及促进高校学生来源多元化；而学生流出却是贸易支出，是人才流出。据统计，中国留学赤字达70万人以上[20]，可见中国高等教育服务贸易逆差严重。因此，在以方式为依据的单一标准分类基础上，明晰国际化方向，继而建立结合方向属性的中国高等教育国际化分类不仅在实践上具有迫切性，而且在理论上具有必要性。

　　国际化方向也是国际商务理论的重要研究内容。国际商务理论认为，企业国际化包括内向国际化（inward internationalization）和外向国际化（outward internationalization）两种类型[21]。内向国际化是指企业意识到在国内市场上存在的国内和国际竞争压力而寻求国内经营的国际化过程，其类型包括间接进口、直接进口、成为外国企业的特许经营方或合资方等，从而在国内市场通过与外国企业进行合作的方式实现企业的国际化；而外向国际化则是企业瞄准国际市场，把国内业务向国外扩展的过程，其类型包括间接出口、直接出口、许可证贸易、特许经营、对外直接投资等形式，其中，对外直接投资是外向国际化的最高级形式。在内向与外向国际化的关系中，内向国际化可以引起外向国际化，外向国际化也可以引起内向国际化。[22]对发展中国家企业而言，内向国际化是基础。企业起初通过内向国际化的学习可以获取国际化知识和经验，然后借助知识和经验的积累与增加，在提高自身竞争力并降低海外经营不确定性的基础上，逐步进行外向国际化。

借鉴国际商务理论的企业国际化方向分类思想，结合前文的高等教育国际化方式分类，我们将高等教育国际化类型进一步划分为外向国际化与内向国际化两类，两类均包括了人员流动、项目流动和机构流动三种方式。不过，由于二者的方向不同，因而人员流动、项目流动和机构流动在两类国际化中呈现出不同的流动方向。具体来讲，内向国际化包括人员流出中国、项目和机构流入中国；外向国际化包括人员流入中国、项目和机构流出中国。不难发现，前者以引进为主，属于中国高等教育的"引进来"；后者以输出为主，属于中国高等教育的"走出去"。

（三）中国高等教育国际化：一个类型的概念框架

结合前文从方式和方向两个方面对中国高等教育国际化类型的讨论与分析，我们构建了一个中国高等教育国际化类型的概念框架（图2）。

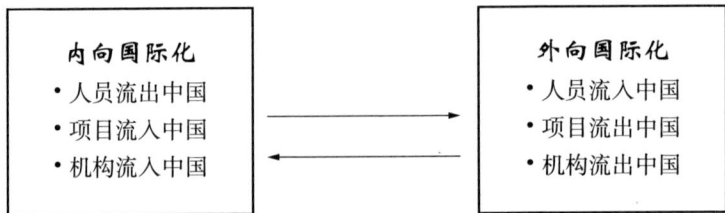

图2 中国高等教育国际化类型的概念框架

　　该概念框架的基本内容如下：

　　（1）中国高等教育国际化类型包括方式和方向两个层面。具体来讲，中国高等教育国际化方式包括人员流动、项目流动和机构流动三种类型；高等教育国际化方向包括内向国际化和外向国际化两个方向。

　　（2）中国高等教育国际化类型是方式和方向分类的有机结合。方式分类虽然有助于我们了解中国高等教育国际化的具体方式，但却无法了解各类国际化活动对中国的影响；方向分类虽然有助于我们明晰国际化活动对中国的不同影响，却无法了解国际化活动的具体方式。可见，只有将国际化活动的方式与方向分类结合起来，才能构建完整的中国高等教育国际化类型概念，即内向国际化包括人员流出中国，项目（外国高校在华设立合作项目）以及机构流入中国；外向国际化具体表现为人员（外国学生以及教学科研人员）流入中国，项目及机构流出中国（中国高校在海外设立合作项目、建立分校）。[①] 也就是说中国高等教育国际化包括了方式和方向两个维度六种具体类型（表2）。

表2　高等教育国际化具体类型

方式	方向	
	内向	外向
人员流动	人员流出中国	人员流入中国
项目流动	项目流入中国	项目流出中国
机构流动	机构流入中国	机构流出中国

　　（3）中国高等教育内向与外向国际化相互影响，促使中国高等教育国际化水平不断提升。中国高等教育的内外向国际化之间存在相互影响、相互促进的关系。这种相互影响不仅体现在中国学生和科研人员的流出促进了外国学生和科研人员的流入，也体现在外国学生和教师等人员的流入进一步促进了中国学生和教师等人员的流出；不仅体现在中国人员的流出促进了外国项目和机构的流入，也体现在外国项目和机构的流入

---

　　① 高等教育的内外向国际化分类虽以国际商务理论为基础而建立，但国际商务和高等教育内外向国际化的表现形式并非完全一致。国际商务中，产品出口属于外向国际化，产品进口属于内向国际化；而教育国际化中，人员流出属于内向国际化，人员流入则属于外向国际化。不过，虽然从表面来看二者存在差异，但从实质来讲二者却完全相同。因为人员流出是本国的支出，类似于产品进口；人员流入则使本国获得外汇收入，类似于产品出口。

进一步促进了中国人员的流出。这种相互影响同样体现在人员、项目和机构内外向流动之间的交互影响方面。最终，人员、项目和机构的内外向流动之间及其相互影响，促使中国高等教育国际化水平不断提升，规模不断扩大。

中国高等教育国际化类型框架的优点是：第一，它把方式和方向两个互补且不冲突的维度整合到同一个框架之中，从而使该框架囊括了高等教育国际化的所有类型，具有高度的概括性、浓缩性和综合性；第二，国际化方式维度符合高等教育管理理论，而方向维度又是国际商务理论的核心，因而该框架具有综合的理论基础；第三，它是一个动态框架，中国高等教育内向国际化影响外向国际化，而外向国际化又影响内向国际化，从而使中国高等教育的内外向国际化紧密结合，互相促进，进而使中国高等教育国际化水平不断提升。

二、数据与方法

中国高等教育国际化，尤其是外向国际化的数据资料非常有限，因而，准确评价中国高等教育国际化状况难度较大。为了解决数据缺乏问题，我们首先收集了分散在机构网站、学术期刊、报纸和书籍中的二手数据，然后通过对数据和资料的交叉检查以验证数据的可靠性，最后以可靠数据为基础对中国高等教育国际化发展水平和程度进行了综合分析与评价。

数据的主要来源有中国教育部网站、中国留学网、中国知网、《中国教育年鉴》和国家留学基金管理委员会网站等。通过这些途径，我们获得了大部分中国高等教育国际化的基本资料。不过，相对于丰富的内向国际化数据资料，外向国际化数据资料比较有限。为此，我们在通过互联网搜索中国高校国外教育合作项目以及分校建立相关新闻的基础上，首先在有国外项目的中国高校网站进行了查询，其次又在东道国教育管理机构网站的国际办学名单中进行了查证，最后汇总了中国高等教育外向国际化数据。

不过，由于数据来源不同，无论在内向还是外向国际化数据的整理过程中，都面临部分数据的不一致问题。为此，我们尽可能采用官方数据（中国教育部和相关国家教育管理部门的公开数据），以对中国高等教育国际化状况进行相对保守的估计。

三、中国高等教育内向国际化评价

（一）中国高等教育内向国际化状况

1. 人员（学生）流出中国状况①

中华人民共和国成立初期，中国主要采取了派遣留学生、互派教育访问团、教师互访等形式与其他社会主义国家高校展开高等教育交流与合作。1950 年，中国政府第一次派出 35 名学生远赴罗马尼亚、波兰、捷克斯洛伐克、匈牙利和保加利亚，学习当地的语言、历史和文化[23]，但"文化大革命"期间几近停滞。改革开放后，高等教育国际化重新起航。1978 年 8 月 4 日，教育部发出《关于增选出国留学生的通知》，做出了从 1980 年开始每年派出 3000 名学生出国留学的决定；1981 年，国务院相继批转了教育部等七部门两个关于自费出国留学的相关规定后，中国自费留学开始起步并快速发展。据统计，1978—1985 年年底，中国自费出国留学人数仅 8000 人，而到 1998 年，总数增加到 16 万人。[24] 2000 年以来，中国出国留学人数又获得了突破性发展，年均增长率接近 20% 以上（图 3）：公派留学范围由原来的研究生拓展到本科生；自费留学发展更为迅猛，目前已占我国海外留学生总数的 90% 以上②；留学地区由起初的少数国家扩展到全球 100 多个国家和地区。2015 年和 2016 年《中国出国留学发展状况调查报告》显示，中国正处于历史上最大规模的留学浪潮中，已成为世界上第一大留学生输出国。

2. 项目和机构流入中国状况

改革开放初期，中国高校即开始了中外合作办学的探索。20 世纪 80 年代中期，中国人民大学、复旦大学和西安交通大学等高校相继举办了中美经济学、法学和企业管理培训班。1998 年美国俄克拉荷马城市大学与天津财经学院（现更名为天津财经大学）合作的工商管理硕士项目，是第一个被中国官方批准授予外国学位的中外联合办学项目。随着国家《关于境外机构和个人来华合作办学问题的通知》和《中外合作办学暂行规定》等文件的颁布，中外合作办学有了明确的政策框架与办学模式，中外合作

---

① 人员流动尽管包括了学生流动、教师流动和研究人员流动三个层面，但出于数据的可获得性等原因，我们在人员流动中仅考察了学生流动，下同。

② 根据《中国出国留学发展状况调查报告》数据计算，自费出国留学人数占出国总人数的比例 2015 年为 91.9%，2016 年为 91.5%。

（万人）

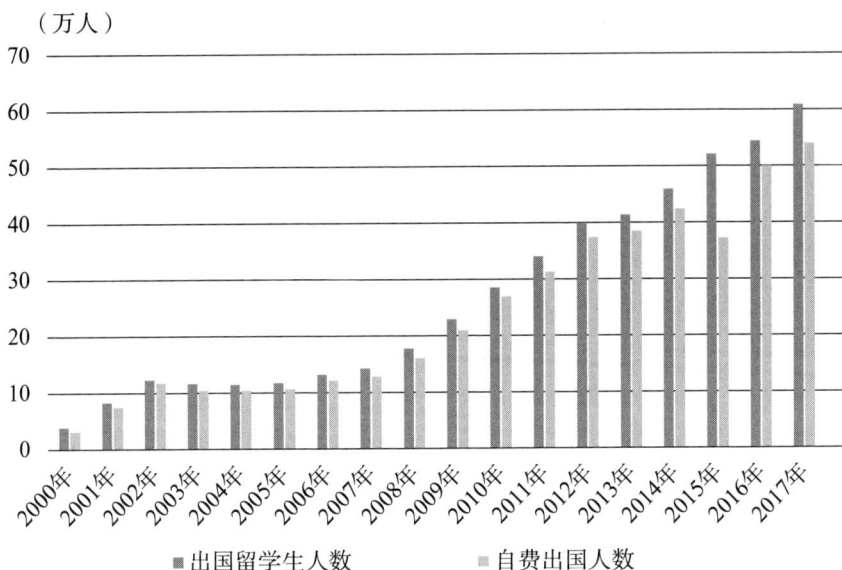

图3 中国出国留学总人数变化趋势

资料来源：历年《中国出国留学发展状况调查报告》。

办学逐渐发展。进入21世纪之后，受经济全球化和加入世界贸易组织以及《中华人民共和国中外合作办学条例》以及《国家中长期教育改革和发展规划纲要（2010—2020年）》系列政策影响，中外合作办学向纵深发展，社会关注度不断提升，社会影响力不断扩大，促进教育改革和推动社会经济发展作用日趋明显。据统计，截至2016年，经审批或复核通过的中外合作独立大学、二级机构和项目共2371个，其中包括宁波诺丁汉大学、西交利物浦大学等7所中外合作大学，本科以上二级机构56个，合作项目1087个。[25] 从教学层次和类型来看，中外合作办学覆盖面广泛，涉及理工、农、医、人文社科等12个学科门类200余个专业；从办学规模来看，各级各类中外合作办学在校生总数约55万人，其中高等教育阶段中外合作办学在校生约45万人，毕业生超过150万人。[26]

（二）中国高等教育内向国际化评价

经过多年发展，中国高等教育内向国际化已经由早期的引进外国师资和公派留学生的初步探索，发展为中国教师海外进修、公派留学、自费留学、联合培养，以及中外双方合作设立独立办学机构或非独立的办学项目与机构等形式共存的多样化局面。尤其是中外合作办学的发展，在拓宽人才培养途径、丰富教育供给和满足多样化需求的同时，创新了办学机制，推动了教育教学改革，促进了中国大学教学及科研质量的提升。但我们在看到中国高等教育内向国际化取得的突出成绩的同时，也不应忽视其中存在的以下问题。

1. 地区（及校际）差异较大

内向国际化主要发展于东部以及东南沿海地区，中西部地区发展相对落后。从学生流出来看，2015年中国出国留学人数最多的10所大学[①]大多位于东部地区；再从经教育部审批的中外及境内外合作办学本科项目数量来看，甘肃、新疆等西部省份均只有1个合作项目，作为科教大省的陕西也只有9个项目，而东部地区的北京有38个项目，上海有69个项目；至于外国高校在华建立的分校则全部位于上海、深圳和苏州等东部地区。这样，由于东部地区高等教育国际化发展充分而使东部地区高校实力进一步增强；西部地区高校则因为内向国际化滞后而发展缓慢，进一步扩大了地区间高校发展水平的差距。

2. 合作办学监管机制不完备，办学质量有待提高

与中国高校国际化主要以提高质量、建设全球知名高校为目的不同，国外很多大学启动国际化工作的一大动因是解决经费紧张问题[25]，因而营利成为这些高校海外办学的主要目的。为了达到营利目的，国外高校就有可能减少项目学生的出国时间，减少来华授课的外籍教师人数、时间和课程内容，从而使得项目教学质量难以保证。可见，对中外合作办学的监督和监管十分必要和重要。但中国对合作办学的监管却非常有限，中国中外合作办学监管主要通过"两个平台"和"两个机制"来实施。两个平台中，中外合作办学监管工作信息平台通过办学监管信息公示实施动态监管，约束力有限；中外合作办学颁发证书认证工作平台仍处于开发的过程之中。两个机制中，无论是中外合作办学质量评估机制，还是中外合作办学执法和处罚机制，均处于机制落实的措施制定阶段。因而，建立健全的监管机构，落实监管机制，促进教学质量的提高是中外合作办学健康发展的当务之急与长期任务。

---

① 这10所大学分别是浙江大学、武汉大学、中山大学、北京大学、同济大学、复旦大学、上海交通大学、清华大学、中国人民大学和南京大学。

四、中国高等教育外向国际化评价

（一）中国高等教育外向国际化状况

1. 人员（学生）流入中国状况

1978 年，中国只有来自 72 个国家的 1236 名留学生，分布在全国 9 个省（自治区、直辖市）的 35 所高校。伴随高教领域的逐步对外开放，我国接收外国留学生政策日趋明确，即"坚持标准，择优录取，创造条件，逐步增加"，进而使来华留学生规模呈现出逐步递增的趋势。到 1996 年，中国共接收留学生 41211 人，一跃成为世界接收外国留学生最多的国家之一。

近年来，随着中国国力的提升和国际地位的提高以及中国留学生政策的进一步改革，越来越多的外国学生选择留学中国。据教育部 2016 年 4 月 14 日发布的 2015 年全国来华留学生数据：2015 年，外国来华留学人员数量达到了 397635 人，生源地遍布全球 202 个国家和地区，学生在中国 31 个省（自治区、直辖市）的 811 所高等学校、科研院所和其他教学机构中学习，各类外国留学人员较上年增加了 20581 人，增长率达到了 5.46%。接收留学生的高等学校、科研院所和其他教学机构比 2014 年增加了 36 个，中国成为了第三大留学生输入国。来华留学生中，学历生占比已经由本世纪初期的 26.3% 上升到 2015 年的 46.47%。[27]这表明，外国留学生在华学习时间持续增加，留学生对中国教育服务贸易贡献不断提升。

2. 项目和机构流出中国状况

在积极吸引国际学生的同时，中国高校"走出去"步伐加快，境外办学项目持续增加。截至 2017 年 9 月，中国经审批机关批准设立或举办的高等教育机构境外办学机构和项目共有 103 个[28]，其中机构有 6 个，分别是老挝苏州大学、厦门大学马来西亚分校、云南财经大学曼谷商学院、北京语言大学东京学院、北京师范大学－英国卡迪夫大学中文学院和北京大学汇丰商学院牛津校区[29]，中国已有 35 所高校赴境外开展办学活动。

（二）中国高等教育外向国际化评价

从整体来看，中国高等教育外向国际化发展仍非常滞后，主要体现在以下几个方面：

1. 来华留学生规模整体仍偏小

尽管中国已成为全球第三大留学生输入国，但如果把中国留学生输入量与输出量进行比较不难发现，来华留学生规模仍然偏小，推动留学生输出与输入平衡仍是中国高等教育外向国际化的一项重要任务。

2. 来华留学生结构不合理

为了深入了解中国高等教育外向国际化状况，我们对来华留学生结构进行深入分析后发现：第一，留学生在华区域分布不均衡。来华留学生主要分布在东部及中部地区，西部地区高校留学生数量普遍偏少。从中国国家留学网 2015 年的统计分析来看，"985"高校中，东部高校留学生占在校生的平均比例为 8.28%，中部为 3.72%，西部只有 2.83%。可见，留学生在华存在地理分布不均衡的问题。第二，学历生占比仍然较低。21 世纪以来，尽管来华留学学历生占比总体上不断提高（图 4），但均未超过半数。较低的学历生比重，说明多数来华留学生属于短期的培训或交流性质，对中国教育经济的贡献度有限。第三，留学生来源国不平衡。来华留学生主要来自亚洲与非洲等发展中国家和地区，来自欧洲

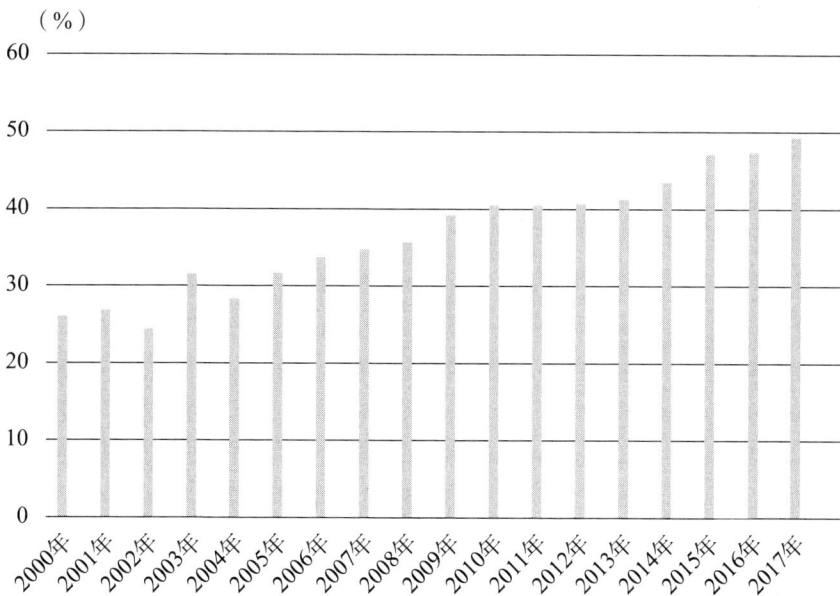

（%）

图 4　来华留学学历生占比变化趋势

资料来源：根据相关数据整理。

和北美洲等发达国家和地区的留学生数量仍较少，这种情况既不利于构建中国高校多元化的教育环境，也不利于中华文化在全球的传播与发展，制约了中国软实力的提升。

3. 海外办学项目及分校数量有限

中国高校海外项目数量尚不及国外高校在中国合作项目数的 1/20；中国高校海外分校数量远少于发达国家，甚至少于一些发展中国家。资料表明：截至 2016 年 6 月，美国高校海外分校数达 89 所，英国 45 所，俄罗斯 22 所，印度 9 所。[26] 由此可见，中国高等教育外向国际化发展任务艰巨。

五、结论

本文以高等教育管理与国际商务理论为基础，构建了中国高等教育国际化类型的一个概念框架，然后依据该框架对中国高等教育国际化状况进行了评价。本文的主要结论有四点：

（1）中国高等教育国际化类型划分须结合方式和方向两个维度。中国高等教育国际化类型，可以按照方式划分为人员流动、项目流动和机构流动三类，按照方向划分为内向和外向国际化两类。只有将方式和方向两个维度结合，才有助于从整体上把握中国高等教育的国际化。

（2）中国高等教育内向国际化质量有待提高，外向国际化有待大力发展。整体来看，中国高等教育内向国际化成绩突出，外向国际化发展滞后。但详细而深入地分析可发现，内向国际化存在区域之间差异较大，合作办学质量有待提高等问题；外向国际化存在留学生规模较小且结构不合理，海外办学项目及机构数量有限等问题。虽然内外向国际化均存在一定的不足，但根据国际商务理论，外向国际化，即"走出去"才是真正意义上的国际化。只有"走出去"，才能与国际市场密切接触，才能了解东道国教育的实际需求，才能通过与高水平大学的合作或同台竞技提高自身竞争力。因此，在提升内向国际化质量的同时，促进外向国际化的快速发展是中国高等教育国际化发展的主要任务。

（3）学生流动是中国高等教育外向国际化的主要形式。人员流动，尤其是其中的学生流动是全球高等教育国际化的主要形式。事实上，就连高等教育国际化比较发达的美国也仍然以学生流动为主要途径。美国高校国际化主要通过派出自己的学生在海外留学和增加招收来美留学生等方式，尤其是加大对付费国际学生的招生加以实现。因此，采取多种举措，积极吸引国际学生来华留学，促进来华留学生结构合理化是推动中国高等教育服务贸易收支平衡以及中国高等教育外向国际化发展的重要路径。

（4）中国高等教育内外向国际化互相影响，促使中国高等教育国际化水平不断提升。通过中国高等教育国际化评价我们可以发现：正是内向国际化发展促进了外向国际化发展，而外向国际化发展又促进了内向国际化质量和水平的不断提高，进而使中国高等教育国际化水平不断提升。

参考文献

［1］DE HAAN H. Internationalization: interpretations among Dutch practitioners ［J］. Journal of studies in international education, 2014, 18（3）: 241-260.

［2］黄福涛. "全球化" 时代的高等教育国际化：历史与比较的视角［J］. 北京大学教育评论，2003（2）: 93-98.

［3］HAMMOND C D. Internationalization, nationalism, and global competitiveness: a comparison of approaches to higher education in China and Japan ［J］. Asia Pacific education review, 2016, 17（4）: 555-566.

［4］TAYAR M, JACK R. Prestige-oriented market entry strategy: the case of Australian universities ［J］. Journal of higher education policy & management, 2013, 35（2）: 153-166.

［5］LI X, ROBERTS J. A stages approach to the internationalization of higher education? The entry of UK universities into China ［J］. Service industries journal, 2012, 32（7）: 1011-1038.

［6］奈特. 激流中的高等教育：国际化变革与发展［M］. 北京：北京大学出版社，2011.

［7］CZINKOTA M R, GROSSMAN D A, JAVALGI R G, et al. Foreign market entry mode of service firms: the case of US MBA programs ［J］. Journal of world business, 2009, 44（3）: 274-286.

［8］OYLER K L. Higher education goes global: a comparative study of internationalization at an American and Australian university ［D］. SC: University of South Carolina, 2009.

［9］CHADEE D, NAIDOO V. Higher educational services exports: sources of growth of Asian students in US and UK ［J］. Service business, 2009, 3（2）: 173-187.

［10］毕晓玉，张晓明. 内向型与外向型：中美高等教育国际化发展模式分析［J］. 现代大学教育，2006（1）: 84-88.

［11］ELKIN G, DEVJEE F, FARNSWORTH J . Visualising the "internationalisation" of universities ［J］. International journal of educational management, 2005, 19（4）:

318-329.

［12］ZHA Q. Internationalization of higher education: towards a conceptual framework ［J］. Policy futures in education, 2003, 1（2）: 248-270.

［13］MAZZAROL T, SOUTAR G. "Push-pull" factors influencing international student destination choice ［J］. International journal of educational management, 2002, 16（2）: 82-90.

［14］KNIGHT J, DE WIT H. Strategies for internationalisation of higher education: historical and conceptual perspectives ［R］// DE WIT H. Strategies for internationalisation of higher education: a comparative study of Australia, Canada, Europe and the United States of America. Amsterdam: EAIE, 1995: 5-32.

［15］RUDZKI R J. The application of a strategic management model to the internationalization of higher education institutions ［J］. Higher education, 1995, 29（4）: 421-441.

［16］金帷. 国外高等教育国际化策略研究进展综述［J］. 比较教育研究, 2013（7）: 73-78.

［17］STROMQUIST N P. Internationalization as a response to globalization: radical shifts in university environments ［J］. Higher education, 2007, 53（1）: 81-105.

［18］SMITH H L. Learning to compete in European universities: from social institution to knowledge business［J］. Papers in regional science, 2011, 90（1）: 238-240.

［19］NDUBISI N O, NAIDOO V, WU T. Innovations in marketing of higher education: foreign market entry mode of not-for-profit universities ［J］. Journal of business & industrial marketing, 2014, 29（6）: 546-558.

［20］陈蕴哲. 专家解读中国的国际教育:"留学赤字"亟待削减［EB/OL］.（2016-12-25）［2017-06-15］. http://opinion.zjol.com.cn/mrwp/201612/t20161224_2300276.shtml

［21］WELCH L S, LUOSTARINEN R K. Inward-outward connections in internationalization ［J］. Journal of international marketing, 1993, 1（1）: 44-56.

［22］FLETCHER R. A holistic approach to internationalisation ［J］. International business review, 2001, 10（1）: 25-49.

［23］杨桂青, 黄金鲁克, 张东. 世界坐标中的大国抉择:新中国留学工作纪实［N］. 中国教育报, 2014-12-12（1）.

［24］育文. 走向世界的中国高等教育［J］. 中国高等教育, 1999（19）: 22-24.

［25］《中国教育年鉴》编辑部. 中国教育年鉴［M］. 北京:人民教育出版社, 2017.

［26］珀纳, 奥罗兹, 刘博森. 促进学生流动:美国高等教育国际化的发展趋势［J］. 比较教育研究, 2015（8）: 89-99.

［27］2015年全国来华留学生数据发布［EB/OL］.（2016-04-14）［2017-07-16］. http://www.moe.gov.cn/jyb_xwfb/gzdt_gzdt/s5987/201604/t20160414_238263.html.

［28］张烁. 我国中外合作办学机构和项目达2403家［EB/OL］.（2016-07-21）

［2017-07-16］. http://news.sciencenet.cn/htmlnews/2016/7/351815.shtm.

［29］北大汇丰商学院. 140 年后的"登陆"：北大汇丰商学院创办英国校区［EB/OL］.
（2017-02-23）［2017-07-16］. http://news.pku.edu.cn/xwzh/129-296772.htm.

（叶琳，西安交通大学外国语学院副教授，博士研究生；王增涛，西安交通大学自贸区研究院、经济与金融学院教授，博士研究生。原载《比较教育研究》2018 年第 5 期，略有改动。）

国际组织人才培养的国际经验及中国的培养机制

郦　莉

　　一个国家拥有国际职员的数量和职位是其软实力的重要体现。20世纪 50 年代到 60 年代以来，我国开展了多项国际组织人才能力建设项目。1995 年以来，中国政府协助联合国在北京举行青年专业人员考试（YPP），为青年人才进入国际组织任职提供了渠道。自 2003 年以来，平均每年有 1—2 位中国籍人士在国际组织中担任要职。[①]《教育部人才工作协调小组 2013 年工作要点》提出要积极培养和推荐教育系统优秀人才到相关国际组织任职工作。2014 年，中国联合国教科文组织全国委员会与国家留学基金委员会合作，首次推出选拔优秀青年赴联合国教科文组织实习的项目。2016 年，《关于加强国际科技组织人才培养与推送工作的意见》提出，从国家层面制定鼓励科技人员参与国际组织任职和国际科技交流的激励机制。2017 年，《国家留学基金资助全国普通高校学生到国际组织实习选派管理办法（试行）》发布，国家将资助选派或自行联系获得实习岗位、到海外国际组织实习的学生。

　　截至 2017 年 1 月，联合国秘书处共有 39651 名国际职员，来自 187 个成员国。按照会费缴纳比例和人口分布情况，中国在联合国秘书处的理想员额幅度是 164—222 人，但目前仅有 81 人，属于人员构成代表名额不足的国家之一。[1]本文通过考察国际组织人才培养的国际经验，分析我国已有机制，试图为我国国际组织人才培养提供思路。

一、国际组织人才培养的国际经验

　　从国际组织人才培养的国际经验来看，既要努力将国内名城建设成

---

　　① 如联合国副秘书长陈健（任职时间为 2001—2007 年）、沙祖康（任职时间为 2007—2012 年）、吴红波（任职时间为 2012—2017 年）、刘振民（任职时间为 2017 年至今）和助理秘书长徐浩良（任职时间为 2013 年至今，兼任联合国开发计划署助理署长兼亚太局局长）等。此外，国际法院、国际展览局、世界气象组织、万国邮政联盟、世界卫生组织等机构均有中国籍人士担任要职。

为国际组织的驻地，也要从推荐策略、能力提升和项目资助等方面构建一套可持续发展的人才孵化体系。

（一）发挥驻地比较优势

国际组织总部或办公室驻地的选址对于城市的发展至关重要，会促成国际组织与世界城市之间的良性互动。欧洲的日内瓦、布鲁塞尔、巴黎、维也纳、罗马和波恩等城市，都是国际组织驻地，吸引着全球关注教育、文化、科学、海关、食品、气候变化等议题的目光。2016 年 3 月，联合国环境规划署（UNEP）将《关于汞的水俣公约》常设秘书处设在了瑞士日内瓦。[2] 从其决议文书中，可以看出国际组织选址取决于哪些因素。

首先，充裕的财政支持、办公条件、金融服务和政策优惠。日内瓦向《关于汞的水俣公约》常设秘书处承诺，每年为秘书处提供 250 万瑞士法郎的财政支持，整合基础设施（约需 10 万瑞士法郎）、提供免租金办公空间和日内瓦国际会议中心（CICG）供其使用。此外，日内瓦能够提供优质的航空、铁路、医疗和保险服务，有世界一流的学校和研究机构，跨国支付和转账便利，签证审批快捷。此外，日内瓦能为国际雇员的家属提供就业援助，雇员家属不受外国人在瑞士工作的限额或其他劳务市场规定的限制。

其次，多元文化与传播力提升协同效应。瑞士是一个拥有多元文化的国家，使用德、法、意等多种语言，外国居民占日内瓦人口的 39%。日内瓦政府、迎宾中心、外交委员会、记者俱乐部、国际组织不动产基金会（FIPOI）、联合国记者协会（UNCA）日内瓦分会的专业服务，更使日内瓦成为一个国际组织间的协同中心。[2] 此外，被誉为"世界公园"的瑞士也因其环境优美和崇尚和平受到国际组织的青睐。

鉴于以上的硬软件比较优势，联合国环境规划署提出了在日内瓦建立"国际环境之家"（IEH）的国际组织"协同"理念①，即通过联合 173 个联合国成员国常驻代表团、240 多个外交使团和 250 多家拥有联合国经济及社会理事会（ECOSOC）地位的非政府组织，使跨行业、跨国界的

---

① 瑞士日内瓦已经设立了多家国际机构总部，例如：《巴塞尔公约》《鹿特丹公约》《斯德哥尔摩公约》联合秘书处，联合国环境规划署，国际化学品管理战略（SAICM）秘书处和《关于汞的水俣公约》常设秘书处，还有世界卫生组织（WHO）、世界贸易组织、世界知识产权组织（WIPO）、国际电信联盟（ITU）、国际劳工组织（ILO）等。

国际组织实现协同合作，共同推动各国为全球环境治理做出贡献。[2]

（二）建设后备人选能力

根据联合国人力资源管理办公室发布的《联合国胜任力发展：一本实用手册》，国际组织职员需具备核心价值观、核心胜任力和管理胜任力三个方面共 17 项素质。① 国内学者将其概括为价值认同、思维方式、个性特质、交流能力和专业知识五个方面。[3] 从联合国职员的招募流程看，任职渠道主要有三种方式：政府推荐、考试应聘和实习留任。通过制定符合本国特点的政策和人力资源管理机制，发达国家和人员构成代表名额较高的发展中国家能够保证本国优秀人才源源不断地进入国际组织任职。

1. 瑞士：将国际组织的存在视为外交利益

2017 年，联合国年度预算为 27.77 亿美元，其中，瑞士的会费缴纳比例为 1.14%。[4] 根据联合国的推算，瑞士在联合国任 P2 级 ② 以上职务的人员理想幅度为 25—34 人，而其实际任职人数为 36 人，属于代表人数超出正常比例的欧洲国家。[1] 对于这个国土面积仅 4.1 万平方公里、人口仅有 800 万的国家，其在国际组织中超高的代表性与其国内全球化的深度及其注重国际组织的外交政策密不可分。瑞士外交部（FDFA）明确指出：国际组织的存在是瑞士的外交政策利益，国内各个领域都要通过在联合国政治机构和委员会任职，增加国际组织雇员人数，协助有才干的年轻人进入国际任职渠道，融入全球网络。为了维护这一外交利益，瑞士积极主办国际会议，申报联合国政治机构和委员会成员国，派遣国际组织专家团成员，并创造各种条件让青年人才在国际组织崭露头角。自 2002 年瑞士成为联合国正式成员国以来，国际组织中的瑞士籍职员人数逐年增长，瑞士外交部的联合国与国际组织司和联邦各部门、联合国特殊行动部门、联合国志愿者组织（UNV）协调合作，运用从信息提供到项目资助、培训课程、能力评估、政府公关、外交沟通等多种方式，为国家或个人争取国际任职机会。[5][6] 作为《武器贸易条约》（ATT）秘

---

① 核心价值观包括三项：品德、专业和包容；核心胜任力包括八项：沟通交流、团队合作、规划组织、诚信可靠、用户导向、创新能力、技术意识和终身学习；管理胜任力包括六项：富有远见、善于引领、乐于赋权、基于业绩、构建互信和决策能力。

② 国际组织将专业及以上职类分为六级：P2 到 P7/D2 级。P2 级为至少有 2 年工作经验的初级职位。

书处所在地、联合国国际贸易法委员会（UNCITRAL）成员国、联合国人权理事会（HRC）成员国，瑞士籍职员担任过联合国国际法委员会（ILC）、世界气象组织仪器和观测方法委员会（CIMO）主席，万国邮政联盟（UPU）副总干事等职，发挥着重要的国际影响力。[7]

2. 日本：将国际型人才培养纳入教育改革

2016年，日本的联合国会费缴纳比例为9.68%，仅次于美国。[4]根据联合国的推算，日本在联合国任P2级以上职务的人员理想幅度为167—226人，而其实际任职人数为79人，属于代表性不足的亚洲国家，人才输送潜力巨大。[1]早在20世纪70年代，日本就开始注重培养具备全球生存能力的国民。1974年以来，日本外务省国际机构人事中心开始实施"初级专业人员派遣计划"（以下简称"JPO派遣计划"），通过提供资金支持和人才奖励机制，为35岁以下的日本青年赴国际机构工作创造条件。经过笔试、面试，选拔特定专业的优秀人才，由国家向国际机构推荐。派遣为期两年，派出期间由国家承担薪酬。1974—2014年，日本通过该计划向国际机构派遣雇员约1400人。在担任业务类官员以上职务的765名日本籍国际雇员中，约有330人是通过这一计划在国际组织任职的。2007年，日本外务省开始委托广岛维和人才培养中心实施维和人才培养计划。该中心与联合国志愿者组织合作，将维和人才的培养分为在日本学习和海外实务研修两个阶段，受训人员毕业后即有机会以联合国志愿者的身份被派往国际维和现场。[8]近年来，日本政府将国际型人才培养正式列入高等教育改革计划中，与文部科学省2009年推出的"国际化基地建设（G30）"项目和2014年确立的名古屋大学、大阪大学等37所高校"超级国际化大学计划"的建设配套推进。[9]这一举措巧妙地将国际组织人才培养的长远目标与争办世界一流大学的教育改革进程结合起来。

3. 韩国：以联合国秘书长当选提升影响力

2006年潘基文（Ban Ki-moon）成功当选联合国秘书长，与韩国政府的外交努力密不可分。由于"地区轮换"和秘书长不能由安理会五大常任理事国担任的原则，接替联合国第7任秘书长安南（Kofi A. Annan）的联合国第8任秘书长候选人应出自亚洲。韩国政府将其视为进入国际舞台的重要契机。自2005年起，韩国政府就开始酝酿推荐外交与通商部长官潘基文竞选联合国秘书长，为此积极在安理会理事国之间密集游说，并主动放弃了2007—2008年联合国安理会非常任理事国的选举。2006

年，潘基文以明显优势当选。

（三）开辟高校"双创"阵地

美国在联合国的会费缴纳比例为 22%，居首位[4]，在联合国任 P2 级以上职务的人员理想幅度为 373—504 人，而其实际任职人数为 357 人，尚处于代表性不足的国家范畴。[1]美国大学的国际关系专业毕业生进入国际组织任职的比例是比较高的，这与其培养国际化创新创业人才的课程设置宗旨有关。其课程议题以横向区域与纵向专题交叉而成的"矩阵"知识结构结合全球热点问题来确定，每门课程都对应若干个国际组织，学生可根据兴趣与未来就业方向选课。同时，国际组织也可以作为研究样本和数据来源，学生在有机会去国际组织实习时可以展开田野调查。比如乔治·华盛顿大学国际事务专业硕士课程中的"发展项目管理"这一研究方向，就根据国际组织发展援助类岗位的要求，设置了"经济与发展事务""性别与发展事务""金融与发展事务""发展项目管理""教育与发展"等学科课程和"发展管理流程、工具"等应用型课程。约翰·霍普金斯大学尼采高级国际研究学院则将侧重实践的第二课堂拓展到了国际组织的实习岗位中。[10]

与大学的课程设计相呼应，由青年学生自发组织的"模拟联合国"（Model UN）也起源于美国。1927 年，一批哈佛学子参照国际联盟的议事程序，模拟各国外交官讨论国际问题。模拟联合国强调"学生组织、学生参与、学生获益"。1951 年，美国加州大学率先成立模拟联合国团队并举办活动。1968 年，模拟联合国活动进入中学。2008 年，由联合国新闻部组织发起的全球模拟联合国活动在纽约联合国总部正式启动，并自 2009 年开始每年举行，为世界各地的模拟联合国活动提供示范和参考。哈佛大学法学院和麻省理工学院研发的国际谈判教学资源中心通过成立跨校联合体，搭建了可免费下载的冲突解决理论与实践模拟案例的共享平台。[11]如今，全球每年有近 400 个模拟联合国大会在 50 多个国家召开，参会师生来自 100 多个国家，超过 400 万人。

二、中国国际组织人才培养机制

当前，中国在融入国际体系的过程中面临一个史无前例的时代，急需激发国内外主体的活力，加速国际组织人才的培养。几十年来，在教育部、外交部、人力资源和社会保障部（以下简称"人社部"）以及地方政府教育部门的支持下，国内外高校、科研院所、中学和社会组织开展了众多面向国际化、多语种、跨学科高端复合型人才培养的项目。

（一）培养机制的类别与比较

培养机构或项目名称中含有"国际公务员""联合国"或具体国际组织名称的项目，大致可分为学位培养和集体研修两大类（表1）。从严格意义上讲，以"外派国际化人才""外交外事人才""涉外人才"为培养目标的项目远不止这些。①

表1　中国高端复合型国际组织人才培养项目

项目类型	培养机构	项目名称	起止年份	专业学位
学位培养项目	北京外国语大学联合国译员培训部	高级翻译班[12]	1986—1994	翻译理论与实践硕士
	上海外国语大学英语学院	国际公务员人才实验班[13]	2007—	翻译学士
	北京外国语大学研究生院	"探索国际组织需要的复合型人才"项目[14]	2010—	国际关系硕士
	对外经贸大学教务处、国际经贸学院等	国际组织人才基地班[15]	2013—	国际经济与贸易本硕联合培养
	四川外国语大学国际关系学院、英国艾塞克斯大学	国际组织人才教改实验班[16]	2014—	"3+1+1"本硕连读

① 例如：1993年，北京顺义国际学校举办海牙国际模拟联合国大会分会暨第一届北京模联大会（BMUN）。1995年，外交学院举办中国高校首次模联会议，成为中国最早的模联开拓者。十几年来，国内高校已将模联打造成培养国际组织人才的重要平台。2004年，外交学院与中国联合国协会合作主办第一届中国国家模拟联合国大会（CNMUN）。2014年，北京大学首次举办中学生模联会议。同年，共青团中央主办全国中学生模联大会。2016年成立的中国外交培训学院承担起各地外办涉外人员培训与国际职员后备人员培训的职能。陈江和基金会2016年在博鳌论坛向中国华文教育基金会捐赠1亿元人民币，设立"'一带一路'人才培训专项基金"，在未来10年支持中国与"一带一路"沿线国家开展人才培训项目。2017年，由国家发展和改革委员会、国务院侨务办公室指导，"一带一路"国际智库合作联盟和中国与全球化智库（CCG）支持举办2017"一带一路"人才培训学位班暨研修班。此外，很多省、自治区、直辖市的重点高中也有采用国外教育模式建设的国际部，都是旨在培养国际化人才的有益举措。

续表

项目类型	培养机构	项目名称	起止年份	专业学位
学位培养项目	上海财经大学研究生院、美国福德汉姆大学、英国伦敦玛丽女王大学、美国乔治·华盛顿大学等	国际组织人才培养基地班（国际金融、法律）	2016—	法律/金融硕士（国内外合作院校）
	海南大学经济与管理学院	文科实验班（国际组织人才培养基地班）	2015—	经济学学士
	北京外国语大学国际组织学院	国际组织学科建设和人才培养基地	2017—	法学硕士
集体研修项目	中国科学院国际合作局、中国科学技术大学公共事务学院	国际组织任职及后备人员高级培训班	2010—	无
	中国联合国协会[17]、承办高校①	中国国际公务员能力建设项目	2011—	无
	联合国协会世界联合会、北京大学陈翰笙世界政治经济研究中心	联合国：中国青年国际事务能力高级培养计划	2012—	无（15岁以上高中生参加）
	西交利物浦大学、苏州市工业园区教育局、西安交通大学苏州附属中学	"国际化人才创新实验班"合作计划	2014—	高中生
	清华大学学生职业发展指导中心、国际合作与交流处、国际教育办公室、共青团清华大学委员会	国际组织人才训练营	2017—	无
	联合国教科文组织、中国工程院、西安交通大学、公私企业	联合国教科文组织国际工程科技知识中心丝路培训基地	2017—	无

　　由于生源特点、资金来源和管理机制不同，学位培养项目相较集体研修项目在培养方式和管理机制方面更为稳定。然而，面向本硕博在读学生的学位培养项目并不能满足当前国际组织人才培养的广泛需求。政府和企事业人力资源管理部门为员工进修开展的培训，越来越多地与高校或研究机构合作，提升了授课质量和知识深度。同时，国外高校或院

――――――――
　　① 中国国际公务员能力建设项目第一期至第七期的承办高校分别为：中国人民大学、复旦大学、北京语言大学、上海外国语大学、浙江大学、中华女子学院和四川外国语大学。

系机构、跨国企业、地方政府、社团组织和私立机构也加入到集体研修项目竞争中来，为有需求的学员提供了多元选择。

（二）培养项目的趋势与特点

据国际协会联盟（UIA）统计，世界上共有6.9万家国际组织，其中，3.7万家国际组织处于活跃状态。[18]由于不同的国际组织关注的领域不同，从政治、经济、社会、文化，再到体育、卫生、教育、环境、安全、贫困、人口、妇女、儿童等领域，因此，国际组织人才所需要的是以国际意识为体、以行业发展为目标的跨学科通识体系。从培养主体来看，既有跨越国界的国际组织，也有中外合作举办的院校，既有哲学社科型培养主体，也有自然科学和理工型培养主体，结合国家的"一带一路"倡议与"走出去"战略，正在形成一种项目导向式的特色协同培养体系。其趋势和特点可以归纳为以下三方面。

1. 涉外学科通识化

国际组织人才培养的知识构成，既包括语言学、政治学、经济学、管理学等一级学科，也包括翻译学、国际关系、国际贸易、国际金融、国际法、行政管理等二级学科，又要有国际组织、国际公务员的业务知识，还要了解跨文化交流、外交谈判和礼宾礼仪，如表2所示。其知识谱系的左端为具有普适性的人类学、世界史等系统理论，可通过对史料和规律进行梳理的归纳法获取，右端则为具有特殊性的业务实训，可通过个体访谈和案例分析的演绎法呈现。（图1）

表2　国际组织人才的通识知识体系构成

知识分类	课程名称
系统理论	人类学、国际关系史、外交史、外交理论、国际关系理论、国际政治等
国际组织	全球治理、多边外交、国际组织与制度、联合国知识与术语等
经济管理	政治经济学、世界经济、微（宏）观经济学、国际贸易、国际金融、商务谈判、国际市场营销、国际危机管理等
国际法	国际法与规则制定、国际经济法、国际争端解决等
交流艺术	社会学、公共外交、跨文化交流、辩论与谈判技巧、涉外礼宾礼仪、外语沟通力、翻译理论与实践、应聘技巧、涉外工作素养、形体塑造等
业务实训	国际组织人事制度、国际职员队伍建设、公文写作等

宏观/史论（归纳法）　　　　　　　　　　　　微观/实践（演绎法）

系统理论　　国际组织　经济管理　　国际法　交流艺术　业务实训

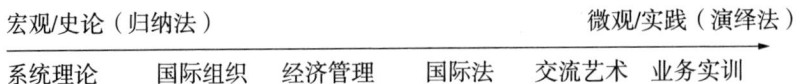

图1　国际组织人才知识谱系

2. 培训结构扁平化

发起国际组织人才培养项目倡议的主体日益多元化，授课主讲人的来源也越来越丰富，既有国际组织任职人员、驻外大使、外交人员，也有行业翘楚、招聘官员、财务专家，他们的工作经验是宝贵的隐性知识，通过口述案例、培训授课的方式能转变为显性知识。以多元主体作为施动方，以潜在的国际组织人才作为受动方，在互联网和大数据的协助下，可以将教学效果和社会网络可视化，在扁平化的管理平台中实现教学相长、优化培养效果。

借鉴麻省理工学院斯隆研究中心（MIT Sloan）葛洛（Peter A. Gloor）研究员在 2003 年提出的协同创新网络（COINs），我国可以构建一套"国际组织人才培养协同创新网络"。[19]参与各方既有纵向信息流，又有横向关系网，能够通过可视化的社会网络分析软件向管理者呈现在信息沟通中贡献最多、效率最高的创新贡献者，通过对其进行精准激励实现绩效管理。

以协同创新网络项目推进国际组织人才培养，其优势在于：第一，可以对国际组织人才的培养轨迹进行跟踪和案例分析；第二，项目内可自主招生，保证学员有明确的学习目标；第三，根据项目经费预算，可以选择行业内最优秀、最有代表性的授课主讲人，实训场地可以根据授课内容和学员要求灵活选择；第四，项目管理者可以对培训过程进行跟踪、评估和优化，通过维系校友会，各方不定期互动，在最大限度上提升培训课程的性价比；第五，有共同培养目标和原则的项目可以协同合作。

3. 知识谱系本土化

在通识体系的基础上，有一类非常重要的知识，目前主要作为大学素质教育的选修课程由学生自主选择，就是有关本民族文化的特有知识。只有通晓中国，才能为提升中国影响力和国际话语权贡献更大的力量。对于中国人来讲，这些知识瑰宝可以在多个学科中得以体现（表3），是未来向世界提供中国智慧、中国方案所需的关键才能。

表 3 中国学多元文化知识体系构成

本土特有知识	课程名称
汉语言文字	中国文字、汉语文学（四书五经、百家姓、唐诗、宋词、四大名著、神话传说、现当代文学）、语言学（语法、语音学、语体学）等
中国哲学	诸子百家、宋明理学等
中国历史	中国近现代史、中国外交史等
中国政治	中国共产党、单一制政体、多党合作、政治协商、人民代表大会等
中国经济	公私混合所有制、国有企业、事业单位、产业结构、对外援助等
中国艺术	中国乐器、戏曲、民俗等
中国礼仪	中式礼仪、中式服饰等
中国数学	珠算、勾股定理、鲁班锁、九龙环、华容道等
中国体育	武术、民族舞、象棋等
其他	中国地理、中国医药、茶艺、餐饮等

三、协同共享的人才外交策略构想

从瑞士、韩国、日本和美国的经验来看，无论是人员构成代表性较高的国家，还是代表性不足的国家，都在根据本土特色和优势，探索具有"官产学研用"协同效应的创新人才培养机制。瑞士尽管国土面积狭小，但通过日内瓦的高科技设施和互联网平台，推动实现了跨学科、跨国界的全球治理实践。韩国宣布退出 2006 年的联合国安理会非常任理事国选举，以全力支持该国官员角逐下一任联合国秘书长一职，在其看来后者提升韩国国际影响力的效果更好。这一优先性排序策略调整使韩国既在 2006 年实现了潘基文顺利当选联合国秘书长的目标，也在 2012 年成功当选联合国非常任理事国。日本将"JPO 派遣计划"、国际组织专业人才培养计划和高等教育改革计划有机结合，有助于更好地实现项目资助、行业实践、教学科研的协同创新。美国则将研究型大学的创新能力在实用型人才培养的课程设置与课外实践中具体应用，在大学、中学、国内国外、线上线下的教学科研中充分融合。

如果将国际雇员任职的岗位职数看成是静态固定的，那么，随着参聘人数日益增多，岗位竞争日趋激烈，代表性不足和无代表性国家的雇员与老雇员似乎是零和博弈的关系。以此心态思考这一全球人力资源的公共物品提供问题，就会陷入发展中国家会被发达国家排挤的孤立困境。然而，全世界的国际组织每年都在以几千家的数量级增长，新的岗位永远向全世界最优秀的国际人才开放。因此，零和博弈论应转换为"共享"发展观，努力以协同共享的方式与发达国家和发展中国家开展联合培养。

参考文献

［1］UN GENERAL ASSEMBLY SECRETARY-GENERAL. Composition of the secretariat: staff demographics（report of the secretary-general）［A/72/123］［R/OL］.（2017-07-11）［2017-09-20］. https://digitallibrary.un.org/record/1300996/files/A_72_123-EN.pdf.

［2］联合国环境规划署. 瑞士政府为关于汞的水俣公约常设秘书处在日内瓦提供驻地的意向［R/OL］.（2015-12-02）［2016-10-04］. http://www.mercuryconvention.org/Portals/11/documents/meetings/inc7/Chinese/7_INF5_c_offer.pdf.

［3］滕珺，曲梅，朱晓玲，等. 国际组织需要什么样的人？：联合国专门机构专业人才聘用标准研究［J］. 比较教育研究，2014，36（10）：78-84.

［4］UNITED NATIONS SECRETARIAT. Assessment of member states' contributions to the United Nations regular budget for the year 2017（ST/ADM/SER.B/955）［R/OL］.（2016-12-28）［2017-09-26］. http://undocs.org/en/ST/ADM/SER.B/955.

［5］闫温乐，张民选. 向国际组织输送人才：来自瑞士的经验与启示［J］. 比较教育研究，2015，37（8）：107-112.

［6］阚阅. 全球治理视域下我国的国际组织人才发展战略［J］. 比较教育研究，2016，38（12）：16-21.

［7］FEDERAL DEPARTMENT OF FOREIGN AFFAIRS. Swiss presence in international organizations［EB/OL］.（2017-05-08）［2017-09-24］. https://www.eda.admin.ch/eda/en/home/foreign-policy/international-organizations/switzerland-in-international-organizations.html.

［8］唐永亮. 向国际机构输送人才：日本在国际机构扩大影响力的各种举措［J］. 世界知识，2014（13）：68-69.

［9］马吟秋，马璨婧. 转型期中国高校国际型人才培养模式探索：基于日本的启示［J］. 江苏高教，2017（8）：71-73.

［10］闫温乐，张民选. 美国高校国际组织人才培养经验及启示：以美国10所大学国际关系专业硕士课程为例［J］. 比较教育研究，2016（10）：46-52.

［11］Teaching materials and publications［EB/OL］.［2017-09-26］. https://www.pon.harvard.edu/store/.

［12］吴嘉水. 不一则不专，不专则不能：北外联合国译员训练部十年［J］. 外语教学与

研究，1990（2）：58-61.

［13］林若茹. 国际化人才是怎样炼成的：访上外国际公务员班［EB/OL］.（2010-12-11）
　　　 ［2017-09-28］. http://wmcj.shisu.edu.cn/15/f9/c992a5625/page.htm.

［14］ZHAO X Y. Program nurtures local talent for intl positions［EB/OL］.（2013-12-23）
　　　 ［2017-09-27］. http://usa.chinadaily.com.cn/epaper/2013-12/23/content_17191556.htm.

［15］赵婀娜，刘阳. "接地气"与国际化：顶尖人才必备素质（深聚焦·破解"高精尖
　　　 缺"培养难题）［N］. 人民日报，2015-11-26（17）.

［16］四川外国语大学国际组织人才教改实验班项目招生简介［EB/ OL］.（2016-01-05）
　　　 ［2017-09-27］. http://sir.sisu.edu.cn/info/1043/1251.htm.

［17］中国联合国协会介绍［EB/OL］.（2016-06-30）［2017-09-29］. http://www.unachina.
　　　 org/class/view?id=10059.

［18］UNION OF INTERNATIONAL ASSOCIATIONS. The yearbook of international organizations
　　　 ［M/OL］.［2017-10-01］. http://www.uia.org/yearbook.

［19］GLOOR P A, LAUBACHER R, DYNES S B C, et al. Visualization of communication patterns
　　　 in collaborative innovation networks: analysis of some w3c working groups［C］. Louisiana:
　　　 Proceedings of the twelfth international conference on information and knowledge
　　　 management, 2003.

（郦莉，外交学院中国外交理论研究中心助理研究员，中国与全球化
智库兼职研究员，法学博士研究生。原载《比较教育研究》2018年第4
期，略有改动。）

共建"一带一路"教育
共同体研究

<<<<<

法治逻辑与进路:"一带一路"教育共同体图景
与来华留学生培养

顾莎莎

改革开放以来,来华留学教育的发展在生源规模、国别分布上实现了显著突破。1978 年,我国在校留学生仅为 1236 人。[1]经过 40 年的发展,2018 年来华留学生已达 492185 人,来自 196 个国家和地区。[2]其中,"一带一路"国家留学生成为"新引擎"。据统计,2017 年来自"一带一路"国家的留学生有 31.72 万人,占总数的 64.85%。[3]在"一带一路"倡议下,来华留学教育作为中国参与全球教育治理的重要平台,既直接关系来自"一带一路"国家的留学生的受教育权,又是构建教育共同体的必要路径。本文从受教育权作为一种"发展权"的维度出发,分析了"一带一路"教育共同体图景的法治逻辑,着眼于来华留学生培养面临的法治化问题,提出我国与生源国履行共同体责任的具体路径。

一、法治逻辑:"一带一路"倡议下来华留学教育推动教育共同体"共同发展"

作为构建"一带一路"教育共同体的重要枢纽,来华留学教育囊括了"共同利益""共同命运""共同责任"的命运共同体要素,而以此为起点的则是相关国家留学生受教育权在华的实现。对受教育权的辨识,有助于在教育共同体框架之下,明晰我国与"一带一路"国家之间的发展权益分享关系与责任义务归属。

(一)留学生受教育权的"发展权"之维

关于受教育权的本质,国内外大体形成了"公民权说或政治权说""经济、社会或文化权说""学习权说""发展权说"等学说,上述学说从不同维度揭示了受教育权的某一属性特征。由于"一带一路"倡议下的来华留学教育具有时代性、地域性等鲜明特征，国际社会背景和办学理念较之以往发生了较大变化，加之面向的受教育者来自 60 余个不同地域、不同发展阶段的国家，留学生的受教育权亦被赋予了新的意蕴。2016 年，教育部印发《推进共建"一带一路"教育行动》，将教育共同体的目标定位为"推进民心相通""提供人才支撑""实现共同发展"，这说明"一带一路"倡议下的来华留学教育在基本的教育属性之外，还融合了推进区域政治、经济、社会和文化发展的多重意义。在此背景下，单向度地强调政治、经济或文化属性难以全面诠释出受教育权的丰富内涵。

2017 年 2 月，随着"人类命运共同体"理念首次载入联合国决议，"共同发展"成为凝聚人类命运共同体的基本共识，旨在构建教育共同体的来华留学教育也必然以此为导向。对留学生受教育权的认识不能仅局限于满足受教育者个体教育需求的简单理解，还需根植"共同发展"的图景，基于平等、法治的基础对生源国、留学目的国之间的合作关系进行解释。原因在于，"一带一路"倡议下的来华留学教育不只涉及"个人—国家"层面的权利义务范式，应同时考量共同体内部"国家—国家"的共同利益与共同责任关系。

时下，人权谱系中以发展权为中心的第三代人权学说为阐释人类命运共同体的话语体系带来了理论空间。如学者指出，人类命运共同体思想与第三代人权理论一脉相承。[4]在教育共同体追求"共同发展"的语境下，发展权作为理论溯源为解构来华留学生培养的法治机理提供了崭新的视野。20 世纪 70 年代，随着发展权的提出，受教育权作为一种发展权在法律上得到确认[5]，其核心在于关注教育与发展的深层关系。"发展权说"不仅强调受教育权与发展权之间的关系，而且能够阐释受教育权的实现对于个人发展乃至民族、国家集体发展的推动作用。

"一带一路"倡议下的来华留学教育除却对受教育权的保障，更重要的是赋予和扩大了沿线国家青年的个人发展机会，形成惠及沿线区域的巨大人才资源。教育对于人终身发展的促进，体现为教育对人力资源的价值投资和增值。[6]从这一角度出发，"一带一路"国家的留学生在华的受教育权可视为一种发展权。国家或国际社会都应承担各自的义务，以增进个人或个人按一定方式组成的集体所享有的受教育权[7]，为此，我国与各国在来华留学生培养过程中，充分关照留学生的发展机会，进而推动教育共同体的整体发展，契合当下运用发展权的理论充实人类命运共同体法治内涵的需要。在逻辑进路中，需要解释两层关系：一是来华留学生个人发展权与国家集体发展权的关系，二是教育共同体内部集体发展权之间的关系。

（二）留学生个人发展权与教育共同体集体发展权的耦合

1986 年 12 月 4 日，联合国大会第 41/128 号决议通过的《发展权利宣言》（Declaration on the Right to Development）指出："发展权利是一项不可剥夺的人权，发展机会均等是国家和组成国家的个人一项特有权利。"[8] 发展权作为人权谱系中的第三代人权，是个人发展权与集体发展权的统一，而二者的统一又体现为相互之间的影响。2016 年 12 月，国务院新闻办公室发布《发展权：中国的理念、实践与贡献》白皮书强调，个人发展权只有与集体发展权统一起来，才能实现发展权的最大化。[9]"一带一路"倡议下的来华留学教育，正是遵循了渐次促进和实现"受教育权—个人发展权—集体发展权"的逻辑路径。

首先，来华留学生在实现受教育权之时，也促进了个人发展权。各国青年在参与"一带一路"倡议，共享区域教育资源的过程中，同时获得了经济、社会与文化方面的发展机会。譬如，一些国家青年失业情况日趋严重[10]，"一带一路"倡议下的来华留学教育使人才培养与各国劳动力市场对接，有助于缓解青年的就业压力。其次，就教育共同体的集体发展权来说，留学生作为国际人才的流动和支撑，将为区域的可持续发展长期注入智力贡献，这也是推进共建"一带一路"教育行动顶层设计的目标所在。

（三）教育共同体"共同发展"理念阐释集体发展权的交互受益性

教育共同体的"共同发展"理念在人权法理论中表现为一种集体发展权，这也是我国发展权保障事业的国际向度。《发展权：中国的理念、实践与贡献》白皮书表明：中国积极为各国特别是发展中国家争取公平的发展，使各国都成为全球发展的参与者、贡献者，公平分享发展权益。[9]《推进共建"一带一路"教育行动》也提出："实现沿线各国教育融通发展、互动发展。"由此，无论是"共同发展"还是"融通发展"和"互动发展"，均指出了教育共同体所追求的集体发展权具有交互受益性，这符合人类命运共同体强调的互利共赢精神。"发展权的一个显著特征在于交互性，即在受到其他权利因素影响的同时，也作用于其他权利。"[11]

这种交互性不仅反映于共同体国家之间的相互受益,而且还体现在教育对其他领域发展的驱动作用。具体而言,"一带一路"倡议下的来华留学教育通过提供教育公共产品,以教育的先导性和基础性带动区域的经济增长、民心相通,正是教育共同体集体发展权实现的过程。

需要注意的是,集体发展权的交互性还应强调教育共同体内部共同而区别的责任。《发展权利宣言》和《发展权:中国的理念、实践与贡献》白皮书一致提及各国致力于发展权的责任和义务。如《发展权利宣言》认为:"各国对创造有利于实现发展权利的国家和国际条件负有主要责任……各国有义务在确保发展和消除发展的障碍方面相互合作。"[8] 因此,我国与生源国作为教育共同体的成员,对来华留学生的受教育权的实现负有创造发展条件、消除发展障碍的责任。

二、我国对"一带一路"国家留学生在华受教育权的保障义务之辨识

当下,中国已经成为世界第二、亚洲最大的留学目的国。"一带一路"倡议下来华留学教育规模的发展趋势,展示了我国作为负责任大国参与全球教育治理,推动构建教育共同体的实际行动。

(一)义务向度:国际与国内的双重义务

1985年,我国制定的《外国留学生管理办法》曾将"接受和培养外国留学生"确认为我国应当承担的国际主义义务,而如今的人类命运共同体已远超国际主义[12],培养外国留学生的义务被赋予了时代意义。从法理上看,保障受教育权既是国际人权公约对缔约国确立的义务,又是一国宪法、法律规定的重要内容。鉴于留学生兼具外国人与受教育者的双重法律身份,我国承担的义务需就不同情况分别探讨。

1. 促进区域教育公平和教育发展的国际法义务

来华留学生尽管存在地域、国籍、民族、宗教、文化等方面的具体差异,但本质上仍是享受跨国教育资源的受教育者。受教育权作为国际社会认可的一项基本人权,具有普遍人权和应然人权的性质,为一系列国际人权公约承认。1948年的《世界人权宣言》(Universal Declaration of Human Rights)和1966年的《经济、社会及文化权利国际公约》(International Covenant on Economic, Social and Cultural Rights)等国际公约均指出,高等教育应根据成绩对一切人平等开放。然而,缘于沿线国

家教育资源、机会和质量的差别，各国对其境内公民受教育权的保障能力和程度有所不同。2017 年，联合国教科文组织（UNESCO）、国际教育规划研究所（IIEP）发布的政策文件显示，需要接受高等教育的学生数量在 2000—2014 年翻了一番，达到 2.07 亿人，各国政府面临挑战。[13]"一带一路"国家大多数属于发展中国家，在全球范围内教育水平相对滞后。如近年来华留学生源规模居前的巴基斯坦、老挝、孟加拉国等东南亚、南亚国家，其高等教育毛入学率均处于较低水平。

就国际法上的受教育权而言，作为受教育的义务主体，国家既指单一的国家，也指国家组成的国家集团。[7]在"一带一路"倡议下，基于"共同发展"的教育共同体理念，中国成为留学生受教育权保障的义务主体。《推进共建"一带一路"教育行动》提出："中国愿意在力所能及的范围内承担更多责任义务，为区域教育大发展做出更大的贡献。"当前，我国已建成世界上规模最大的高等教育体系，2018 年，高等教育毛入学率达到 48.1%。作为参与 26 项国际人权公约的国家，我国致力于"一带一路"倡议下来华留学教育，对受教育者不做区别对待，是履行缔约国责任和义务的重要体现。正是由于中国发挥参与全球教育治理的主动性，使更多沿线国家的青年以跨国流动的方式在实然层面实现了接受高等教育的权利诉求。

2. 实践人类命运共同体精神和新发展理念的国内法义务

"一带一路"倡议下的来华留学教育是我国教育对外开放事业的重要组成部分。随着 2018 年"推动构建人类命运共同体"载入《中华人民共和国宪法》（以下简称《宪法》），坚持互利共赢开放战略与贯彻新发展理念经由《宪法》序言确认，为审视国内法义务提供了宪法依据。《宪法》序言效力包括对立法活动的指引，对政治、经济与社会生活的拘束力等。[14]因此，保障各国留学生在华的教育、发展权益，参与"一带一路"教育对外开放，共建教育共同体，可以认为是对《宪法》确立、指引和保障的价值共识的具体实践，也是需要立法机关、政府部门、高校及社会力量贯彻落实宪法精神的一项义务。

（二）义务履行："一带一路"国家留学生在华受教育权的保障措施

受教育权的基本构成大致分为学习机会权、学习条件权以及学习成功权。[5]"一带一路"倡议下来华留学教育保障留学生的受教育权在上述方面取得了长足进步。

1.持续加大来华留学教育经费投入，增加"一带一路"国家留学生的教育机会

我国对"一带一路"国家留学生的资助力度空前，来华留学教育经费随之持续增长。2015 年，国家发展改革委、外交部、商务部发布的《推动共建丝绸之路经济带和 21 世纪海上丝绸之路的愿景与行动》提出："每年向沿线国家提供 1 万个政府奖学金名额。"[15] 此后，获得中国政府奖学金的学生数量逐年上升，分别为 4.06 万人（2015 年）、4.90 万人（2016年）、5.86 万人（2017 年）、6.30 万人（2018 年）。① "一带一路"国家留学生已成为中国政府奖学金资助的重要对象，且资助力度不断加大。如 2017年，来自"一带一路"国家的获中国政府奖学金的学生为 3.87 万人，占比达 66%。[16] 2019 年，中国提出倡议继续实施中国政府奖学金"丝绸之路"项目，增加硕士、博士学位奖学金名额。为支持"一带一路"国家留学生来华，北京、成都、广西、云南等地方政府设有"一带一路"奖学金、东盟国家留学生奖学金及招收周边国家留学生奖学金。各级政府对奖学金经费的大力资助，解决了"一带一路"国家青年因贫困等因素在生源国学习机会受到减损的现实困难，这也是留学生选择来华的主要原因之一。

2.高等院校办学规模扩容，创造教育资源共享的学习条件

在我国来华留学教育事业的发展史上，留学生的管理经历了政府集中向高校放权的转变。伴随"一带一路"倡议的提出，高校在来华留学教育中的重要性也日渐突出。2013—2018 年，承担来华留学教育的高等院校数量不断增加，分别为 746 所（2013 年）、775 所（2014 年）、811 所（2015 年）、829 所（2016 年）、935 所（2017 年）、1004 所（2018 年）。②而在 20 世纪 60 年代，我国接受外国留学生的高等院校仅有 53 所。[17]可以看出，获得来华留学教育办学资格的高等院校规模的扩大，是我国政府对沿线国家留学生人数增长的有力回应，为保障留学生的学习条件权提供了充足的教育资源。

3."一带一路"国家来华留学学历生人数上升，学历学位互认制度逐步完善

获得学历学位证书权作为学习成功权的部分，也是受教育权的最终

---

① 数据来源：中华人民共和国教育部国际合作与交流司历年来华留学生统计资料及中华人民共和国教育部网站。

② 数据来源：同上。

体现。自 2010 年出台"留学中国计划"以来，来华留学学历生人数从 2010 年的 10.74 万人发展为 2018 年的 25.81 万人，授予学位的留学生从 2010 年的 1.19 万人上升至 2018 年的 2.88 万人。^① 其中，"一带一路"国家来华留学学历生规模年均增长率为 20.2%，是整个来华留学学历生年均增长率的近两倍。[18] 此外，我国与 24 个"一带一路"国家签署了学历学位互认协议，使留学生在华取得的教育资历得到沿线国家的认可。

三、"一带一路"国家来华留学生培养的法治化考察

2016 年，《关于做好新时期教育对外开放工作的若干意见》将"教育对外开放规范化、法治化水平显著提高"作为一项目标提出。"一带一路"倡议下的来华留学教育事业的发展开创了新局面，但在法治化层面仍面临一些困境。

（一）域内检视

1. 立法方面

综观来华留学生管理的规范体系，可以说处于重构和完善阶段。20 世纪 80 年代至今，《外国留学生管理办法》（1985 年）、《中小学接受外国学生管理暂行办法》（1999 年）、《高等学校接受外国留学生管理规定》（2000 年）及《学校招收和培养国际学生管理办法》（2017 年）为我国教育对外开放各阶段适用的主要规范依据。在此期间，国家层面有关外国留学生的规范性文件达数十件，涉及专业见习、婚姻、学位授予、学历证书管理、奖学金评审、教学质量、居留管理等诸多领域。

整体而言，现行法律规范体系有以下特点：一是《中华人民共和国教育法》（第 69 条）、《中华人民共和国高等教育法》（第 67 条）、《中华人民共和国学位条例》（第 15 条）等教育立法涉及外国留学生的规定寥寥数条，均为参照性、宣示性、原则性条款。二是结合新时代教育对外开放形势，《学校招收和培养国际学生管理办法》重构了新的法律架构，划定了政府职能部门和高校的职责义务，但一些规定尚缺乏配套制度，可操作性仍有待商榷。比如，《学校招收和培养国际学生管理办法》规定国际学生在高等学校学习期间可以参加勤工助学活动，而国际学生勤工

---

① 数据来源：中华人民共和国教育部国际合作与交流司历年来华留学生统计资料及中华人民共和国教育部 2010—2018 年教育统计数据。

助学制度至今尚未制定。又如,《学校招收和培养国际学生管理办法》新增了"监督管理"一章,强调教育行政部门的监管责任,但留学生培养质量监督的具体制度仍有待建立。三是欠缺对人才培养和发挥作用的整体支持。现行立法思维以留学生的教学、管理为重心,对于留学生实习、就业的制度支持尚不突出。就目前来看,《学校招收和培养国际学生管理办法》《外国人在中国就业管理规定》等立法对留学生的就业问题都做出了一些限制性的规定。四是有关留学生管理的规范性文件或滞后于时代发展,或调整范围狭窄。国家层面的规范性文件大多制定于20世纪80年代和90年代,已不适应社会形势。近几年地方发布的规范性文件,主要涉及留学生奖学金管理、申请事宜。无论是法律规范的可操作性、协调性还是调整领域,都较难充分支持来华留学生培养的法治化。

2. 政府职能方面

面对"一带一路"倡议下的来华留学教育所处国际社会背景的变化,政府职能体系与政府职能发挥有待完善。

首先,由于政府实行"简政放权",高校在招生计划、专业设置、考试考核等方面取得了自主权,而来华留学教育水平和人才培养质量很大程度取决于高校的自我约束和规范。在不断扩张的办学规模下,如果缺乏政府的有力监管,那么沿线国家留学生的规模增长与教育质量的提高将难以实现均衡发展。2016年以来,教育部开展签署《推进共建"一带一路"教育行动国际合作备忘录》。"一带一路"教育行动涉及的西部地方高校基于地缘优势吸纳了大量沿线国家生源的同时,人才培养质量也亟须得到监管和保障。其次,随着授予学位的留学生越来越多,人才培养是否符合"一带一路"建设需要,是否能得到沿线国家长期认可,需要教育行政部门加强对培养质量的监管。再次,为适应管理要求的新变化,《学校招收和培养国际学生管理办法》调整了中央与地方政府职能部门之间的管理体制,为政府履行职责提供了依据,但遗憾的是仅明确了教育、外交和公安三部门的职责。既有政府管理体制和职能发挥较难满足"一带一路"倡议下的来华留学教育推动实现人才支撑、民心相通等多重需要。

3. 高校培养方面

高校运用办学自主权为来华留学生的培养注入了活力,但来华留学教育的水平仍需提高。一是办学行为不规范。不乏有些高校为提升国际化排名,一味追求留学生规模,对招生质量把关不严,降低留学生准入门槛,影响人才培养质量。有的高校师资水平和管理队伍规模跟不上需求,难为教育质量提供保障。[19]二是法治观念不强。一些高校管理人员不了解出境入境管理、留学生培养的立法及精神,依法管理留学生的能力有所欠缺。

(二)域外考量

来华留学教育以高校办学为主也带来了另一弊端。高校的人才培养机制容易形成"各自为政"的局面,部分高校对接"一带一路"倡议的意识尚未形成,加之个别高校出现超规模招生、培养质量不达标等现象,可能造成"留学中国"品牌大打折扣,削弱我国参与全球教育治理的影响力。在构建教育共同体过程中,高校虽然是教育对外开放的实际参与者和推动者,但在全球教育治理的国际法治秩序中,中国是履行国际法义务、代表中国智慧和方案的当然主体。我国作为加入一系列国际公约以及双多边协议的主体,受国际法义务之约束。为此,"一带一路"倡议下的来华留学教育及留学生培养应走向法治化模式。

四、法治进路:教育共同体履行培养来华留学生"共同而区别"的责任

我国与"一带一路"国家应当在"共商、共建、共享"的基础上,进一步达成规则共识,承担完善立法、采取行政措施等共同体责任。

(一)我国与生源国的共同体责任

1. 坚持共同发展理念,拓展软法指引的合作领域

"任何人类共同体都会形成特定规范和价值观,以调整人们对他人或对自己的行为。"[20]我国和"一带一路"国家缔结的规划亦是反映共同利益、凝聚共识的载体。如《APEC教育战略》(APEC Education Strategy)提及,亚太经合组织将建成以包容和优质为特色的教育共同体,为可持续性经济增长,以及所有亚太经合组织成员的社会福祉与就业提供支撑。[21]可以看出,构建教育共同体的意义不仅是实现人文领域的互通,而且还体现为对经济、就业领域的支持。为此,坚持"共同发展"理念,需要立足于双多边合作机制如中国—东盟(10+1)[China-ASEAN(10+1)Cooperation Mechanism]、亚太经合组织达成的规划,发挥软法的指引功能,使来华留学生培养与沿线区域经济增长、人才资源的应用实现对接。在沿线国家,截至2018年10月,中国企业建设境外经贸合作

区共 82 个，为当地创造 24.4 万个就业岗位。[22] 在我国，培养、吸引和使用国际人才资源成为贯彻"开放发展"理念的迫切要求。我国与"一带一路"国家加强合作，应将增进留学生实习、创业与就业机会的促进手段和环境支持纳入考虑范围，双方政府就其国内劳动力市场需求形成人力资源指南，帮助留学生对接沿线企业。

2. 依托公约、协议建立规则共识，破除影响教育、就业机会的制度壁垒

高等教育资历互认制度的建立是区域教育合作法治化的关键因素，其影响国际学生的流动及学习、就业机会的获得。比如，《亚太地区承认高等教育资历公约》（Asia-Pacific Regional Convention on the Recognition of Qualifications in Higher Education）明确，缔约国对另一缔约国所颁发高等教育资历的承认具有多种用途，包括"进一步的高等教育学习"、"使用学术头衔"与"获得就业机会"。[23] 因此，完善高等教育资历互认制度是我国和"一带一路"国家履行共同体责任的当务之急。

目前，我国与 24 个"一带一路"国家签署了学历学位互认协议，包括中东欧 8 国、东南亚 5 国、中亚 5 国、独联体 3 国、南亚 1 国、东亚 1 国与北非 1 国。[24] 总体来说，与我国签署协议的主要是亚洲国家，亚洲生源稳居前列也已说明制度保障对于留学生的流动发挥着重要作用。然而，学历学位互认制度的建立在洲别、国别的分布上与来华留学学历生规模并不相称。基于此，我国应根据当前"一带一路"国家来华留学学历生的实际规模，加快与有关国家签署双多边协议，为沿线区域国际人才的自由流动加强法治保障，避免留学生承担学历学位不被认可的风险。

（二）完善我国作为留学目的国的制度环境

1. 立法模式转型

健全来华留学教育的相关立法，有助于打造"留学中国"品牌，加强法律引导、规范和保障。

从实践来看，"一带一路"建设、创新驱动发展战略对国际人才的实际需求与法律规定业已形成冲突。《学校招收和培养国际学生管理办法》第 30 条明确了留学生在校学习期间不得就业。然而，为吸引和使用国际人才资源，北京、广东等多地允许留学生申请在学习类居留许可上加注"创业"进行兼职，这一做法突破了现行规定。鉴于此，有必要将成熟的政策、经验及时上升为法律，打破"以教学管理为中心"的立法规范体系，将

分散于《中华人民共和国教育法》《中华人民共和国高等教育法》《中华人民共和国学位条例》《中华人民共和国出境入境管理法》《学校招收和培养国际学生管理办法》《外国人在中国就业管理规定》的有关规定进行整合并细化。通过修改、衔接相关法律法规,制定配套制度的途径,调和"一带一路"倡议推行与法律之间的冲突,加强立法的可操作性。在此基础上,形成学校培养、政府监管服务和社会支持相结合,教育机会与就业机会一体化,人才培养与发挥并重的立法体系。地方政府和高校进一步建立实施细则与规章制度,使法律规范具体落实于政府职责和学校培养行为当中。

2018 年,我国首次制定了《来华留学生高等教育质量规范(试行)》,解决了来华留学教育质量标准长期缺位的问题,但因其为规范性文件,效力位阶低,且尚在试行阶段,短期内较难转化为教育行政部门、高校的具体责任。为此,需要加强该规范的强制性,并认真研究"一带一路"国家的教育立法体系、人才从业标准等国别情况,在质量规范体系中增设创业、就业等评价指标,使留学生培养的质量获得教育共同体认可,真正为"一带一路"倡议提供"人才支撑"。

2. 政府监管服务职能的发挥

深化政府在来华留学教育管理体制中的"放管服"改革,是"一带一路"倡议下来华留学教育法治化的构成要素,政府的监管和服务应提上议程。

在监管职能方面,各地省级教育行政部门应统筹对辖区内高校的教学管理行为,对培养质量进行定期督查,对水平不达标或培养质量不合格的高校,严格按照《学校招收和培养国际学生管理办法》限制或者取消办学资质,追究相应责任。与此同时,政府部门应与中国教育国际交流协会合作,定期形成"一带一路"倡议下来华留学教育评估报告,为教育行政部门的外部监管和高校的内部规范提供指引。在服务职能方面,完善政府职能体系,将人力资源和社会保障、科技、商务等职能部门纳入来华留学生管理体制。此外,政府应从行政措施层面对实习基地建设、就业创业平台的搭建给予支持,提升留学生对"一带一路"互联互通环境的适应能力。可借鉴中关村"一带一路"产业促进会与北京高校实施国际青年创新创业服务项目的有益经验,由政府牵头组织高等院校、企业开展人才培养与应用的交流合作项目,强化政府的服务职能。

3. 规范高校培养行为

对于参与"一带一路"教育对外开放的高校,在尊重办学自主权的前提下，也应当要求培养行为规范化，提高法治化水平。

首先，高校应严格遵守法律规定和质量标准，提高办学能力。从严把关招生门槛和日常考核，加强师资及管理人员的配备、培训和待遇保障，健全留学生培养的内部规章制度。其次，强化高校管理和培养的法治思维。高校既要提升依法管理留学生的水平，也应当保障来华留学生的合法诉求。对于违反法律和规章制度的留学生，要依法及时、公正地处理。对于具有勤工助学、实习、创业、就业等诉求的留学生，高校应做好政策法律咨询并开展必要的指导和服务。再次，高校与政府应对"一带一路"建设布局、留学生人才流向、企业的国际人力资源需求进行统筹规划，建成信息共享机制和合作机制。最后，高校应主动为沿线国家留学生创造融入"一带一路"倡议的教育环境和提供发展机会。充分利用社会实践、文体活动等多样化渠道，提升留学生适应中国经济、社会和文化的融入能力，这本身也是"一带一路"倡议下来华留学教育在保障受教育权之外，兼顾个人发展权的逻辑要义。

参考文献

［1］于富增. 改革开放 30 年的来华留学生教育：1978—2008［M］. 北京：北京语言大学出版社，2009.

［2］2018 年来华留学统计［EB/OL］.（2019-04-12）［2019-05-05］. http://www.moe.gov.cn/jyb_xwfb/gzdt_gzdt/s5987/201904/t20190412_377692.html.

［3］来华留学工作向高层次高质量发展［EB/OL］.（2018-03-30）［2019-05-06］. http://www.moe.gov.cn/jyb_xwfb/gzdt_gzdt/s5987/201803/t20180329_331772.html.

［4］廖凡. 全球治理背景下人类命运共同体的阐释与构建［J］. 中国法学，2018（5）：41-60.

［5］龚向和. 受教育权论［M］. 北京：中国人民公安大学出版社，2004.

［6］周谷平，韩亮. "一带一路"倡议与教育外交［J］. 比较教育研究，2018，40（4）：3-9.

［7］杨成铭. 受教育权的促进和保护：国际标准与中国的实践［M］. 北京：中国法制出版社，2004.

［8］Declaration on the right to development［EB/OL］.（1986-12-04）［2019-05-17］. https://www.ohchr.org/Documents/ProfessionalInterest/rtd.pdf.

［9］中华人民共和国国务院新闻办公室. 发展权：中国的理念、实践与贡献［M］. 北京：人民出版社，2016.

［10］周谷平，阚阅. "一带一路"战略的人才支撑与教育路径［J］. 教育研究，2015（10）：4-9，22.

［11］蒋银华. 新时代发展权救济的法理审思［J］. 中国法学，2018（5）：64.

［12］陈金钊. "人类命运共同体"的法理诠释［J］. 法学论坛，2018，33（1）：5-13.

［13］UNESCO. UNESCO paper shows governments not keeping pace with growing demand for higher education［EB/OL］.（2017-04-20）［2019-05-06］. http://www.iiep.unesco.org/en/unesco-paper-shows-governments-not-keepingpace-growing-demand-higher-education.

［14］朱福惠，龚进之. 宪法序言的特殊功能及其法律效力［J］. 江苏行政学院学报，2017（1）：123-129.

［15］国家发展改革委、外交部、商务部. 推动共建丝绸之路经济带和21世纪海上丝绸之路的愿景与行动［M］. 北京：人民出版社，2015：13.

［16］共建"一带一路"倡议：进展、贡献与展望［EB/OL］.（2019-04-22）［2019-05-15］. http://www.xinhuanet.com/world/2019-04/22/c_1124400071.htm.

［17］李滔. 中华留学教育史录：1949年以后［M］. 北京：高等教育出版社，2000.

［18］刘宝存，张继桥."一带一路"沿线国家来华留学学历教育：地位、问题与对策［J］. 北京教育（高教），2017（5）：11-14.

［19］《世界教育信息》编辑部. 郝平同志在全国来华留学管理工作会议上的讲话［J］. 世界教育信息，2016，29（24）：14，17.

［20］魏德士. 法理学［M］. 丁晓春，吴越，译. 北京：法律出版社，2013：178.

［21］APEC education strategy［EB/OL］.（2017-02-21）［2019-05-06］. http://mddb.apec.org/Documents/2017/HRDWG/EDNET/17_hrdwg_ednet_003.pdf.

［22］商务部召开例行新闻发布会［EB/OL］.（2018-10-25）［2019-05-06］. http://www.mofcom.gov.cn/article/ae/ah/diaocd/201810/20181002799889.shtml.

［23］Asia-Pacific regional convention on the recognition of qualifications in higher education 2011［EB/OL］.（2011-11-26）［2019-05-06］. http://portal.unesco.org/en/ev.php-URL_ID=48975&URL_DO=DO_TOPIC&URL_SECTION=201.html.

［24］推进共建"一带一路"教育行动有关情况［EB/OL］.（2017-04-19）［2019-05-06］. http://www.moe.gov.cn/jyb_xwfb/xw_fbh/moe_2069/xwfbh_2017n/xwfb_170419/170419_sfcl/201704/t20170419_302850.html.

（顾莎莎，大理大学法学院讲师，四川大学法学院博士研究生。原载《比较教育研究》2019年第12期，略有改动。）

"一带一路"高校战略联盟建设的现状、困境与路径

朱以财　刘志民

一、导语

"战略联盟"缘于政治和经济领域，作为一个理论概念，最早由美国数字设备公司（Digital Equipment Corporation，DEC）总裁霍普兰德（Jan Hopland）和管理学家奈格尔（Roger Nigel）提出。经过不断的发展演变，"战略联盟"这一概念逐渐延伸至高等教育领域。有学者提出，高校战略联盟是协同创新的重要组织[1]，是以传播和提升知识为主要宗旨的多目标学术联盟[2]，同时也是高等教育领域针对激烈的教育竞争环境提出的一种共赢理念与发展模式[3]。教育社会学家布迪厄（Pierre Bourdieu）强调，高校战略联盟的实质是高等教育场域空间内结构演化的动态过程。[4]还有学者认为，高校战略联盟是高校为了通过共同行动以获得更好发展而在一定盟约基础上结成的联合体[5]，是基于战略目的、长期稳定且全方位深层次的合作[6]。概而言之，高校战略联盟是两个或多个高校之间为了达成共同愿景或实现共同利益需求，在高校内外部力量作用下通过联盟契约而结成的资源共享、知识互补、风险共担且关系松散的多边合作联合体。

本研究认为，如若没有坚实的双边和多边联盟合作，不可能实现高等教育组织间的协同联动，那么推进"一带一路"高等教育交流与合作的愿景和目标将难以落地。2016年4月，中共中央办公厅、国务院办公厅印发《关于做好新时期教育对外开放工作的若干意见》（以下简称《意见》），提出"推动大学联盟建设"，"深化双边多边教育合作"的重点部署。同年7月，教育部印发《推进共建"一带一路"教育行动》（以下简称《教育行动》），进一步强调"支持在共同区域、有合作基础、具备相同专业背景的学校组建联盟"。从此，各种形式和类型的"一带一路"

高校战略联盟相继兴起，并初见成效。但目前，"一带一路"高校战略联盟的理论研究明显滞后于实践发展。鉴于此，本文对"一带一路"高校战略联盟运行现状和今后发展可能面临的挑战进行探讨，并尝试提出应对策略。

二、"一带一路"高校战略联盟的运行现状与特征分析

据不完全统计，2016—2019 年，在各项政策的推动下，国内高校联合"一带一路"国家高校成立了大大小小 30 多个战略联盟。从参与联盟高校的地理空间上看，有区域合作联盟和全域合作联盟；从合作内容领域上看，有单领域合作联盟和多领域合作联盟；而从参与联盟高校的类型和层次来看，有同质型合作联盟和异质型合作联盟。本文重点选取其中具有代表性的 8 个高校战略联盟作为样本（表 1），对其运行现状和特征进行分析。

（一）"一带一路"高校战略联盟的运行现状

2015 年 5 月，丝绸之路大学联盟正式成立。2016 年 4 月，丝绸之路大学联盟常务理事会通过了联盟章程，达成并发布了《西安共识》。作为全域性、多领域、异质型的"一带一路"高校战略联盟，丝绸之路大学联盟自成立以来，先后开展了校长论坛、青年学者研讨会、丝路工程科技发展专项培训、盟校教育展与合作对接等一系列活动，并积极促进联盟框架下形式多样的实质性合作，在盟校互通、人才培养、科研合作、政策研究、子联盟建设等多方面取得了积极成效。2015 年 10 月，我国的兰州大学、复旦大学、北京师范大学以及俄罗斯、马来西亚、土耳其等国的 47 所高校共同成立了"一带一路"高校联盟。这是继丝绸之路大学联盟之后的又一个全域性、多领域、异质型高校战略联盟。目前，联盟合作范围涵盖学术资源共享、科研人员交流、留学生互派、协同创新平台搭建、学科联盟建设等方面。2017 年 3 月，"一带一路"中波大学联盟成立，联盟得到了北京、重庆两市教育主管部门的支持与指导，旨在加强与波兰大学的全面交流与合作，以求通过高等教育交流促进两国民心相通，是区域性、多领域、异质型高校战略联盟的代表。

表1 "一带一路"高校战略联盟基本概况

联盟名称	联盟创始成员	联盟现有成员	发起单位	成立时间及秘书处所在区域
丝绸之路大学联盟	22个国家和地区的近百所高校	38个国家和地区的151所高校	西安交通大学	2015-05-22，西安
"一带一路"高校联盟	8国47所高校	27个国家和地区的173所高校	兰州大学	2015-10-17，敦煌
"一带一路"中波大学联盟	中国、波兰两国的23所高校	中国、波兰两国的23所高校	北京工业大学、重庆交通大学、波兰奥波莱工业大学	2017-03-21，北京
丝绸之路职业教育联盟	中国西北五省（区）114家院校、企业、教育机构、社会团体	4个国家的156家院校、企业、教育机构、社会团体	陕西省中华职业教育社、西安交通大学	2017-03-25，西安
"一带一路"职教联盟	陕西省15所高职院校	7个国家的71家职业院校、行业企业、教育机构	陕西职业技术学院	2017-06-04，西安
中巴经济走廊大学联盟	中巴两国19所大学的知名商学院	中巴两国19所大学的知名商学院	中国高等教育学会、巴基斯坦高等教育委员会	2017-08-29，巴基斯坦
"一带一路"标准化教育与研究大学联盟	4国13所高校	30个国家和地区的105所高校	中国计量大学等	2018-05-20，杭州
"一带一路"工程教育国际联盟	4国13家高校、行业企业	4国13家高校、行业企业	浙江大学等	2018-11-09，杭州

注：数据截至2018年12月25日。

资料来源：根据各联盟官网以及联盟成员高校官网公开资料整理而得，部分资料索自联盟秘书处办公室。

丝绸之路职业教育联盟、"一带一路"职教联盟是由高校、行业企业、教育机构等共同参与组建的联盟组织，由于自身"开放性"的定位和"全域性"的面向，加之陕西省中华职业教育社、陕西省教育厅的支持和协调，其未来发展成为全域性、多领域、同质型高校战略联盟的可能性很大。以丝绸之路职业教育联盟为例，在成立之初，其联盟成员主要分布在中国西北五省（区），经过一年多的运行，联盟成员已扩展到南非、新加坡、澳大利亚等国，还有部分申请加入联盟的国外院校、企业和教育机构等待审批。目前，丝绸之路职业教育联盟已慢慢发展成为一个众多院校、企业参与的国际合作平台。中巴经济走廊大学联盟是目前唯一一个由官方推动建立的"一带一路"高校战略联盟，中国高等教育学会和巴基斯坦高等教育委员会作为联盟成员单位，负责联盟的组织协调。作为区域性、多领域、同质型的高校战略联盟，该联盟通过举行联盟交流机制会议，在金融、经济、创新、创业等领域开展了联合研究，为更好地服务中巴经济走廊、服务两国经济社会发展，提供了技术、人才等重要支撑。此外，国内外高校、行业企业还发起成立了"一带一路"工程教育国际联盟、"一带一路"标准化教育与研究大学联盟。从联盟高校的地理空间分布、合作内容领域以及参与联盟高校的办学实力与社会声誉来看，它们具有明显的全域性、单领域、同质型特征。

（二）"一带一路"高校战略联盟的特征分析

根据有关文献资料显示，"一带一路"高校战略联盟多数都签署了框架协议，涵盖合作理念、合作目标、合作范围、行动方式、运行机制等基本内容，也有可以引领联盟发展方向的管理组织机构。分析可见，当前"一带一路"高校战略联盟运行主要有以下特征。

1.联盟经历从倡议构想、理论探讨到实践运行三个阶段

"一带一路"高校战略联盟的发展历程大致可分为三个阶段：倡议构想、理论探讨与实践运行。处于不同阶段的联盟，其目标、功能也不尽相同。倡议构想阶段主要围绕联盟发展方向、合作理念、目标定位展开；理论探讨阶段确定了联盟的合作范围、行动方式、运行机制；而实践运行阶段则开启实质性的合作，如通过联盟章程达成联盟共识，发布行动宣言，推动理事会议、联盟大会、联盟论坛等交流研讨常态化等，重心下移是这一阶段的重要特征。在不同的发展阶段，联盟完成了不同的使命任务。如果说倡议构想和理论探讨是对联盟方向、框架的探索，那么实践运行阶段则是联盟成员对探索结果的实践。理论探讨为联盟的后期运行提供了理论支撑，而联盟的实践运行也为前期的理论提供了现实验证，并进一步丰富和发展了联盟合作理论。

2. 联盟动机清晰明确

纵观国内外高等教育领域战略联盟的先行者，其联盟动机是高校在竞争合作中共生共荣的符号表征和有效实践。美国常春藤联盟起初只是体育赛事联盟，主要讨论运动竞赛规则的订立；美国大学联合会成立之初，主要目的是控制美国的人才流失，规范研究生教育的发展方向，提升大学学术水平和学术声誉；英国罗素集团关注的焦点在于取得充足的科研资金；澳大利亚八校联盟的目标则是追求科研和高等教育方面的全球领先优势；被称为中国版"常春藤联盟"的 C9 联盟，其历史发展的主旋律始终是"建设世界一流大学"。回顾"一带一路"高校战略联盟的缔结过程，可以发现其具备了高校战略联盟的一般特征，联盟动机也较为清晰明确，即通过"联动互补，合作共生"的联盟方式参与"一带一路"建设，推进我国与"一带一路"国家的高等教育合作，共同培养适应并服务"一带一路"建设的高等教育人才。

3. 联盟专业化或行业化特征明显

梳理发现，除丝绸之路大学联盟、"一带一路"高校联盟、"一带一路"中波大学联盟外，其余联盟的成员多呈现专业化或行业化的聚集，这有利于联盟高校整合基础资源，增强集成优势，也有利于形成整体协调发展的高等教育场域环境，在特定领域对接"一带一路"建设。通过"一带一路"高校战略联盟，可以促进联盟高校专业能力的有效融合，汇聚国内外优质资源，形成聚合效应；也可以获取联盟组织的隐藏性知识，促进新技术和能力的发展，进而不断提升联盟高校的核心竞争力。这类高校战略联盟具有行业协会的特征，专业性强，易于聚合，专业和学科在联盟决策过程中起到了关键和主导作用，其合作空间和发展前景更广阔，可操作性和可推广性更强。

4. 联盟运行机制完备而有效

只有完备而有效的运行机制才能保障联盟目标的实现。系统组织理论创始人切斯特·巴纳德（Chester I. Barnard）提出，组织的构成要素包括沟通交流、做出贡献的愿望及共同的目标，三要素之间及其在具体的协作组织中具有相互依存性。[7]鉴于此，只有当联盟高校就合作框架达成共识时，才会产生合作行为，联盟内部的沟通交流及其愿望和目标方可实现。前文提到的 8 个"一带一路"高校战略联盟，它们均按照联盟章程和框架协议约定权益和义务，结成共同发展、稳定互利的合作关系。从组织管理角度看，联盟组织还应有明确的决策机构、执行机构及议事规则。[8]"一带一路"高校战略联盟多以横向与纵向结合的矩阵式管理模式运行,联盟的组织机构设置包括理事会、常务理事会和秘书处。理事会和常务理事会为联盟决策机构,秘书处为联盟常设机构,秘书处下设若干工作机构和分支机构,负责协调和处理联盟日常事务。

三、"一带一路"高校战略联盟建设的环境评估

组织所处环境对组织内在动机具有重要影响。推进"一带一路"高校战略联盟建设具有良好的现实基础和政策基础,同时也面临着诸多不确定性因素。

(一)"一带一路"高校战略联盟建设的现实基础与政策基础

截至 2019 年 3 月 6 日,我国已经累计同 123 个国家和 29 个国际组织签署了 171 份政府间合作文件,仅 2018 年,同中国签署共建"一带一路"合作文件的国家就超过了 60 个。与此同时,近年来中国与"一带一路"国家的高等教育交流频繁顺畅,加深了中国与沿线国家对"一带一路"高等教育合作的共有认识,也激发了沿线国家参与"一带一路"高等教育合作的热情。根据教育部公布的数据,2017 年共有来自 204 个国家和地区的各类留学人员在中国的 935 所高等院校学习,其中"一带一路"国家留学生 31.72 万人,占总人数的 64.85%,增幅达 11.58%。[9] "一带一路"国家正逐渐成为来华留学的主要生源储备区。[10] 在此背景下,国内许多高校也开始依托学科优势和国际化办学的成功经验探索提升来华留学生培养质量的举措。与此同时,中国政府近年来加大了孔子学院和孔子课堂的建设力度,截至 2017 年年底,中国在"一带一路"国家设立孔子学院(课堂)的比例接近 80%。[11] 值得注意的是,经过长期的建设与发展,中国与"一带一路"国家高等教育也都形成了各自鲜明的特色,积累了丰富的教育资源,这为双边高等教育合作提供了互补空间。全面推进"一带一路"高校战略联盟建设,客观上也具有必要性和迫切性。

我国与"一带一路"国家之间的高等教育合作早已有之,如"中俄工科大学联盟""中国东北地区和俄罗斯远东、西伯利亚地区大学联盟""中国—东盟大学联盟"等联盟组织的筹建推进。在这种持续、有效的实践与探索背景下,"一带一路"高校战略联盟在 2015 年后的大量涌现,主要还得归功于《意见》与《教育行动》等政策的助推。当前,"一带一路"高校战略联盟建设的体制机制正在逐步完善,国家先后出台了一系列教育对

外开放政策法规，这意味着"一带一路"高校战略联盟建设有了政策的关照与规范。2019年2月，中共中央、国务院印发《中国教育现代化2035》，提出要扎实推进"一带一路"教育行动，推动我国与国际组织及专业机构的教育交流合作。"一带一路"高校战略联盟建设由此进入新起点。

（二）"一带一路"高校战略联盟建设的实践困境

首先，梳理发现，当前国内部分高校加入"一带一路"高校战略联盟的准备不足，不少高校加入联盟是出于跟风随大流、追热点。部分联盟组织自身建设还停留在制度、技术等硬环境层面，缺乏从哲学层面来思考、寻找其存在和发展的合理性基础，也未能对加入联盟的高校进行必要和充分的评估。还有不少高校"蹭热度"地举行以"一带一路"为主题的研讨会、论坛，但并无实质性内容或进展。一些高校虽然签订了联盟框架协议，但由于联盟高校实力不均、领导观念差异、系统动力不足等因素的束缚，联盟内部贡献、主体参与热度以及联盟成员责任分担不均衡，往往是牵头高校热情高，甚至是牵头高校一家出力，其他联盟成员积极性不高，影响联盟向纵深发展。

其次，高校战略联盟与"一带一路"建设之间的良性互动面临瓶颈。[12]有学者提出，高等教育发展一定要与区域经济发展"合拍"。当前，"一带一路"高校战略联盟与"一带一路"建设发展需求之间结合还不够充分，对经济社会发展的关注不足。一方面表现在联盟高校缺乏对联盟区域情境的感知和判断，片面以为只要合作了就是推动了区域经济社会发展。另一方面表现为联盟高校之间的"合作"多是简单停留在高层互访、学生互换、教师互派等层面，而在实现人才培养与区域经济社会发展的精准对接、科研成果转化为经济效益或社会价值等方面的合作还很薄弱。与此同时，"一带一路"各国国情不同、发展水平参差不齐、文化传统各异，尤其是高等教育发展阶段和发展任务不一，对"一带一路"高校战略联盟建设的深入推进形成了掣肘。

四、"一带一路"高校战略联盟建设的优化路径

当前，随着"一带一路"建设对高水平人才需求的日益迫切和多元，"一带一路"高校战略联盟建设迎来发展的重要机遇期。为此，需要汇聚各方智慧，凝聚各方力量，携手推动"一带一路"高校战略联盟建设向更高水平发展。

（一）政府适度参与，设定主体间性观念逻辑

推动"一带一路"高校战略联盟建设与发展的关键，需要确定政府的参与程度。从政策视角分析，"一带一路"高校战略联盟是一个多元主体参与的组织活动，要保证组织活动的有序推进，离不开政府的积极作用和宏观引导，需要政府对各方利益相关者进行平衡与协调，对联盟发展方向进行匡正与督导。如由政府牵头成立"一带一路"高校战略联盟领导小组，优化"一带一路"高等教育协同发展的体制机制，实现联盟从"分散"走向"统筹"，推动联盟多元主体的协同发展。当然，政府也不应过分干预联盟的发展，如在联盟的伙伴选择、运行机制、发展方向等方面。

西方学者在研究主体间性理论的本质属性时提出，主体间性是指两个或多个主体之间，通过对话、交往所达成的共通性、共同性和共生性的价值认同。[13]主体间性是对"自我中心论"的解构，是对片面主体性的抛弃、丰富、发扬和提高，也是实现主体民主参与的重要路向。据此，推进"一带一路"高校战略联盟建设，应将建立融通和谐的联盟组织放在首要位置，要自觉摒弃"门当户对"的联盟逻辑，坚持共在性思维，以"共同利益"为依归，以"特色互补"为目标，不断提升联盟包容多样性和尊重差异性的能力。当前，尽管部分联盟高校具有同质性，但其办学实力、场域资源获取能力之间还是有着较大差距的。而联盟的牵头高校，因其在组织中有着重要的地位和影响力，会有意无意地将自己置于主体的位置，把主体的情感和价值追求带到联盟工作中，而忽略了"共存、共商、共享、共建、共赢"的联盟原则。"一带一路"高校战略联盟是一个多元主体共在的场域，只有搭建好相互沟通、平等对话的平台，切实回应联盟各方关切，使讨论、争论、辩论成为可能，并积极采纳合理建议，才能真正实现思想认知的"同频共振"和交往互动的"和谐共进"[14]。

（二）立足联盟情境，确立与"一带一路"建设相容的联盟目标

在"一带一路"高校战略联盟的建设与推进过程中，应立足联盟场域情境，确立与"一带一路"建设发展相容的联盟目标，对联盟与区域经济社会发展之间的交互共鸣给予更多关注。[15]要发挥自身人才培养、科学研究、社会服务、文化传承等方面的优势，围绕"一带一路"建设

对人才的需求开展合作，提升联盟合作机制的议程设置能力，为提升联盟实力和推动"一带一路"建设争取更多的经费投入和政策扶持。习近平总书记在出席推进"一带一路"建设工作五周年座谈会时强调，各地区要加强共建"一带一路"同京津冀协同发展、长江经济带发展、粤港澳大湾区建设等国家战略对接。这是"一带一路"高校战略联盟未来需要予以关注和着力建设的方向。

以丝绸之路大学联盟为例，截至 2019 年 4 月 18 日，联盟共举办了50 期"丝路工程科技发展专项培训"，培养了来自 90 余个国家的 2000 余名留学生以及在华企业人员，培训内容涵盖大数据理论与实践创新应用、医学科技前沿发展、信息科技前沿、中国传统文化等。因此，丝绸之路大学联盟也得到了联合国教科文组织国际工程科技知识中心和中国各级政府的支持。再如"一带一路"中波大学联盟，学术文化合作与人文交流是联盟成立之初就确定下来的重要目标之一。联盟成立一年多来，成员高校自主结对开办孔子课堂，举办"新丝绸之路互联互通"国际学术会议等活动。下一步，联盟还计划成立人文艺术委员会。由于其清晰的联盟目标，以及丰富多彩而卓有成效的联盟活动，联盟一直得到中波两国政府以及北京、重庆两市教委的支持与指导。

（三）拓展"公共空间"，助力联盟组织化进程

"一带一路"高校战略联盟的符号化形态是定期举行理事会议、联盟大会、联盟论坛、学术会议、人文交流等活动，但更为深层的组织化形态是培育联盟各方交往对话和情感互动的场所，即"公共空间"。在此方面，英国罗素集团的建设经验值得学习和借鉴。2007 年，罗素集团开始成立实体公司，并设立了合作组织机构，建立了规章制度，为联盟的构建提供了组织制度保障。[16] 梳理当前的"一带一路"高校战略联盟发展轨迹，不难发现其多采用将秘书处设在某一所高校内，或采用固定与轮值相结合的组织机构设置方式，尚无联盟像罗素大学集团那样成立实体公司。为此，国家层面应在《意见》与《教育行动》基础上，及时出台有关高校战略联盟的管理条例或指导意见，为"一带一路"高校战略联盟建设提供可循之章。各联盟高校应在协商对话的基础上加强共振与共进，进一步完善联盟章程和行动准则，细化分解联盟的各项目标任务，并利用各种时机宣传解读好联盟的价值、使命、愿景，形成对于联盟利益和个体利益的理解与共识。与此同时，对于一部分同质型的"一

带一路"高校战略联盟,可以考虑优化重组。如丝绸之路职业教育联盟与"一带一路"职教联盟都成立于 2017 年,且联盟的秘书处都设在西安。若能实现二者之间的协商交流与资源共享,甚至是重组与整合,将对提升联盟的整体竞争力和社会声誉,以及优化联盟场域资源的获取能力与利用效率具有较大的促进作用。

由于"一带一路"高校战略联盟成员分散在各国、各地,单靠工作会议、学会论坛等形式来推进相互间的交往对话力量还显单薄。因此,通过搭建联盟专用的网络信息平台,促进联盟高校之间的沟通交流,同时拓宽联盟与外部相关者的联系、宣传与合作渠道,显得十分必要和迫切。通过对前文所述的 8 个"一带一路"高校战略联盟的运行现状进行梳理后发现,截至 2019 年 4 月 19 日,仅有丝绸之路大学联盟、丝绸之路职业教育联盟、"一带一路"职教联盟与"一带一路"标准化教育与研究大学联盟有专门的门户网站,但都普遍存在栏目不全、信息量少、更新滞后等问题。因此,重视并加强网络信息平台的建设、完善和维护,将是"一带一路"高校战略联盟建设今后应该予以关注和着力建设的另一个方向。部分"一带一路"高校战略联盟也已认识到网络信息平台的重要性,并开始将其列入工作议程,如在首届"一带一路"中波大学联盟艺术节上,就专门安排了联盟网站启动仪式这一环节。

(四)科学探索,推动联盟从"制度共建"走向"文化共鸣"

新制度主义经济学认为,文化本身就是制度的一个组成部分,是经过前人的不断实践和互动而形成的一种内在制度。在诺贝尔经济学奖获得者奥斯特罗姆(Elinor Ostrom)看来,制度通过改变人们面对的激励,进而影响合作行为和成效;制度既包括"硬"制度,如法令、法律、法规,也包括"软"制度,如合作双方保守承诺的文化态度、长期或短期获益的偏爱。[17]高校战略联盟最初始于美国,在引入中国后,离不开与其外部制度相适应的内部制度的支持,这个内部制度就是中国文化。"一带一路"高校战略联盟建设不仅需要政府的适度参与、联盟的自我审视,而且也需要智库的科学探索。为此,学界应加强对"一带一路"高校战略联盟建设的研究力度。一方面研究联盟场域内各政府主体以及意向结盟高校的参与意向、政策支持、财政支持等,另一方面研究联盟的运行机制、伙伴选择、组织承诺、存续发展与协同演化等。通过理论研究与实证分析,总结经验教训,介入"一带一路"高校战略联盟决策,为联盟建设提供政策方案。同时，还应积极培植适合联盟发展的"文化厚土"，促进联盟主体形成对于"一带一路"建设的价值认同与目标期待，分步、分层、分类推进联盟的全面建设与发展。

从人类学角度来看，"一带一路"高校战略联盟是基于文化认同而形成的类聚效应，其存在的最重要意义还在于潜在的文化互动。国外学者在研究高校战略联盟时提出，文化的认同与融合有助于联盟关系的形成[18]。也有学者认为，文化冲突会影响联盟的发展与稳定性，文化距离会阻碍联盟的形成与运行[19]，而文化误解则会导致信息、知识传递过程中的失真。因此，保持对文化的敏感性有助于增进联盟双方的信任[20]。研究表明，文化对于提升"一带一路"高校战略联盟整体实力和社会声誉具有重要的正向影响力。这种具有高度主体共识、共情、共责的组织文化，将联盟高校凝聚在一起，并为其提供了源源不断的动力支持。[5]在某种意义上，文化约束比制度约束更易催化联盟高校产生超越个体利益之上的价值认同，使其形成更加紧密的协同关系。因此，在"一带一路"高校战略联盟的运行过程中，要尤其突出这种隐性的联盟文化的培育，强化联盟价值认同，最终推动联盟从"制度共建"走向"文化共鸣"。前文提到的常春藤联盟、美国大学联合会、澳大利亚八校联盟等联盟组织，其成功缘于联盟主体在高等教育场域达成共鸣的哲学实践，它们在各自的发展进程中，基于特定的文化背景，创造了属于自己的人文景观和价值品格。这些亦可为当前"一带一路"高校战略联盟建设发展提供借鉴。

参考文献

[1] 吴越. 基于理性选择制度主义的高校联盟分类研究 [J]. 中国高教研究，2014（7）：60-65.

[2] 冯倬琳，眭祯，刘念才. 世界一流大学国际联盟的发展趋势探析 [J]. 比较教育研究，2015，37（5）：45-51.

[3] 韩萌，张国伟. 战略联盟：世界一流大学群体发展的共生机制研究 [J]. 教育研究，2017，38（6）：132-139.

[4] WACQUANT L J D. Towards a reflexive sociology: a workshop with Pierre Bourdieu [J]. Sociological Theory, 1989, 7（1）: 26-63.

[5] 李旭. 京津冀区域高校联盟建设的现状、困境与对策 [J]. 高等教育研究，2018，39（6）：42-50.

[6] 王正青，李飞. 大学国际联盟的组织特征、联盟动因与潜在阻隔 [J]. 比较教育研究，2015，37（5）：52-57.

［7］巴纳德. 经理人员的职能［M］. 王永贵，译. 北京：机械工业出版社，2013.

［8］李红惠. 高校教师教学发展联盟长效运行的组织学分析［J］. 现代教育管理，2018（11）：86-92.

［9］来华留学工作向高层次高质量发展［EB/OL］.（2018-03-30）［2018-12-28］. http://www.moe.gov.cn/jyb_xwfb/gzdt_gzdt/s5987/201803/t20180329_331772.html.

［10］朱以财，刘志民. "一带一路"背景下高等教育人才联通：要义、角色与路径［J］. 高校教育管理，2018，12（5）：8-14，46.

［11］孔子学院. 孔子学院助推"一带一路"民心相通［J］. 孔子学院，2017（2）：10-13.

［12］朱以财，刘志民. "一带一路"高等教育共同体建设的理论诠释与环境评估［J］. 现代教育管理，2019（1）：85-91.

［13］方建强，崔益虎. 基于主体间性理论的高校思想政治教育创新模式探究［J］. 江苏高教，2018（11）：89-92.

［14］苏令银. 主体间性视域的思想政治教育主客体关系研究［D］. 上海：华东师范大学，2013.

［15］李晨，朱凌. 面向区域经济大学联盟探索：基于欧洲"大区域"大学联盟经验的思考［J］. 高等工程教育研究，2018（1）：125-130.

［16］胡美术. "一带一路"视角下中国—东盟大学联盟建设问题研究［J］. 中国—东盟研究，2017（4）：163-180.

［17］奥斯特罗姆. 公共资源的未来：超越市场失灵和政府管制［M］. 郭冠清，译. 北京：中国人民大学出版社，2015：1-57.

［18］FEDOR K J, WERTHER W B. Making sense of cultural factors in international alliances［J］. Organizational dynamics, 1995, 23（4）: 33-48.

［19］BUCKLEY P J, CASSON M. An economic model of international joint venture strategy［M］//BUCKLEY P J. International business. London: Palgrave Macmillan, 1998: 106-139.

［20］SAFFU K, MAMMAN A . Mechanics, problems and contributions of tertiary strategic alliances: the case of 22 Australian universities［J］. International journal of educational management, 1999, 13（6）: 281-286.

（朱以财，南京农业大学公共管理学院博士研究生；刘志民，南京农业大学公共管理学院教授，博士生导师，高等教育研究所所长，管理学博士研究生。原载《比较教育研究》2019年第9期，略有改动。）

"一带一路"倡议实施以来中国与沿线国家留学生教育合作发展研究

刘　筱　雷继红

　　"一带一路"建设的深入推进为沿线国家留学生教育及高等教育国际化带来良好契机。沿线国家留学生教育合作发展已然影响全球留学生教育格局。探索沿线国家留学生教育发展现状，对提升来华留学生教育质量及加快我国高等教育国际化进程深具意义。本文依据 2015 年《推动共建丝绸之路经济带和 21 世纪海上丝绸之路的愿景与行动》对"一带一路"建设路线的界定，对沿线国家①的留学生教育进行分析。依据联合国教科文组织国际教育标准分类法（ISCED 2011），高等教育是指中等教育之上，在专业化教育学科提供的学习活动，包括学术教育、高级职业和专业教育。[1]本文以此为准，将"一带一路"沿线国家（以下简称"沿线国家"）2012—2017 年的高等教育阶段留学生教育作为研究对象②，以沿线国家留学生教育现状为逻辑起点，对各国留学生教育发展模式进行比较，以此探究中国与沿线国家留学生教育合作发展的举措。

----

　　①　文中提到的 65 个国家和地区（按照英文字母顺序）包括阿富汗、阿尔巴尼亚、亚美尼亚、阿塞拜疆、巴林、孟加拉国、白俄罗斯、不丹、波黑、文莱、保加利亚、柬埔寨、克罗地亚、塞浦路斯、捷克、爱沙尼亚、格鲁吉亚、希腊、匈牙利、印度、印度尼西亚、伊朗、伊拉克、以色列、约旦、哈萨克斯坦、科威特、吉尔吉斯斯坦、老挝、拉脱维亚、黎巴嫩、立陶宛、马其顿、马来西亚、马尔代夫、摩尔多瓦、蒙古、黑山、缅甸、尼泊尔、阿曼、巴基斯坦、巴勒斯坦、菲律宾、波兰、卡塔尔、罗马尼亚、俄罗斯、沙特阿拉伯、塞尔维亚、西奈半岛（埃及）、新加坡、斯洛伐克、斯洛文尼亚、斯里兰卡、叙利亚、塔吉克斯坦、泰国、土耳其、土库曼斯坦、乌克兰、阿联酋、乌兹别克斯坦、越南、也门。

　　②　由于数据获取的不完整性，本文的沿线国家数据仅包括有相关统计资料的国家数据。本文各国留学生数据如无特别说明，均为联合国教科文组织统计研究所（UIS）数据或据此数据推算所得（网址：http://data.uis.unesco.org/#，访问日期：2019 年 5 月 20 日）。

一、沿线国家留学生教育现状评析

留学生输入率（inbound mobility rate，即输入学生数量占本国学生总数的比例）是国际上衡量一个国家（地区）作为学生流动目的国在全球留学教育市场中竞争力的核心指标，可直观反映一国（地区）高等教育的国际化程度。中国科学院院士、复旦大学原校长杨福家先生认为，高等教育国际化标准之一便是留学生占学生总数比例不低于1/5。[2]积极开发留学生市场是欧美等高等教育发达国家的共同战略。据统计，世界一流大学的留学生比例一般在13.4%左右，其中研究生的比例在29%左右。美国平均一年接受大约45万名外国留学生，占全球在非本国高校就读学生总数的34%。[3]本文以留学生输入率为衡量指标，10%以下为留学生教育发展初期阶段，10%—20%为发展中期阶段，20%以上为发展中后期阶段。据此，将沿线国家留学生教育发展进程分为A、B、C三种类型（表1）。

表1 沿线国家留学生输入率及其留学生教育阶段类型

进程类型	国家及其留学生输入率
A类（发展初期）	黎巴嫩9.61%、马来西亚7.99%、波黑6.92%、匈牙利6.66%、斯洛伐克5.30%、拉脱维亚5.06%、吉尔吉斯斯坦4.90%、沙特阿拉伯4.59%、爱沙尼亚4.18%、保加利亚4.16%、塞尔维亚4.01%、希腊3.97%、亚美尼亚3.84%、罗马尼亚3.82%、格鲁吉亚3.79%、俄罗斯3.15%、白俄罗斯3.10%、立陶宛2.97%、乌克兰2.75%、斯洛文尼亚2.74%、阿曼2.71%、以色列2.24%、阿塞拜疆2.21%、波兰2.13%、阿尔巴尼亚1.70%、哈萨克斯坦1.58%、泰国1.08%、土耳其1.07%、塔吉克斯坦0.88%、蒙古0.74%、克罗地亚0.43%、老挝0.36%、斯里兰卡0.32%、中国0.29%①、乌兹别克斯坦0.24%、伊朗0.23%、土库曼斯坦0.20%、印度0.12%、印度尼西亚0.10%
B类（发展中期）	塞浦路斯17.56%、巴林13.21%、约旦12.72%、捷克10.05%
C类（发展中后期）	阿联酋45.89%、卡塔尔38.82%、新加坡23.20%

注：数据为2012—2017年的平均值。

---

① 本文研究中国与沿线国家的留学生教育合作发展，故文中也将中国留学生教育的有关数据一并列入相应表格，以便进行比较分析。

（一）A 类：发展初期国家

A 类国家共 39 个，占所统计 46 个国家的 84.78%，留学生输入率小于 10%，处于留学生教育的发展初期阶段。A 类国家高等教育经费的政府投入多占本国 GDP 的 2% 以下。其中，留学生输入率最高的是黎巴嫩，为 9.61%；最低的是印度尼西亚，仅为 0.10%。A 类国家留学生输入率低的原因主要有三种：受战争及宗教派别影响，国家发展进程比较动荡，如黎巴嫩；高等教育经费投入力度不大，如印度尼西亚；高等教育自身问题较多，发展进程曲折，如乌克兰。对具体国家而言，留学生低输入率多由各种原因相互作用导致，各种原因仅在权重上有所不同。以受战争及宗教派别影响的黎巴嫩为例，一方面黎巴嫩饱受战争频发及教派之争影响，内战爆发于 1975 年，持续 16 年之久。内战使其高等教育深受重创。战前，1970 年黎巴嫩留学生输入率为 50%，2000 年降为 12%。[4] 另一方面，其高等教育多由社会举办，政府经费投入不足，从而阻碍了高等教育的发展。黎巴嫩高等教育是在法国与美国传教团支持下起步的，20 世纪 50 年代初才建立了黎巴嫩唯一一所公立大学黎巴嫩大学，打破私立大学一统天下的局面。1959 年黎巴嫩成立教育部，国家力量开始介入高等教育发展，但公立高等教育体系发展一直乏力。政府对高等教育经费投入也十分有限，这导致黎巴嫩留学生教育长期维持在较低水平。又如印度尼西亚，殖民印记深重，其高等教育起步较晚，宗教教育与世俗教育并存，以私立教育为主体。印尼政府以《2003—2010 年高等教育基本框架》奠定高等教育基本框架，并发布《2010—2014 年印尼国民教育发展战略》，以增强高等教育国际竞争力，推进高等教育国际化。[5] 但因高等教育经费投入力度不大，其高等教育水平及国际化程度始终较低。再如，乌克兰留学生教育发展缓慢的主要原因是高等教育自身问题较多。乌克兰高等教育的政府经费投入是沿线国家中最高的，并于 2005 年加入博洛尼亚进程，对高等教育进行深入改革。但因其原有专家学位和副博士学位的保留，使新旧学位体制矛盾重重，阻碍了国际交流与合作的开展。而且，在博洛尼亚进程中政府对高等教育的主导不断加强，干扰了学术自由，挫伤了高校发展积极性。加之乌克兰独立后，20 世纪 90 年代大力发展私立高校、企业合作办学和国际学校，市场化伴随着办学主体多元化愈演愈烈，使高等教育面临诸多危机，也影响了留学生教育的发展。

（二）B类：发展中期国家

B类国家有4个，占所统计46个国家的8.70%，留学生输入率在10%—20%，留学生教育处于发展中期阶段。其中，塞浦路斯留学生输入率为17.56%，在B类国家中最高。B类国家经济实力与综合发展水平较高，政府相对更为重视高等教育投入与发展。塞浦路斯被世界银行列为高收入国家，其政府对高等教育近6年经费投入年均占GDP的1.36%，政府高等教育经费投入占政府经费的3.40%，经费投入较充足。塞浦路斯高等教育机构拥有从财政、组织到人事、学术等各个维度的自治权。政府的重视加上自治权的拥有，使塞浦路斯高等教育进入快速发展期，质量的提升使其更具留学生吸纳能力。捷克、约旦和巴林2012—2017年政府高等教育经费投入分别占GDP的0.86%、0.73%和0.60%，政府高等教育经费年均投入分别占政府经费的2.01%、2.50%和1.76%。捷克综合国力在中欧地区名列前茅。2004年加入欧盟后，捷克积极参与欧洲高等教育改革，并在欧洲高等教育区建设和博洛尼亚进程推动下，着力提高高等教育质量，颁布实施《高等教育机构学术、科学、研究、发展、创造、艺术和其他创新活动战略规划（2011—2015）》《2020年捷克教育政策远景规划》等。[6] 在经费充足的基础上，约旦历届政府均重视发展高等教育，不断制定适切性强的高等教育政策，注重适应社会需要，其高等教育国际化程度也因此不断提高。

（三）C类：发展中后期国家

C类国家有3个，占所统计46个国家的6.52%，在留学生输入率方面，在20%以上。其中，阿联酋为45.89%，卡塔尔为38.82%，新加坡为23.20%。三国均处于留学生教育发展中后期阶段。C类国家留学生输入率高的原因主要在于各国经济快速发展及政府对高等教育给予足够重视。以阿联酋为例，世界经济论坛发布的《2017—2018年全球竞争力报告》显示，阿联酋在全球137个经济体中排名第17位。阿联酋于2010年颁布《愿景2021国家议程》，并配套《国家创新战略》《国家科学、技术和创新最高政策》等系列战略，期望通过多样化知识经济发展，将国家对石油的依赖降低至国民生产总值的20%。[7] 阿联酋政府同时致力于建设区域高等教育枢纽，设立了40多个自由贸易区，并辅之以各项激励措施大力吸引国际分校，目前阿联酋共有40多所国际分校。为吸引留学生，阿联酋政府还制定居留签证政策，允许自由贸易区协助大学为留学生颁发学生签证。这些举措都促使阿联酋留学生教育蓬勃发展。教育枢纽建设也使新加坡和卡塔尔的高等教育得到快速发展。新加坡政府以打造世界一流大学为切入点，以"知识创新枢纽"为宗旨，通过发展跨国教育、合作办学，引入美国藤校等举措，推进高等教育国际化进入创新阶段，增强了国际竞争力。卡塔尔则以"人才枢纽"作为降低能源经济依赖、提升人力资本综合实力和高等教育发展水平的重要工具，积极吸引世界名校开办分校，也大力提高了其高等教育的国际化进程。

以 2015 年为节点，对沿线国家中的 46 国留学生输入率进行分析发现，19 个国家（占比 41.30%）留学生输入率在 2015 年有较大幅度增长。其中，新加坡在"一带一路"倡议后，留学生输入率同比增长 8 个百分点，约旦同比增长 5 个百分点，阿联酋同比增长 4 个百分点，塞浦路斯、拉脱维亚和爱沙尼亚同比增长 3 个百分点。其余国家，诸如捷克、吉尔吉斯斯坦和立陶宛等国家均同比增长 1—2 个百分点。15 个国家（占比 32.61%）的留学生输入率在 2015 年及之后持续增长，诸如中国、波黑、斯洛伐克及罗马尼亚等国家。约旦和捷克两国留学生输入率在 2015 年突破 10%，留学生教育进入发展中期阶段。沿线国家留学生输入率的增长，为中国加强与此类国家留学生教育合作提供了更多机会。

二、沿线国家留学生教育发展模式比较

沿线国家留学生教育发展模式可从留学生输入模式、输出模式及同一国家留学生输入与输出的同期比较三方面分析。

（一）沿线国家留学生输入模式

按照 2012—2017 年学生流动规模、增长率（表 2）变动情况，将沿线国家（有连续 6 年输入数据的 20 个国家）留学生输入模式分为以下四种类型：总体增长型、波动发展型、波动反复型和总体减缓型。

表2 2012—2017年沿线国家留学生输入人数增长率

（单位：%）

输入模式	国家	输入人数增长率					
		2012年	2013年	2014年	2015年	2016年	2017年
总体增长型	中国	11.73	8.35	12.25	13.78	11.70	14.24
	阿塞拜疆	−8.79	−4.04	−0.79	−4.93	−0.45	2.49
波动发展型	塞尔维亚	8.36	−0.01	−0.18	11.57	7.49	8.74
	蒙古	1.83	3.78	2.91	10.18	16.47	4.83
波动反复型	塔吉克斯坦	−10.64	−46.38	−30.49	61.14	−16.29	43.28
	哈萨克斯坦	−13.31	−3.03	26.04	−9.12	25.62	10.51
	老挝	−25.19	−46.09	71.29	−41.99	43.17	4.66
	印度	2.92	21.47	13.29	7.70	6.60	4.33
	亚美尼亚	−2.07	−16.55	28.52	−0.20	0.58	0.65
	吉尔吉斯斯坦	−22.86	10.78	7.17	5.40	17.77	−1.25
	阿尔巴尼亚	41.28	50.12	16.82	−26.23	−3.36	−19.09
	越南	7.51	−9.71	−29.60	13.15	95.69	−26.00
总体减缓型	白俄罗斯	19.01	11.62	10.21	6.43	4.18	6.18
	斯里兰卡	−13.79	117.60	9.31	10.54	28.50	3.63
	卡塔尔	15.61	18.94	18.44	4.28	2.65	2.28
	沙特阿拉伯	33.34	33.45	15.50	1.82	9.27	−1.89
	乌克兰	12.46	13.94	20.83	−4.09	−5.97	−2.54
	拉脱维亚	37.24	29.05	27.73	17.38	23.03	−5.18
	波黑	21.36	15.95	11.60	−0.50	−3.65	−6.85
	乌兹别克斯坦	25.40	20.89	19.37	11.40	−4.99	−16.71

1. 总体增长型国家

总体增长型国家有两个——中国与阿塞拜疆，占比10%，其留学生输入规模及增长率总体呈平缓上升趋势。以中国为例，中国高等教育学生基数大，近6年留学生输入率年均为0.29%，尚属于留学生教育发展初期阶段，但中国每年留学生输入绝对数量最大，且在6年间保持连续正向平缓增长趋势，2012年留学生输入人数增长率为11.73%，2014年为 12.25%，2017 年为 14.24%。2012 年输入留学生数为 8 万多人，2014 年达 10 万以上，之后几年人数均在 12 万以上，2017 年已达 15 万多人。这种上升趋势与中国经济持续高速发展及中国政府历来对高等教育的重视密切相关。中国教育部在 2010 年发布的《留学中国计划》中提出：到 2020 年将中国建成亚洲最大的留学目的国。"一带一路"倡议提出后，中国政府积极吸纳沿线国家来华留学生，将来华留学教育纳入"一带一路"建设总体规划，开拓沿线国家的留学教育市场。[8]同时，中国政府还不断加大来华留学教育奖学金投放力度，拓宽支持政策，不断完善来华留学教育的质量保障体系，保证来华留学教育的良性发展。因此，2012—2017 年中国留学生输入人数均保持较高增长率。

2. 波动发展型国家

波动发展型国家也有两个——塞尔维亚和蒙古，占比 10%。以塞尔维亚为例，其留学生输入规模及增长率呈正向快速上升趋势，其增长率从 2013 年的 -0.01% 提升为 2017 年的 8.74%，规模从 8931 人增至 11624 人。2015 年，塞尔维亚留学生输入数量为 9945 人，实现输入增长率从 2014 年的 -0.18% 猛增到 11.57%。塞尔维亚作为连接中欧、南欧与欧亚大陆的陆运枢纽，具有独特的地理位置。在其发展进程中，动荡的历史、多元的宗教文化、复杂的国际关系与连年的战火纷争均让塞尔维亚在艰难中前行。2000 年，塞尔维亚走上民主发展道路，近年来经济增长较快。在稳定政治和发展经济的基础上，政府不断加大高等教育经费投入，近 6 年年均政府经费投入占 GDP 的 1.2%。塞尔维亚还于 2003 年加入欧洲高等教育区，建立和完善高等教育质量保障机制，并于 2005 年颁布《高等教育法案》，发展职业教育。这些改革促进了塞尔维亚高等教育发展，也为其留学生教育快速发展带来良好契机。蒙古重视以高等教育政策完善提升高等教育质量，吸引国外高校合作办学，也推动了高等教育的国际化进程。

3. 波动反复型国家

波动反复型国家有 8 个，分别是塔吉克斯坦、哈萨克斯坦、老挝、印度、亚美尼亚、吉尔吉斯斯坦、阿尔巴尼亚和越南，占比 40%。这些国家的留学生输入率在近 6 年经历上升与下降交替的变化过程，如此变化多因此类国家政局、教派及经费投入变动影响。以哈萨克斯坦为例，在 20 世纪 90 年代，苏联解体直接造成各加盟共和国经济危机与动乱，继而生发高等教育困境。随着各加盟共和国独立及政局逐年平稳，哈萨克斯坦经济开始复苏。政府相继颁布《教育法》《高等教育法》《哈萨克斯坦共和国高等教育国家标准》等文件，在大力发展私立高等教育的同时，也明确高等教育的多层次结构，不断扩大高等教育系统学术自由，建立国家教育质量评估体系。[9]哈萨克斯坦高等教育得到迅猛发展，2009年适龄人口接受高等教育的人口比例是20.4%。[10]2010年，哈萨克斯坦加入欧洲高等教育区，开启"博洛尼亚进程"，并相继颁布《2005—2010年哈萨克斯坦国家教育发展规划》《2011—2020年国家教育发展纲要》等系列文件，采取开展国际合作办学、参与欧盟国际教育合作项目和设立"巴拉沙克"（Болошак）政府奖学金等举措，加快高等教育国际化进程。[11]这些举措使哈萨克斯坦高等教育系统更加完善并极大弥补其科技创新人才的不足，反哺经济快速发展。哈萨克斯坦居于中亚五国经济发展之首，但因复杂的政治及外交局面等因素影响，哈萨克斯坦近6年高等教育的政府经费投入逐年减少。2013—2017年的经费投入依次是10.39亿美元、8.6亿美元、7.84亿美元、4.76亿美元和4.85亿美元。这对其高等教育及国际化发展产生了一定影响，使留学生输入呈现比较明显的波动式发展态势，2012年增长率为-13.31%，2014年为26.04%，2015年为-9.12%，2017年为10.51%。

4. 总体减缓型国家

总体减缓型国家共8个，分别是白俄罗斯、斯里兰卡、卡塔尔、沙特阿拉伯、乌克兰、拉脱维亚、波黑和乌兹别克斯坦，占比为40%。这类国家在2012—2017年经历了留学生输入从高速增加到低速增加，甚至从增加到减少的过程。以斯里兰卡为例，其留学生输入人数增长率从2013年的117.60%下降到2017年的3.63%。2009年，斯里兰卡持续26年的内战结束，政府提出了致力于加速经济发展的《马欣达愿景》和加快高等教育发展的《战略管理计划（2013—2017）》。[12]斯里兰卡从增强高等教育国际交流、提升创新研发能力和坚持服务社会等方面入手，集中以创新高等教育、促进社会发展和建设知识中心为目标，极大推动了斯里兰卡的高等教育发展，故2013年其留学生输入增长率为117.60%。但近6年年均政府投入仅占GDP的0.37%，经费投入力度与高等教育发展愿景不相匹配。2015年，反对党候选人在总统大选中获胜，其政策的不确定性对高等教育发展及高等教育国际化进程产生了影响。当今，斯里兰卡留学生输入的高速发展黄金期已过，开始进入缓慢发展阶段。

20个国家中，13个国家（占比65%）留学生输入数量在2015年有所增长，其中8个国家实现持续增长。留学生输入量的增长彰显这些国家高等教育国际化实力提升，同时表征着其综合国力不断增强。这为中国与沿线国家的留学生教育合作提供了新的机遇。

（二）沿线国家留学生输出模式

从沿线国家所属七大区域来看，2012—2017年留学生输出总量最大的是东亚国家，输出人数为4802123人（年均增长率4.81%），占沿线国家2012—2017年留学生输出总量的32.6%；西亚国家2662609人（年均增长率5.27%），占沿线国家2012—2017年留学生输出总量的18%；南亚国家2243620人（年均增长率11.7%），占沿线国家2012—2017年留学生输出总量的15.2%；东盟国家1527861人（年均增长率5.06%），占沿线国家2012—2017年留学生输出总量的10.4%；中东欧国家1317260人（年均增长率5.27%），占沿线国家2012—2017年留学生输出总量的9%；独联体国家1177345人（年均增长率0.09%），占沿线国家2012—2017年留学生输出总量的8%；中亚国家982856人（年均增长率17.72%），占沿线国家2012—2017年留学生输出总量的6.7%。以2015年为时间节点进行分析发现，除中东欧国家的留学生输出人数出现小幅减少外，其余六大区域的人数均有程度不一的增长。其中，南亚国家、西亚国家和东亚国家增幅较大。

从2012—2017年留学生输出年均增长率（表3）角度分析发现：第一，高速发展型国家（年均增长率在30%以上）只有2个，占所统计61个国家的3.28%，这两个国家分别为阿富汗（39.00%）和阿塞拜疆（31.13%），属于留学生输出增长强劲的国家；第二，快速发展型国家（年均增长率在20%—30%）有5个，占所统计61个国家的8.20%，属于留学生输出增长有力的国家；第三，低速发展型国家（年均增长率在0%—20%）有40个，占所统计61个国家的65.57%，此类国家留学生输出增长乏力；第四，缩减型国家（年均增长率为负数）有14个，占所统计61个国家的22.95%。此类国家留学生输出量持续减少。

对有数据的61个沿线国家2015年之后的留学生输出数量进行对比分析，可发现留学生输出规模最大的国家是中国，2015—2017年输出总量为2554983人，占沿线国家留学生输出总量的31.67%，其中3年中约有35%（89万多名）的留学生去往沿线国家学习；印度在3年间输出人数为864012人，排名第二，占沿线国家留学生输出总量的10.71%，3年间约有36%（31万多名）的留学生前往沿线国家学习；沙特阿拉伯在留学生输出数量中排名第三，3 年间输出 265702 人，占沿线国家留学生输出总量的 3.29%，约有 3 万人前往沿线国家学习；哈萨克斯坦排名第四，3 年间输出 257952 人，占沿线国家留学生输出总量的 3.20%，3 年中约有 23 万名留学生前往沿线国家学习；越南排名第五，3 年间输出 232365 人，占沿线国家留学生输出总量的 2.88%，其中约 53%（12 万多名）前往"一带一路"沿线国家学习。

这 61 个国家中有 50 个国家（占比为 81.97%）留学生输出数量在 2015 年呈现增长趋势，18 个国家保持持续增长态势。对沿线国家学生流动轨迹进行横向比较后发现，学生流动呈现质量驱动与地缘驱动并重趋势，即沿线国家学生流出目的国近一半在本国所在区域或相邻区域。因此，可以认为"一带一路"倡议实施以来，沿线国家留学生输出量的增长和留学生教育的合作更多惠及沿线国家及其留学教育市场。

表 3　2012—2017 年沿线国家留学生输出模式

模式类型	国家及其输出留学生数年均增长率
高速发展型（30% 以上）	阿富汗 39.00%、阿塞拜疆 31.13%
快速发展型（20%—30%）	塔吉克斯坦 28.72%、叙利亚 27.83%、伊拉克 22.15%、哈萨克斯坦 22.12%、乌克兰 21.50%
低速发展型（0%—20%）	吉尔吉斯斯坦 19.20%、卡塔尔 15.14%、乌兹别克斯坦 14.62%、尼泊尔 13.66%、也门 12.50%、印度 11.91%、阿曼 11.65%、科威特 10.95%、越南 10.52%、土库曼斯坦 10.01%、菲律宾 9.53%、匈牙利 9.40%、约旦 8.18%、巴基斯坦 7.76%、巴林 7.64%、沙特阿拉伯 7.64%、阿联酋 7.04%、不丹 6.03%、柬埔寨 5.85%、黎巴嫩 5.70%、巴勒斯坦 5.56%、印度尼西亚 5.11%、中国 4.90%、缅甸 3.61%、塞尔维亚 3.49%、斯洛文尼亚 3.45%、斯里兰卡 3.16%、老挝 2.73%、泰国 2.63%、波黑 2.58%、新加坡 2.45%、俄罗斯 2.35%、亚美尼亚 2.22%、罗马尼亚 1.70%、马来西亚 1.59%、格鲁吉亚 1.47%、捷克 1.32%、克罗地亚 1.24%、黑山 1.24%、希腊 0.89%
缩减型（负数）	伊朗 -0.45%、斯洛伐克 -0.61%、以色列 -0.76%、保加利亚 -0.82%、蒙古 -0.84%、土耳其 -1.01%、波兰 -1.18%、立陶宛 -1.97%、爱沙尼亚 -2.00%、拉脱维亚 -2.60%、马尔代夫 -3.20%、阿尔巴尼亚 -5.72%、白俄罗斯 -7.53%、塞浦路斯 -8.25%

从 2008—2016 年来华留学生数量及排名前五国家的变化情况（表 4）看[①]，留学生生源国范围较稳定，在 9 年间来华留学生数量排名前五的国家有韩国和美国（2015—2016 年为 3 个）。其中，韩国来华留学生数量一直稳居第一，2016 年为 70540 人，大大超过居第二位的美国来华留学生人数（23838 人）。美国来华留学生数量一直保持在 2 万—2.5 万人。另外，以下国家的来华留学生人数增加明显：泰国 2008 年为 8476 人，2016 年为 23044 人；印度 2008 年为 8145 人，2016 年为 18717 人；哈萨克斯坦 2008 年为 5666 人，2014 年为 11764 人，2016 年为 13996 人；巴基斯坦 2008 年为 5199 人，2013 年为 10941 人，2016 年为 18626 人。2017 年，沿线国家来华留学生为 31.72 万人，占来华留学总人数的 64.85%，增幅达 11.58%，高于各国平均增速，成为来华留学发力点。[13] 随着中国政府持续扩大奖学金规模，以东盟国家为首的沿线国家来华留学生数量及增速均不断提升。

表 4　2008—2016 年部分年份来华留学生数及生源国

年份		2008 年	2011 年	2012 年	2013 年	2014 年	2015 年	2016 年
来源国（个）		189	194	200	200	203	202	205
留学生（人）		223499	292611	328330	356499	377054	397635	442773
年增长率（%）		—	10.31	12.21	8.58	5.77	5.46	11.35
排名前五的国家	国家	韩国	韩国	韩国	韩国	韩国	韩国	韩国
	留学生（人）	66806	62442	63488	63029	62923	66672	70540
	国家	美国	美国	美国	美国	美国	美国	美国
	留学生（人）	19914	23292	24583	25312	24203	21975	23838
	国家	日本	日本	日本	泰国	泰国	泰国	泰国
	留学生（人）	16733	17961	21126	20106	21296	19976	23044

①　因篇幅所限，表 4 中没有列入五国 2009 年、2010 年数据以及泰国、印度 2008 年的数据，也不包括后文中提及的哈萨克斯坦和巴基斯坦部分年度数据。

续表

年份	2008 年	2011 年	2012 年	2013 年	2014 年	2015 年	2016 年
来源国（个）	189	194	200	200	203	202	205
留学生（人）	223499	292611	328330	356499	377054	397635	442773
年增长率（%）	—	10.31	12.21	8.58	5.77	5.46	11.35
排名前五的国家	国家	越南	泰国	泰国	日本	俄罗斯	印度	巴基斯坦
	留学生（人）	10396	14145	16675	17226	17202	16694	18626
	国家	俄罗斯	越南	俄罗斯	俄罗斯	日本	俄罗斯	印度
	留学生（人）	8939	13549	14871	15918	15057	16197	18717

数据来源：根据中华人民共和国教育部国际合作与交流司历年来华留学生统计资料及中华人民共和国教育部网站数据收集整理。

（三）沿线国家学生双边流动分析

对具体国家（地区）而言，留学生输出量与输入量两个指标之间会形成四种相对关系，即高输出高输入、低输出高输入、高输出低输入和低输出低输入。相较于输出量而言，输入量更能显性表征一国（地区）高等教育的质量及其国际化水平。

从留学生的输出量与输入量同步考量的角度分析，沿线国家留学生输出量与输入量占总量的比重差异巨大。中国在 2015—2017 年留学生输出量与输入量的占比分别为 31.67% 和 33.57%，是较为典型的高输出高输入国家；沙特阿拉伯两组数据分别为 3.29% 和 18.58%，是较典型的低输出高输入国家，同样情况还有乌克兰（2.76% 和 13.22%）和吉尔吉斯斯坦（0.4% 和 3.42%）；印度的两组数据为 10.71% 和 10.72%，哈萨克斯坦两组数据为 3.2% 和 3.42%，较均衡；乌兹别克斯坦属于较典型的高输出低输入类型，其两组数据为 1.17% 和 0.17%；老挝 3 年间两组数据为 0.18% 和 0.1%，是较典型的低输出低输入类型；塔吉克斯坦、斯里兰卡及蒙古等国家的输出量与输入量占比均在 1% 以下。在沿线国家中，中国留学生教育处于最为活跃与领先状态。在学生输出与输入方面，均是沿线国家中数量最大的国家。

从留学生输出量年均增长率的角度分析，自"一带一路"倡议以来，老挝（20.6%）、塔吉克斯坦（17.93%）、叙利亚（12.75%）、印度（12.66%）、吉尔吉斯斯坦（11.84%）、卡塔尔（11.76%）、越南（11.7%）和阿塞拜疆（10.21%）等留学生输出数量增长较快，可将其作为中国进行留学生教育合作的目标国，积极吸纳此类国家的留学生来华学习。沿线国家中越南（27.61%）、土耳其（23.86%）、格鲁吉亚（19.96%）、爱沙尼亚（16.6%）、斯里兰卡（14.22%）、塞浦路斯（11.62%）、拉脱维亚（11.74%）、蒙古（10.49%）等留学生输入量增长相对较快，此类国家高等教育国际化进程较快，可作为中国留学生在"一带一路"区域内潜在留学目的国。中国留学生输入量在2015—2017年平均增长率为13.24%，输出量年均增长率为4.14%，说明来华留学生增长速度很快，中国不仅与沿线国家留学生教育合作态势良好，且承载着加大沿线国家来华留学接纳力度的重任。

三、中国加强与沿线国家留学生教育合作发展的举措

推进沿线国家教育合作，促进民心相通，中国需要扩大教育开放，进一步采取以下举措，持续加大与沿线国家留学生教育合作力度。

（一）深入推进留学教育互联互通，促进"一带一路"区域留学生教育一体化

据以上分析，处于留学生教育发展初期阶段的国家在未来10年仍将是沿线国家的主体，这对中国而言是扩大教育开放、发展留学教育的重大机遇。中国可尝试建立沿线国家留学生自由流动示范区，整合沿线区域高等教育资源，打通区域内高等教育体制，确保区域内留学生教育资格标准及质量的可比性，构建兼容且连贯的"一带一路"留学生教育体系；不断创新和构建促进学生自由流动的双边及多边政策机制，以多元通道助推留学生及留学生目标群体短期交流和中长期合作；进一步加大中国政府奖学金对沿线国家的投放力度。2017年，共有来自180个国家的5.86万名留学生获中国政府奖学金，占来华留学生总数的11.97%。[13]中国可将政府奖学金有所侧重地投放到沿线国家，尤其是近年来华留学生人数不断增长的东盟国家。针对高等教育适龄人口逐年减少的国家（如蒙古、伊朗、叙利亚、阿联酋、塞浦路斯、白俄罗斯及中东欧大部分国家）及适龄人口相对稳步增长的南亚国家，中国可搭建

留学生跨国流动的多元渠道。对于前者而言，中国可有意识通过留学政策调控手段，引导留学生输出到此类国家，也可通过合作办学、建立海外分校等形式，参与此类国家留学生教育；对于后者而言，可通过政府奖学金等利好政策，增强我国留学生教育吸引力。

（二）提升高等教育国际化水平，精准对接沿线国家留学生教育和区域发展战略

为扩大国际留学市场份额，中国需不断提升高等教育国际化水平，更需精准对接沿线国家留学生教育和区域发展战略。根据沿线国家近6年学生输出量增长率趋势分析，虽然以新兴经济体国家为主的低速发展模式在未来10年内仍将是沿线国家主流，但此类国家随着经济水平不断提升，对国际化高素质人才需求将逐步增强。中国可以目前留学生输出慢速发展的新兴经济体国家，诸如巴林、沙特阿拉伯、阿联酋、吉尔吉斯斯坦、卡塔尔、越南、乌兹别克斯坦和印度尼西亚等为来华留学生源目标国，有针对性地提供精准对接渠道。目前，阿联酋与卡塔尔均以在国内开设分校等形式打造"教育枢纽"，中国可据此寻求在这两个国家开设分校的机遇，输出中国高等教育，建立留学生资源互补和高等教育国际交流与合作红利共享机制；对于越南和印度尼西亚等政府高等教育经费投入力度较小却又极具高等教育国际化愿景的国家，中国可通过给予政府奖学金和教育国际援助等经济手段，吸引此类国家学生来华留学；对于印度等对"一带一路"倡议尚未完全认可，但来华留学人数不断上升的国家，中国可积极与其沟通，以高质量留学人才的培养奠定合作基础，进而扩大留学生教育的合作与交流辐射面；对于基础设施建设方面合作较多的蒙古、巴基斯坦、白俄罗斯、俄罗斯与文莱等国家，中国可以共建紧缺人才相关的专业与学科等形式，加强留学生教育合作力度，在来华留学生教育和我国留学生输出的双向流动过程中，提升中国及沿线国家留学生教育水平。

（三）构建留学生教育合作生态系统，增强留学生教育国际竞争力

2012—2017年，沿线国家高等教育适龄人口年均增长率为 -1.92%，其中仅南亚国家呈正向增长趋势，年均增长率为 0.69%，东亚国家为 -5.73%，独联体国家为 -4.59%，东盟国家为 -0.5%，西亚国家

为 -3.45%，中东欧国家为 -3.35%，中亚国家为 -1.82%。基于沿线国家高等教育适龄人口整体呈减少趋势的现实状况，可以预测在未来 10 年，"一带一路"沿线各国将大力推动留学生教育合作，以此吸引国际生源。这对中国在内的所有沿线国家而言，都将是高等教育国际化水平提升所需应对的巨大挑战，对每个沿线国家的留学生教育发展水平提出了更高要求。然而，应对这一外在压力的同时，沿线国家内生性留学生教育合作的动力也将被进一步激发。由于沿线国家高等教育制度多样，各国高等教育理念与战略各异，在中国与沿线国家经济、贸易往来日益深入的当下，各种不同文化之间的冲突亦会持续凸显。因此，中国政府、企业、高校、文化部门及各类社会组织作为留学生教育的不同利益主体，需构建多元合作的网络，充分利用各自的优势资源形成开放性的留学生教育合作生态系统。中国政府、企业、高校、文化部门及各类社会组织需积极建立和完善与各国政府、高校等机构的对话及合作机制，共同提升留学生教育合作生态系统的整体实力与国际竞争力，在世界留学教育市场中，不断扩大沿线国家的市场份额，从而改变并优化世界留学教育格局。

参考文献

［1］联合国教科文组织统计研究所. 国际教育标准分类法 2011［EB/OL］.（2012-10-20）［2019-03-16］. http://uis.unesco.org/sites/default/files/documents/isced-2011-ch.pdf.

［2］姜岩. 高等教育国际化已是大势所趋［EB/OL］.（2001-11-21）［2019-05-20］. https://www.edu.cn/edu/gao_deng/gao_jiao_news/200603/t20060323_19736.shtml.

［3］汪旭晖. 高等教育国际化的动因与模式：兼论中国大学国际化的路径选择［J］. 辽宁教育研究，2007（8）：90-93.

［4］NAHAS C, Financing and political economy of higher education in Lebanon［R］. Cairo: Economic Research Forum, 2009：10.

［5］刘进，林松月. "一带一路"沿线国家的高等教育现状与发展趋势研究（二十）：以印度尼西亚为例［J］. 世界教育信息，2019，32（2）：53-56，62.

［6］刘进，马丽娜. "一带一路"沿线国家的高等教育现状与发展趋势研究（十六）：以捷克为例［J］. 世界教育信息，2018，31（22）：38-40，49.

［7］Science, technology & innovation policy in the United Arab Emirates［EB/OL］.（2015-09-01）［2019-10-10］. https://www.uaeinnovates.gov.ae/ResourcePackages/UaeInnovates2018/uae-assets/files/STI-EN.pdf.

［8］陈丽，艾孜买提. "一带一路"沿线国家来华留学教育近 10 年发展变化与策略研究［J］. 比较教育研究，2016，38（10）：27-36.

[9] 陈举."一带一路"战略下中国与哈萨克斯坦高等教育合作空间探究 [J]. 教育探索，2017（1）：55-58.

[10] 托洪巴依. 中亚五国人口研究 [M]. 北京：科学出版社，2014.

[11] 王雪梅，尼牙孜. 哈萨克斯坦高等教育国际化发展研究 [J]. 比较教育研究，2016，38（8）：7-17.

[12] 徐辉，张永富. 斯里兰卡高等教育"战略管理计划（2013—2017）"的目标、内容及启示 [J]. 西南大学学报（社会科学版），2019，45（2）：81-87，197.

[13] 2017 年来华留学人数近 50 万，88% 为自费生 [EB/OL].（2018-03-30）[2019-10-25]. https://baijiahao.baidu.com/s?id=1596331270402022805.

（刘筱，长江师范学院教师教育学院副教授，教育学博士研究生；雷继红，长江师范学院教师教育学院教授。原载《比较教育研究》2019 年第 12 期，略有改动。）

"一带一路"国家教育受援格局研究

——基于"发展援助委员会"近十年官方数据的分析

滕　珺　丁瑞常　陈　柳　王杨楠

　　"一带一路"国家多半遭受过旧殖民统治体系的剥削和压制，由于历史与自身情况的制约，很多国家至今无法摆脱贫困、饥饿、动乱的困扰。[1]根据经合组织（OECD）公布的数据，2016年仍有41个"一带一路"国家属于经合组织"发展援助委员会"（Development Assistance Committee，DAC）的受援国，其中包括8个最不发达国家①：阿富汗、孟加拉国、不丹、柬埔寨、老挝、缅甸、尼泊尔和也门；1个低收入国家（2013年人均国民收入≤1045美元）：塔吉克斯坦；15个中等偏低收入国家（1046美元≤2013年人均国民收入≤4125美元）：亚美尼亚、格鲁吉亚、印度、印度尼西亚、吉尔吉斯斯坦、摩尔多瓦、蒙古、巴基斯坦、菲律宾、斯里兰卡、叙利亚、乌克兰、乌兹别克斯坦、越南和埃及；17个中等偏高收入国家（4126美元≤2013年人均国民收入≤12745美元）：阿尔巴尼亚、阿塞拜疆、白俄罗斯、波黑、伊朗、伊拉克、约旦、哈萨克斯坦、黎巴嫩、马来西亚、马尔代夫、黑山、塞尔维亚、泰国、土耳其、土库曼斯坦和马其顿。[2]笔者通过挖掘"债权国报告系统"（creditor reporting system，CRS）的最新数据，分析了"一带一路"DAC受援国在过去十年（2006—2015年）接受双边教育援助的基本情况，以期为我国在"一带一路"国家开展教育合作提供依据。

---

　　①　最不发达国家（least developed country，LDC）由联合国发展政策委员会（Committee for Development Policy，CDP）每三年评选一次，入选者须同时满足三方面标准：低收入标准、人文资源匮乏标准和经济脆弱性标准。其中，低收入标准以近三年平均人均国民收入作为衡量指标，2015年制定的标准为1035美元。参见：LDC Criteria［EB/OL］.［2017-05-30］. https://www.un.org/development/desa/dpad/least-developed-country-category/ldc-criteria.html.

一、"一带一路"国家教育整体受援规模分析

（一）教育援助在整个国际援助中的地位

经合组织的债权国报告系统将 DAC 国际援助划分为十大类：社会基础设施与服务、经济基础设施与服务、生产部门、跨部门、商品援助、债务相关、人道主义援助、援助国管理成本、援助国收留的难民和其他，并将教育援助归入社会基础设施与服务类。据笔者统计，就本研究分析的 41 个"一带一路"国家 2006—2015 年的整体情况而言，其接受的社会基础设施与服务类援助占比最大，约占总受援量的 37%，而在社会基础设施与服务类援助中，教育援助占比位居第二，约占 22%。

就具体国家而言，伊拉克、缅甸、印度、斯里兰卡、越南、菲律宾、阿富汗、亚美尼亚、塞尔维亚、塔吉克斯坦、柬埔寨、孟加拉国、黑山、阿塞拜疆、约旦、叙利亚、吉尔吉斯斯坦、不丹、泰国和格鲁吉亚的教育受援量占总受援量比例不足 10%，其中伊拉克最低，仅 1.82%；乌兹别克斯坦、摩尔多瓦、埃及、马尔代夫、波黑、尼泊尔、印度尼西亚、老挝、巴基斯坦、乌克兰、也门、蒙古、马其顿、哈萨克斯坦、黎巴嫩、土耳其、土库曼斯坦的占比在 10%—20%；阿尔巴尼亚、白俄罗斯、马来西亚和伊朗的占比则超过 20%，其中马来西亚达到 46.24%，伊朗高达 67.67%，且这两个国家在有些年份的占比超过了 70%。此外，统计发现，这一比例与各国的国内生产总值（gross domestic product，GDP）呈显著性正相关（相关系数为 0.662，$p < 0.01$）。

（二）41 国历年所接受教育援助的经济价值

考虑到不同国家各年经济发展水平和物价存在差异，笔者选择了如下两个衡量指标进行分析：一是各国历年扣除了价格变动因素的教育援助可比价格（constant price），便于纵向比较各国的教育受援额度；二是各国历年经购买力平价（purchasing power parity，PPP）转换因子与市场汇率的比率[①]折算后的教育援助当年价格（current

---

[①] 购买力平价转换因子是两种以上货币在购买相同数量和质量商品时的价格之比，常用来比较同一时期内两个或多个国家的综合价格水平，度量了价格在空间上的相对变化。购买力平价转换因子与市场汇率的比率也称作"国家价格水平"，表征一个国家需要多少美元来购买在美国价值相当于一美元的货物。本文使用的该指标原始数据均来自世界银行（World Bank）的在线数据库（网址：http://data.worldbank.org/indicator/PA.NUS.PPPC.RF，访问时间：2017 年 5 月 20 日）；伊朗 2015 年的 GDP 数据及叙利亚 2008 年之后的 GDP 数据缺失，笔者在统计中相应进行了剔除。

price）[1]，便于横向比较各国所接受教育援助的实际购买力。

就本研究分析的 41 个"一带一路"国家 2006—2015 年的整体情况而言，其所接受教育援助的可比价格相对平稳而略有上升，最低为 23.32 亿美元（2012 年），最高为 31.93 亿美元（2009 年）；但经购买力平价转换因子与市场汇率的比率折算后的当年价格则存在相对较大的波动，且呈现了下降趋势，最低为 70.16 亿美元（2012 年），最高为 108.00 亿美元（2009 年）。就具体国家而言，由于各国需求迥异，加之受经济发展水平及物价等因素的影响，不同国家所接受教育援助的经济价值存在很大差异，但总体而言，与各国的国内生产总值呈显著性正相关（相关系数为 0.445，$p < 0.01$[2]）。

由此可见，无论从绝对量上来看，还是从相对量上来看，教育都属于大多数"一带一路"国家重要的受援领域，且其优先地位日益凸显，而这一点在经济发展水平相对较好的国家显得尤为突出。

二、"一带一路"国家教育受援的来源分析

笔者在此分析了 DAC 援助国在 2006—2015 年对"一带一路"国家提供的双边教育援助总量。统计结果表明，在"一带一路"国家教育援助中扮演主要角色的国家包括德国、美国、法国、日本、澳大利亚、英国、韩国、奥地利。为综合考察这 8 个国家对 41 个"一带一路"国家教育援助的投入力度，研究者以各国对 41 个"一带一路"国家在 2006—2015 年提供的教育援助总量的不变价格为横坐标，其占本国同期 GDP 比重为纵坐标，绘制了图 1。由此图可知，德国无论在投入金额上，还是在占本国 GDP 的比例上，均为教育援助高投入国家；美国的教育援助金额仅次于德国，但 GDP 占比却最小；奥地利、澳大利亚则属于投入金额虽然相对偏低，但 GDP 占比却最高；相比之下，英国、法国、日本、韩国则无论在投入金额上，还是在占本国 GDP 比例上，都属于这 8 个国家中教育援助投入力度相对偏低的。

在援助对象国的分布（图 2）上，这 8 个国家的侧重点各有不同，但总体上与各国整体的政治、经济、外交战略一致，主要动机都莫过于为自己建立良好的国际形象，尤其是维护自己在特定区域的利益。例如，

---

① 用当年价格除以购买力平价转换因子与市场汇率的比率。

② 援助量与国内生产总值均经过购买力平价转换因子折算。

占本国GDP的比例（％）

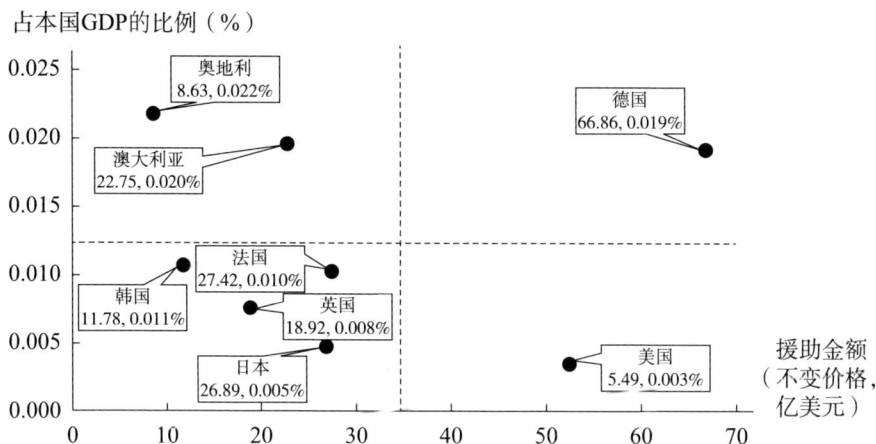

图1 2006—2015年"一带一路"国家主要教育援助国的教育援助投入力度

（％）

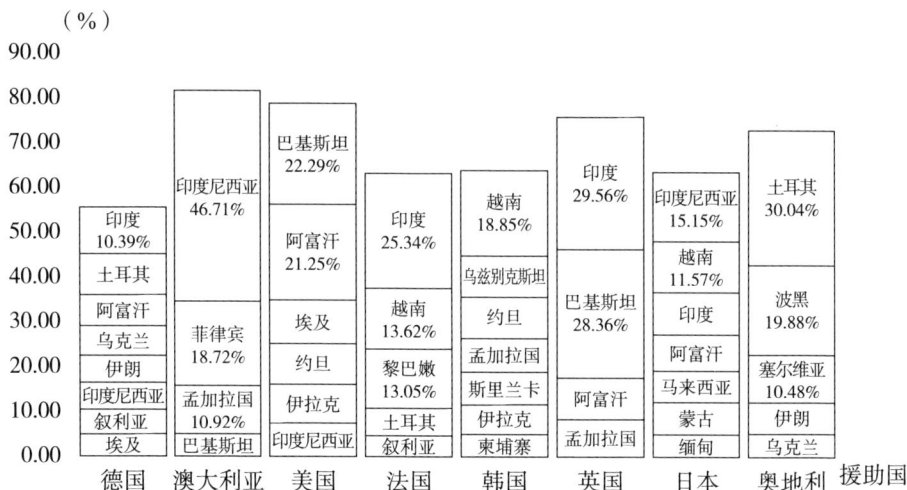

图2 2006—2015年"一带一路"国家主要教育援助国的教育援助投入格局

注：百分比为受援国在2006—2015年获得某援助国的教育援助量与该援助国同期对于本研究分析的"一带一路"国家的教育援助总量之比。图中仅列出了百分比在5％以上的受援国。

德国属于典型的"雨露均沾型"，不仅对41个"一带一路"国家常年进行教育援助，且不存在明显的重点援助对象。这是德国在第二次世界大战（以下简称"二战"）后对外援助所遵循的"洒水壶原则"的体现。一方面，德国在"二战"后迫切需要通过广泛的国际援助挽回自己在"二战"期间的"糟糕形象"；另一方面也是源自"冷战"时期东西德外交竞赛的需要。当时的西德政府希望通过为数量众多的发展中国家都提供小额援助来扩大自己的外交影响，为使之成为德国人民唯一的合法政府创造有利的国际环境。两德统一后，德国在提高发展合作效率和有效性的宗旨下，虽然于 1998 年决定减少合作国家，但其对外援助覆盖的国家依旧多得令人无法判断其外交的偏好和区域重点所在。[3]

相比之下，英国、法国、日本、奥地利则属于"广泛撒网但略有偏重型"，即虽然对 41 个"一带一路"国家常年进行教育援助，但对其中 20 多个国家的援助非常少①，且英国对于印度、巴基斯坦，法国对于印度，日本对于印度尼西亚，奥地利对于土耳其和波黑呈现出了一定的援助偏向；美国、韩国属于"有所选择且略有偏重型"，即在 2006—2015 年对于本研究分析的"一带一路"国家中的少数国家从未提供过教育援助，且对其中 20 多个国家的援助非常少。与此同时，美国对于巴基斯坦、阿富汗，韩国对于越南则呈现出了不同程度的援助偏向。这些援助国在援助对象布局上所呈现出的特点与彼此之间的交往历史有着一定的关系，如多为援助国的前殖民地，或彼此之间有过重大"恩怨"、战争史，希冀借助偏于人道主义的教育援助来修复彼此的国际关系以及自己在国际社会的形象。

而与德国截然相反的是，澳大利亚属于典型的"重点投入型"，不仅在 2006—2015 年对于本研究分析的"一带一路"国家中的 23 个国家从未提供过教育援助，而且将其对外援助总量的 46.71% 投向了印度尼西亚一个国家。②这种布局与两国的地缘政治有着密切的关联：印度尼西亚是澳大利亚地区安全中最重要的支点。也正因如此，澳大利亚自"冷战"时期起便始终将印度尼西亚作为其重点发展援助对象。[4]2014 年，澳大利亚对外事务与商务部（Department of Foreign Affairs and Trade）出台了《澳大利亚援助：促进繁荣，减少贫困，提高稳定性》（Australian Aid: Promoting Prosperity, Reducing Poverty, Enhancing Stability），明确指出该援助计划不是慈善事业，而是代表了澳大利亚对印度-太平洋地区未来的投

---

① 比例低于对 41 个国家教育援助总量的 1%，下同。
② 指澳大利亚在 2006—2015 年对于本研究分析的"一带一路"国家的教育援助总量中有 46.71% 投向了印度尼西亚。

资，是对于澳大利亚促进地区稳定所做的外交和安全努力的补充。因此，超过 90% 的援助资金将流向印度-太平洋地区，尤其是与澳大利亚邻近的东南亚和太平洋地区。[5]

三、"一带一路"国家教育受援的结构分析

（一）用于发展基础教育的援助

经合组织债权国报告系统统计的专用于发展基础教育的援助包括三部分：一是小学教育，援助对象包括面向儿童的正式的和非正式的小学教育，所有的初等和第一级（first cycle）系统教学和学习材料；二是基本生活技能教育，援助对象包括正式的和非正式的基本生活技能教育（包括面向成人的）、读写算训练；三是早期儿童教育，援助对象包括正式的和非正式的学前教育。[6]

为了使数据具有跨国可比性，笔者统计了各国 2006—2015 年接受的专用于发展基础教育的援助量占同期所接受教育援助总量的比例。统计结果表明，多数"一带一路"国家这一比例低于 25%，有 20 个国家低于10%；而高于 25% 的国家主要为经济发展水平相对落后的国家。进一步分析发现，绝大多数"一带一路"国家接受的基础教育援助又主要集中于小学教育。21 个国家在这十年间接受的用于小学教育的援助量占到同期所接受的专用于基础教育援助的 90% 以上，而只有白俄罗斯和波黑这一占比不足 50%。其中，白俄罗斯同期接受的基础教育援助均用于基本生活技能教育，波黑主要用于基本生活技能教育和早期儿童教育。

（二）用于发展中等教育的援助

经合组织债权国报告系统统计的专用于发展中等教育的援助包括两部分：一是中等普通教育，援助对象包括初等和高等第二级（second cycle）系统教学，即初中和高中教育；二是中等职业教育，援助对象包括初等职业培训和中等教育层次的技术教育、在职培训、学徒制培训和非正规职业培训。[6]

统计结果表明，有 22 个"一带一路"国家在 2006—2015 年接受的专用于发展中等教育的援助量占同期所接受教育援助总量比例的平均值低于 10%；只有两个国家略高于 25%。其中，绝大多数"一带一路"国家在此期间接受的中等教育援助主要集中于职业培训。16 个国家在此期

间接受的专用于中等职业教育的援助量占到同期所接受的专用于中等教育的援助量的 90% 以上，而只有 7 个国家这一占比不足 50%。

（三）用于发展中等后教育的援助

经合组织债权国报告系统统计的专用于发展中等后教育的援助包括两部分：一是高等教育，援助对象包括大学、学院和多科技术学院的学位与文凭项目和奖学金；二是高级技术与管理培训，援助对象包括专业层次的职业培训项目和在职培训。[6]

统计结果表明，有 33 个 "一带一路" 国家在 2006—2015 年接受的专用于发展中等后教育的援助量占同期所接受教育援助总量的比例高于 25%，其中 23 个国家高于 50%，白俄罗斯和伊朗超过 90%；阿富汗最低，占比为 14.99%。与中等教育截然相反的是，所有 "一带一路" 国家接受的中等后教育援助都集中于高等教育，而投入职业培训的比例极低。38 个国家在这十年间接受的专用于高等教育的援助量占到同期所接受专用于中等后教育援助总量的 90% 以上，约旦占比最低，也达到 68%。

由此可见，从 2006—2015 年的整体情况来看，绝大多数 "一带一路" 国家接受教育援助最多的是中等后教育阶段，平均约占到同期教育总受援量的 53.26%，而其中绝大多数（95.94%）用于高等教育，且整体呈现正增长趋势。应该来讲，无论对于受援国还是援助国，就短期效益而言，投资高等教育都是一种见效最快的选择。此外，这与后文将谈到的援助双方对于奖学金类援助方式的偏好不无关系。仅次于中等后教育援助的是专用于发展基础教育的援助，平均占教育援助总量的 18.03%，且绝大多数（83.67%）用于小学教育，但在过去十年这一援助整体呈现出下降趋势。"一带一路" 国家在基础教育阶段的受援格局在很大程度上是受联合国 "千年发展目标" 所引导的，即将基础教育视作基本人权，将普及基础教育作为促进落后国家发展的重要支柱，但随着该进程的逐步推进，基础教育在国际援助中的优先级也相应降低。相比之下，"两头不搭" 的中等教育在过去十年内受到的援助就明显少得多，约占 11.15%，且绝大多数（75.81%）用于具有 "短期效应" 的职业培训。（"一带一路" 国家教育受援结构更多数据详见图 3）

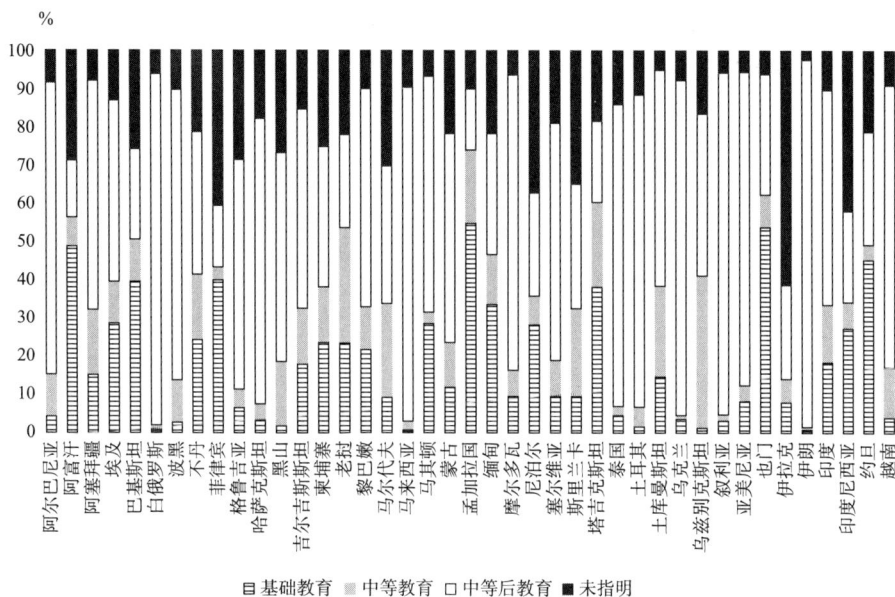

图 3　2006—2015 年"一带一路"国家的教育受援结构比较

四、"一带一路"国家教育受援的方式分析

（一）部门预算支持

预算支持是一种援助国向受援国国库进行转移支付，资助受援国的政府预算，以支持其宏观改革，但不指定资金用途的国际援助方式。在这类援助中，援助国在很大程度上将资金的控制权让渡给了受援国政府，且根据受援国的预算程序安排其用途。经合组织债权国报告系统统计的预算支持包括两部分：一是一般预算支持（general budget support），完全不指定经费用途；二是部门预算支持（sector budget support），虽不指定经费的具体用途，但规定了经费的使用领域。此处统计的则是专用于教育领域的部门预算支持。[7]

统计结果表明，印度尼西亚、尼泊尔、巴基斯坦、菲律宾、孟加拉国、越南、阿富汗、蒙古在 2006 年以后开始得到部门预算支持方式的援助，且多来自澳大利亚。例如，印度尼西亚 2010 年通过该方式获得了当年 42.41% 的教育援助，2012—2015 年部门预算支持也超过了 20%。尼泊尔 2011—2013 年通过该方式获得了当年 10% 以上的援助，且 2014 年达到 40.58%。巴基斯坦在 2010—2015 年也获得了部门预算支持，但所占比例波动较大，高时如 2013 年，达到 38.82%，低时如 2015 年，仅有0.14%。

（二）核心资助、集资项目与基金

在这类援助中，援助国在很大程度上将资金的控制权让渡给了其他利益相关者，包括其他援助国、非政府组织、多边组织、公私伙伴关系（public private partnerships，PPPs）。经合组织债权国报告系统统计的此类援助包括三部分：一是为非政府组织、其他私立机构（如慈善基金会）、公私伙伴关系及研究机构提供的核心资助，得到援助的机构可以根据自己的需要决定资金的用途；二是为国际组织（多边组织）项目和基金提供的资助，如"联合国儿童基金会女童教育"项目（UNICEF Girls' Education）、"普及教育快速通道动议"（Education for All Fast Track Initiative）、各种信托基金等；三是集资型资助，指援助国为其他援助国和/或受援国联合管理的自主性账户提供的资助。该账户有着特定的目标指向、支付模式、问责机制及有限的时间框架。[7]

从经合组织的统计数据来看，在本研究分析的 41 个"一带一路"国家中，只有黎巴嫩和印度在 2006—2015 年每年都通过此方式获得了少量的教育援助；阿富汗、巴基斯坦、菲律宾、柬埔寨、蒙古、孟加拉国、缅甸、尼泊尔、斯里兰卡、泰国、越南从 2007 年或 2008 年开始通过这种方式得到了少量的援助。除此以外的 28 个国家都是在 2010 年之后才得到过此种援助。从 2010—2015 年的整体情况来看，有 6 个国家通过这种方式获得了 20% 以上的教育援助；9 个国家获得的此种援助占比支持不足 1%，其中土库曼斯坦在过去的十年内从未通过此方式获得过教育援助。

（三）项目型干预

项目型干预是援助国经与受援国商定，将援助资金直接用于受援国某一具体建设目标的援助，是最为传统且最为常见的一种援助方式。一个援助项目是一系列投入、活动和产出的集合，需要在特定时间框架内达到特定的建设目标，有明确的预算和地理区域限制。[7]

统计结果表明，本研究分析的 41 个"一带一路"国家中，有 26 个国家在 2006—2015 年通过此方式获得了 20% 以上的教育援助，2 个国家超过了 50%，8 个国家不足 1%。除了白俄罗斯在这十年间接受的项目型干预类援助占同期所接受教育援助总量的比例整体下降了 34.49% 以外，其他 40 个国家均呈现上升趋势，且 32 个国家的增长率超过 100%，土耳其、哈萨克斯坦、阿塞拜疆增长了 10 倍以上。

（四）专家与其他技术援助

经合组织债权国报告系统统计的此类援助包括两类：一是援助国人员费，指援助国向受援国派遣专家、顾问、教师、学术人员、研究人员、志愿者等所形成的人员支出；二是其他技术援助，指项目型干预以外的培训与研究、语言培训、南南研究、调研研究、援助国与受援国大学及组织的合作研究、当地奖学金、发展导向的社会与文化项目，以及举办大会、研讨会、工作坊，进行交流访问、资助出版等形成的支出。[7]统计结果表明，本研究分析的 41 个"一带一路"国家在 2006—2015 年通过此方式获得的教育援助均不足总量的 20%，其中，30 个国家不足 10%。

（五）奖学金与学生资助

经合组织债权国报告系统统计的此类援助包括两类：一是为受援国学生及培训生个人赴援助国学习或参加培训提供奖学金资助；二是为受援国学生及培训生个人在援助国学习或参加培训期间形成的其他开支提供资助。[7]

统计结果表明，本研究分析的 41 个"一带一路"国家中，有 30 个国家在 2006—2015 年通过此方式获得了 20% 以上的教育援助，其中 15 个国家超过 50%，25 个"一带一路"国家接受的奖学金与学生资助的总量占同期所接受教育援助总量的比例在 2006—2015 年整体呈现了正增长倾向。马其顿、埃及、阿富汗、孟加拉国、不丹、塔吉克斯坦、也门、印度尼西亚和伊拉克整体增长了 50 个百分点以上；相比之下，这一占比下降率超过 50% 的只有黎巴嫩和缅甸，分别下降了 50.65 个百分点和 60.99 个百分点。（41 国教育受援方式的比较详见图 4）

由此可见，从 2006—2015 年的整体情况来看，奖学金与学生资助首先是"一带一路"国家接受的最多的教育援助方式，平均约占到教育受援总量的 42.14%。这也是高等教育得到最多援助的原因之一。其次是项目型干预类援助，平均约占到 26.83%；再次是专家与其他技术援助类和

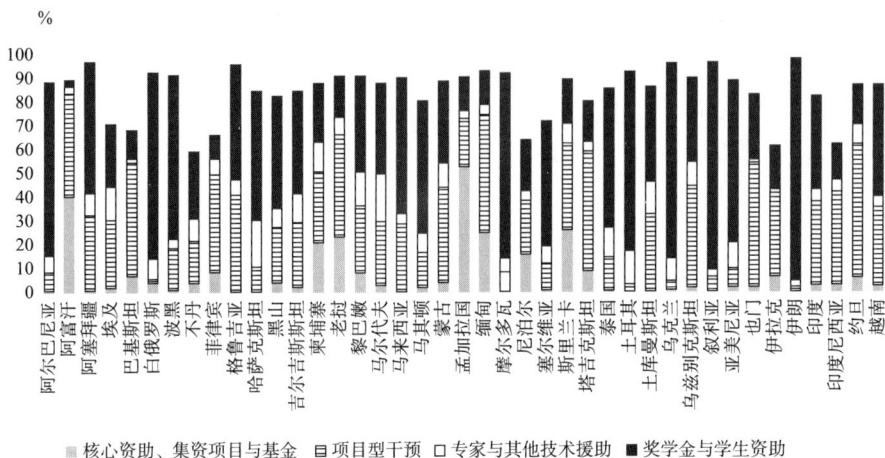

图4 2006—2015年"一带一路"国家的教育受援方式比较

核心资助、集资项目与基金类援助，分别平均占 7.85% 和 7.26%；部门预算支持类和其他行政成本类援助占比极小。

五、中国推进"一带一路"建设中教育援助的战略选择

（一）重视教育援助

进入 21 世纪以来，随着联合国千年发展目标的提出以及全球变暖、国际贫困、失业率猛增、债务危机等问题的加剧，社会基础设施和服务建设超过经济生产领域而一跃成为了国际发展援助最主要的援助领域。[8]教育作为各国加速发展和进行软实力建设的重要途径，日益成为越来越多国家的重点援助或受援领域。前文基于数据分析也证明，教育在"一带一路"国家受援格局中的重要性日益凸显。因此，我国今后对于这些国家的援助不能只停留于经济基础建设和生产领域，以教育为代表的"软领域"也应获得更多的关注和投入。

（二）避免与传统援助国争夺援助对象

地理区位的临近程度、社会经济发展相似性、历史文化的同理心以及政治外交利益的博弈对抗等因素往往被当作确定援助对象的重要依据。我国在选择"一带一路"教育受援国时无疑也需要综合考虑这些因素。此外，笔者认为，作为一个新兴的发展中"援助国"，当前的教育援助现

实格局也应该被列入考虑范畴，企图通过瓦解已有稳定的援助—受援关系，从传统援助国手中争夺受援国是不明智，也是不切实际的做法。我国更应考虑选择传统发达国家不占优势或者教育受援分配更为分散的国家实施援助，如越南、柬埔寨、斯里兰卡、孟加拉国、尼泊尔等，同时结合我国的外交战略需要，选择适合的援助国。

（三）重点援助职业教育和高等教育

基础教育在国民教育体系中处于基础性、先导性地位，相比高等教育更具有"公共性"，因此往往得到政府的优先投入，随着国家经济实力的增强，其对国际援助的需求也会相应降低。这一点已通过前面的数据分析得到论证。更值得注意的是，对基础教育实施援助容易牵扯到国家主权问题，而我国的外交原则是不干预别国主权。因此，我国若对"一带一路"国家的基础教育援助过多，不仅容易引起国际社会的非议，还可能因其滞后效应导致"费力不讨好"的结果。

相比之下，职业教育和高等教育应是我国未来进行教育援助的首选领域。特别是中等职业教育与个人就业和经济社会的发展衔接得最为紧密，投入效果立竿见影，有助于解决受援国的燃眉之急，实现"双赢"。建议职业教育的援助与我国企业的"走出去战略"相配合，既可以解决我国企业发展的人员需求问题，同时也缓解了当地青年人的严峻就业形势。在高等教育领域，由于人文社科牵涉国家历史文化传统、意识形态等问题，在援助之始就提供相关援助，效果未必理想。因此，我国在援助初期，可以结合自身的强项和优势，在海外办学或其他高等教育合作方面以工程技术领域为主，之后再逐步涉足人文社科领域。当然，这并不排除在高等教育领域通过奖学金、联合学位项目等多种形式，让这些国家对中国感兴趣的学生来华学习，接触中国文化。

（四）拓展奖学金项目

奖学金类援助不易引起国际争议，且在感情投资和拉动内需方面具有显著优势，因此援助国和受援国对于这种援助都表现出了强烈的喜好。在我国，奖学金一般由政府提供，用于资助世界各国学生、教师、学者到中国的大学学习或开展研究，国家留学基金管理委员会负责中国政府奖学金生的招生录取和管理等工作。中国政府奖学金项目包括国别双边项目、中国高校自主招生项目、长城奖学金项目等，资助类别包括本科、硕士、博士学位教育及汉语或专业进修，学科门类覆盖理学、工学、农学、医学、经济学、法学、管理学、教育学、历史学、文学、哲学、艺术学等。[9] 在未来的发展中，我国应继续开发奖学金项目，将其拓展至更多类型和学段。

（五）加强相关学科建设，培养一批国际化援助人才

教育援助可以帮助受援国增加人力资本，而各类教育援助尤其是技术援助的提供也需要一批援助人才为其贡献力量，因此人力资本同样是促进教育援助的前提条件。我国要顺利实现"一带一路"倡议目标，就必须加强人才储备，扩大自身在国际社会中的话语权。然而，当前我国国际人才储备还十分薄弱，发展教育学的研究还处于边缘地带，这无疑是教育援助事业的一大障碍。因此，我国当前最为迫切的是要加强顶层设计和宏观指导，力促发展教育学的学科建设，建立培养国际化援助人才的社会支持体系，营造良好的外部支持机制与环境。

参考文献

［1］瞿振元. "一带一路"建设与国家教育新使命［N］. 光明日报，2015-08-13（11）.

［2］OECD. DAC list of ODA recipients［EB/OL］.（2016-04-14）［2016-04-14］. http://www. oecd.org/dac/financing-sustainable-development/development-finance-standards/daclist. htm.

［3］余南平. 发展援助的中间道路：德国对外援助研究［J］. 德国研究，2012，27（4）：30-52，125.

［4］程珊珊. 澳大利亚对印度尼西亚的教育援助及其启示［J］. 世界教育信息，2017，30（7）：60-65.

［5］DEPARTMENT OF FOREIGN AFFAIRS AND TRADE. Australian aid: promoting prosperity, reducing poverty, enhancing stability［EB/OL］.（2017-12-19）［2017-12-19］. https://www.dfat.gov.au/sites/default/files/australian-aid-development-policy.pdf.

［6］OECD. List of CRS purpose codes［EB/OL］.（2016-04-14）［2016-04-14］. https://www. oecd-ilibrary.org/list-of-crs-purpose-codes_5ksf40dd79f5.pdf?itemId=%2Fcontent%2Fco mponent%2F9789264069022-104-en&mimeType=pdf.

［7］DAC and CRS list of codes［EB/OL］.（2016-04-18）［2016-04-18］. http://www.oecd. org/dac/financing-sustainable-development/development-finance-standards/DAC-CRS-CODES.xls.

［8］唐丽霞，周圣坤，李小云. 国际发展援助新格局及启示［J］. 国际经济合作，2012

（9）：65-69.

[9] 中国政府奖学金招生简章［EB/ OL］.（2017-05-27）［2017-05-27］. http://www.campuschina. org/zh/content/details1003_122933.html.

（滕珺，北京师范大学国际与比较教育研究院副教授、副院长；丁瑞常，北京师范大学国际与比较教育研究院博士研究生，美国哥伦比亚大学教育学院访学博士研究生；陈柳，北京师范大学职业与成人教育研究所博士研究生；王杨楠，北京师范大学国际与比较教育研究院硕士研究生。原载《比较教育研究》2018 年第 4 期，略有改动。）

非洲高等教育卓越中心区域一体化建设及中国参与
——以世界银行"非洲高等教育卓越中心计划"为例

万秀兰　李佳宇

非洲具有年轻人口比例大、自然资源丰富、国际援助来源较多且数额较大等发展优势。近 20 年来，一些非洲国家有了令人瞩目的发展：埃塞俄比亚连续十年 GDP 增长率为 8% 以上，2010 年高达 12.551%；科特迪瓦、卢旺达、莫桑比克、坦桑尼亚等国也时有 7%—8% 的年增长率。[1]但非洲仍是世界上最贫困的地区，面临一系列的问题，例如：如何保持可持续的包容性经济增长；高等教育发展水平不高，高等教育毛入学率仅为 8% 左右[2]，科学、卫生、信息通信技术和工程专业的学生比例不足 30%；科研成果产出率特别低[3]。这与非洲复兴的愿景相悖。

为此，非洲一些国家及其重点大学酝酿或实施了世界一流学科建设，即非洲语境中的高等教育卓越中心建设。这类高等教育卓越中心建设中比较有影响的主要是近十年来由非洲区域组织或国际发展组织倡议和资助的卓越中心项目，这些项目旨在推进非洲高校研究生培养、科研和院校管理能力的建设。2008 年，德意志学术交流中心实施了"促进非洲未来领导卓越中心"项目。该项目选取非洲 7 国具备学科优势的一些高校，资助其成立了 10 个高教卓越中心，通过联合课程开发和科研合作，为非洲培养未来优秀的领导者和管理者。[4]2009 年以来，非洲联盟（以下简称"非盟"）建立了 3 个区域水利科学卓越中心网，以 15 个国家或区域组织的 19 所高校为中心，开展科研合作和人才培养。2011 年成立的泛非大学在非洲东南西北中五大地区各选 1 所大学各设 1 个地区性的研究院，开展重点优势学科的科研与研究生培养工作。2013 年，世界银行启动了"非洲高等教育卓越中心计划"（以下简称"高教卓越中心计划"），先后资助非洲中西部和东南部的 16 国分两批成立了 46 个高教卓越中心。目前，该计划正在筹备成立至少 5 个职业技术教育与培训卓越中心。[5]"高教卓越中心计划"是目前为止覆盖国家、高校和学科最多的非洲高教资助计划。

本文重点以世界银行"高教卓越中心计划"为例，研究非洲高教卓越中心建设的特点、作用及中国在教育"走出去"的背景下如何参与非洲高教卓越中心建设等问题。

一、非洲高教卓越中心建设的特点

纵观非洲现有的高教卓越中心，经过十年区域一体化建设，其在组织上、管理上和目标导向上呈现出一些显著特征。

（一）组织特点：国际性、区域性与竞争性

1.组织推动力量：国际性与区域性

我国的"双一流"建设是在我国政府主导和推动下进行的，而非洲高教卓越中心建设则是由德国、非盟和世界银行组织、支持和推动的。德国和世界银行都属于外部力量，非盟对非洲国家而言在某种程度上也是一种外部力量。

非洲高教卓越中心建设的发起者、组织者和推动者主要是全球发展组织、区域外国家和本土区域组织，其国际性与区域性特征明显。高教卓越中心的选择原则和建设指标也体现了区域性特点。非盟泛非大学和世界银行高教卓越中心都强调这些中心在建设中要发挥区域辐射作用，并将招收区域学生和师生区域流动作为评估指标之一。虽然非洲国家在高教卓越中心管理过程中起主要作用，但总体来说，在高教卓越中心的建设中不起主导作用。

2.产生方式：竞争性

国际组织之所以要求各高教卓越中心要发挥区域辐射作用，一个重要原因是中心的数量有限，承建中心的国家及高校是在高度竞争的基础上产生的。

关于高教卓越中心的选择，无论是德国、非盟还是世界银行均是在竞争基础上择优产生。因而，这些中心的国别分布十分不平衡。第一期高教卓越中心建设中，尼日利亚10个，加纳3个，科特迪瓦3个，塞内加尔2个，喀麦隆、贝宁、布基纳法索、多哥各1个，许多中西非国家一个也没有。第二期高教卓越中心建设中，乌干达、卢旺达、坦桑尼亚各有4个，埃塞俄比亚、赞比亚和肯尼亚各有3个，马拉维2个，莫桑比克1个，其他一些东部与南部非洲国家一个也没有。[5]这也反映了非

洲各国高等教育发展水平的差异。

（二）管理特点：主体多元性和过程规范性

由于资助者和领导者不同，非洲高教卓越中心在管理上表现出一定的差异。德国的项目由德意志学术交流中心和非洲合作院校共同管理；非盟的项目由非盟非洲发展新伙伴计划办公室、联络中心及其成员高校卓越中心委员会共同管理；泛非大学由泛非大学管理委员会、五大研究院所依托大学的校长及其他民间社会力量共同管理。下面重点讨论世界银行"高教卓越中心计划"的管理特点。

1. 管理机构

（1）指导委员会。指导委员会是"高教卓越中心计划"的最高决策与管理机构，13名委员分别来自其中心参与国（8名）、相关学科界（2名）、区域组织（2名）和私营部门（1名），其中主席由指导委员会会议主持国委员以轮值形式担任。[7]指导委员会会议决定该计划的一切事务，除委员必须参加外，世界银行关于该计划工作组和区域协调中心的人员也同时参加，并参与指导和决策。指导委员会享有依据该计划的文件、世界银行融资协议和其他法律文件决定各中心发展计划的权利，负责审查该计划的实施情况，提供指导意见；采取措施提高各区域卓越计划的效率；验收各中心的工作计划、报告和预算情况；促进区域高等教育的合作。

（2）区域协调中心。非洲大学协会和东非大学校际理事会分别是"高教卓越中心计划"第一期和第二期的区域协调中心。二者既负责实施卓越中心建设的评估与管理，统筹协调本区域内各中心的关系，又为各中心提供服务与支持，促进各中心能力建设和知识分享，促进中心间及与企业间的合作。

（3）国家协调中心。"高教卓越中心计划"在不同国家建设的卓越中心的数目不等，但都需要国家层面的参与，包括政治承诺、政策支持、质量监督和学历学位认证等。该计划第一期的国家协调中心由各国高等教育部门下辖的国家审查委员会监督和管理；第二期则由各国高等教育部门或专门成立的卓越中心指导委员会监督和管理。在此监管下，各中心根据本中心的战略目标自行规划和实施本中心优先领域的专业发展。国家在高教卓越中心建设中的自主权主要体现在资助资金的使用、本中心建设计划的监管与评估等方面。[6]

（4）世界银行专家的技术支持。世界银行对"高教卓越中心计划"

的管理权,除了有代表参与指导委员会做决策外,还有专门的高教卓越中心支持团队围绕高教卓越中心建设的目标和任务访问各中心、了解进程、提供指导与支持。根据对世界银行 2017 年 11 月 7—9 日阿克拉非洲高教卓越中心会议资料的统计,2017 年 4 月 2 日至 10 月 9 日,世界银行专家对肯尼亚、埃塞俄比亚、莫桑比克、坦桑尼亚、卢旺达的高教卓越中心进行了 2—7 天不等的访问。

由此可见,世界银行"高教卓越中心计划"的管理体制表现出管理层级的多样性、管理主体的多元性特点。

2. 管理过程

各高教卓越中心的促进、协调和管理主要由"高教卓越中心计划"的专家团队和区域协调中心共同负责。总体经费的最终拨付与项目目标达成、任务执行结果挂钩,这些结果的评估有一系列数据做支撑。这些数据是由一系列指标测量表收集而来。数据的获得、验证和评估过程在一定程度上就是卓越中心管理的过程。由于"高教卓越中心计划"第二期 2016 年才启动,此处以第一期为例。它的指标测量表包括学生注册表、认证档案表、见习记录表、外部收入数量表、教师培训表、新建/修订专业(项目)表、研究成果发表登记表、合作协议表、高教卓越中心项目团队定期执行会议表等 9 类,逐一对应测量内容,有详细规定和说明。除此之外,"高教卓越中心计划"对各中心的经费使用和管理能力提升也有很多要求,比如各中心需遵守世界银行国际开发协会规定,每半年在学期结束后 45 天内提交一次财务报告给区域协调中心和世界银行审计,并进行公示,接受公众监督。

世界银行"高教卓越中心计划"管理的规范性由此可见一斑。

(三)目标导向特点:发展性、应用性及公平性

非洲高教卓越中心建设,无论哪个项目,其核心目标无不是加强研究生培养、科研能力和院校管理能力建设。从"高教卓越中心计划"第二期的目标及相应的活动,我们至少可以看出其导向上的三大特点。

1. 发展性

"高教卓越中心计划"第二期明确规定:要促进院校能力建设;提供"优质的研究生教育";所开展的研究要"面向发展问题";通过中心教学示范项目帮助其他院校"改善教学质量";改善各级机构的"治理和管理水平"等。

从 2016 年 10 月 "高教卓越中心计划"第二期发起到 2017 年 12 月止，东部与南部非洲 8 个国家的高教卓越中心都正式启动。经世界银行批准，该计划第二期团队已开发了与高教卓越中心硕士项目捆绑实施的理学硕士奖学金项目，经费总计 172.75 万美元。具体包括 60 个奖学金名额，每名学生 2.5 万美元；聘请技术咨询公司费用 2.25 万美元；由东非大学校际理事会落实的公司咨询费 16.5 万美元；监督和管理支持服务费 4 万美元。[8] 目前，正开发新的博士、硕士和短期课程计划，拟给学术上有潜力的学者提供竞争性的学业奖学金。

2. 应用性

"高教卓越中心计划"第二期在目标阐述中，把优质研究生教育定位为"适应工作市场需要"，把面向发展问题的研究定位为"高质量的应用研究"。为此，高教卓越中心强调要"加强与产业界和私立部门机构的合作关系"。到 2017 年 12 月止，各高教卓越中心都建立了或正在建立与全球知名高校以及企业的合作关系。与企业合作的具体活动包括：聘请企业专家为各中心顾问，促进高校专业教育、科研和创新的商业化；提供创新的研发服务方案；分享技术和设备；试点"客户定制培训项目"；建立企业孵化中心 / 学习型工厂；为毕业生提供实习和就业机会等。这些指向校企合作的区域活动经费共计 127.25 万美元[8]，加强了人才培养与科学研究的应用性。

德国资助的高教卓越中心和非盟泛非大学的学科建设很多围绕金融、法律、空间科学、人文社科等与非洲现实科技和生产无直接关系的领域，应用性差。世界银行"高教卓越中心计划"则完全聚焦于与非洲现实生活和生产密切相关的农科和理工科领域，46 个中心中有农科中心 13 个、STEM 科学中心 18 个、医学中心 11 个、教育中心 2 个、兼顾农科与 STEM 的中心 1 个、兼顾教育与 STEM 的中心 1 个。

3. 公平性

"高教卓越中心计划"第二期目标的发展导向和应用导向最终目的是实现公平。该计划第二期明确指出要"扩大服务，形成对社会、性别和区域公平的影响"，这具体表现在招生规模扩大、女生比例提高、生源国多样化等方面。

二、高教卓越中心建设对非洲高等教育发展的作用

非洲高教卓越中心建设的初衷是通过这些中心发展研究生教育和促

进科研的辐射作用，促进非洲高等教育的能力建设。这些中心的建设对非洲高等教育发展产生了一定的积极作用。

（一）各中心关键能力得到提升，并带动了区域高等教育发展

关于高教卓越中心建设结果，尚无系统全面的统计资料。通过世界银行"高教卓越中心计划"的客观数据以及非洲国家学者对一些高教卓越中心的调查结果，我们可以窥斑见豹。

世界银行和"高教卓越中心计划"指导委员会共同设定了高教卓越中心5项发展指标，包括：短期培训、硕士和博士项目录取的国家与区域总人数，录取的区域学生人数，获国际认证的教育项目数，具有1个月以上相关领域企事业或研究机构实习经验的学生人数，高教卓越中心外部创收金额等，用以评估各中心在能力建设、区域影响力、培训质量、培训与问题解决以及培训与研究能力等方面的成效。从图1可见，该计划第二期进展顺利，启动当年已基本完成了设定的年度基准目标，许多项目甚至超额完成。同时，值得肯定的是，这一期在促进女性高等教育方面进展明显。

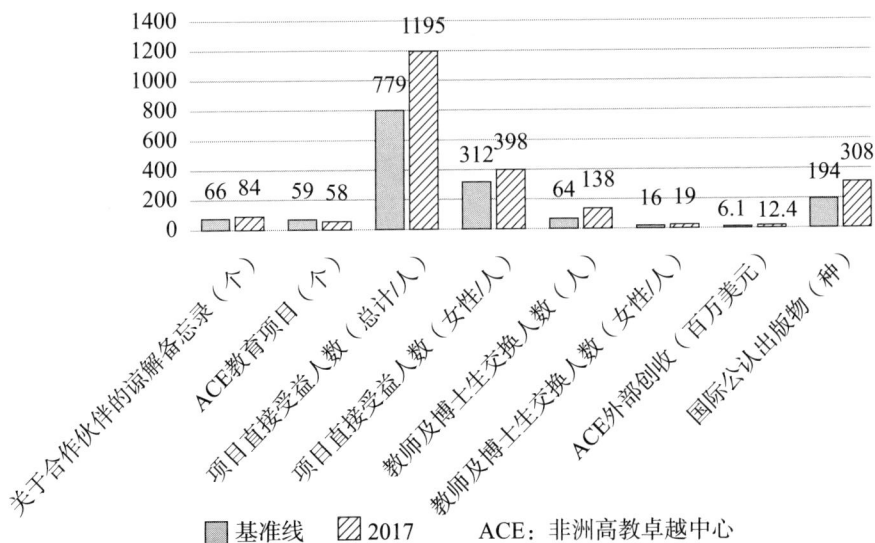

图1 2017年"高教卓越中心计划"第二期主要发展指标进展情况

数据来源：EUGENE MUTIMURA. ACE II progress report〔R〕. Accra: Joint ACE-I and ACE-II workshop, 2017:15-18.

通过区域一体化建设，各高教卓越中心在招生规模、学校创收、校企合作、科学研究、性别公平、国际化办学等方面都有了显著进步，成为本地区、本国高等教育发展的排头兵，未来将发挥更大的先锋模范作用。

（二）重拾了非洲对高等教育重要性的认识

20世纪80年代，新自由主义结构调整计划曾贬低高等教育的作用，削弱高等教育经费，政府放弃对高等教育的必要支持，这导致非洲高等教育发展停滞了十年。高教卓越中心建设是对该计划的拨乱反正，它巩固了20世纪90年代以来人们对高等教育（特别是科研和研究生教育）重要性的新认识，使人们不再片面强调基础教育，承认非洲也需要高深学问和创造性的教育，而不只是浅薄的培训。

对此，尼日利亚国家大学委员会执行秘书拉希德教授表示："世界银行的'高教卓越中心计划'是迄今为尼日利亚大学系统科研发展给予最大支持的项目"，非洲大学科研能力和研究生培养能力因此得以提升，同时非洲高等教育区域化合作、一体化发展也得到促进，对非洲培养紧缺型人才和提升科技创新能力发挥了重要作用。

（三）大大提升了非洲人赶超其他地区的信心

知识创造是社会经济发展的原动力。"高教卓越中心计划"的逐步推进，有助于促进非洲高等教育专业化和规模经济的发展，促进高校师生流动，集中有限资源培养优秀人才，促进知识的全国性和区域性辐射及最佳实践经验的分享，发挥高教改革试点的示范效应。

拉希德教授访问尼日利亚10个高教卓越中心后认为："这些中心提升了尼日利亚大学系统积极影响本国、西非乃至整个非洲的能力和可能性"，"世界正在受制于基因学革命和数字革命"，而"令人欣喜的是，尼日利亚的两个中心（耶稣基督大学的传染病基因学卓越中心和奥博费米·沃洛沃大学的信息通信技术驱动的知识园），正在成为这些领域的重要'玩家'"。过去西方对非洲也有大量的高教援助，"授人以鱼"却没找到根本问题，现在的高教卓越中心建设让这个曾经被断言"没有希望的大陆"变得有希望了。[9]

（四）有助于高教卓越中心所在院校治理能力的提升

世界银行"高教卓越中心计划"赋予各中心充分的发展自主权，每个高教卓越中心都将施行自己设计并经指导委员会会议审核通过的发展计划。该计划第二期明确说明，所有规划发展事宜均由中心自行负责。不过由于世界银行高教卓越中心管理比较规范，在测量表的指导下各卓越中心所在高校必须紧紧围绕建设目标，严明规章，积极实践，并及时上交进展报告。因此，各高校高教卓越中心的建设与发展工作必须与各层管理机构通力合作，不断提升高校自身的治理能力。同时，因高教卓越中心财政经费管理和审计要求及程序，各高教卓越中心及其所在高校还需及时监控和评估自身的发展情况，加强宏观调控与管理能力，以便及时上交审计报告。这有效提升了院校的治理能力。

三、关于加强中国参与非洲高教卓越中心建设的几点思考

高教卓越中心是非洲提升高等教育能力、发挥辐射作用、振兴区域高等教育的重要手段和平台。中非从来都是命运共同体，中方愿一如既往地为促进非洲发展发挥建设性作用。[10]非洲高教卓越中心建设是我国发挥这种作用的重要抓手。

（一）中国参与非洲高等教育发展面临严峻的挑战

高教卓越中心合作伙伴数量的区域分布反映了非洲国家教育与其过去宗主国的历史渊源以及当今世界国家文化软实力的巨大差异。中国和亚洲、拉美其他国家一样，在与非洲高等教育合作中的表现与欧美国家相距甚远。以"高教卓越中心计划"第一期为例，欧美国家的机构在非洲高教卓越中心全球合作伙伴中占绝对多数（80个），接近非洲地区合作伙伴数（86个，其中不包括本国伙伴），而亚洲、拉美国家参与合作的机构数（共8个）微乎其微。[11]

在该计划第一期的全球合作伙伴中，美国占绝对多数（31个），法国（19个）、英国（13个）参与的机构也比较多。[11]这既反映了美国强大的科研、国际交流与合作的文化软实力，也体现了英、法原宗主国的优势及其不凡的文化软实力。加拿大（5个）虽远比美、法、英少[11]，但也比其他发达国家多，也能体现加拿大不俗的科技发展和国际合作实力。德国参与该计划的机构数量少，原因之一是德国有自己资助建设的

非洲卓越中心项目。荷兰、比利时、瑞典、瑞士、丹麦、意大利等国有少则1个、多则2个的参与机构[11]，可能与国家实力和高等教育规模有关。而葡萄牙、西班牙等国缺席可能是出于历史的原因，它们对拉美表现出更大的兴趣。在这些中心建设中，韩国有2个，日本、印度、以色列、巴西、中国①各有1个参与机构，这表明这些国家国际软实力与欧美国家还有一定差距，其原因值得深思。

就该计划第二期而言，与第一期相同，英、美仍是合作主体（共32个）；不过，在法语国家较少的第二期中，法国参与合作的机构随之大幅减少，加拿大没有出现，而德国有6个，瑞典有5个，中国有5个，印度有4个，增幅比较明显。[11]中国参与世界银行"高教卓越中心计划"的机构由第一期的1个增至第二期的5个，势头良好。②

尽管如此，如果把中国参与两期合作的机构数合计就会发现，我国与英、美、法等发达国家的差距仍然非常大。中国两期参与机构总数，还不及美国的1/8，仅为英、法的1/4。这与中国科技和教育实力不太相称，与新时代赋予中国教育对外开放工作的使命和要求也有较大的差距。这与中国对非教育援助重点不突出、中国高等教育宣传力度不足、中非高等教育交流不足、中国教育交流能力不足以及中外交流中的语言障碍等因素有关。

（二）对中国参与非洲高教卓越中心建设的建议

当前，贯彻落实中共中央办公厅、国务院办公厅《关于做好新时期教育对外开放工作的若干意见》以及教育部《推进共建"一带一路"教育行动》，提升中国高等教育国际化水平，都要求中国进一步参与非洲高教卓越中心这类标志性的非洲重点学科建设计划，为此提出以下建议。

1. 加强对非教育合作团队的培育

加强参与，人才是首要的，国家和院校要培育参与团队。建议:（1）关

---

① 参与机构为山东农业大学。

② 这些参与机构分别是全球能源互联网发展合作组织（中国）、中国科学院动物研究所、上海师范大学、湖南科技大学生化学院、南京农业大学。它们分别与非洲可持续发展能源卓越中心，非洲鼠害管理创新及生物传感器技术开发卓越中心，非洲数学、科学教与学创新卓越中心，非洲研究、农业促进、教学卓越和可持续性卓越中心，可持续农业和农业综合企业管理卓越中心建立了合作关系。另外，浙江师范大学正在与纳尔逊·曼德拉非洲科技研究院（位于坦桑尼亚的阿鲁沙）开展高校教师培训的合作项目，实际上它已经成为中国第6个参与"高教卓越中心计划"第二期的合作机构。

心和支持专门从事非洲教育的科研和教学队伍的成长,委托其提供相关咨询服务;(2)委托上述专业团队来组织、监督和评估我国官方对非教育合作项目,建立项目评估的指标体系,并定期进行量化考核,以便基于考核结果进行官定中非合作机构(包括中非高校"20+20"合作单位、中非智库"10+10"合作单位)资格的动态调整;(3)鼓励上述团队的学生到非洲高教卓越中心开展短期访学;(4)从上述团队向国际组织驻非机构派遣志愿者或借调人员;(5)重点扶持和培育8—10支与非洲大学开展科研和教学合作的队伍;(6)设立"中非教育合作先进单位"和"中非教育合作杰出青年奖"等奖项,塑造合作的典范,形成合作品牌项目;(7)鼓励中国驻非外交、新闻机构和中资在非企业优先聘用有在非学习和工作经历的毕业生;(8)着力培育我国高职对外合作人才,逐步增加高职对非高技能型人才短期培训项目,同时鼓励中国特色高职通过能力建设,开始或扩大招收非洲留学生。

2. 明确参与非洲高教卓越中心建设的角色定位

中国在各行业人才培养上都有一系列可贵的创造性探索,值得分享给世界;非洲国家也希望了解更多的教育模式以便参照和选择。同时,世界银行对非教育援助在财政、人才、专业技术等方面有众多优势,所援建的非洲高教卓越中心项目已经具有一整套相对成熟的运作模式。而我国高等教育国际合作还历练不够、能力不足、人才短缺。因此,近期我国参与非洲卓越中心建设的最好选择之一是加强与世界银行等国际组织的合作,在合作中成长,并逐渐强化参与力度和作用。

(1)作为合作伙伴参与世界银行非洲高教卓越中心建设。中国教育部主导的"中非高校20+20合作项目"、政府奖学金项目和商务部主导的短期对非人力资源培训以及长期援外学历学位项目,都可与非洲现有的高教卓越中心挂钩,为其持续发展开拓渠道,具体合作内容涉及各类课程的开发与实施、联合培养和科学研究。同时,可鼓励中国专家参与非洲高教卓越中心的技术合作、咨询和评估工作,协助其更好地评估自身发展状态,合理、严格执行计划,完善管理,提高资金利用率,促进高教卓越中心建设评估与监管工作的有效开展。

(2)作为援助者参与世界银行非洲高教卓越中心建设。大多数高教卓越中心存在基础设施不完善、后期资助没着落的问题。中国财政部、商务部和援外基地可参照国际标准,援助这些高教卓越中心大力改善教学与科研基础设施,签署后续周期性资助协议,明确专款专用制度,帮助建立健全财务监管制度，保证援助的基础性和有效性。当然，技术性援助要越来越多地参与进来。

（3）与世界银行合作援建若干"中非高教卓越中心"。目前，北部非洲地区没有世界银行和其他区域组织合作建立的高教卓越中心，中国可借助"一带一路"倡议合作伙伴关系，促进一流大学与北非国家在急需解决的共有问题，如环境治理、清洁能源等领域成立高水平卓越中心，进行科研合作，着力培养紧缺型高水平人才。另外，中国在非洲急需发展的铁路、电力、农业等方面富有职业技术教育经验，可通过世界银行"高教卓越中心计划"向世界银行申请该计划第三期项目，成立中国资助的"中非职业技术教育卓越中心"，开展实质有效的产学研结合的职业技术教育与培训，为非洲社会经济发展培养掌握相关专业技术技能的人才。

3. 丰富参与非洲高教卓越中心建设的项目与活动

有了明确的角色定位后，谋划中国参与非洲高教卓越中心建设的具体项目和活动就有了根据。

（1）国际合作研究项目。建议我国财政部和教育部与世界银行合作，资助非洲高教卓越中心联合开展"基于非洲教育改革与发展需要的中国经验"或"非洲教育问题的中国方案"类的系列科研项目。资助来自中国、世界银行和非洲的相关学者共同组成国际合作研究团队，围绕非洲教育现状和发展需求，重点开展有关中国教师教育、科技教育和职业技术教育特色经验的系列研究。这样的团队及其研究需以各方（中国、非洲和国际）能共同接受的话语，形成国际权威教育产品、客观认识和可有效推广的中国经验，进而有针对性地解决非洲教育问题。

（2）对非教师短期国际培训项目。围绕非洲教师数量极度短缺、质量极低以及高校教师资格制度不完善等短板，中国可通过世界银行与非洲大学（作为第三方机构）合作实施"非洲卓越教师""非洲卓越校长""非洲高校教师教学资格证书培训"等项目，加强对非洲教师和校长的短期培训，提升示范和辐射效应。培训要着重联合各高教卓越中心围绕数学、科学和职业技术等专业，利用中国相关专业在课程设置、教学创新和管理改革等方面的经验，提升各高教卓越中心相关专业教师的教学和管理水平，带动相关中心的学生培养能力；人员要实行双向流动，中方派遣教育专家和教师志愿者前往非洲的高教卓越中心，参与教学并分享中国经验，非洲学员来中国进行短期现场培训；培训合格后由我方或三方联合颁发证书。目前"非洲高校教师教学资格证书培训"项目已由浙江师范大学和世界银行非洲卓越中心联合实施。

（3）"中国—世界银行—非洲STEM人才"教育项目。根据世界银行应用科学、工程与技术合作伙伴计划和高教卓越中心项目明确的学科倾向，中国可设立科学、技术、工程和数学相关专业的对非援助性教育项目，"高校研究生""一带一路"等中国政府奖学金名额应向这些专业的非洲学生倾斜。同时，应委托非洲高教卓越中心所在高校和中国省部级重点院校联合实施这些项目，并建议教育部依托在非规模大、前景好、有大批当地员工急需培训的中国企业来参与和承担非洲STEM人才实践培养环节，促进中国高校和企业与非洲卓越中心的合作与培训。

（4）中非教育科研成果或教材出版项目。对于科学、数学和工程教育等领域基于非洲教育需要、体现中国教育特色的教材和教育教学科研成果，组织中非相关专家学者，进行英文、法文甚至斯瓦希里文等当地小语种的翻译出版。

（5）"中非教育对话与经验分享"系列研讨会。结合上述合作项目，资助中非教育研究专家和非洲教师、教育管理者在中国或非洲国家，讨论中非教育改革与发展，中国教育教学经验的非洲适切性，中非教育合作的成就、问题及应对策略等议题。

参考文献

［1］WORLD BANK. GDP growth（annual %）: Ethiopia［DB/ OL］.［2018-06-05］. https://data.worldbank.org.cn/indicator/NY.GDP.MKTP.KD.ZG?end=2016&locations=ET&start=2004&view=chart&year_high_desc=false.

［2］WORLD BANK. Data bank·world development indicators·school enrollment, tertiary［DB/OL］.［2018-06-05］. https://databank.worldbank.org/reports.aspx?source=2&series=SE.PRE.ENRR,SE.PRM.ENRR,SE.SEC.ENRR,SE.TER.ENRR,SE.PRM.NENR,SE.SEC.NENR,SE.PRM.TENR.MA,SE.PRM.TENR.FE,SE.PRM.UNER.MA,SE.PRM.UNER.FE.

［3］WORLD BANK. Partnership for skills in applied sciences, engineering and technology（PASET）［EB/OL］.［2017-08-15］. http://www.worldbank.org/paset.

［4］AFRICAN-EXCELLENCE. This is an overview from our centres in Africa［EB/OL］.［2018-06-04］. https://www.african-excellence.de/home/.

［5］THE PASET REGIONAL SCHOLARCHIP AND INNOVATION FUND. About PASET·PASET'S 10-year goals［EB/OL］.［2018-05-29］. https://www.rsif-paset.org/background/.

［6］WORLD BANK. World bank ACE-II brochure［EB/OL］.（2017-4-24）［2018-06-05］. http://www.ace2.iucea.org/index.php/press.

［7］AFRICAN HIGHER EDUCATIOIN CENTERS OF EXCELLENCE & ASSOCIATION OF AFRICAN UNIVERSITIES. Africa centers of excellence steering committee meeting ［EB/OL］.（2013-10-28）［2018-06-05］. https://ace.aau.org/wp-content/uploads/ sites/3/2016/07/1st-EN-PSC-MINUTES.pdf.

［8］EUGENE MUTIMURA. ACE II progress report［R］. Accra: Joint ACE-I and ACE-II workshop, 2017:23, 15-18.

［9］ABUBAKAR RASHEED. "Hope renewed" excellence［R］. Nigeria: National Universities Commission, 2017（3）: 4.

［10］习近平. 中非从来都是命运共同体［EB/OL］.（2013-08-19）［2019-03-12］. http:// www.xinhuanet.com/politics/2013-08/19/c_117004049.htm.

［11］ASSOCIATION OF AFRICAN UNIVERSITIES, THE WORLD BANK, INTER-UNIVERSITY COUNCIL FOR EAST AFRICA. Africa higher education centres of excellence phase I, summary statistics［R］. Accra: Joint ACE-I and ACE-II workshop, 2017.

（万秀兰，浙江师范大学国际与比较教育研究院副院长，教授，博士生导师；李佳宇，浙江师范大学教师教育学院博士研究生。原载《比较教育研究》2019年第4期，略有改动。）

中东欧教育丝绸之路路径探析

——基于《2006—2015 爱沙尼亚高等教育战略》的分析

刘　琪

2016 年 4 月，中共中央办公厅、国务院办公厅印发了《关于做好新时期教育对外开放工作的若干意见》（以下简称《意见》），提出中国需对接沿线国家发展需求，促进"一带一路"教育合作。为贯彻落实《意见》，同年 7 月，教育部牵头制定了《推进共建"一带一路"教育行动》，提出"聚力推进共建'一带一路'，首先需要中国教育领域和社会各界率先垂范、积极行动"。同年 10 月，我国举行了主题为"构筑通向未来的中欧教育丝绸之路"的中国-欧盟国家教育部长会议。中东欧是"一带一路"倡议的重要区域，中国需主动对接中东欧沿线各国发展需求。"一带一路"倡议目前涉及的中东欧沿线国家共计 16 个，这些国家大多规模不大，经济水平相当，地理、文化、风俗、语言等也较为接近。鉴于一国的高等教育战略规划通常是对影响该国发展若干重大问题及其教育对策的集中反映，故其不失为他国了解该国发展所需的重要参考资料。本文以中东欧国家爱沙尼亚为例，深入分析该国高等教育战略规划，以期实现"一带一路"教育行动与其发展需求顺利对接，继而以点带面，为推进我国中东欧教育丝绸之路提供有益建议。

一、构筑中东欧教育丝绸之路，中国应主动对接沿线国家的发展需求

"一带一路"倡议涉及的中东欧沿线国家分别是波兰、立陶宛、爱沙尼亚、拉脱维亚、捷克、斯洛伐克、匈牙利、斯洛文尼亚、克罗地亚、波黑、塞尔维亚、黑山、阿尔巴尼亚、罗马尼亚、保加利亚、马其顿共16 国，其中 12 个国家是欧盟成员国。作为欧盟成员国，其高等教育深受欧盟教育共同体的影响，对加入教育共同体的重要性也深有体会，因此，

这些国家对本国教育对外开放事业发展所持的态度一贯是重视且迫切的。2016 年 6 月的英国公投脱欧事件对欧盟成员国之间的凝聚力造成了不利影响，但无论国际风云如何变幻，人民对国家经济平稳发展、生活安定团结的期盼始终客观存在。新的历史背景下，中东欧各国需进一步增进与世界各国的交流与合作，特别是与经济快速发展的亚洲各国的交流与合作，"一带一路"倡议恰好为其与亚洲国家的交流与合作提供了平台。作为"一带一路"倡议的发起方，中国有必要积极主动了解中东欧沿线各国社会、经济发展的需求及其策略，以便更好地对接诸国战略规划和进行政策磋商，并探索合作交流的机制与模式、增进合作交流的广度和深度、追求合作交流的质量和效益，继而与中东欧沿线国家建成"一带一路"教育共同体，最终实现"一带一路"倡议的终极目标，即全体国家和平发展，繁荣富强。

二、中东欧沿线国家发展需求的一个缩影：《2006—2015 爱沙尼亚高等教育战略》

综合考虑中东欧各国的政治、经济、文化等相关因素，作为欧盟成员国的独立主权民主国家，爱沙尼亚的社会、经济发展与周边诸国紧密相连、息息相关，其高等教育战略规划不仅基于自身发展所需而制定，更充分考虑到了中东欧区域内其他国家的发展所需。故中东欧区域内，爱沙尼亚高等教育战略规划既是本国发展需求的集中反映，一定程度上也是中东欧沿线国家发展需求的缩影。

爱沙尼亚独立后，虽然接受高等教育的人数不断增长，但人才培养却不能匹配社会需求。为此，爱沙尼亚共和国教育研究部（Ministry of Education and Research，以下简称"教育研究部"）发布了《2006—2015 爱沙尼亚高等教育战略》（Estonian Higher Education Strategy，2006—2015），改革其高等教育。具体而言，爱沙尼亚高等教育战略可概括为四个重要行动。[1]

（一）高等教育的质量保障行动

爱沙尼亚高等教育机构和科研项目的质量评估由爱沙尼亚高等教育认证中心（Estonian Higher Education Accreditation Centre）参照国际原

---

① 参见爱沙尼亚共和国教育研究部颁布的《2006—2015 爱沙尼亚高等教育战略》。

则、标准和框架执行，该中心是欧洲高等教育质量保障登记处注册的机构。评估标准适用于高等院校管理者、学术人员、研究项目和研究环境。

1. 高等教育学历学位的保障

高等教育质量评估委员会（Higher Education Quality Assessment Council）是评判高等教育质量的最高组织机构，该机构有权建议教育研究部撤销教育机构未达标学科领域的学位授予权。本科和硕士层次的课程质量及学位品质每隔 7 年强制性评估一次，博士层次的学位将连同相关研究领域共同接受来自科学管理委员会（Scientific Competence Council）参与的评估。

2. 高等教育机构及课程质量的保障

《大学法案》（The Universities Act）和《职业高等教育机构法案》（The Professional Higher Education Institutions Act）规定了高等教育机构必须履行并有效执行质量保障的义务。高校教授和导师的遴选需参照《大学法案》所拟定的标准执行，博士论文的质量标准也一并交由高校设定；教育研究部依法监督其执行情况。在《爱沙尼亚语言发展战略（2004—2010）》（The Strategy for Developing the Estonian Language（2004—2010））实施的辅助下，教育研究部制定了一个关于"爱沙尼亚语高等教育教科书和专业词典（2006）"的国家计划，并着手开发爱沙尼亚语的教学软件，培训教职人员的教学技能及网络学习能力。

（二）高等教育紧密对接技能型人才市场需求的行动

在"研究型大学以理论研究为基础，职业型大学以实用主义为中心"的价值导向指引下，教育研究部将爱沙尼亚接受高等教育的人口比例、大专教育层次人口中的失业率、25—64 岁人口中参与终身学习的比例以及辍学人口比例作为衡量其高等教育与技能型人才市场需求对接度的基本指标，同时制订出包括职业培训在内的高等教育发展计划，并特别提出准予实施双联学位（joint-degree），以此加强国际合作，拓展学生学习专业技能的机会。

1. 重视技能型人才市场的反馈，设置职业导向

爱沙尼亚国家经济职能部门协同专业研究团队合作编制出台全面的技能型人才市场概述，并在参考工资水平、失业率、人口发展趋势等因素的基础上对各专业相关人才的需求进行预测，定期对高校毕业生的职场表现出具分析报告。政府积极促成企业雇主参与高等教育研究计划及质量保障标准的制订，将技能型人才市场的反馈意见纳入高校教学中。

国家开发出一套有助于年轻人找到符合自身兴趣、才能的职业导向体系，简化高等教育的专业选择；为使职业导向体系科学可靠，还制订计划为职业导向培训及其教职人员提供更多的发展机会。

2. 构建终身学习体系

爱沙尼亚设计了满足学生工作、学习、家庭需求的综合教育体系，并兼顾到有特殊需求的学习者；建立了中等职业教育和高等职业教育之间的通道，并进行考核制试点。爱沙尼亚建立终身学习体系的目标是，确保25—64岁的人口中接受服务业培训和再培训的人口比例不得低于12.5%，并为此设置了针对成人教育和职业教育的资助计划，免除了常规教育所需缴纳的特殊利益税。如果所学专业正是国家之急需，即可免除学费。为了提高年轻人的沟通能力，在欧洲社会基金（European Social Fund）的协助下，爱沙尼亚政府还发起了一个语言学习资助计划，非爱沙尼亚母语的年轻人会获得由政府资助赴爱沙尼亚语言研究中心学习1年的机会，如果这些年轻人能够在爱沙尼亚语言国家测试中达到60—80分的成绩，那么他们还可得到来自欧洲社会基金的资助。

3. 针对培养技能型人才的规划

爱沙尼亚规划在2005—2008年，至少有50%以上（约6300名）的中学生能够获得国家财政的资助而接受高等教育。为了更好地将中等职业教育与高等职业教育挂钩，高等职业教育机构所获财政拨款应不低于国家教育拨款总额的10%。

（三）高等教育紧密结合科学研究的行动

鉴于高等教育与科学研究有着紧密联系，教育研究部将年度博士论文答辩率、留学生在爱沙尼亚重要学科领域内硕士在读和博士在读的比例、自然科学和工程技术领域内毕业生的年增长率作为衡量其高等教育与科研创新结合度的基本指标。

1. 博士层次的科学研究

《研究与发展组织法案》（Organisation of Research and Development Act）规定高校具有博士学位授予权，但需保障其高层次研究的质量和效率，博士参与的高层次研究项目需要接受一个为期3年的考察，考察该项目在限期内是否达到所设目标；并制定出包括将研究效率和参与度纳入评估范畴、增加博士生培养机构的数量、拓展博士培养点的范围、调整博士生研究资助金额及其用途、为不在教育补助范围内的博士生提供诸如博士生父母福利等社会保障在内的若干措施。一般情况下，3 年考察期内博士生培养工作卓有成效的教育机构将会获得资助基金，这些资助基金可以抵免该培养项目所花费金额的一半。博士层次研究取得实质性进展的教育机构（例如博士层次研究增幅超过 10%，或开拓出新的研究领域）将会获得更多的博士生培养名额。2013 年，爱沙尼亚的博士生答辩率需达到欧盟平均水平，即以后每年至少有 300 篇博士论文通过答辩。

2. 国际化

为促进科学研究国际化，爱沙尼亚一方面制定了包括大学教授、特殊行业顶级专家在内的高素质人才引进方案，另一方面启动了与外国高等教育机构合作培养博士生、硕士生的项目，以此促进师生国际流动、实质性地增加本国留学生的数量。2014 年的目标是：终身教授的席位中外国专家占比应达到总席位的 3%，每一个赴外攻读博士学位的爱沙尼亚学生都能获得至少 1 个学期的奖学金，在爱沙尼亚攻读博士学位和博士后的留学生人数占比达到总人数的 10%，赴外攻读硕士学位的学生中获得国家奖学金的人数占比达到总人数的 5%，国家资助获得最佳成绩学生中的 3% 参与欧盟交流计划，留学生总人数达到 3000 人。爱沙尼亚欢迎外国博士生前来交流，承诺给予其与本国博士生同等的教育津贴和社会福利；聘请高资质的专家来确保博士生培养，同时扩大博士后体系，将其向外国人开放。外语水平是促成人员国际流动的重要因素，教育研究部规定攻读博士学位的爱沙尼亚籍学生均需在其所学专业领域内赴外学习或工作 1 个学期，费用由国家拨付给高校的博士研究津贴支付。

3. 促成年轻人进行自然科学和工程技术领域的研究

为了提高年轻人对自然科学和工程技术领域研究的兴趣，爱沙尼亚采取了包括向选择自然科学和工程技术相关专业的学生提供国家奖学金、向职业教育机构及中等学校提供以创新为主题的选修科目等措施。同时，国家还注重对技术研发和青年研究团队的支持，并对该学科领域内的教师进行教育学相关方面的培训，增进他们的教学指导能力，从而帮助他们更好地教授自然科学和工程技术领域相关知识。

（四）构建高等教育资助体系的行动

爱沙尼亚将具备国际竞争力的高等教育机构数量、从事研究和信息获取的途径以及生均资助金额作为衡量其资助体系合理度的基本指标，追求教育公平的国际化和信息化。

1.资助体系的基本原则

爱沙尼亚高等教育所获资助主要来自国家和社会,但社会资本的参与并未削减公共部门对教育的投入。总体上,资助体系有三个基本原则:其一,精准度,资助体系基于质量控制的目的和依据金融原则严格管控资金在教育机构和研究领域的分配,而机构和高校则应保障所获资助得到合理使用;其二,公平性,强调教育部门应提前对学生做好社会背景、经济状况的摸排调查工作,这是设置资助体系有效性评估指标的重要依据;其三,多元化,借鉴欧盟在资助体系设置方面的有益经验,设计出可行的融资模式,以鼓励多元化的社会资本流向高等教育。

2.三大奖学金资助计划

目前,爱沙尼亚高等教育主要存在三大资助体系,它们分别是:"欧洲经济区 / 挪威助学奖学金计划"(EEA/Norway Grants Scholarship Programme)、"北欧 +"计划(Nordplus Programme)、"伊拉斯谟 +"计划(Erasmus+ Programme)。

"欧洲经济区 / 挪威助学奖学金计划"是阿基米德基金会①与挪威、冰岛及列支敦士登合作共建的一个奖学金资助计划,旨在增进高等教育国际流动和支持中等以上教育的合作,以提升四国的学术交流和人力资本,执行方为挪威-爱沙尼亚研究合作项目(Norwegian-Estonian Research Cooperation Programme)。阿基米德基金会负责向社会提供奖学金申请的相关信息。该奖学金资金来源于爱沙尼亚等国的预算和其他一些组织的赠款。[1]

"北欧 +"计划为参与该计划的 8 个波罗的海及北欧地区国家在终身学习领域提供资金援助,计划在 2012—2016 年实现以下目标:加强北欧教育合作,创建北欧-波罗的海教育区;构建经验交流机制,吸取和传播教育领域内的创新和发展进程;加强国际交流合作,促进终身学习与教育体系的质量创新;加强对北欧语言和文化的传播,增进对北欧-波罗的海区域语言和文化理解(主要针对丹麦语、瑞典语和挪威语),特别是增进儿童和青年的理解;鼓励他国人员学习、了解和理解北欧语言。[2]

"伊拉斯谟 +"计划规划了欧盟国家 2014—2020 年教育、培训、青年和体育四个方面的发展,旨在提高青年的技能和就业能力、促进教育

① 阿基米德基金会(Archimedes Foundation)是爱沙尼亚政府设立的一个独立机构,旨在协调不同国家之间的教育培训和研究领域(阿基米德基金会网址:http://archimedes.ee/en/sihtasutus/about-us/)。

培训现代化。"伊拉斯谟+"计划能够为 400 万欧洲人提供学习、培训、工作及赴海外做志愿者的机会,通过人员交流来搭建世界教育的桥梁,以缩小欧洲所面临的技能差异。[3]

三、2006—2015 年爱沙尼亚接收留学生的情况

《2006—2015 爱沙尼亚高等教育战略》详尽规划了国家发展的需求,指导了该国近十年高等教育发展的重点和方向。在其实施过程中,爱沙尼亚接收留学生的情况既反映了该国围绕国家需求而进行国际互动的成效,同时也为他国与爱沙尼亚高等教育交流与合作提供了参考。

(一)留学生虽数量增长,但主要来源于比邻国家

2006 年爱沙尼亚接收留学生总数为 840 人,2014 年这一数据上涨为 2887 人,增幅为 244%,在全国 55214 名高校学生中占比 5.2%[4],但依然没有达到《2006—2015 爱沙尼亚高等教育战略》所设的"2014 年留学生总人数达到 3000 人"的目标。爱沙尼亚接收的留学生数量虽然有了显著的增长,但留学生来源国家分布却严重不均衡。爱沙尼亚智库(Praxis)提供的资料显示,2007—2013 年,爱沙尼亚接收的留学生主要来自芬兰、俄罗斯、拉脱维亚等在地域上与之接近的国家,其中来自芬兰的留学生数量尤为显著,而来自亚洲和北美的留学生数量较少。(图 1)

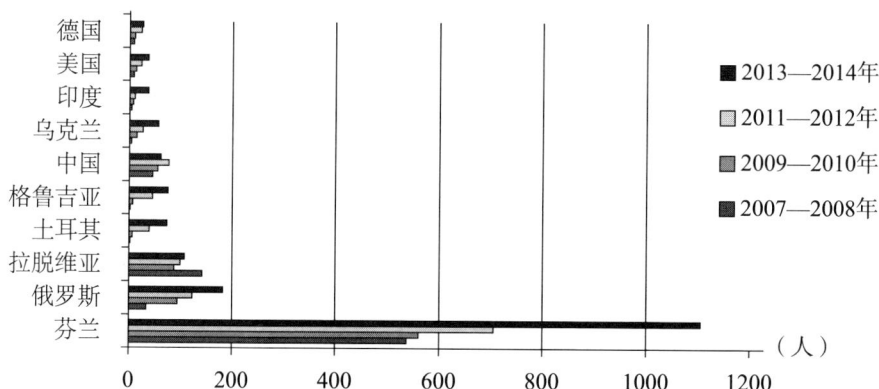

图 1 2007—2013 年(每隔一年计算一次)爱沙尼亚接收留学生来源国家分布情况

资料来源:Välisüliõpilased eestis-kas vajame neid ka tööturul?[EB/OL].[2020-03-09].http://www.digar.ee/arhiiv/et/raamatud/19800.

（二）留学生层次分布不均，博士和高职层次发展薄弱

爱沙尼亚教育分析专家指出，政府希望通过接收外国留学生来达到促进学术流动、提高高等教育质量、激发高等教育革新、扩大国际声誉等目的。[5]而数据显示，2006—2013 年，爱沙尼亚所接收留学生层次主要集中于本科和硕士，博士以及高职占微小的比例，反映出留学生中研究型和技能型人才的欠缺，这意味着留学生在促进学术流动、激发教育革新等方面的功能发挥不足。（图 2）

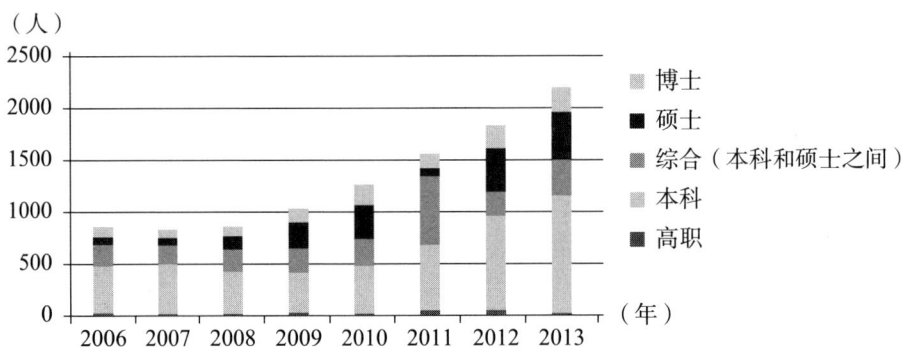

（人）

图 2　2006—2013 年爱沙尼亚接收留学生层次分布情况

资料来源：Välisüliõpilased eestis-kas vajame neid ka tööturul? ［EB/OL］.［2020-03-09］. http://www.digar.ee/arhiiv/et/raamatud/19800.

（三）留学生专业多集中于人文社科领域，自然科学和工程技术领域份额偏低

爱沙尼亚急需信息工程、医药等专业人才，但目前高校所设专业还是以社会学等人文社会科学为主。因爱沙尼亚的大学普遍较为独立、自治，政府并不能强行干预其专业设置，虽近年来建筑、数学、工程等领域专业数量有所上升，但仍不能满足国家经济发展的需求。数据显示，留学生在爱沙尼亚学习的专业领域也主要集中于人文社会科学，自然科学和工程技术领域份额偏低。同时，因爱沙尼亚国内就业机会较少，留学生普遍认为学习爱沙尼亚语的作用不大，尽管大学设置了免费的爱沙尼亚语言课程，也少有学生愿意修习。[5]

四、构筑中东欧教育丝绸之路的举措

纵观《2006—2015爱沙尼亚高等教育战略》，不难发现高等教育人员的国际流动、技能型人才和高层次研究型人才培养、发展欧洲语言和自然科学及工程技术这三个方面始终贯穿了整个战略行动。而从该战略实施过程中爱沙尼亚接收留学生的情况来看，这三个方面的发展均不尽如人意，它们既是爱沙尼亚国家发展需求之重点，也是难点，一定程度上也是中东欧区域内大多数国家发展需求之重点、难点。主动对接这几大需求，有助于我国构筑中东欧教育丝绸之路。

（一）加大资助力度，促进与中东欧沿线国家之间高等教育的互动往来

中东欧沿线国家大都非常重视本国高等教育人员在欧盟框架内以及在欧洲经济区框架内的流动。2016年《"伊拉斯谟+"计划指南》（Erasmus+ Programme Guide）所囊括的项目国家（programme country）和伙伴国家（partner country）多达100多个，遍布世界各大洲。[6]这意味着在欧盟框架内，成员国的高等教育有机会获得较大范围的国际交流与合作。欧盟成员国也可以与欧洲经济区框架内成员国家进行高等教育交流与合作，如爱沙尼亚、挪威、冰岛及列支敦士登合作创建了欧洲经济区/挪威助学奖学金，旨在推动4国间高等教育人员流动。解读欧盟相关政策，欧盟成员国对高校师生国际流动的重视是显而易见的，欧盟委员会在其发布的《欧洲教师能力与资格共同原则》（Common European Principles for Teacher Competences and Qualifications）[7]和《提高教师教育的质量》（Improving the Quality of Teacher Education）[8]两份文件中均强调了流动性特征是教师职业的重要特征。博洛尼亚进程为支持高校学生在成员国之间跨境获取学位，制定了学历互认、学分互换的准则。《欧洲教育和培训合作2020战略框架》（Strategic Framework for European Cooperation in Education and Training）规定：到2020年，欧盟至少有20%的大学毕业生应该具有赴国外学习或培训的经历。[9]《欧盟2020战略》（Europe 2020）也提出了名为"流动的青年"（Youth on the Move）[10]的培训计划，旨在推动高校学生的国际流动。

目前，中东欧国家高等教育主要在欧盟和欧洲经济区框架内流动，但是世界格局的改变和中东欧丝绸之路的推进使得这一局势正在发生变

化。目前，中国与欧盟已经建立了中欧教育政策对话机制和中欧高级别人文交流对话机制，并签署了《中欧教育合作联合声明》等合作协议，设置了针对欧盟窗口的中国政府奖学金项目，自 2007—2008 学年以来每年向欧盟提供 100 个来华学习的资助名额，2012 年该名额提升至 200个。[11] 截至 2015 年年底，中欧双方在华合作举办本科以上层次中外合作办学机构和项目共计 400 个。① 其中，中国政法大学和欧盟合作的中欧法学院、华中科技大学和欧盟合作的中欧清洁与可再生能源学院都已办成了中外合作办学的典范。但正如目前我国赴爱沙尼亚留学生数量较少的客观现实，当前的举措并不能满足 16 个中东欧沿线国家的现实需求，我国政府还需进一步全面推动与中东欧国家间高等教育的交流与合作。值得注意的是，"一带一路"倡议划定的 16 个中东欧沿线国家中还有 4个国家是非欧盟成员国，故中东欧丝绸之路的视域应该超越欧盟，覆盖至整个沿线国家。建议我国政府在充分论证的基础上，合理设置与中东欧沿线国家高等教育交流项目，并加大资助力度，全面促进与中东欧沿线国家之间高等教育的互动往来。

（二）着重与中东欧沿线国家联合培养技能型、研究型人才

自 2008 年全球金融危机爆发以来，许多欧洲国家陷入债务危机，失业率攀升。欧洲统计局调查数据显示，截至 2012 年年底，欧洲失业人口总数高达 2510 万人，失业率高达到 10.4%，比 2011 年同期增长了 0.8%，其中 15—24 岁年龄段人口的失业率为 9.7%。[12] 严峻的就业问题迫使欧洲国家不得不加强职业培训来应对危机，而提高学习者的技能水平与劳动力市场需求的匹配度，是解决就业问题的关键所在。在艰难的处境下，欧盟各成员国纷纷制定了本国的职业教育与培训规划。为推动欧洲职业教育培训一体化，欧洲委员会于 2010 年 12 月发布了《布鲁斯公报》（Bruges Communiqué），计划至 2015 年欧盟各成员国基本建成本国职业教育与培训质量保障框架。构筑中东欧教育丝绸之路源自沿线国家社会经济相互融合的政治理想，劳动力市场一体化是其必然的发展路径。建议我国政府致力于构建与中东欧沿线国家技能型人才培养规格的互认体系，促进职教系统的兼容，为联合培养技能型人才扫清障碍，这同时也有助

---

① 资料依据教育部中外合作办学监管网公布数据以及对数据的计算结果而得（教育部中外合作办学监管网网址：http://www.crs.jsj.edu.cn/index.php/default/index）。

于《中国制造2025》的实施。

自2003年"博洛尼亚进程"(Bologna Process)启动以来,欧洲国家十分重视研究型人才的培养,其后制定的多项政策都高度强调了博士生教育在知识社会中的重要性。国际流动是博士生教育的一个策略,而博士教育一体化是博士生流动的基础。2011年欧盟委员会发布了"创新型博士教育七准则"(Seven European Innovative Principles on Doctoral Education),即卓越的研究、优越的研究环境、可迁移技能培养、跨学科研究视角、质量保证、校企联系、国际化联系,全方位保障了欧盟框架内博士生的联合培养。[13] 在与欧洲国家博士教育的合作与交流上,我国也做出了努力和尝试。2007年,我国与欧盟签署了《中欧教育合作联合声明》,鼓励和加强双方在高层次人才培养和语言教学等领域的合作。2014年11月,上海交通大学举办了第三届中欧博士教育合作与对话国际研讨会(EU-China DOC Project Conference & Workshop Series),探讨了中欧博士生教育的质量保障议题。自2007—2008学年中国政府奖学金项目(欧盟窗口)设立以来,已经连续9年资助了欧盟国家学生来华学习,2016—2017学年该奖学金录取项目新生140人,其中本科生4人、硕士研究生35人、博士研究生4人、普通进修生90人、高级进修生7人。[11] 数据显示,目前我国对欧盟资助的重点仍然在非学历型进修人员而非高校学生,尤其不在博士研究生。鉴于中东欧诸国对研究型人才的重视和需求,建议我国政府将资助重点向高层次研究型人才倾斜,加大联合培养学历型博士研究生的力度,切实对接沿线诸国的现实需求。

(三)重点发展欧洲语言、自然科学、工程技术学科领域

欧洲是一个多语言的社会,一个欧洲公民多掌握一门外语就意味着能够获得更多学习和工作的机会;同时欧洲国家普遍人口规模小,在英语普及化的情况下,其民族语言面临危机,因此欧洲国家普遍重视语言的学习,也非常欢迎他国人员学习本国语言。很多欧盟高等教育国际化政策都特别强调掌握多门语言的重要性,并对成员国公民开展语言课程的培训。如旨在提供小语种强化训练的"伊拉斯谟强化语言课程"(Erasmus intensive language courses)、为高校人员等提供语言培训的"语言关键活动"(languages key activity)。成员国内部也积极对应欧盟的政策,例如爱沙尼亚通过签署"北欧+"计划增进对北欧-波罗的海区域语言和文化理解,并鼓励留学生学习爱沙尼亚语,但收效甚微。自然科

学和工程技术学科领域对促进国家社会经济发展、提高人民生活水平至关重要，为维持 21 世纪的国际竞争优势，促进科学技术的传播与兼容，欧洲各国大力推进自然科学和工程技术领域的总体发展。欧盟在"苏格拉底计划"（Socrates Programme）和"达芬奇计划"（Lconado da Vinci Prgramme）中构建并实施了一系列对自然科学和工程技术领域的资助，今天欧洲工程师之所以能傲居世界，与欧洲各国的重视不无关系。

目前，中欧教育交流与合作呈现出良好的发展局面。自 2009 年我国与欧盟签署了《中欧语言合作联合声明》以来，中欧双方已举办了三届语言合作研讨会，我国高校已全部开齐了欧盟 24 种官方语言课程[11]，但在稀缺小语种的招生力度和教学培养上，还需进一步科学布局和提升质量。作为中欧高级别人文交流对话机制第一次会议后续行动计划，教育部于 2013 年与欧方合作，启动了"中欧调优联合研究项目"（China-EU Tuning Study Program）。目前，项目一期已经结束，围绕物流、信息工程和护理三个方向的二期已正式启动。[11]鉴于当前中东欧留学生专业多集中于人文社科领域，自然科学和工程技术领域份额偏低的现状，建议我国将后续项目引向自然科学和工程技术领域，并加强与中东欧国家在自然科学基础理论方面的合作与交流，加大对中东欧工程技术人员流动的资助力度。

参考文献

[1] MINISTRY OF EDUCATION AND RESEARCH. Archimedes foundation [EB/OL]. [2016-09-12]. http://archimedes.ee/en/ international-programmes/.

[2] MINISTRY OF EDUCATION AND RESEARCH. Nordplus programme [EB/OL]. [2016-09-12]. http://haridus.archimedes.ee/nordplus.

[3] MINISTRY OF EDUCATION AND RESEARCH. Erasmus+ programme [EB/OL]. [2016-09-12]. http://erasmuspluss.ee/en/.

[4] ARCHIMEDES. Välisüliõpilased hindavad Eestis õppimist kõrgelt [EB/OL]. [2016-09-12]. http://archimedes.ee/valisuliopilased-hindavad-eestis-oppimist-korgelt-2/.

[5] HANNA-STELLA HAARISTO. Välisüliõpilased eestis-kas vajame neid ka tööturul? [EB/OL]. [2016-09-12]. http://www.digar.ee/arhiiv/et/raamatud/19800.

[6] Erasmus+ programme guide [EB/OL]. (2015-12-24) [2016-09-12]. http://ec.europa. eu/programmes/erasmus-plus/documents/eras-mus- plus- programme- guide_en. pdf.

[7] EUROPEAN COMMISSION. Common European principles for teacher competences and qualifications [EB/OL]. (2015-10-20) [2016-09-12]. http://www.ateel.org/uploads/EU

policies/common_eur_principles_en.pdf.

［8］COMMISSION OF THE EUROPEAN COMMUNITIES. Improving the quality of teacher education［EB/OL］.（2015-10-20）［2016-09-12］. http://www.atee1.org/uploads/EUpolicies/improving the_quality_of_teacher_education_aug2007.pdf.

［9］European policy cooperation（ET 2020 framework）［EB/OL］.（2015-12-28）［2016-09-12］. http://ec.europa.eu/education/policy/strategic-framework/index_en.htm.

［10］Youth on the move［EB/OL］.（2015-12-27）［2016-09-12］. http://europa.eu/youthonthe-move/docs/communication/ youth-on-the-move-EN.pdf.

［11］教育部. 中国与欧盟教育交流简况［EB/OL］.（2016-10-08）［2016-10-20］. http://www.moe.gov.cn/jyb_xwfb/xw_fbh/moe_2069/xwfbh_2016n/xwfb_161008/161008_sfcl/201610/t20161008_283199.html.

［12］EUROSTAT. Labour market and labour force statistics［EB/OL］.［2016-09-12］. http://epp.eurostat.ec.europa.eu/ statistics_explained/index. Php/ Labour _market _and _labour _force _statistics #Unemployed.

［13］熊静，杨颉. 中欧博士教育质量保证政策与实践：基于"中欧博士教育合作与对话国际研讨会"的分析［J］. 学位与研究生教育，2015（8）：62-66.

（刘琪，贵州师范大学外国语学院副教授，厦门大学教育研究院、厦门大学中外合作办学研究中心博士研究生。原载《比较教育研究》2017年第9期，略有改动。）

"一带一路"倡议下中国与哈萨克斯坦教育合作的

政策对接与实践推进

阿依提拉·阿布都热依木　　刘　楠

人才是"一带一路"建设的智慧资本。自 1997 年签订《里斯本公约》(Lisbon Convention) 进入国际教育空间以来,哈萨克斯坦同世界上许多国家签署了教育合作协议并逐渐在世界教育舞台上占领一席之地。2010 年 3 月,哈萨克斯坦加入欧洲"博洛尼亚进程",并成为中亚第一个进入欧洲高等教育区体系的国家。根据 2012—2017 年《全球竞争力报告》(Global Competitiveness Report),哈萨克斯坦 2015 年的全球竞争力位居第 42 位。[1]凭借良好的教育成就和加强合作关系表现出的积极态度,2017 年,哈萨克斯坦被正式邀请成为经济合作与发展组织教育政策委员会成员国。《哈萨克斯坦—2050》战略确定了跻身世界发达国家30 强的目标。这些都为中哈两国教育合作提供了更多的机遇和更广阔的空间。当前,在哈萨克斯坦新经济政策"光明之路"与中国"一带一路"倡议顺利对接的背景下,两国教育正在逐步实现协同发展。

一、哈萨克斯坦的国际教育合作实践

教育的国际合作不仅能扩大本国在全球化过程中的国际影响力,而且能培育出大批国际人才。哈萨克斯坦政府以设置奖助学金、开发国际教育贷款等方式为本国青年共享国际优质资源提供条件,利用国际经验和国际资助促进本国教育质量的提高。

(一)设立"博拉沙克"总统奖学金推动人才国际化

1993 年启动的"博拉沙克"(Болошак)总统奖学金为哈萨克斯坦加入国际教育领域发挥了巨大作用。该项目由政府统一管理下的"博拉沙克"国际项目中心监督执行，每年向 100 名出国留学人员发放奖学金。2006 年，国家对选拔内容进行了补充，并确定了国家管理、教育学、工业创新发展、农业学、航天学、建筑学、卫生保健、社会安全、食品工业、旅游、纺织学、石油天然气产地治理和冶金学等优先支持的专业。奖学金最初只发放给被美国、英国、德国和法国著名大学录取的学生，2008 年起，授奖对象的范围扩大到农村青年、国家干部和科学教育工作者。从 2015 年开始，硕士和博士学位申请者的资助名额有所提高。1994—2017 年，获得"博拉沙克"总统奖学金的人有 12831 名，其中在英国、爱尔兰学习的有 5671 人，在美国和加拿大学习的有 5094 人。从学位层次来看，2017 年硕士有 5027 人，学士有 2855 人（从 2011 年起学士学位申请名额减少），博士有 125 人。按照毕业生的专业类型来看，文科专业占 53%，理工科专业占 38%，医学专业占 7%，其他专业占 2%。2017 年的毕业生中，回国找工作的有 4632 人，其中大部分在阿拉木图市（46.4%）和阿斯塔纳市（28.4%）就业。[2]"博拉沙克"总统奖学金为哈萨克斯坦教育国际化提供了有力支持，为该国教育改革的顺利进行提供了大量人才。

（二）加强与世界各国的教育合作与交流

哈萨克斯坦在国家教育标准与世界教育标准接轨、实现国际交流与科学教育合作、创办国际大学、互认大学毕业证书等方面开展了全方位工作。

1. 保持和深化与俄罗斯的教育合作

俄罗斯的教育水平一直深受哈萨克斯坦的肯定与认可。两国以 1992 年签署的《俄罗斯联邦和哈萨克斯坦共和国之间的友好合作和互助条约》以及 1994 年签署的《俄罗斯联邦与哈萨克斯坦共和国教育与科学合作协定》等文件明确了双方在文化、科学、教育、体育以及社会组织领域的合作原则。2013 年，两国总统签署的《哈萨克斯坦和俄罗斯 21 世纪睦邻友好同盟条约》将两国友谊与合作提升到一个新的高点。在哈萨克斯坦开设俄罗斯大学的分支机构是俄哈高等教育合作的重要形式之一，莫斯科国立大学阿斯塔纳分校就是一个成功案例。自 2001 年 9 月 1 日启动至今，该校的教学工作顺利进行，为两国培养了大批人才。该校所有教育活动费用由哈萨克斯坦方承担，学生的一部分时间在莫斯科度过。莫斯科国立大学和哈萨克斯坦科学院之间还签署了有关建立联合科研机构的条约。

2.因资金需求与美国愈走愈近

美国以援助为手段积极加强与哈萨克斯坦的伙伴关系，从而巩固其在中亚地区的影响力和地缘政治利益。美国通过各种国际组织和基金会项目向哈萨克斯坦高等教育机构提供大量的援助款项。美国通过招收一部分哈萨克斯坦高中生和大学生到美国免费学习和深造、邀请一些专业知识人才和企业家访问美国、新建公开的互联网网站、增加政府拨款额度、扩大人员和信息方面的交往等方式不断巩固与哈萨克斯坦的教育合作。以美国 FLEX 互换项目（FLEX Secondary Exchange Program）为例，自 1992 年创立至 2017 年，该项目已资助 2000 多名 15—17 岁的哈萨克斯坦学生。该项目经费由美国政府承担，受资助者在一学年的期限内在美国的普通教育学校学习，并住在美国家庭中深入了解美国人的生活方式与文化特色。[3]

3.借助欧盟教育援助计划促进本国高等教育现代化进程

欧盟将教育作为援助中亚最重要的优先领域之一，并以此提高其在中亚国家的影响力，从而实现价值观输出与利益共享。坦普斯计划（TEMPUS）是"大学跨欧洲学习项目"（Trans-European Mobility Scheme for University Studies）的简称，是欧盟针对中亚实施的一项教育援助计划。该项目的首要目标是欧盟与中亚国家在教育领域内建立合作关系，促进中亚国家高等教育现代化和教育质量提高，以此促进中亚国家进一步向国际社会开放。1995—2013 年，坦普斯计划在哈萨克斯坦共资助了76 个项目，包括 23 个国家级项目和 53 个地区级项目，总金额超过 5400万欧元。[4]合作单位包括 46 所高校和 48 个非学术合作伙伴，合作内容包括大学管理系统改革、学术质量评估体系和师资培训制度建设等。

4.以扩大影响力和增强民族认同感作为与土耳其教育合作的战略目标

共同的宗教信仰、主体民族的突厥语言背景、世俗化社会发展模式的成功经验等都成为土耳其吸引哈萨克斯坦的重要因素。文化教育是土耳其与中亚国家合作的主要领域。1992 年，土耳其向包括哈萨克斯坦在内的中亚国家提供奖学金项目，每个国家都获得了 2000 个留学生名额。与此同时，土耳其也成了哈萨克斯坦学生向往的留学首选地。1996 年，在土耳其留学的哈萨克斯坦学生达到 1033 人（2012 年减少至 810 人）。[5]亚萨维哈萨克-土耳其国际大学（Yasawi Kazakh-Turkish International University）是 1993 年根据哈土两国政府签订的协议成立的合办大学。学校最高管理机构是政府间全权委员会，校长由哈方派出，学校预算和资产双方各占一半。学校每年为突厥语国家的学生设 200 个奖学金名额。至 2012 年，土耳其方已拨款 1.5 亿美元。[6]作为一所综合性大学，该校目前有 54 个本科生专业、30 个硕士生专业和 11 个博士生专业。2018—2019 学年的师资队伍中有 71 名博士、282 名副博士、67 名博士研究生。教师中的 5% 来自土耳其和其他国家。目前，大学共有 9200 多名学生，其中的 1380 名来自其他突厥语国家。[7]该校是土耳其在中亚合办高校中投入最大、参与人数最多的一所，是土耳其境外文化发展战略在中亚的一个样板。

（三）以跨境交流推动高等教育国际化

哈萨克斯坦的高等教育跨境交流除了把本国的优秀人才送出去深造，还有把国外先进的理念和方法"请进来"学习与借鉴的做法。

1. 加强高等教育领域的"流动性"

"流动性"是教育国际化的核心概念，同时也是"博洛尼亚进程"的基本原则。为了尽快达到各项国际指标要求，哈萨克斯坦竭力扩大教育合作范围，加快教育国际化进程，并通过签订国家间和校际合作与交流协议与世界各国的教育界保持紧密的联系。2014—2016 年，全国共有 4187 名本科生和研究生获得了在国外高校学习交流的机会，2642 名来自欧洲、美国、俄罗斯和东南亚国家的外国学者和教师在哈萨克斯坦开展了教育研究合作项目。目前哈萨克斯坦高校正在完成 400 多项高等教育合作协议，高校与国外研究机构签订的协议、备忘录和合同等达 104 项。[8]

2. 加大向国外派遣留学生力度

哈萨克斯坦政府每年向俄罗斯、土耳其、美国、英国、中国和中亚国家派遣留学生。自 2011 年起，哈萨克斯坦出国学习者数量明显增长，其中大部分人在俄罗斯。根据联合国教科文组织的统计，2018 年在外学习的哈萨克斯坦学生达 89505 人，比 2011 年的 43364 人增加了一倍多。在俄罗斯教育出口政策的推动下，2018 年在俄学习的哈萨克斯坦学生达 69895 人。[9]

3. 吸引外国学生来哈留学

根据哈萨克斯坦《2016—2019 年国家发展战略》和《2018—2022 年国家出口战略》的相关要求，哈萨克斯坦要扩大外国留学生数量。2018

年，来哈留学的外国大学生有 21727 人，其中乌兹别克斯坦 9500 人、印度 3717 人、土库曼斯坦 2615 人、俄罗斯 1273 人、中国 1240 人。[9]哈萨克斯坦的职业教育体系中也有一部分外国留学生。2001—2016 年，职业教育体系的留学生数量增加了一倍，其中大部分是外籍哈萨克人。2016 年的人数达到 2860 人，他们主要来自乌兹别克斯坦、俄罗斯、中国和蒙古国。[10]

二、哈萨克斯坦与中国的教育合作政策对接

中国与哈萨克斯坦自 1992 年建交，2005 年建立战略伙伴关系，2011 年宣布发展全面战略伙伴关系，两国高层交往频繁，政治互信不断提升。加强国际合作，尤其是与中国的合作，成为当前哈萨克斯坦教育发展的一个重要方向。

（一）中哈两国在宏观层面的政策对接

《哈萨克斯坦—2050》是一份被称作"新政治方针"的纲领性文件，是对《哈萨克斯坦—2030》战略的进一步深化，其中提出"在促进国家强大、经济发达和发掘全员劳动潜力的基础上，使哈萨克斯坦在 2050 年跻身世界发达国家 30 强"。为达成这一目标，优先发展与俄罗斯、中国、中亚国家以及美国、欧盟、其他亚洲国家的伙伴关系及各方面合作变得尤为重要。

哈萨克斯坦总统纳扎尔巴耶夫于 2014 年 11 月发表的国情咨文中提出了"光明之路"新经济政策。该政策的核心是加强交通基础设施建设，实现交通、物流、通信领域互联互通，促进国家经济发展和创造新的就业岗位，为国家未来发展注入新的增长动力。中哈两国政府于 2016 年签署了《"丝绸之路经济带"建设与"光明之路"新经济政策对接合作规划》。中国的"一带一路"倡议和哈萨克斯坦的相关政策相辅相成，有利于深化包括教育合作在内的全面合作。

（二）中哈两国教育合作的政策基础

1. 政府层面的合作基础

以"一带一路"倡议为向导，两国在教育和科学领域展开了广泛的合作。从政府层面到地区层面，乃至高校间新增多项教育合作协议。作为友好邻邦和全面战略伙伴，加强相互支持和深化全面合作是双方共同的努力方向。在遵守《中华人民共和国和哈萨克斯坦共和国睦邻友好合

作条约》《中华人民共和国和哈萨克斯坦共和国关于发展全面战略伙伴关系的联合声明》《中华人民共和国和哈萨克斯坦共和国关于进一步深化全面战略伙伴关系的联合宣言》《中华人民共和国和哈萨克斯坦共和国关于全面战略伙伴关系新阶段的联合宣言》《中华人民共和国和哈萨克斯坦共和国联合声明》以及其他双边条约和协议的基础上，两国元首于 2018 年 6 月 7 日在北京发布新的《中华人民共和国和哈萨克斯坦共和国联合声明》。双方为加强人文交流和民间交往，促进中外学者学术交流，继续开展在教育、卫生、体育、旅游和青年领域的合作而采取了一系列新措施和办法，其中上海合作组织起到了重要推动作用。

2. 教育领域的合作

教育合作是"一带一路"倡议的重要组成部分。为发展教育领域的双边合作，进一步提高科研水平和效益，2003 年，两国签订了《中华人民共和国教育部和哈萨克斯坦共和国教育科学部教育合作协议》。合作内容包括交流教育体制和教育改革方面的经验，互换教科书和教学法资料，互派教师、本科生、研究生和进修生，促进研究和推广双方国家的语言。2006 年 12 月 20 日，两国签订了《中华人民共和国政府和哈萨克斯坦共和国政府关于相互承认学历和学位证书的协定》。中哈两国在上海合作组织框架内的教育合作成果丰硕。2006 年，在上海合作组织元首第六次峰会上签署的《上海合作组织成员国政府间教育合作协定》奠定了成员国间的教育合作法律基础。2009 年通过的《2009—2012 年中哈教育合作协议》将两国每年对等交换人数增加至 100 人。[11] 2011 年，通过签署联合公报，中国和哈萨克斯坦一致强调要在上海合作组织框架内加强教育交流与合作。

三、中国与哈萨克斯坦的教育合作实践

"一带一路"倡议的提出使中国与哈萨克斯坦的教育合作不断加深。两国政府和教育部门签署多项教育合作协议，上海合作组织框架下的合作意向和中国政府提供的各类政府奖学金使哈萨克斯坦来华留学生不断增加。孔子学院和高校合作平台的增加为两国民心工程输送了越来越多的友谊使者和国际人才。

（一）哈萨克斯坦来华留学生逐年增长

从 2000 年起，中哈两国政府开始重视教育领域的双边合作。出于中国教育质量不断提升且费用较低的一贯优势，以及"一带一路"倡议推

动下中国所提供的免费教育项目和两国互换奖学金项目增多等原因，哈萨克斯坦来华留学生数量逐年增加（图 1）。据哈萨克斯坦国际通讯社报道，2014 年，中国成为哈萨克斯坦学生的第二大留学目的国。2016 年的《中国留学发展报告》数据显示，2015 年来华留学的哈萨克斯坦学生有13198 名，占国际生总人数的 3.32%。

此前，因奖学金数量有限，大部分哈萨克斯坦来华留学生选择自费留学。"一带一路"倡议的推行增加了奖学金来华留学的机会。根据哈萨克斯坦教育科学部数据，2003 年，在中哈两国教育合作框架内来中国学习的哈萨克斯坦学生只有 20 人。2016 年，每年的奖学金名额已提升到120 人。此外，根据上海合作组织成员国协议，中国大学每年向哈萨克斯坦大学生提供 10 个奖学金名额。[12]哈萨克斯坦学生在中国学习的专业主要包括中国语言文学、国际经济贸易、旅游、石油、银行业、法律、市场管理等。

（人）

图 1　2005—2016 年哈萨克斯坦在中国学习的留学生人数

资料来源：哈萨克斯坦教育科学部 2005—2016 年教育统计数据。

（二）孔子学院成为两国人民沟通和交流的大平台

截至 2019 年，中国在哈萨克斯坦创办的孔子学院共有五所，即哈萨克斯坦欧亚大学孔子学院、阿里-法拉比哈萨克民族大学孔子学院、阿克纠宾国立师范学院孔子学院、卡拉干达国立技术大学孔子学院、阿布莱汗国际关系与外国语大学孔子学院。这些孔子学院无论在当地的汉语教学推广、汉语人才培养方面，还是在增进两国人民之间的交流和友谊方面，都起到了重要作用。以欧亚大学孔子学院为例，作为在哈萨克斯坦创办的首家孔子学院，该学院以传播中国文化为主要任务，积极办学，已成为哈萨克斯坦各界了解中国语言文化的重要窗口。自孔子学院成立以来，已有 3500 名学习者接受汉语技能培训。2018 年，150 余名哈萨克斯坦学生完成学士、硕士、博士学位，并获得来中国接受语言培训的孔子学院奖学金。[13] 通过孔子学院多年的不懈努力，哈萨克斯坦青年和各界人士对汉语和中国文化的兴趣和热情不断提高，各行业各层次汉语人才不断增加。

（三）充分利用上海合作组织搭建平台，开展教育合作与交流

自 2001 年上海合作组织成立以来，哈萨克斯坦一直积极参与各项活动，认真执行上海合作组织通过的一系列协议，在该组织中发挥了极其重要的作用。2008 年 10 月，在哈萨克斯坦举行的第二次成员国教育部长会议上讨论了组建"上海合作组织大学"的构想。该项目通过在成员国高校间搭建非实体合作网络与交流平台，巩固和加强成员国之间的高等教育合作。五个成员国一致同意将区域学、生态学、能源学、IT 技术和纳米技术等五个专业列为优先合作方向，并按照基本的要求和标准遴选出本国的项目院校。目前，哈萨克斯坦已有 14 所院校入选。[14] 2011 年 12 月成立的"中国中亚国家大学生交流基地"成为中国与哈萨克斯坦高校间又一个重要的合作平台。同年 7 月，中国、俄罗斯、哈萨克斯坦和蒙古国四国成立了"阿尔泰区域高校校长联合会"。2014 年 6 月，首届中国高等教育展在哈萨克斯坦阿拉木图举行。这些平台为两国间的交流与合作提供了广阔的空间与有力的保障。

四、"一带一路"背景下的中哈教育合作发展前景

"一带一路"倡议提出以来，中哈两国的教育合作方式和途径不断丰富，交流频率也逐步提高。加强技术创新型人才培养、孔子学院功能向

职业技能型专业延伸、创办跨国合作办学项目逐步成为两国合作发展的努力方向。

（一）结合人才需求，实施科技创新行动计划

在 2018 年的国情咨文中纳扎尔巴耶夫提出，教育要适应新工业化的要求，扩大信息技术、人工智能和大数据等相关专业的毕业生规模，高校要把冶金、石油和天然气化工、农业、生物和信息技术研究作为重点。《2016—2019 年哈萨克斯坦教育科学发展国家战略》提出三点战略目标：第一，提高教育科学竞争力，为经济的稳定增长提供人才储备；第二，通过改善技术职业教育条件，激发年轻人的热情；第三，保障向各经济领域提供具有竞争力的高等教育后备人才供应，实现教育科学一体化和创新。[15] 目前，中哈两国正在落实的合作项目涉及汽车制造、化工、矿山冶金和电梯生产等多个领域。

为了实现双方相互的产业关联效应，针对哈萨克斯坦的新发展战略要求，中国可以结合人才培养现状与需求，提高合作的针对性。为了回应国家对高素质人才的需求，哈萨克斯坦一些大学通过加强与行业间的联系，开始实施高等教育与科学产业的一体化进程。例如，哈萨克国立萨特帕耶夫研究技术大学与帕尔萨特股份公司的研究机构合并成为哈萨克斯坦第一所国立研究型技术大学。2016 年它们与哈萨克-英国技术大学联合创立了哈萨克斯坦最大的研究和技术中心。[16] 中国实施的共建"一带一路"科技创新行动计划将同各沿线国家一道推进科技人文交流、联合实验室共建、科技园区合作、技术转移四大举措。在未来的 5 年内，中国的创新人才交流项目将支持 5000 人次的中外方创新人才开展交流、培训、合作研究。[17] 在技术创新人才培养方面，中国可向哈萨克斯坦输出自然科学、信息技术和社会科学等领域的优质教育资源，为两国的经济发展注入新活力。

（二）延伸孔子学院的办学功能，增设技能型教育内容

进一步延伸和扩大孔子学院办学功能，适当增加一些当地所需的技术教育内容符合哈萨克斯坦提出的有效深化中哈教育合作的发展要求。根据《孔子学院发展规划（2012—2020 年）》提出的要求，孔子学院应该向以下几种类型发展：帮助学生同时掌握汉语与谋生的本领；在发展中国家开展有针对性的职业教育；根据所在国家的特殊需求，兴办特色

孔子学院（如武术、烹饪、中医等）。按照孔子学院将来的发展规划要求，哈萨克斯坦的孔子学院也要扩大职能范围，增加职业人才培养内容。孔子学院的这种延伸功能将中国语言和文化教育与专业技术教育结合起来，将有助于促进中国语言和文化在哈萨克斯坦各个社会经济领域的扎根与有效传播。

（三）配合中国企业"走出去"的战略，合作开展职业教育

对哈萨克斯坦企业的调查表明，该国目前对技术职业教育专家和工人技能的需求量达到 73%。但因为不符合劳动力市场需求的工人资格，每年大约有 2 万个职位空缺。因此哈萨克斯坦每年都会引进 3 万多名外国工人，其中 83% 在工业领域就业。[18]《2010—2014 年哈萨克斯坦加快工业创新发展国家纲要》（以下简称《纲要》）中确定了机械、化工、建材、冶金、石化和食品等六个优先发展行业。为有效推进《纲要》精神的落实，哈萨克斯坦教育科学部积极推动国内高校、中专院校同国外知名高校、职业技术院校的合作，制订伙伴计划并严格按照战略要求培养人才。目前，中哈两国已确立的重点合作项目共有 55 个，总投资额达到 270 亿美元。[19] 大批中资企业在哈萨克斯坦设立分支机构，哈萨克斯坦依托中国的资金、技术和市场，正快速进行着工业化发展。在此背景下，中国要鼓励优质职业教育配合相关行业和企业走出去，探索多种形式的合作，设立职业院校，开展多层次的职业教育和培训，培养中哈两国急需的应用型职业技术人才。

（四）结合自身强项，开展合作办学

境外合作办学是开展教育合作的重要渠道。有条件的中国高等学校集中优势学科，选好合作契合点开展境外办学是符合中国实施"丝绸之路"合作办学推进计划的。① 虽然中国与哈萨克斯坦拥有足够的地缘优势

---

① "丝绸之路"合作办学推进计划是 2016 年教育部牵头制定的《推进共建"一带一路"教育行动》的合作重点之一。该计划提出：有条件的中国高等学校开展境外办学要集中优势学科，选好合作契合点，做好前期论证工作，构建人才培养模式、运行管理模式、服务当地模式、公共关系模式，使学校顺利落地生根、开花结果。发挥政府引领、行业主导作用，促进高等学校、职业院校与行业企业深化产教融合。鼓励中国优质职业教育配合高铁、电信运营等行业企业走出去，探索开展多种形式的境外合作办学，合作设立职业院校、培训中心，合作开发教学资源和项目，开展多层次职业教育和培训，培养当地急需的各类"一带一路"建设者。整合资源，积极推进与沿线各国在青年就业培训等共同关心领域的务实合作。倡议沿线国家之间开展高水平合作办学。

和深厚的合作基础，但目前中哈两国的合作办学项目还没有建立，也没有中国高校在哈萨克斯坦开设高等学历教育机构，而英国、俄罗斯和土耳其均在哈萨克斯坦建有海外高校。根据哈萨克斯坦劳动部的估计，未来几年哈萨克斯坦对高级专业人才仍有较大需求，其中包括工程技术人员、IT人才、会计、营销经理、医护人员和教师等。[20]结合自身的强项和优势，就哈萨克斯坦目前的专业人才需求而言，中国可以推出联合培养项目，在高等职业教育层面开展本科生应用型学士教育。作为初期项目，中国可在信息、新兴能源和工程技术等领域开展联合办学。

如今的哈萨克斯坦是中亚地区最大的经济体，同时也是"一带一路"倡议的积极参与国之一。在共建"一带一路"的道路上继续打造中哈两国的民心相通工程还需要更加深入地开展教育合作与交流。中国与哈萨克斯坦间的教育合作还有很大的发展空间，共同培养国际化人才依然是双方教育交流的重要内容。

参考文献

［1］李慧，苏卡特，阿米娜. 中国与中亚国家"教育丝绸之路"合作路径探析：基于中亚四国高等教育的发展［J］. 东北大学学报（社会科学版），2018，20（4）：419-426.

［2］Национальный доклад о состоянии и развитии системы образования Республики Казахстан（по итогам 2017 года）［EB/OL］.（2018-08-29）［2018-09-01］. http://iac.kz/ru/events/opublikovan-nacionalnyy-doklad-o-sostoyanii-irazvitii-sistemy-obrazovaniya-respubliki.

［3］Оспанова А Н，Н. Камалов. Сотрудничество Казахстана и США в сфере образования и науки［EB/OL］.（2017-10-10）［2018-10-10］. http://www.rusnauka.com/46_NNM_2017/Politologia/10_232379.doc.htm.

［4］ТЕМПУС В КАЗАХСТАНЕ［EB/OL］.（2013-12-01）［2018-01-01］. http://www.erasmusplus.kz/index.php/ru/tempus-iv/tempus-iv-v-kazakhstane.

［5］王明昌. 土耳其与中亚国家关系的现状及前景［J］. 国际研究参考，2018（5）：1-6，12.

［6］杨恕. 中亚高等教育概况［M］// 杨恕. 中亚研究. 北京：社会科学文献出版社，2017：82.

［7］Международный казахско-турецкий университет имени Ходжи Ахмеда Ясави превратит Туркестан в общий образовательный центр тюркского мира［EB/OL］.（2018-12-01）［2018-12-01］. http://ayu.edu.kz/ru/about/history.

[8] Стратегический план Министерства образования и науки Республики Казахстан на 2017–2021годы [EB/OL]. (2016-12-29) [2018-5-22]. http://www.kaznpu.kz/docs/ urist/5_rus.pdf.

[9] Национальный доклад о состоянии и развитии системы образования Республики Казахстан (по итогам 2018 года) [EB/OL]. (2019-09-01) [2019-09-13]. http:// iac.kz/ru/events/opublikovan-nacionalnyy-doklado-sostoyanii-i-razvitii-sistemy- obrazovaniya-respubliki.

[10] Национальный доклад о состоянии и развитии системыо бразования РеспубликиКазахстан, 2016 год. [EB/OL]. (2017-08-09) [2017-08-09]. http://iac. kz/sites/ default/files/nacdok-2017_ot_kgk_final_09.08.2017_10.00ilovepdf-compressed. pdf.

[11] 王雪梅, 尼牙孜. 哈萨克斯坦高等教育国际化发展研究 [J]. 比较教育研究, 2016, 38 (8): 7-17.

[12] Тянь Е.Взаимоотношения Китайской Народной Республики и Республики Казахстан на примере сотрудничества в сфере образования [EB/OL]. (2018-10- 20) [2018-10-25]. https://nbpublish.com/library_read_article. php?id=27722.

[13] Казахстан и Китай наращивают сотрудничество в сфере образования и науки [EB/OL]. (2018-07-18) [2018-07-18]. https://www.inform.kz/ru/kazahstan-i-kitay- naraschivayutsotrudnichestvo-v-sfere-obrazovaniya-i-nauki_a3324011.

[14] 彭世璞, 原帼力. "丝绸之路经济带"背景下新疆与哈萨克斯坦高等教育合作的优 劣势分析及对策 [J]. 昌吉学院学报, 2016 (3): 14-19.

[15] Государственная программа развития образования и науки Республики Казахстан на 2016-2019годы [EB/OL]. (2016-03-01) [2017-07-01]. http://edu.resurs.kz/ elegal/programma-2016-2019.

[16] 郝新鸿, 张琬悦. 试析哈萨克斯坦高等教育与科学和产业融合 [J]. 比较教育 研究, 2018, 40 (9): 19-25.

[17] 习近平在第二届"一带一路"国际合作高峰论坛开幕式上的主旨演讲 [EB/OL]. (2019-04-26) [2019-04-26]. http://www.xinhuanet.com/politics/leaders/2019/04/26/ c_1124420187.htm.

[18] Национальный доклад о состоянии и развитии систем ыо бразования Республики Казахстан, 2016 год [EB/OL]. (2017-08-09) [2017-08-09]. http://iac.kz/sites/ default/files/nacdok-2017_ot_kgk_final_09.08.2017_10.00ilovepdf-compressed.pdf.

[19] "一带一路合作实现了共赢" [EB/OL]. (2019-03-18) [2019-03-18]. http://cacs. mofcom.gov.cn/article/gnwjmdt/gn/201903/157992.html.

[20] 商务部国际贸易经济合作研究院, 中国驻哈萨克斯坦大使馆经济商务参赞处, 商 务部对外投资和经济合作司. 对外投资合作国别（地区）指南-哈萨克斯坦：2018

年版［EB/OL］.（2019-02-01）［2019-02-01］. https://www.yidaiyilu.gov.cn/wcm.files/upload/CMSydylgw/201902/201902010511040.pdf.

（阿依提拉·阿布都热依木，新疆师范大学国际文化交流学院副教授，教育学博士研究生；刘楠，西南大学教育学部讲师，教育学博士研究生。原载《比较教育研究》2019年第12期，略有改动。）

中国高校在巴基斯坦《高等教育委员会 2025 愿景》中的机遇与作为

史雪冰　张　欣

巴基斯坦全称为"巴基斯坦伊斯兰共和国"，1947 年 8 月 14 日宣布独立，1956 年 3 月 23 日宣布建国，其境内最古老的大学——旁遮普大学（University of the Punjab）建立于 1882 年。虽然与美国一样，巴基斯坦高等教育的历史比国家历史还要长，但从实际进程来看，出于地缘政治复杂、经济落后、文化保守等多重原因，巴基斯坦高等教育的发展并不乐观。[1]整个 20 世纪，巴基斯坦的高等教育似乎游离于世界高等教育的迅猛发展之外，不仅数量不足，而且质量不佳，导致大批精英阶层子弟纷纷到欧美发达国家接受高等教育。一直到 2002 年高等教育委员会（Higher Education Commission）成立以后，巴基斯坦才真正开始了一场全新的、全面的高等教育改革，巴基斯坦政府将高等教育作为其社会经济发展的引擎，期望通过一系列举措来扩大高等教育规模和提高高等教育质量，从而确保高等教育部门对国家社会经济发展的积极和重要作用。[2]2002—2016 年，在高等教育委员会的治理下，巴基斯坦高等教育的发展取得了巨大进步，大学数量从 60 所增至 183 所，入学人数从 27.6 万人增至 129.8 万人。[3]高等教育委员会利用其机构自治的优越性和高效性，不仅将巴基斯坦的高等教育带入快车道，而且还因其特有的"高等教育委员会模式"而逐渐为亚洲乃至世界所知。

一、巴基斯坦《高等教育委员会 2025 愿景》的主旨

巴基斯坦政府于 2014 年 5 月颁布了《巴基斯坦 2025 愿景》（Pakistan Vision 2025），旨在通过制定一套全面的战略计划来加快经济的发展，并尽早实现"成为下一个亚洲虎"的战略目标。2017 年 5 月，高等教育委员会举行了关于高等教育委员会 2025 愿景草案的咨询会议，以支持《巴

基斯坦 2025 愿景》和"中巴经济走廊"的长期规划，随后出台了《高等教育委员会 2025 愿景》。这份推动高等教育发展的综合性文件，通过分析现有数据，对过去十年巴基斯坦高等教育委员会的成就和改革进行了内部评估，并经过广泛审议和咨询，与知名院士、决策者、企业和行业领导者协商后拟定而成。[4]该文件旨在巩固高等教育近十五年来取得的成就，并以更具战略性的雄心来继续推进高等教育改革的进程，同时也涵盖了高等教育委员会对于高等教育在下一个十年计划中的主要发展目标。

（一）正式确立三级大学分类发展模式，扩大高等教育规模

大学的分类发展一直是高等教育委员会推动高等教育进步的首要目标。在巴基斯坦《高等教育委员会 2025 愿景》中，高等教育委员会正式提出到 2025 年，完全确立三级大学分类发展的高等教育模式。

首先，在这一模式结构中，高等教育委员会将精心培育和建设 30 所一级研究型大学（包括 20 所新大学），作为全球合作、跨学科学术和协同创新的知识中心。[5]这些大学将配备高水平的教师，选择性地录取优秀的学生，并给予高水平的指导，确保他们参与到高质量的教育课程中。一级大学的重要地位不仅体现在其研究项目和取得的创新成果可以被用于应对现实生活中的挑战，并且其高素质的毕业生也将成为社会所有重要部门的专业人才和后备军。其次，在未来十年内，高等教育委员会计划将二级大学的数量从 170 所增加到 270 所。[5]这些二级大学一般是指由公共机构和私人资助的综合性大学，旨在扩大人民接受高等教育的机会，为接受高等教育的人群提供多样性的专业训练和职业指导，满足社会发展对多种人才的需要。一级和二级大学共同培养能够带动经济发展和社会进步的精英人才。再次，扩大三级大学的数量和招生规模。三级大学是指公立大学的附属学院和技术性的社区学院。在目前的高等教育体系中，这些附属学院和社区学院是巴基斯坦高等教育链条中最薄弱的环节。高等教育委员会期望未来能够通过三级大学为学生就近提供教育服务，并且在全国各省增设 150 所技术性的社区学院[5]，通过提供技术、职业支持来满足社会对于技术工人的迫切需要。三级大学主要由各省政府承担资金投入，但是高等教育委员会将为这些学院提供部分资金资助。

（二）积极寻求国际援助，强化教师队伍建设

自成立以来，高等教育委员会始终致力于加强高校师资队伍建设，并将其视为构建高等教育体系和确保高等教育质量的必要保证。[6]目前，依据巴基斯坦联邦和省级政府制定的一系列教师教育导向政策，高等教育委员会先后实行了"大学教师教育计划""国际教师发展计划"等教师发展计划，为大学培养和引进了许多优秀学者。[7]据统计，至2017年年底，巴基斯坦现有大学中拥有博士学位的教师数量已占到教师总量的27%，较之以往已经有了巨大提升。高等教育委员会在愿景中提出，到2025年将博士教师比例提升到40%（图1），这一目标不论对于国家还是对于大学来说，都将是一个极大的挑战。同时，高等教育委员会依据巴基斯坦高等教育规模扩大的速度和广度，预计至2025年，一级大学和二级大学的数量将增至300所（包括公立和私立大学），这些大学对于高学历教师的需求数量将达到近4万人。[5]

尽管高等教育委员会持续不断地通过实行多项教师计划来填补高水平人才需求的缺口，但时至今日，这仍是一项长期而艰巨的任务。一方面，高等教育委员会致力于提供更有竞争力的科研支持和工资报酬来吸引在国外工作的巴基斯坦学者回到巴基斯坦各大学内任教，并通过实施终身教职制度、科研奖励制度等一系列政策来保障教师的教学质量。[8]另一方面，高等教育委员会将重点通过多种途径继续培养高学历教师。目前，高等教育委员会鼓励现有教师继续深造，通过奖学金计划和政府

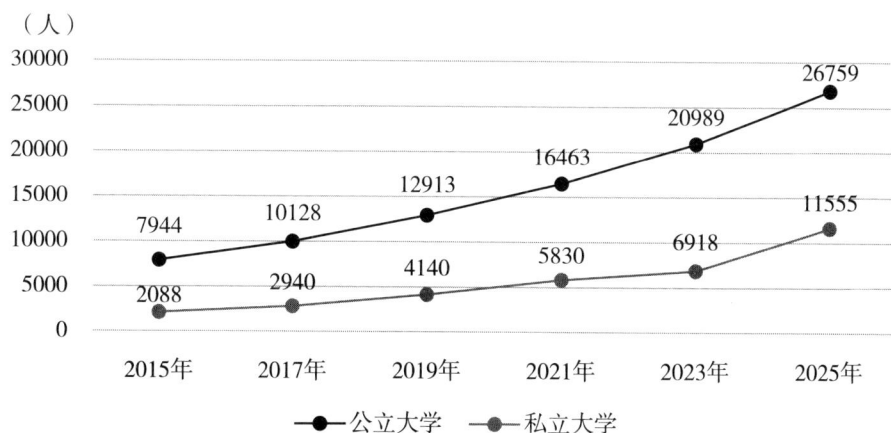

图 1 巴基斯坦 2015—2025 年博士学位教师需求预测

资助为7400名学者提供了到外国大学学习博士课程的机会，他们将在未来五年内完成国际课程并返回巴基斯坦大学进行科研和教学工作。[9]同时，高等教育委员会还积极争取国际援助，与国际组织、知名高校和高等教育管理机构建立伙伴关系。一方面，国际组织（如世界银行）为其提供贷款以缓解其资金短缺问题[10]；另一方面，高校和高等教育管理机构为其提供教师教育培训和援助[11]。例如，在与美国签订的"美巴知识走廊联合行动计划"中，美国将为10000名巴基斯坦教师提供国际研究生课程，以保证其在未来十年内完成博士研究计划。同样，在与中国、欧盟、澳大利亚、美洲和太平洋地区的其他国家和机构签订的教师教育计划中，预计总共将为巴基斯坦培养约5000名博士。[5]这些享受国外博士进修课程的高学历教师将不仅为巴基斯坦大学的农业、工程、医学、STEM研究、信息技术等领域带来新的生机，同时也将为艺术、设计、媒体和语言等人文社会科学做出贡献。

（三）大力发展工程教育，重视工程技术人才培养

随着国民经济的发展以及国际化工程技术合作项目的增加，巴基斯坦国内工程教育人才的紧缺愈发明显，现有的工程教育的质量和规模难以满足国内对于高水平工程技术人才的需求。因此，高等教育委员会广泛收集学者和相关决策者的建议，丰富和革新原有的课程体系，增设有关新型工程技术领域的本科和研究生课程，包括能源、材料科学、微电子、采矿和矿产资源利用、运输（汽车、铁路和航空）、大型土建和制造等相关课程，为高校工程教育的发展打下坚实的基础。此外，为了衡量和监督高校的课程质量，高等教育委员会一方面在国家层面设立了国家课程审查委员会和学位认证理事会，为巴基斯坦大学提供学位课程设置和专业实践的相关指导；另一方面还将高校看作是课程质量保证的关键节点，要求在所有公立大学建立质量提高小组，以提高高校自身对于课程质量的监督和重视程度，从而建立起一个多层级的课程质量保证体系。

除了借助国内现有的工程教育资源基础以外，高等教育委员会还将发展眼光聚焦在工程教育较为领先的其他国家。为实现国内外工程教育资源的充分利用，高等教育委员会提出了《工程科技大学计划》（UESTP），该计划邀请了中国、美国、英国、法国、德国、意大利、奥地利等国共同为巴基斯坦建设高水平的理工大学，旨在利用国际优质的工程教育资源来扩大国内的工程教育规模，提高工程教育质量。

（四）关注国内大学排名，注重提升大学知名度

目前大学排名已成为全球性普遍现象。不同机构组织的大学排行榜通常根据一所大学的数据、报告、成就和声望等多重标准进行量化评鉴，再通过加权求和后形成排序来显示一所大学的发展情况和相对水平。通常来说，大学期望通过第三方机构给出的排名和认可程度来扩大自己的知名度。经过十多年的高速发展，巴基斯坦目前已有若干学科被国际高等教育界公认为未来的新星。目前许多巴基斯坦大学逐渐通过大学排行榜进入公众的视野。从 QS 亚洲大学排行榜来看，2012 年仅有 6 所大学进入排行榜，而在 2014 年已有 10 所大学进入排行榜，排名较之以往也有所提升。[12]巴基斯坦大学在 QS 亚洲大学排行榜排名情况详见表 1。

表 1　巴基斯坦大学在 QS 亚洲大学排行榜中的排名情况

大学	2014 年排名	2015 年排名	2016 年排名
拉合尔管理科学大学（LUMS）	181—190	161—170	111
巴基斯坦国立科技大学（NUST）	129	119	112
真纳大学（QAU）	123	116	149
巴基斯坦工程与应用科学学院（PIEAS）	106	115	148
阿迦汗大学（AKU）	116	117	183
卡拉奇大学（Univ. of Karachi）	201—250	251—300	201—210
旁遮普大学（Univ. of Punjab）	201—250	201—250	221—230
巴基斯坦信息技术学院（CIIT）	201—250	201—250	231—240
拉合尔工程技术大学（UET Lahore）	251—300	251—300	241—250
费萨拉巴德农业大学（UA Faisalabad）	251—300	251—300	300

资料来源：Pakistan vision 2025［EB/OL］.（2017-06-05）[2018-09-29]. https://hec. gov.pk/english/HECAnnouncements/Documents/Announcement/HEC-Vision-2025. pdf#search=2025%20 vision.

据统计，截至 2017 年巴基斯坦已有 10 所大学稳居于 QS 亚洲大学排行榜上，其中前 5 所大学稳居于前 170 名。[5]从大学的类型来看，不仅有真纳大学、旁遮普大学等综合性院校，也包括巴基斯坦工程与应用科学学院、费萨拉巴德农业大学等专业性院校。在今后的发展中，高等教育委员会将加强与 QS 和其他全球大学排名系统的合作，计划在 2025

年，能够实现 15 所大学进入 QS 亚洲大学排行榜的目标，并且能够继续提高前 10 所大学的排名位次。高等教育委员会期望不仅借助排行榜提升大学的知名度，同时借此提高大学的竞争力，使这些榜上有名的大学逐渐成为国内各行业的潜在领导者，为协作创新研究和人力资源开发发挥重要作用。

二、中巴高校在高等教育领域合作的社会性基础

巴基斯坦是中国传统友好邻邦，中巴两国政府和人民对彼此有着深厚的感情和友谊，无论国际局势多么变幻，双边关系始终坚如磐石。多年来伴随着"一带一路"倡议实施以及中巴经济走廊等旗舰项目的推进，巴基斯坦的重要战略位置日益凸显。于中巴两国而言，互信的政治关系、深度的经济往来和友好的人文交流逐渐成为两国在高等教育领域紧密合作的现实基础。

（一）互信的政治关系

全天候、全方位的外交关系是中巴两国长期以来互惠合作的奠基石。自 1951 年中巴两国正式建立外交关系以来，两国在和平共处五项原则的基础上长期保持着睦邻友好、政治互信的国际关系。半个多世纪以来，两国共同签订了《中华人民共和国和巴基斯坦伊斯兰共和国关于双边合作发展方向的联合宣言》《中华人民共和国和巴基斯坦伊斯兰共和国睦邻友好合作条约》《中华人民共和国和巴基斯坦伊斯兰共和国关于深化两国全面战略合作的联合声明》《关于新时期深化中巴战略合作伙伴关系的共同展望》《中华人民共和国和巴基斯坦伊斯兰共和国关于建立全天候战略合作伙伴关系的联合声明》等一系列友好合作协议，确立并保证了两国在国际环境中互信的、长久的政治合作伙伴关系，也为两国在其他领域的交流合作形成了坚实的政治基础。[13]

（二）深度的经济往来

经济往来通常是国际关系的重要保障。中巴两国从 20 世纪 50 年代初起就建立了贸易关系，开始了贸易往来。自 1963 年两国签订第一个贸易协定以来，双方始终保持着密切的经贸合作。经过半个世纪的见证，2013 年，两国提出了"中巴经济走廊"建设项目，这一系列大型的工程计划不仅成为"一带一路"倡议的枢纽和旗舰项目，同时也十分有利于

两国的社会经济发展。在"中巴经济走廊"项目中，部分公路修建、管道铺设、能源发电等大规模建设投资项目更加突出了巴基斯坦对于工程技术人才的需求，这就要求高等教育部门必须在知识人才储备和人力资源开发方面发挥关键作用，以充分参与到这个项目中来。正是由于这一需求，高等教育委员会深刻认识到高等教育对于社会建设和经济增长的关键作用，并要求通过探寻多种路径来培养工程技术人才。[14]一方面，高等教育委员会计划通过在俾路支省、旁遮普省、信德省等多个省份的相对落后地区建立新的高等教育机构，在全国范围内贯通知识走廊建设，以最大限度地扩大高等教育的覆盖面，为更多的青年人提供接受高等教育的机会。更为重要的一方面是，高等教育委员会意识到，在这一人才培养战略中，中国高等教育机构也将发挥重要作用。高等教育委员会期望通过与中国高等教育机构建立联合培养模式，打造智力合作桥梁，以创造性和建设性的方式将这一项目纳入高等教育委员会长期发展计划中。

（三）友好的人文交流

自 1951 年建交以来，中巴两国始终保持着互派文化团组访问和定期举办展览的文化传统。在几十年的文化往来中，两国总共签署了 12 次文化交流执行计划，以共同推进两国间的人文交流。进入 21 世纪，两国的文化交流更加密切，2013 年李克强总理访问巴基斯坦期间，双方共同将 2015 年确定为"中巴友好交流年"。目前，在巴基斯坦的首都伊斯兰堡设有中国文化中心，围绕"文化活动、教学培训、思想对话、信息服务"等职能，举办演出、展览、讲座等各项活动，不仅提供信息咨询、图书期刊借阅等服务，还开展中国语言与文化技能培训，为巴基斯坦人民体验中国文化打开了窗口。在此基础上，两国还共同提出了"姐妹省份"和"友好城市"的倡议。目前，成都市与拉合尔市（巴基斯坦旁遮普省）、珠海市与瓜达尔市（巴基斯坦俾路支省）、克拉玛依市与瓜达尔市分别结为友好城市，同时，作为中国经济和教育最发达的省份之一，江苏省也与巴基斯坦人口最多的省份——旁遮普省结为"姐妹省份"。在民间交流中，中国中央电视台的英语新闻、纪录频道也在巴基斯坦落地，中国国际广播电台还在巴基斯坦设立了"FM98 中巴友谊台"工作室。中巴两国在文化领域的交流合作不仅成为增进两国人民相互理解的桥梁，同时也为高等教育的深入合作提供了现实可能性。

三、中国高校在《高等教育委员会 2025 愿景》中的作为

知己知彼，方能合作共赢。随着经济全球化和世界一体化进程的加快，整个世界联系日益紧密，交往日益频繁。各国都在国际市场积极寻求贸易伙伴与发展商机，使得整个世界在经济、政治、军事、教育等方面逐渐融合，这在为各国带来发展机遇的同时也带来了更大的挑战。在中巴高等教育合作过程中，中国高校若想取得主动权，就应当积极主动、加强交流，同时认真研究巴基斯坦《高等教育委员会 2025 愿景》，探索巴基斯坦高等教育领域未来发展中的主要规划，在彼此深入了解的基础上，充分展现自身优势，寻找合作的契机。

（一）搭建高校间交流平台，建立中巴交流机制

在高等教育国际化的进程中，政府间交流仅仅是打开了合作的窗口，为双方的教育合作搭建了桥梁，高校才是国际高等教育合作的主角。目前，国内许多高校已经认识到其在教育国际化中的角色与责任，高校的优势不仅体现在拥有具有跨文化背景和语言优势的人才、项目研究资金和国别间留学生，更体现在其内部具有更为便利的研究条件和相对轻松的政治环境，因此将研究中心放在大学机构内部，无疑是一种优势利用和职责所在。

据统计，近十年来，我国已有 12 所高校在校内设置了巴基斯坦研究中心，这是一个很好的开始。这 12 所研究中心分布于各个省份，侧重于不同的研究领域，覆盖了巴基斯坦的国内政治环境、经济发展状况、历史文化脉络、宗教社会关系、军事教育、国际关系等领域，为高校间相互联系搭建了十分便利的交流平台。（表 2）在今后两国的高等教育交流与合作中，我国高校应当积极承担建立巴基斯坦研究、合作中心的业务，通过研究机构的建立来推动高校间人文交流机制的形成，以更易于接受的方式加快两国社会对彼此教育文化的了解，理解和尊重两国高校在语言文化、宗教习俗中的差异，同时中国高校还可以通过进一步交流增进对于巴基斯坦高校的课程设置、教学机制、管理模式等方面的了解，并通过设立游学、短期访学、学术交流项目等来促进两国高等教育合作的发展。

表 2　国内各高校巴基斯坦研究中心分布

地区	学校	级别	成立时间	研究领域
北京市	清华大学	校级	2007 年	巴基斯坦文化、中巴历史交流、国际关系、媒体发展研究
	北京大学	校级	2008 年	巴基斯坦问题和南亚次大陆的研究
	北京工商大学	校级	2016 年	中巴科技与经济研究和交流研究
上海市	复旦大学	校级	2007 年	经济、历史环境、商业管理、国际关系和战略研究
四川省	四川大学	校级	2008 年	巴基斯坦学术研究、相关的学术讲座,资助课题研究、学术会议
	西华师范大学	校级	2013 年	四川省区域和国别重点研究基地建设
江苏省	江苏师范大学	校级	2011 年	巴基斯坦历史、语言文化、宗教和社会关系、经济与中巴经贸关系、国内和国际政治形势研究
内蒙古自治区	内蒙古师范大学鸿德学院	院级	2015 年	巴基斯坦的文化、历史、经济、政治、教育研究
新疆维吾尔自治区	喀什大学	校级	2016 年	巴基斯坦的经济、历史、文化及喀什、巴基斯坦关系研究
云南省	云南民族大学	校级	2016 年	巴基斯坦的政治、经济、文化和社会研究,南亚区域研究,南亚国别研究
广东省	华南理工大学	校级	2017 年	中巴经济走廊、中印巴关系,"一带一路"建设中涉及的中巴项目建设
江西省	江西理工大学外语外贸学院	院级	2017 年	国别和区域研究

资料来源:12 所高校网站。

（二）开展援助项目对接，共同开发教师培训计划

教师队伍建设是高等教育质量保证的重要一环。多年来，高等教育委员会在培养和引进高学历师资队伍的建设中做出了巨大的贡献。除了本国的教师培养计划以外，高等教育委员会还通过多种途径来培养高学历教师，例如，借助国外高校和高等教育管理机构为其提供教师教育培

训和援助[11]。早在 2005 年，我国国家留学基金管理委员会就与巴基斯坦高等教育委员会共同签署了《中国国家留学基金管理委员会与巴基斯坦高等教育委员会关于巴基斯坦政府奖学金来华研究生项目谅解备忘录》。此项协议承诺，中国将在未来五年内（2005—2009 年）配合巴基斯坦高学历教师的培养计划，为高等教育委员会选拔派遣的 1000 名来华攻读博士学位的大学青年教师和科研人员安排博士课程学习。[15]近年来，在国家政策的指引下，国内部分高校已经开始主动承接国际教师培训计划，实现了国际教师援助项目的对接，例如，清华大学和北京师范大学已经先后承接了多期巴基斯坦教师培训项目，为这一援助计划做出了巨大贡献。但值得注意的是，高校在根据巴基斯坦教师的实际需求提供相应的培训课程的同时，还可以适当增设关于中国语言、历史、文化的课程，帮助来华培训的巴基斯坦教师接触和了解中国文化，在传授课程知识之外，注重培养一批"知华""友华""亲华""爱华"的高学历知识分子，为中巴两国巩固世世代代友好和谐亲密的合作关系奠定坚实基础。

（三）注重国际人才培养，扩大留学生层次与规模

留学生教育是衡量一个国家国际化水平的重要标志。大力发展留学生教育一方面可以扩大国内的高等教育层次与规模，另一方面还可以提高本国高等教育在国际上的影响力，形成独具特色的高等教育品牌。近年来，伴随着来华留学生奖助学金资助力度的不断加强，巴基斯坦来华留学人数增长迅猛。（表 3）

表 3　巴基斯坦来华留学人数

年份	来华留学人数（人）	来华留学生源国排名
2012 年	9630	9
2013 年	10365	10
2014 年	13360	8
2015 年	15654	6
2016 年	18626	4

来源：中华人民共和国教育部网站 2012—2016 年全国来华留学生数据，具体信息见中华人民共和国教育部网站（http://www.moe.gov.cn）。

从以上的数据可以看出，2012—2016 年，仅 5 年的时间，巴基斯坦来华留学生人数已增长近 1 倍，在来华留学生源国排名中从第九位一跃

成为第四位。据教育部网站数据显示，2017 年巴基斯坦已在来华留学生源国中位居第三，紧随韩国、泰国之后。与巴基斯坦来华留学人数相比，中国选择前往巴基斯坦交流或留学的学生人数仍然偏少，虽然每年都有少量增幅，但是增长率较低，造成现实中留学流动方向单一的问题。[16]生源流动如此不均衡的局面必然影响高等教育的深入合作，这就要求中国高校一方面继续保持与巴基斯坦大学的合作，持续扩大中国高校的国外办学空间，不断完善来华留学生的教学管理程序、奖助学金资助制度和服务就业体系；另一方面还要为中国学生提供出国交流的机会，鼓励和引导中国学生赴巴基斯坦了解和学习当地的语言和文化，培养对巴基斯坦友好、了解巴基斯坦、愿意为中巴交流做出贡献的工程技术、语言、文化、法律和国际贸易人才，为中巴各个领域的合作提供全面的人才保障。

（四）共享优质教育资源，联合培养工程技术人才

工程教育发展是新时期的新命题。伴随着工程教育的世界市场甚至全球化的工业体系的形成，如今的工程教育体系不再受限于过去相对封闭的市场和资源的庇护，国际工程时代要求高校不断探索国际化培养途径和模式，以保证工程技术人才的培养更加适应未来国际化的工作环境。目前，我国工程教育规模位居世界第一，在规模迅猛扩大的同时，我国的工程教育更需要向世界开放，紧跟甚至引领国际工程教育的发展潮流。如今，国内许多高校也依据自身的优势，选择了不同的工程创新人才的培养路径，初步具备了工程教育输出的经验和条件。以巴基斯坦-中国工程技术大学为例，该校是由中国的清华大学、北京科技大学、北京交通大学、华北电力大学、北京航空航天大学、北京理工大学和北京邮电大学 7 所大学组成大学联合体，以高校援建的形式共同培养土木工程、能源工程、航空航天工程、电子工程以及信息通信工程等领域的专业人才，为巴基斯坦的发展和"一带一路"项目提供和储备工程技术人才。在国内知名高校的带领下，未来国内将会有更多的高校加入到工程教育输出的行列中来，共同为培养具有全球视野和创新精神的工程技术人才做出贡献，同时还要注重培养理论基础扎实、专业技术过硬的精专人才，真正夯实我国的核心竞争力，提升我国工程人才的国际竞争力。

（五）致力开发境外市场，积极开展跨境合作办学

高等教育国际化不仅需要"请进来"，而且也需要"走出去"，境外

办学作为跨境教育重要组成部分，更是新时期推动我国教育走出去、在"一带一路"建设中发挥关键作用的重要实践。"中巴经济走廊"项目的推进一方面改善了巴基斯坦的基础设施条件，引入了先进的管理和技术理念；另一方面也对各个领域的专业技术人才提出了更高的要求，这也为中巴高等教育领域的合作提供了新的机遇。中国高校应当科学有效地利用这一优势，积极与巴基斯坦高校开展合作，集中优势教育资源，明确合作双方的责任和义务，根据双方师资、生源、办学条件，制定合理的联合办学培养模式。一方面，合作办学高校通过分析目前市场对综合性人才的需求，根据需求制定出科学的人才培养方案，开设与之相适应的课程，为两国培养具有一定专业知识的复合型人才。另一方面，中国高校还可以通过与合作高校总结和分享办学经验，探索相适应的教学和培养方式，不断提升合作办学质量，以促成中巴两国高等教育合作向更深和更广的方向发展。

尽管国家在高等教育规模扩张和质量提升中扮演着重要角色，但不可否认的是，高校仍是高等教育交流与合作的主角和中心。在中巴两国的"全天候、全方位"的合作关系中，高等教育承担着重要职责，这就使得两国高校比任何时候都更需要加强合作与交流。构建中巴命运共同体，教育特别是高等教育发挥着基础性的作用，需要全面提供智力支持和人才保障。[3] 同时，"一带一路"倡议不仅会带来中巴经济上的双赢，而且会给两国高等教育间的交流与合作带来更大的发展空间。中国高校应当紧紧抓住这一历史契机，在"一带一路"的历史背景中认清自身的优势与特色，认真研究巴基斯坦《高等教育委员会 2025 愿景》，探寻互利共赢的合作机遇，审时度势、顺势而上，发挥中国高校的优势，践行中国高校的责任。

参考文献

[1] ZAKARIA M, JANJUA S Y, FIDA B A. Internationalization of higher education: trends and policies in Pakistan [J]. Bulletin of education and research, 2016, 38（1）: 75-88.

[2] QURESHI M I, KHAN K, BHATTI M N, et al. Quality function deployment in higher education institutes of Pakistan [J]. Middle East journal of scientific research, 2012, 12（8）: 1111-1118.

[3] 中国高等教育学会代表团. 巴基斯坦高等教育发展现状与前景：访问巴基斯坦的调查报告 [J]. 中国高教研究，2017（9）: 74-79.

[4] 冷云红. 巴基斯坦举办《高等教育委员会 2025 愿景》全国协商会议 [J]. 世界教育

信息，2017，30（14）：74.

［5］HIGHER EDUCATION COMMISSION, PAKISTAN. Higher education commission vision-2025［EB/OL］.（2017-08-04）［2018-09-29］. https://hec.gov.pk/english/HECAnnouncements/Pages/HEC-Vision2025.aspx.

［6］MALIK M E, DANISH R Q, et al. The impact of pay and promotion on job satisfaction: evidence from higher education institutes of Pakistan［J］. American journal of economics, 2012, 2（4）：6-9.

［7］KHAN F, Fauzee M S B O, Daud Y. Significance of teachers and education in promoting national economic development: a case study of Pakistan［J］. Asian social science, 2015, 11（12）：290-296.

［8］HAYWARD F M.在不稳定政治和经济环境中的巴基斯坦高等教育转型［J］. 国际高等教育（内部刊物），2009, 2（1）：22.

［9］KHAN H., SHAH B, et al. Impact of Personal Attributes over the Commitent Level of Teachers:A Context of Higher Education Institutions of Pakistan［J］. Journal of business studies quarterly, 2013（5）：1-15.

［10］俞可，杨薇. 巴基斯坦：巧用国际援助发展教育［N］. 中国教育报，2013-07-12（7）.

［11］QASIM N, JABEEN N. Governance and management of higher education institutions in Pakistan: a case of Lahore College for Women University［J］. Global management journal for academic & corporate studies, 2015（5）：54-68.

［12］Annual plan 2015-2016（higher education）［R/OL］.［2017-12-31］. https://hec.gov.pk/english/news/HECPublications/Annual%20Report%202015-16.pdf.

［13］MARKEY D S. No exit from Pakistan［M］. Cambridge: Cambridge University Press, 2013.

［14］AZIZ B, KHAN T, AZIZ S. Impact of higher education on economic growth of Pakistan［R］. Journal of social sciences and humanities, 2008（6）：15-29.

［15］留学基金委与巴基斯坦高等教育委员会签署《项目谅解备忘录》［EB/OL］.（2005-04-06）［2018-09-29］. http://www.moe.gov.cn/jyb_xwfb/gzdt_gzdt/moe_1485/tnull_6690.html.

［16］SHAH S I, SHAHZAD A, AHMED T, et al. Factors affecting Pakistan's university students' purchase intention towards foreign apparel brands［J］. Management: journal of contemporary management issues, 2012, 17（1）：1-14.

（史雪冰，江苏师范大学教育科学学院硕士研究生；张欣，江苏师范大学教育科学学院高等教育研究中心副研究员。原载《比较教育研究》2019 年第 4 期，略有改动。）

"一带一路"倡议下职业教育国际合作模式探究
——以中国—肯尼亚职教项目为例

罗　恒　[肯尼亚]卡罗莱·穆西米　刘清堂

一、引言

教育是"一带一路"国家人文交流的重要内容。"一带一路"建设需要大量的工程技术、项目管理、语言文化和国际贸易人才，通过教育培养人才是"一带一路"成败的关键。[1]职业技术教育与培训（以下简称"职业教育"）是"一带一路"倡议下教育合作与发展的重要阵地，也是减轻贫困、促进社会平等、实现经济可持续性增长的关键手段。然而，许多"一带一路"国家，如非洲国家的职业教育水平相对较低，普遍存在教育结构不合理、资金投入不足、教学设备落后、重理论和轻实践等弊端。[2]职业教育培养的人才难以满足本地劳动力市场需求，加剧了当地就业率低、经济发展落后和教育投入匮乏等社会问题。[3]在"一带一路"背景下，如何发挥中国的职业教育优势，输出优质教育资源和教育经验，提升合作国家的职业教育质量，服务当地经济社会发展，是亟待探索和解决的重要教育问题。

响应"一带一路"倡议，近年来中国政府不断扩大对发展中国家职业教育的援助，既重视"硬件建设"，如校舍与设备的提供，也关注"软件改善"，如教学理念和思想的分享，积极探究职业教育的国际合作模式。[4]一些常见的合作模式包括：围绕当地"一带一路"工程援建项目开展特色专业共建，加强当地职业教育机构与中国企业的深度合作，扩大职业教育留学生规模和双向交流等。然而，这些合作模式的实际效果如何？存在哪些优点和弊端？为"一带一路"国家带来了哪些社会经济上的变化？这些关键问题的解答尚缺乏基于实例和实证的研究，缺少来自当地教师和学生的意见。针对该研究需求，本文以中国—肯尼亚职业教育合作项目（以下简称"中肯职教项目"）为典型案例，对其合作模式进行了基于质性数据的分析与评估，旨在对"一带一路"教育合作的经验成果进行总结，为"一带一路"教育问题提供基于实证的政策建议。

二、中国-肯尼亚职业教育合作项目

非洲在世界的政治经济格局中有着重要的作用，是"一带一路"建设的重要方向和落脚点。[5]近年来，东部非洲国家肯尼亚与中国政府在基建、通信、经贸和教育领域密切合作，取得了令世人瞩目的巨大成就。其中，中肯职教项目以工程援建项目为依托，强调产教融合、校企合作和多层次双向交流，是"一带一路"倡议背景下比较有代表性的职业教育国际合作案例。

（一）肯尼亚职业教育背景与现状

肯尼亚的职业教育始于种族隔离和种族歧视的殖民政策。在肯尼亚1963年独立之前，肯尼亚人民只能接受以培养廉价劳动力为目的的职业教育和农业教育，而学历教育则为白人殖民者所独享。独立之后，肯尼亚政府废除了教育体系中具有歧视性质的政策规定，基于个体和国家需要，对职业教育进行了改革。现今肯尼亚的职业教育较为多样化，主要由五类教育机构提供：青年多科技术学院（Youth Polytechnics）、技能培训学院（Technical Training Institutes）、职业技术学院（Institutes of Technology）、国立多科技术学院（National Polytechnics）和职业技术大学（Technical Universities）。职业教育毕业生根据学制和授予机构的不同可以获得证书（certificate）、文凭（diploma）、高级文凭（higher diploma）和专科学位（first degree）等学历认证。

肯尼亚政府十分重视职业教育。《肯尼亚2030发展规划》指出，高质量职业教育是促进社会经济与环境可持续发展的重要手段，可提升肯尼亚在制造、基建、科学、技术和创新领域的全球竞争力。[6]然而，长期以来肯尼亚的职业教育面临着诸多问题，包括：（1）职业教育机构提供的培训课程与本地劳动力市场需求不一致；（2）职业教育课程设置缺少对实践操作的训练；（3）校企合作不紧密，企业提供的就业实习岗位稀少；（4）许多职业教育机构技术落后、设备陈旧；（5）职业教育机构之间缺乏协调联系和统一标准；（6）许多年轻人因无力承担正规职业教育的费用而失学。职业教育的问题加剧了肯尼亚的社会经济困境，2016年联合国人类发展报告显示，肯尼亚的青年失业率以17.6%高居东部非洲诸国之首，人民对生活水平和工作现状满意度普遍偏低。[7]

（二）"一带一路"倡议下的中肯职教合作

在"一带一路"倡议指引下，中国政府近年来在肯尼亚开展了多个援建工程项目，包括连接沿海城市蒙巴萨和首都内罗毕的蒙内铁路，连接乌干达、卢旺达和南苏丹等国的蒙内铁路延长线和非洲航空枢纽中心。为了给这些工程项目输送合格人才，中国政府与肯尼亚教育部于2013年起在职业教育领域开展了一系列合作。由中国政府提供优惠贷款，中国航空技术国际控股有限公司（以下简称"中航国际"）负责的中肯职教项目应运而生，正在逐渐改变肯尼亚的职业教育现状。2010年，中航国际与肯尼亚教育部签订了金额约为3000万美元的职教项目一期合同，为肯尼亚建设10所职业教育院校。[8]中航国际为这些院校提供最新的中国设备和仪器，同时派遣专家对相关课程内容和培训体系进行整体评估，对存在的问题提供解决方案。2013年，中航国际与肯尼亚教育部签署了总金额为1.58亿美元的职教项目二期合同，为肯尼亚全国范围内的134所职业教育院校提供设备，预计在2020年底前培训约1500名教师和15万名学生。[8]

此外，中肯职教项目创新地通过职业技能竞赛的方式推进中肯两国间的校企合作与留学交流。2014年6月，中航国际在肯尼亚成功举办了名为"非洲职业技能挑战赛"（Africa-Tech Challenge）的全国职业技能竞赛。首届竞赛受到了当地师生的热烈欢迎，继而每年举办，现已成为一个具有影响力的公益品牌。2016年，该竞赛更名为"肯尼亚制造"，首次接受来自乌干达、赞比亚和加纳等周边国家职业学院的报名。2017年竞赛更名为"青年赋权"，以提升就业作为竞赛主旨，聚焦"一带一路"援建项目的核心技能。竞赛获奖学生除了赢得现金奖励之外，还将获得留学中国的全额奖学金。此外，获奖的职业教育院校也将获得当地中资企业提供的价值10万美元的商业订单，为企业制造特定的机械零配件。所有竞赛参与者都将接受中航国际的短期技能培训，学习最新的技术与设备，合格者将获得相应的职业技能证书以及相关实习岗位推荐。

三、研究设计

尽管在政策层面中肯职教项目受到了两国政府的一致欢迎和好评，但在教学层面该项目的实施效果尚缺乏基于实证的评估。这种合作教学模式为肯尼亚的职业教育带来了哪些有益变化？在实施的过程中又存在哪些局限和不足？师生对这种教学模式有哪些意见与建议？这些关键问题仍待进一步解答。基于此，本文采用了质性评估的研究设计，旨在通过半结构化访谈和参与观察等方法对中肯职教项目的教学效果进行深入探究，关注教师和学生的态度和心声，寻找项目改进的空间，探索职业教育国际合作的理论模式。

本研究挑选的访谈对象一共有 4 位，分别是来自职业教育学院 A（一类）和职业教育学院 B（二类）的两名教师和两名学生。职业教育学院 A 是入围首期职教合作项目的 10 所职业技术院校之一，从 2013 年就开始使用中方提供的新型设备对本校职业教育进行升级改造，而职业教育学院 B 是二期入围学院，2017 年 7 月刚刚接受了中航国际的设备和培训。4 位访谈对象的基本信息如表 1 所示。为保护个人隐私，受访者姓名在本文中全部用化名代替。

表 1   本研究访谈对象的基本信息

身份	姓名	性别	年龄	学历	个人简介
职业教育学院 A 教师	阿莱克斯	男	38	教育硕士	8 年职教经验，全程参与中肯职教项目，多次指导学生参加非洲职业技能挑战赛
职业教育学院 B 教师	埃里克	男	42	工科学士	10 余年职教经验，指导学生参加过第三届非洲职业技能挑战赛
职业教育学院 A 学生	朱利叶斯	男	24	硕士在读	第一届非洲职业技能挑战赛获奖选手，全额奖学金获得者，北京某大学机械工程系硕士在读
职业教育学院 B 学生	约翰	男	23	职业文凭	设备与维修职业文凭获得者，毕业后成为了蒙内铁路部门的维修技术人员

本研究使用的半结构化访谈问题多为开放性问题，鼓励受访者通过具体的事例描述自己参与中肯职教项目的体验及感悟，同时引导受访者对现有职教合作模式进行评价，并提出改进建议。一些典型的问题包括：请描述中肯职教项目实施之后你在职业技术学院的教学或学习体验，对该体验你有哪些满意或不满意的地方？请描述你参加职业技能竞赛的经历，该经历对你的职业发展有何影响？你对中肯职教项目有何看法和建

议？访谈的总时长约两小时，形成了近 15000 字的英文誊本。除访谈之外，本文的第二作者还在职业教育学院 A 和职业教育学院 B 分别进行了长达 3 个星期和 4 个星期的田野调查，以助理教师的身份参与职业培训课堂的教学与管理，对教学环境、教师行为和学生行为进行观察。田野调查关注中国企业和相关教育机构给肯尼亚职业教育带来的影响和变化，并结合自身职教教师身份对观察结果进行分析与反思，最终形成了近 6000 字的观察日志。观察日志与访谈誊本一起构成了本研究的质性数据来源，是后续质性编码和理论构建的实证基础。

本研究中质性数据的分析包含迈尔斯（M. B. Miles）和休伯曼（A. M. Huberman）建议的 3 个关键活动，分别是：数据精简、数据呈现和理论提出。[9] 在第一轮数据精简中，我们利用 Nvivo10 质性分析软件对原始数据进行编码，一共获得了 237 个编码片段，合计 25 个一级编码节点和 74 个二级编码节点。在第二轮数据呈现中，我们按照语义关联将编码节点分为了 14 个大类别，通过对类别的反复比较和组合，凝练出 8 个不同的主题。最后，通过对编码、类别和主题的整体分析，本文尝试总结"一带一路"倡议下职业教育合作的有效模式，并提出相关建议。

四、研究发现

通过对质性数据的编码分析，本文基于中肯职教项目总结了 4 个研究发现。这些研究发现既是对已有合作模式效果的审视，也为"一带一路"背景下职业教育合作的深化和铺开提供了指导。

（一）硬件设备升级是职业教育质量提升的关键，但需配套相关培训支持

中肯职教项目采取了"硬件先行"的方针，在首期合作过程中首先由中方企业通过优惠的贷款向肯尼亚的 10 所职业技术学院提供数控机床、铣床、电器试验台、立式加工中心等机具设备。这些设备符合国际最新标准，在尺寸和性能上与工厂设备丝毫无差，完美对接中方在肯尼亚的"一带一路"援建项目，受到了师生的一致欢迎。学生约翰表示，职业教育学院 B 新添的机床和铣床具有数控化、高速率和界面友好等特征，虽然自己只学习了短短 1 个学期，但是受益良多。自己也因为能熟练地操作该类型设备而在众多求职者中脱颖而出，进入了蒙内铁路维修部门。学生朱利叶斯则回顾了自己在职业教育学院 A 的学习经历，感叹

学习最大的收获不是一纸文凭，而是实用技能，因为"没人能夺走你的技能"，而熟练的技能只能通过大量上机实操来获得。

教师对新设备也是称赞有加。教师埃里克指出，教学设备一直是制约职业教育学院 B 教学质量的瓶颈。设备少导致学生上机操作练习时间严重不足，而设备陈旧又使学生无法获得就业市场急需的核心能力。中肯职教项目将这个困扰职业教育学院 B 多年的问题一举解决，让人印象深刻。教师阿莱克斯所在的职业教育学院 A 使用新设备教学已经有 4 年了，他列举了设备升级给课堂带来的有益变化。

我能够明显感受到学生兴趣的提升。首先，新设备进入学校，每一个学生都很兴奋，因为他们终于可以学习到一些新的、有用的职业技能。我知道很多学生渴望毕业后进入像蒙内铁路这样的大型援建项目，因为（参加）这些项目不仅能获得丰厚的待遇，而且能获得丰富的职业经验。因此，能使用中国企业提供的设备进行学习极大地鼓舞了学生的学习意愿。其次，我感觉自己授课的进度也变快了。可能是学生获得了大量操练实践的机会，所以理解起一些抽象理论概念如"模态""非模态"等也就更加容易了，不再是死记硬背，而是可以灵活地运用。最后，我发现每年学校的录取人数也在增加。人们慢慢不再认为职教是低一等的教育，毕竟可以学到最新的技术，进入大型公司，甚至有可能去中国大学留学深造，为什么不试试呢？（阿莱克斯，2017-10-22）

然而，"硬件先行"的方针在中肯职教合作初期也暴露了"软件滞后"的问题：职业院校教师缺乏针对新设备的配套培训，在使用设备进行教学的过程中也缺少相应的技术支持。在首期合作中，中方员工亲自来职业教育学院 A 进行了设备安装，在安装结束之后也通过翻译对设备进行了操作演示，但当时并未提供系统的培训。尽管设备说明书和指令是英文的，但第一次接触全新的机器还是让许多肯尼亚老师无所适从，后续在教学使用过程中产生的疑问也不知向谁去咨询。在第二期合作中，中方企业采用了一种以点带面的培训方法：各院校选派两名种子教师参加由中方专家负责的集中培训，1 个月集中培训结束后种子教师返回本校对其他教师进行教学和指导。目前看来，这种方式取得了不错的效果，如教师埃里克所言，"他们（种子教师）给了我很多有益的指导，他们知道教师更关注什么，同时沟通也不存在语言上的障碍"。

（二）与中方企业多维度的合作改善了职教毕业生的就业情况

中肯职教项目的一个重要目标是通过高质量的职业教育提高肯尼亚青年的就业率和职业竞争力。通过对入选首期合作项目的 10 所职业院校进行抽样调查，本研究发现 2017 年中肯职教项目的毕业生就业率均在 98% 以上，远远高于其他职业院校毕业生的就业率。在访谈中，师生不约而同地谈到了与中方企业的合作对学生就业产生的积极影响，这种合作是多维度的，不仅仅局限于机具设备的提供，还包括课外实习、竞赛组织、订单提供和校园招聘等多个合作层面。

课外实习是职业教育的重要组成部分，也是学生获取就业竞争力的重要途径。[10] 肯尼亚的中资企业为中肯职教项目的学生提供了大量的实习岗位。企业实习为职教学生提供了丰富的实践操作机会，也向学生的技能水平提出了基于工业化标准的更高要求，进一步缩小了职业教育与就业市场需求之间的差距。教师阿莱克斯表示，他有 4 名学生正在中国路桥工程有限责任公司肯尼亚分部实习，参与蒙内铁路延长线的工程。这 4 名学生都因表现优异获得了公司的聘用意向。阿莱克斯强调，职业教育的重要阵地不在学校而在企业，以就业为导向的职业教育必须将企业环境作为学习空间的延伸，以企业的需求作为教学的重点。

企业举办的全国职业技能竞赛是校企合作的一个重要阵地。职业院校可以通过竞赛了解行业的最新动态，增进本校与其他院校的交流，拓展自身的视野与人脉。良性的竞争也可使参赛职业院校意识到自己的优势与不足，进一步调整教学计划，对师生的积极性也有极大的促进作用。参与 2014 年竞赛的获奖者朱利叶斯给我们详细描述了竞赛经历给他带来的改变。

参加全国职业技能竞赛可能是我这辈子最棒的经历了。说实话，当初我对没能进入大学还是有些失望的，尽管如此，我在职业教育学院 A 还是一直很努力地学习，这个竞赛给了像我这样的学生一个展示自己的舞台，我的家人都为我感到自豪。通过这次竞赛，我结识了很多朋友，提高了自己的能力。但是，最珍贵的礼物应该还是去北京留学的机会，这是以前完全不敢想象的事情，……我希望通过我的经历可以鼓舞更多职教学生，把握机会，改变未来。（朱利叶斯，2017-11-03）

校园订单和校园招聘也是中肯职教项目中校企合作的常见方式，这两种方式都获得了良好的口碑，对毕业生就业起到了促进作用。校园订单指的是中方企业对有资质的肯尼亚职业院校提供工厂配件加工订单，让职业院校利用中方提供的设备一边教学，一边生产，在提升学生实践能力的同时也获得一定的经济报酬，实现产教深度融合。首批订单是来自中国三一重工的价值 10 万美元的工程机械平地机配件，配件被销售和出口到肯尼亚本地和中国国内的售后服务点。来自企业的真实订单极大地激发了师生的积极性，首批订单产品的质量也获得了中方企业的好评。同时，肯尼亚师生也欢迎更多的中资企业和本地企业通过校园招聘的方式与职业院校建立联系，增进企业与院校之间的了解。院校可以根据企业的需求调整人才培养方向，而企业也可以根据院校的特点进行人才订制和定向培养。

（三）中肯职教项目对职业教育信息化提出了新的需求

尽管《肯尼亚 2030 发展规划》明确提出教育信息化是教育质量提升的重要途径，但现阶段肯尼亚职业教育中信息技术的整体应用水平仍然偏低。[11] 通过对职业教育学院 A 与职业教育学院 B 的参与观察，我们发现中肯职教项目对信息化教学与管理提出了新的需求，一些信息技术应用的尝试也取得了不错的效果，获得了师生的欢迎和好评。这些信息技术包括开放视频资源、在线视频会议与网络社群空间。

和文字与图片相比，视频因能在较短时间内呈现大量的信息内容，被认为是更高效的学习媒介。[12] 在中肯职教项目首期合作中，新引进的机具设备只配有英文的图文说明书，并未配套讲解视频，因此给教师学习使用设备带来了一定困难。对此，一些肯尼亚教师的解决策略是以设备型号为关键词在视频网站油管（YouTube）和厂家官网上搜索相关的开放视频资源。教师阿莱克斯表示制作精良的视频对自己学习设备操作帮助很大，但这样的视频并不好找，许多视频存在清晰度低、内容不完整、缺少英文字幕等问题。因此，近年来他开始尝试着自己拍摄一些设备操作的微视频，在视频中对操作的重难点进行讲解。这些视频一开始只是为了帮助其他教师更快地熟悉设备，后来也获得了学生的欢迎，方便学生反复观看自学一些复杂操作。然而，教师自己制作视频资源比较费时费力，因此在中肯职教项目二期合作中，阿莱克斯希望可以有更多新引进设备的配套视频资源供师生学习使用。

在线视频会议与网络社群空间为校企、师生、生生之间的沟通交流提供了便利。视频会议实现了学校与企业间的异地同步沟通，中方企业的工程师可以通过视频会议对肯尼亚师生进行远程的指导与答疑。教师埃里克表示这种视频连线的沟通方式能够即时地获得专家反馈，但也对网络性能、外语水平提出了更高的要求。相比而言，发生在网络社群空间中的异步交流更为常见：一些学生自发地在社交网站上建立了职业教育兴趣小组，在小组内分享学习经验和遇到的问题。强大的网络搜索、评价和分享功能使得优质答案得到推荐，能有效地解答成员学习中的各种疑惑。此外，学生约翰还表示社交网站和在线论坛内有不少对岗位需求、薪资待遇、面试流程等招聘信息的讨论，对自己找工作帮助很大。约翰同时感慨道："对我而言，这不仅仅是一个获得信息的地方，更是一个充满归属感的社区，在我孤独沮丧的时候鼓励我继续前行。"

此外，肯尼亚师生还对中肯职教项目二期合作中信息技术的应用提出了一些建议与设想。教师埃里克希望肯尼亚教育部能够开发一个全国性的数据管理平台，长期追踪中肯职教项目毕业生的入学与就业数据，通过对不同地区、学校和专业就业趋势的分析比较，对项目实施效果进行评估、对问题学校和问题专业进行重新规划。教师阿莱克斯希望能有更多的面向职业教育培训的英语视频资源分享到国际开放资源平台，供师生使用。学生朱利叶斯则谈到了自己在北京某大学使用的工业仿真培训平台，指出其中的设备虚拟拆装、故障模拟排除和生产线流程仿真等模块可以广泛地应用在肯尼亚职业教育中，提高学生的学习积极性，帮助学生获得更多实践实训经验。

（四）教师希望能够更多参与中肯职教项目的规划设计

肯尼亚教师在对中肯职教项目高度称赞的同时，也表达了希望能更多地参与项目规划的愿望。中肯职教项目作为肯尼亚职业教育的革新，基本上沿循的是自上而下的改革方式：由肯尼亚教育部牵头，从政府层面寻求与中方企业的合作，以行政命令的方式推进项目在基层的开展。尽管这种自上而下的方式比较有效率，但由于政府高层不了解基层学校的具体情况和实际需求，也容易带来基层教师困惑、不满和反感等负面情绪，影响改革的持续与深入。[13]在访谈过程中，教师埃里克对一线教师被排除在中肯职教项目的关键决策过程外表示不解，他表示：

　　既然这些设备主要都是一线教师进行教学所用，那么教师是否应该在设备的选购上有更多的话语权呢？不同的职业院校有不同的专业特色和办学基础，所以我认为教师应该主动给教育部提供一些（关于教学设备的）建议而不仅仅是被动地接受。如果教师能参与设备的选购，我相信对他们的教学积极性是一个极大的鼓舞。因为这是他们自己的决定，他们一定会坚持完成。反之，如果只是硬塞给教师一些他们不认可、不熟悉的设备，要求他们在新学期马上使用，则有可能引发教师的抵触情绪。（埃里克，2017-11-17）

　　此外，由于一些新引进的设备在肯尼亚职业教育培训局（Technical Vocational Education Training Authority）没有对应的课程大纲与考核标准，部分设备因为没有开设相应课程而遭到了闲置。例如，机电一体化技能就缺乏肯尼亚国家考试委员会（Kenya National Examination Council）制定的明确考核标准，这使不少职院教师在筹备机电一体化相关课程和专业时感到无所适从。阿莱克斯呼吁肯尼亚职业教育培训局对全国的职业教育课程进行统一管理，尽快更新修订现有的职业教育课程大纲和考核标准。在修订过程中，应充分听取来自中肯职教项目首期合作院校教师的意见与建议，使课程内容和考核标准与已有教学条件相匹配，反映当前国内就业市场的需求。关于中肯职教项目的长期规划，阿莱克斯表示：

　　中肯职教项目势必会给肯尼亚职业教育带来变革性的影响。既然是变革，在初期我们可以允许一些不规范、不完善的存在。但是，职业教育作为肯尼亚教育体系的重要组成部分，从长远看必须做到系统化和规范化，这就意味着政府教育部门需要及时配套相关政策规定，对职业教育进行统一规划与管理。这个过程需要协调中国企业、一线教师、政府部门和本地企业共同参与决策制定过程，在硬件和软件、理论和实践、教学与就业中达到最佳平衡。（阿莱克斯，2017-10-22）

五、结论与讨论

　　本研究表明，中国与肯尼亚两国在职业教育上的合作能有效地解决肯尼亚职业教育面临的诸多问题，给当地职业院校的教学和学生的就业带来了积极的影响，也受到了肯尼亚师生的一致欢迎。这种合作本质上是中国政府一贯倡导的"发展引导型援助"模式[14]，遵循平等互利、讲求实效、形式多样、共同发展的对非工作原则[15]。中国企业在合作中扮演了重要角色，通过设备升级、校企合作等方式将职业技能培训与劳动力市场需求紧密结合起来，促进了肯尼亚职业教育从"重理论"到"重实践"的转变，增强了职业院校与企业之间的联系，提升了毕业生的核心竞争力及受雇就业能力。这种国际合作模式充分体现了教育在"一带一路"倡议中的基础性、全局性和先导性作用。[16] 丰富的人才储备是"一带一路"倡议可持续性发展的基础。与合作国家的经贸往来和项目建设需要大量专业技术人才，同时也创造了大量优质就业岗位。教育通过培养人才将本地丰富的人力资源和"一带一路"项目建设联结在一起，将极大地改善当地就业情况，提升青年群体的综合素质与生活质量，促进社会经济发展。同时，教育层面的交流与合作也能促进中国与"一带一路"国家人民之间的相互了解、信任与尊重，是实现"民心相通"的有效途径。

本研究也为中肯职教项目的全面铺开提出了一些建议。首先，在项目的规划过程中应该充分吸纳一线教师的意见。一方面，教师对职业教育学院的教学情况、学生就业情况和具体需求比较了解，能够提供一些有参考价值的信息；另一方面，将教师代表纳入项目决策环节肯定了教师的主体价值，能极大地鼓舞教师的教学积极性。其次，肯尼亚职业教育培训局应该尽快修订现有的职业教育课程标准，使中肯职教项目引进的新设备和新技能有对应的课程大纲和考核标准，使中肯职教项目在教学管理层面更加规范化与标准化。最后，应充分发挥教育信息化的优势，将开放视频资源、在线视频会议、网络社群空间、虚拟仿真实验与数据管理平台等信息技术手段运用于中肯职教项目的教学与管理过程，进一步提升教育质量。

参考文献

[1] 周谷平，阚阅. "一带一路"战略的人才支撑与教育路径［J］. 教育研究，2015（10）：4-9，22.

[2] 万秀兰，孙志远.《非洲职业技术教育与培训振兴战略》之评析［J］. 比较教育研究，2009，31（11）：26-31.

[3] 陈明昆，张晓楠，李俊丽. 中国对非职业教育援助与合作的实践发展及战略意义［J］. 比较教育研究，2016，38（8）：1-6.

［4］北京师范大学中国教育与社会发展研究院"一带一路"国家教育发展研究课题组."一带一路"国家教育发展研究［M］.北京：北京师范大学出版社，2017.

［5］张春侠."一带一路"上的非洲支点［J］.中国报道，2017（Z1）：42-43.

［6］GOVERNMENT OF KENYA. Vision 2030［EB/OL］.［2017-12-24］. http://www. vision2030.go.ke/lib.php?f=vision-2030-popular-version.

［7］联合国开发计划署.2016年人类发展报告［R/OL］.［2017-12-24］. http://hdr.undp. org/sites/default/files/hdr_2016_report_chinese_web.pdf.

［8］王小鹏，吕帅.中企助力肯尼亚职业教育发展［EB/OL］.（2017-07-19）［2018-01-15］. http://www.sohu.com/a/158473128_201960.

［9］MILES M B, HUBERMAN A M. Drawing valid meaning from qualitative data: toward a shared craft［J］. Educational researcher, 1984, 13（5）：20-30.

［10］OKETCH M O. To vocationalise or not to vocationalise? perspectives on current trends and issues in technical and vocational education and training（TVET）in Africa［J］. International journal of educational development, 2007, 27（2）：220-234.

［11］MAINA T M, KAHANDO D M, MAINA C M. Curriculum content relevancy in integration of ICTs in Kenya TVET institutions in readiness to industry needs［J］. International journal of secondary education, 2016, 4（6）：58-64.

［12］MAYER R E. Multimedia learning［M］. 2nd ed. Cambridge: Cambridge University Press, 2009.

［13］CRAIG C J. No satisfaction: "a case of 'the monkey's paw,'" top-down school reform, and the conduit［J］. Curriculum inquiry, 2001, 31（3）：341-350.

［14］张海冰.发展引导型援助：中国对非洲援助模式探讨［J］.世界经济研究，2012（12）：78-83，86.

［15］张玉婷.国际社会对非洲教育援助发展态势分析［J］.比较教育研究，2016，38（4）：18-23.

［16］刘宝存."一带一路"中教育的使命与行动策略［J］.神州学人，2015（10）：4-7.

（罗恒，华中师范大学教育信息技术学院讲师；卡罗莱·穆西米，肯尼亚海岸职业技术学院教师，华中师范大学教育信息技术学院硕士研究生；刘清堂，华中师范大学教育信息技术学院教授，常务副院长。原载《比较教育研究》2018年第9期，略有改动。）

海外孔子学院办学研究 <<<<<<

南非孔子学院的发展特色及影响因素分析

牛长松

南非是综合实力最强的非洲大国，是我国发展对非战略关系的重要支点国家。在中非合作论坛及金砖国家框架下，中国与南非间的教育人文交流呈现出强劲的活力。孔子学院作为汉语推广、人员交流、文化接触与碰撞的组织化、常态化人文交流平台也越来越多地得到关注和重视。南非现有 5 所孔子学院、3 个孔子课堂，是非洲地区孔子学院数量最多的国家。南非孔子学院的发展与中南两国各领域的深入合作密切相关，也受南非国内政治、经济、文化、教育等多重因素的影响，呈现出独特的特色。

一、南非孔子学院的发展特色

（一）孔子学院与中南两国教育领域合作

中国与南非的高校在学者交流、学生互派、专业建设、联合研究、学术研讨等方面都有广泛合作，孔子学院与这些合作项目之间形成互为补充、相互促进的互动关系，对促进中国与南非高校的国际化发挥了积极作用。[1]例如，斯坦陵布什大学在与厦门大学合办孔子学院的同时，也积极与我国其他高校开展国际交流与合作。自 2010 年始，斯坦陵布什大学与湖南大学在"中非高校 20+20 合作项目"下开展全方位的一对一合作，两校的"研究生科研创新基地建设合作项目"卓有成效。斯坦陵布什大学还与浙江师范大学共同实施国际商务专业本科生联合培养。以共建孔子学院为契机，德班理工大学进一步加强了与福建农林大学之间的交流与合作，双方在茶学、旅游管理、机电、经济、土木工程、材料科学与工程等专业领域的深度合作已全面启动。约翰内斯堡大学和南京工业大学在共建孔子学院过程中，加强了校际合作，提出师生互换、学术研究、共同主办国际会议等合作意向。目前，两校共建了一个联合研究中心——可持续能源和制造中心，涉及可持续能源发展和制造业发展。[①] 这种建立在相互尊重、平等基础上，以实际需求为驱动的南南合作打破了传统的以模仿西方大学发展模式为主的高等教育国际化不平衡状况，更有利于发展中国家培养适应本国社会经济发展需要的本土人才，合作双方都能够从中获益并形成双赢局面。

（二）孔子学院与中国研究形成文化交流网络

非洲高校的中国问题研究基础比较薄弱，与德国、美国、英国等西方发达国家相比，非洲高校尚缺乏真正意义上的"汉学家"。中国与南非在政治、经贸领域的合作及人文交流的推进急需加强相互间的了解与认知，孔子学院的发展带动了南非各高校中国研究的兴起以及跨文化的交流与对话。[②] 斯坦陵布什大学中国研究中心是非洲大陆最具影响力的中国问题研究学术机构，主要从事中国政治、经济、环境问题以及中非合作关系研究，并将中国研究辐射到南非的其他研究机构。该中心与马蓬古布韦战略反思研究所联合开展"中国文明的哲学思考"课题，从哲学高度深层次思考中华文化和思想。[③] 中国研究中心学者还为孔子学院学生开设中国文化讲座课程，并与孔子学院共同举办中国"南非年"和南非"中国年"的系列活动。罗德斯大学孔子学院将汉语学习定位为"中国研究"，外方院长马哲思教授是位"中国通"，精通中国哲学和文学，为孔子学院学生讲授中国文化课程。[④] 罗德斯大学商学院在孔子学院带动下，从事中国与非洲经济发展的比较研究。南非的孔子学院邀请国内外专家学者举办各类学术讲座，对于政治经济、历史文化、价值观念、生活方式等问题与南非师生开展对话和文化辩论，加强了南非社会对中国治国理念、价值观、制度、文化等的理解和认同。借助孔子学院平台，中非文化沟通、共识与认同正逐步加深。南非的中国研究与孔子学院所构建的文化交流网络反映了非洲知识精英和广大民众对中华文化强烈的认知

---

① 2016 年 8 月约翰内斯堡大学孔子学院调研资料。

② 2015 年 12 月，中非合作论坛约翰内斯堡峰会发布的《中非合作论坛—约翰内斯堡行动计划（2016—2018 年）》提出"鼓励中非高校就地区和国别研究开展合作，鼓励中非高校互设研究中心"。

③ 2015 年 4 月，浙江师范大学非洲研究院与南非马蓬古布韦战略反思研究所联合举办"中非历史进程与文明形态对话"研讨会，中国与南非学者围绕中非两大文明历史进程与现代复兴等话题进行直接对话交流。

④ 2014 年 11 月—2015 年 1 月南非调研资料。

渴望，也表明中非合作开始由经济贸易合作领域向更深层的中非思想交流和知识共享领域推进。

（三）孔子学院深度融入当地社区

作为高校的有机组成部分，南非各孔子学院坚持服务当地社会的办学理念，这不仅影响非洲精英阶层，而且与非洲地域文化相结合，融入当地社会，高度重视吸引普通民众，为非洲经济、教育、文化发展提供服务。孔子学院开放日及其举办的各类学术和文化活动始终向社区民众开放。例如，开普敦高中孔子课堂、罗德斯大学孔子学院、德班理工大学孔子学院为南非各地警察提供基础汉语培训，增强了南非警方与华人社区的联系与合作；德班理工大学孔子学院面向当地市民举办"德班·中国电影节"及中国民族器乐学习班；中国文化和国际教育交流中心（孔子课堂）为豪登省公立学校免费提供武术培训，并为南非外交部、贸工部、农业部、旅游部、基础教育部、统计局等政府机构开设汉语课，对政府官员进行汉语和中国文化的培训。南非多所孔子学院都将教学点从大学向当地中小学延伸，将汉语课纳入当地国民教育体系，带动了南非的"汉语热"。为当地中资企业服务是孔子学院融入社区的又一路径选择。南非孔子学院承担了华为公司、海信集团、中国建设银行等企业的本土员工汉语培训项目。通过为当地提供社会服务，立足本土，扎根社区，南非孔子学院的文化外交职能得以充分发挥，影响力不断深入和扩大。

二、影响南非孔子学院发展的有利因素

（一）政府间教育协议及高层磋商奠定了合作基础

2000 年以来，中南两国教育高层互访频繁，中国与南非教育部签署了多项合作协议。2003 年，两国在比勒陀利亚签署教育部长会议纪要；2004 年 6 月，两国首次成立中南国家双边委员会教育分委会，签署教育合作协议；2005 年，南非教育部长纳蕾蒂·潘多女士率团访华，实现了两国建交以来南非教育部长首次访华；2010 年，南非高等教育与培训部部长随南非总统访华；2013 年，两国教育部长共同参加金砖国家教育部长会议。对南非汉语教学影响最大的事件是：2014 年，中国与南非签订了《中国与南非基础教育合作框架协议》，框架协议提到，中南双方将

鼓励学习彼此的语言、文学、文化和历史，在南非的一些学校试点合作推广汉语教学与研究。目前，中国教育部正与南非高等教育与培训部就《中南高等教育合作协议》和《中南高等教育学历学位互认协议》的有关文本进行磋商。中国与南非合作建立在长期传统友谊基础之上，遵循真诚友好、相互尊重、平等互利、共同发展的基本原则，体现"真实亲诚"的平等关系，政府间教育协议及高层磋商奠定了教育人文交流与合作的基础，指明了合作方向，政府与民间的交往正形成良性互动。

（二）中国与南非经贸合作发展迅速

中国与南非建交以来，两国在经贸领域的合作迅猛发展。2014 年，双边贸易额达到 603 亿美元，中国已连续五年成为南非在全球的第一大贸易伙伴，两国双向投资从传统的家电、矿业、冶炼等领域扩展到金融、电信、新能源、基础设施等领域。2013 年年底，中国对南非投资存量已达 120 亿美元，在南非的中资企业超过 140 多家，雇用本土员工超过 12000 人。[①] 这为帮助南非经济社会发展、增加当地就业机会发挥了积极作用。在南非的这些中资企业需要雇用大量的本土员工，为避免语言、文化及管理等方面的隔阂，增强本地员工对企业的认同感，保证企业人员的稳定性，在南非的中国企业更希望雇用那些懂汉语、了解中国文化的非洲员工。中国与南非经贸合作的增长为孔子学院学生创造了更多就业及职业选择机会，同时，孔子学院为中资企业培训当地员工，开展订单式培养，对促进中国在南非的投资、增强本土员工的文化融合发挥了积极作用。

（三）华人华侨群体积极参与汉语推广

南非是非洲华人华侨数量最多的国家，中文教育是华人传承中华文化的根基。目前，在开普敦、约翰内斯堡、比勒陀利亚等城市都有当地华人开办的华文学校或汉语培训班，教授中文、数学、音乐、美术、书法等。例如，由南非华侨 1934 年捐建的斐京华侨公学，是全南非唯一一所把中文课程作为必修课，并贯穿中小学教育全部学年的主流私立学校。1992 年起，该学校开始对非华裔学生开放，从此变为一所多元化的学校。目前，在全校 500 多名师生中，华裔学生仅占 15% 左右。位于约翰内斯

---

① 中国驻南非使馆的相关统计。

堡的华心中文学校拥有从学前到 12 年级的 14 个班级，服务南非广大侨民子弟中文教育的同时，还积极推动南非其他学校的中文教学。该校与南非著名的私立学校圣约翰学院及圣泰西亚学院签署合作协议，华心中文学校每周派教师到这两所学校讲授中文课程，这种合作模式极大地拓展了南非汉语学习的规模。南非华人华侨了解当地社会、文化和习俗，有长期开展汉语教学的经验，与孔子学院的汉语推广形成合力，有效地推动了南非的汉语教学。

（四）汉语成为基础教育阶段选修课程

根据《中国与南非基础教育合作框架协议》，南非基础教育部于 2015 年公布了《汉语作为南非学校选修语言教学大纲》。从 2016 年开始，南非的中小学陆续开设中文课，南非学生可选修汉语，这样，汉语与另外 13 种外语并列成为南非中小学的选修课。① 为配合这一教学大纲的公布，落实汉语进入南非学校的行动，南非基础教育部选择豪登省作为汉语教学的试点省份。中国江苏省教育厅与豪登省签署了教育合作协议，为豪登省的汉语推广提供师资、教材等支持。目前，已有 13 所豪登省中小学试点开设汉语课，学习汉语学生达 600 多人。汉语被纳入南非中小学教学大纲，对南非的汉语推广意义重大。汉语成为中小学选修课后，学生可以修习学分，教学时数有了保障，教学评估（或考试）利于提高汉语学习质量和学习的连贯性。这加快了南非汉语教育的本土化进程。

三、影响南非孔子学院发展的不利因素

（一）社会文化及教育制度长期受西方影响

早在 17 世纪，荷兰人就来到了南非这片土地。西方殖民者带来了西方的语言、宗教、文化、价值观及社会制度。南非是非洲大陆白人移民最多的国家，荷兰殖民者及其后的英国殖民者在南非宣扬种族优越论，钳制非洲人的思想，压制南非黑人传统文化的发展。自 1910 年南非联邦

---

① 南非中小学教学大纲中规定的另外 13 门外语分别为：阿拉伯语、法语、德语、古吉拉特语、希伯来语、印地语、意大利语、拉丁语、葡萄牙语、西班牙语、泰米尔语、泰卢固语、乌尔都语。

成立以来，阿非利卡语和英语一直是南非的官方语言。南非的教育体系基本是模仿英国教育模式建立和发展起来的，在 1994 年民主政府成立之前，南非高等教育具有明显的种族分化、学术教育与职业教育分离的特征，高校传播西方文明和信仰，接受西方学术标准，讲授英国高校中同样的教学内容。西方文化对南非社会的影响极其深远，即使种族隔离结束 20 多年后的今天，南非主流价值观缺失的困境仍给国家发展带来严峻挑战，教育与社会发展需要严重脱节，西方文化及种族隔离的后遗症很难在短时间内消除。

（二）多语制政策造成语言教学资源间的竞争

1994 年以后，南非实行多语制语言政策，除英语、阿非利卡语外，还有 9 种官方语言，包括祖鲁语、科萨语、斯威士语、文达语、斯佩迪语、索托语、茨瓦纳语、聪加语和恩德贝莱语。南非政府通过立法的形式，赋予这 11 种官方语言平等的地位。但出于历史原因以及语言发达程度的差异，相比英语和阿非利卡语，另外 9 种本土官方语言始终处于弱势地位。为推进多元语言政策，南非投入大量的资源，加强本土语言的开发和使用。基础教育阶段实行 6 年母语教育，即小学 6 年将母语作为教学语言；高中阶段学生必修两门官方语言，其中一门必须是本土语言；高校开展复兴本土语言教学的国家项目，支持本科生学习本土语言，并加强本土语教师培训。此外，南非的中小学还有 13 门外语选修课。多元语言政策创设了多元文化环境，虽然有利于不同文化之间的交流和包容，但也造成了资源之间的竞争。在资源有限、经费短缺的情况下，南非政府在本土语言开发和教学上投入明显不足，汉语被纳入中小学教学大纲后，短期内南非政府对汉语教学的资源投入不会显著增加。对于南非学生来说，可选学的语言较多，他们在选择想要学习的语言时，不仅会考虑个人兴趣，也会衡量语言的价值，预判语言学习对求职就业及未来学术发展的影响。

（三）课程体系制约汉语学习效果

南非孔子学院的主要问题是生源流失率比较高，这与南非课程设置有关。南非高等教育学制为 3 年，大学前两年实行自由选修制，第三年学生才确定自己的主攻专业方向。由于专业学习的压力，很多学生就在大学三年级放弃汉语学习。以斯坦陵布什大学为例，大一、大二选修汉语的学生有 30—40 人，到了大三一般只剩下六七名学生，能够坚持学习 4 年修完荣誉学士学位的更是凤毛麟角。高中阶段也存在类似问题，10 年级时，学校设置丰富的选修课，进入 11 年级，学生必须依照大学报考专业来选择选修学科。[2]在汉语尚未成为高考科目的情况下，11 年级后选修汉语的学生自然减少。在小学和初中阶段，汉语基本属于兴趣课程，不需要考试，没有学分，课程时数少，汉语学习效果不理想。孔子学院的小学教学点一般每周只开设 1—2 次课，学生汉语能力提高不明显。①

四、南非孔子学院发展的再思考

因所处地缘环境的差异，各国孔子学院的发展存在差异性、多样性。南非孔子学院的发展需要置于中南合作的大框架以及南非社会经济文化语境下加以分析和研判。中国与南非同为发展中的新兴大国，合作空间广泛，双方在政治、经贸、安全、教育人文等领域的合作持续增强。中南政府间高层磋商签署的教育、科技、文化协议为南非孔子学院发展创设了良好的政策环境，中资企业为汉语学习者提供了更多职业选择机会，大规模奖学金项目使南非学生来华留学更便利。孔子学院的创立基本属于需求驱动型，这一点在发展中国家尤为突出，南非高校汉语教学基本空白，这些结对院校大多希望通过创办孔子学院提升院校声誉，吸引生源，获取更多外部资源，提高国际化程度。南非孔子学院的发展有其优势，但也与非洲其他国家孔子学院一样面临一些普遍性问题，如师资和教材的问题。汉语成为南非中小学教学大纲规定的选修课后，南非的汉语师资短缺问题就更加突出，很多想开设汉语课的学校苦于没有教师，国内派遣的汉语教师和志愿者无法满足师资需求。由于对南非社会缺乏了解而形成的一些刻板印象，国内的汉语教师在选择海外孔子学院的工作地时，更愿意去欧美等发达国家，而不愿选择非洲，即便是经济较为发达的南非。伴随着孔子学院生源的扩大及汉语选修课的设立，汉语教材的本土化也被提上日程，而目前使用的汉语教材与南非本土文化脱节，跟不上时代发展。孔子学院要走内涵式发展道路，就要在提高办学质量、影响力和文化推广的深度上做好规划和战略部署。

首先，孔子学院职能要多元化。有学者将孔子学院大致分为四种模式：教学主导型、社区服务型、学术研究型和融入型。[1]从南非孔子学

---

① 2014 年 11 月—2015 年 1 月南非调研资料。

院的案例来看,孔子学院的发展不能走单一模式,不仅要继续开展语言教学、文化推广、中国研究、汉语专业设置等活动,而且要增加师资培养、教材开发、职业培训等服务性职能,走多元化发展路径。借助孔子学院平台,国内汉语教学专家、顾问、志愿者与南非学者组成专家组,研制汉语教学大纲,开发本土化特色教材,制定课程规划,在南非试点学校试用,修订后再逐渐推广,为南非汉语推广提供智力支持和学术服务。在师资培训方面,应将本土培养和中国高校汉语师资培训结合起来。在南非设立中文师范专业,同时每年选派准汉语教师到中国国内相关高校进行4年的本科汉语课程学习,有能力的可继续攻读国际汉语硕士专业。

其次,为汉语学习者创设就业机会。从南非社会及教育发展来看,目前仍严重欠缺高科技和专门技术人员,高校无法培养出高技能的大学生,这不仅是人力资源的巨大浪费,而且是社会不安定的潜在因素。南非孔子学院应结合南非教育发展的现实和中资企业在当地投资的现状,开设商务汉语、中医汉语、旅游汉语、科技汉语等课程,培养专业型汉语人才,与中资企业合作,设立实习基地或资助赴华实习,为学习汉语的学生创造更多实习和就业机会,实现人文交流与经贸投资、产能合作对接。[3]

最后,将文化推广活动做实。可实施一些举措:组织国内相关领域专家,参照中国文化典籍,使用英语和南非本土语言,如科萨语、祖鲁语等编写通俗易懂的文化普及读物;吸纳非洲学者合作编写图文并茂的中国文化绘本;开发一些文化方面的网络视频、音像资料。南非各孔子学院也可以联合组织文化推广活动,加大影响力度。

五、结语

在2015年12月中非合作论坛约翰内斯堡峰会上,中国政府重新发布了《中国对非洲政策文件》,强调中国将秉持真实亲诚的对非政策方针,推动中非友好互利合作实现新的跨越式发展。这里的"亲"即指通过人文交流和民间交往,增进中非之间思想融通、民心相通,为中非合作提供坚实的民意和社会基础,这是南非孔子学院发展的理念与思想基础。1998年以来,中国与南非在政府、立法机构、政党、地方省市、民间等各个层面都建立了友好交流机制,两国在教育、文化、旅游、科技、媒体、青年等多个领域的交流不断深入。目前,受中国政府奖学金资助或自费来华留学的南非学生逐年增多，2014 年达到 1783 名。去非洲留学的中国学生也将南非作为首选地，截至 2014 年，南非的中国留学生累计超过 7000 人。20 余所中国大学同南非高校建立了合作关系，中国、南非与其他金砖国家的高校结成金砖国家大学联盟。2014 年和 2015 年中南两国互办"中国年"和"南非年"，更是将双边人文交流推向了一个高潮。在这样的宏观背景下，孔子学院作为连接中国与南非的重要文化纽带，其影响力在广度和深度上都在不断加大，南非民众对中国及中国文化的了解与认知正逐渐从粗浅到细致，从表面到深层。南非已将汉语纳入国民教育体系，在中小学开展汉语推广的"先试先行"。显而易见，南非孔子学院及其汉语推广必然对其他非洲国家发挥示范和引领作用，也会进一步带动中国与南非之间更加广泛的人文交流与合作。

参考文献

［1］李军，田小红. 中国大学国际化的一个全球试验：孔子学院十年之路的模式、经验与政策前瞻［J］. 中国高教研究，2015（4）：37-43.

［2］牛长松，李梨. 南非高中课程设置及其特色［J］. 比较教育研究，2013，35（6）：23-28.

［3］陈明昆，张晓楠，李俊丽. 中国对非职业教育援助与合作的实践发展及战略意义［J］. 比较教育研究，2016，38（8）：1-6.

（牛长松，浙江师范大学非洲研究院副研究员，教育学博士研究生。原载《比较教育研究》2017 年第 9 期，略有改动。）

"一带一路"背景下孔子学院融入大学发展研究
——以菲律宾四所孔子学院为例

赖林冬

建设孔子学院是中国政府促进中外语言和文化交流、发展人类多元文化、共同构建和谐世界的重要举措。[1]从2004年全球第一所孔子学院建立至今,中国已在全球142个国家和地区设立了516所孔子学院和1076个孔子课堂,带动60多个国家将汉语教学纳入国民教育体系,推动170多个国家开设汉语课程或汉语专业,拉动全球汉语学习人数迅速攀升至1亿。[2]在"一带一路"背景下,孔子学院的改革发展有其必要性和紧迫性,需与时俱进。菲律宾孔子学院自创办以来,以推动汉语纳入国民教育体系为目标、以培养本土汉语师资为己任开展工作,通过不断努力,其已步入快速发展轨道,取得了可喜的成绩,形成了特有的发展模式。对菲律宾孔子学院融入大学发展进行研究,发掘其融入大学与社区的路径,可为新时期全球孔子学院融入大学的发展提供参考。

一、菲律宾孔子学院的发展现状

目前,东南亚共有30所孔子学院,与其他国家相比,菲律宾孔子学院的建设数量和布局至今没有发生太大变化,只有4所孔子学院和3个孔子课堂,分别是亚典耀大学孔子学院(以下简称"亚大孔院")、布拉卡国立大学孔子学院(以下简称"布大孔院")、红溪礼示大学孔子学院(下设3个孔子课堂,以下简称"红大孔院")和菲律宾大学孔子学院(以下简称"菲大孔院")。

亚大孔院是菲律宾的第一所孔子学院,于2006年10月3日正式成立,中方合作高校为中山大学。亚典耀大学是菲律宾最著名的三所大学之一,创办于1859年,该校综合办学实力强,师资力量雄厚,已有20多年的汉语教学和研究历史。亚大孔院的建立标志着菲律宾汉语教学迈入了一个全新的里程碑阶段。在中国"国家汉办"的支持下，2013 年亚大孔院建立起了自己独立的教学与办公场所。2016 年，亚大孔院学员总人数为 16169 人，同比增长 7%，其中本部注册学生数为 1376 人，比 2015 年增长了 8.3%，全年学时总量为 51128 小时，共举办了 6 次汉语水平考试和少儿汉语考试，900 多名考生参加了考试。[3] 2017 年，亚大孔院学员总人数增至 16433 人。[4] 经过多年实践，亚大孔院已经形成了一些具有鲜明特色的项目，在菲律宾形成了一定的影响力。

布大孔院是菲律宾的第二所孔子学院，于 2009 年 2 月 28 日正式揭牌成立，中方合作高校为西北大学。布拉卡国立大学创办于 1904 年，拥有 5 个校区，主校区位于布拉卡省省会马洛洛斯市。2016 年，布大孔院注册的学生数超过 3000 人，汉语教学和长期培训班级数量达 93 个，全年共有 589 人参加了汉语水平考试，共有 445 名在读学生攻读"英语、汉语本科专业双学位"。[5] 2017 年，布大孔院增加了汉语课程学分，注册学习汉语的人数达 3700 多名，在莱西姆大学建立了首个校外汉语教学点，教学规模进一步扩大。[6] 布大孔院的主要教学特色是以高等学校汉语教学和大学学分课程为重点，开展多层次、多形式的教学活动。

红大孔院是菲律宾的第三所孔子学院，成立于 2010 年 1 月 15 日，中方合作高校为福建师范大学。红溪礼示大学创办于 1962 年，是邦邦牙省的一所私立大学。2016 年，红大孔院共有 93 个教学点，1241 个教学班，学生 29614 人。[7] 2017 年，孔子学院下设的教学点拓展到 95 个，共有 1108 个教学班，学员总数达 30118 人。[8] 红大孔院是 4 所孔子学院中唯一一所全面承担菲律宾教育部公立中学汉语课程体系建设、本土汉语师资培训、汉语教学大纲制定、汉语教材编写和汉语教学质量评估的孔院，这几项任务成了红大孔院办学的重大特色，为汉语纳入菲律宾国民教育体系起到了关键的推动作用。因发展成效显著，红大孔院先后被中国孔子学院总部授予"海外优秀考点"和"汉语考试杰出贡献奖"，并 3 次被中国孔子学院总部评为"全球先进孔子学院"，是菲律宾唯一获得上述殊荣的孔子学院。

菲大孔院是菲律宾的第四所孔子学院，于 2015 年 10 月 12 日正式成立，中方合作高校为厦门大学，是菲律宾最年轻的孔子学院。菲律宾大学办学实力在菲律宾排名第一，也是菲律宾规模最大的国立综合性大学。菲律宾大学创办于 1908 年，拥有 17 个校区，主校区是位于奎松市的迪利曼校区。经过充分准备，目前菲大孔院的汉语课程已经全面铺开。

2017 年，菲大孔院已经在大学下属学校、红溪礼示城市学院、外交部和移民局等 4 个教学点授课。红溪礼示城市学院的汉语课程为必修课，学生 160 人；移民局教学点于 2017 年 11 月开课，孔子学院为移民局开设了汉语与中国文化课程；外交部的汉语课程为非学分汉语培训课，主要为菲律宾外交部委任到中国北京、广州、重庆、上海、厦门的外交人员提供基础汉语与中国文化课程，学员主要来自总统办公室、联合国国际组织、亚太事务办公室、旅游部、军队、贸易与工业部、外交学院、领事办公室和法律事务厅等。[9]

菲律宾 4 所孔子学院的汉语课程都已纳入大学的学分体系。值得一提的是，"汉语作为第二学历本科专业"建设已经成了菲律宾孔子学院的一项重要工作。在汉语专业学历建设上，亚大孔院走在了其他孔子学院的前面，不仅开设了菲律宾唯一的"中英双语教育本科专业"，而且开设了菲律宾唯一的"国际汉语教育硕士专业"，实现了菲律宾汉语专业研究生学历教育的突破。布大孔院 2013 年开设了"英语、汉语本科专业双学位"课程，截至 2016 年年底，该专业共招生 445 名，目前已有两届毕业生。红大孔院 2014 年开设了"汉语师范专业"本科课程，已招收了四届学生，生源为公立中学应届毕业生。从整体上看，菲律宾孔子学院的汉语作为第二学历本科教育工作正在日趋完善，影响和效果也正日益显现。

二、菲律宾孔子学院融入大学的路径构建

（一）积极与政府合作，搭建与政府关键部门合作的重要桥梁

主动作为，构筑与政府联系的桥梁，积极开拓双方的汉语教学合作是菲律宾孔子学院发展的显著特征。促进理解、推动合作，特别是获得社会的支持，已成为当前孔子学院建设与发展需要特别关注和加强的方面。[10] 与政府形成良好互动是菲律宾孔子学院融入大学的一个重要推动力，也是为孔子学院赢得政府的支持与认可的重要途径，这种纽带关系对孔子学院融入大学和平稳发展起到了非常关键的作用。菲律宾大学作为全菲办学实力最强的大学，在民间素有"菲律宾政客摇篮"的称号。菲大孔院成立后积极主动走访政府部门，商谈汉语教学合作项目，借此建立起与政府领导人的友谊，增强孔子学院的影响，提高孔子学院的地位和作用。[11] 2016 年，菲大孔院与菲律宾外交部、菲律宾城市联

盟、移民局、国防学院、外交学院等政府部门和机构签署了开展汉语教学的合作协议。特别是与菲律宾城市联盟合作协议的签署，使菲大孔院一下获得了该联盟在全菲 145 个城市及其下辖的 145 个城市学院开展汉语教学合作的权利，汉语教学迅速扩展到全菲公立学校。同样，红大孔院一直致力于与政府打交道，成功与菲律宾总统府、外交部、教育部、移民局、海关等政府部门开展汉语培训合作，还将汉语课堂直接"搬"到了总统府，为总统府的工作人员培训汉语，将主流社会的汉语教学推向了顶峰。亚大孔院也长期与总统府、马尼拉市政府、加洛干市政府等保持密切合作，开展汉语教学工作。从某种意义上说，菲律宾孔子学院与菲律宾从中央到地方各个层级的政府积极开展交流，架起了与政府合作的重要桥梁，为孔子学院融入大学提供了有力的政治前提与保障。

（二）以文化交流传播为旗帜，大行服务社区之道

出于历史原因，菲律宾的语言、文化和习俗受中华文化的影响颇深，华人与菲人高度融合，这是华人社会融入本土居民社区的结果。为此，菲律宾人并不排斥中国文化，反而乐于了解中国文化，这为孔子学院开展文化交流和传播提供了基础。菲律宾孔子学院积极开展文化传播活动，探索出了一条服务社区的文化之道。菲律宾孔子学院抓住菲律宾人爱逛商场的习惯，在大商场里举办多种文化活动吸引大量游客参与，使宣传孔院与传播中华文化相得益彰；积极与电视台和其他媒体合作，举办各种汉语竞赛，调动了学生、家长和社区民众参与的热情；举办中文歌唱比赛、中文写作比赛、中华文化知识大赛等，让更多的社区民众有机会参与孔子学院的活动，赢得了社区居民对孔子学院的了解与支持。实践证明，菲律宾孔子学院通过进入社区举办各种文化活动，能够吸引众多当地社区居民和国家主流新闻媒体参与，这样拉近了孔子学院与社区居民的距离，让孔子学院融入社区，能够为居民所了解和接受。如亚大孔院、布大孔院、红大孔院联合举办"中秋美食文化节"，在电视台的跟踪报道下，中国美食文化深入社区百姓心中；亚大孔院与菲华电视台联合举办"菲华达人秀"唱歌比赛，在各地开展文化工作坊，举办国画展、电影展、中国图书展，举办"菲华先生菲华小姐"比赛等；布大孔院每逢中国春节便在大型商场举办为期 1 周的庆春节系列文化活动、举办中文电影日等活动；红大孔院在大学里设置了"中国周""中国文化日"，

对孔子学院融入社区起到了积极的推动作用。此外，菲律宾还积极与华人社会建立联系，与华人社团合作举办各种活动，并长期与主流新闻媒体保持良好合作关系，及时向社会发布孔子学院的新闻资讯，有效宣传了孔子学院，使孔子学院深入民心，赢得了社区居民的赞誉，加速了孔子学院融入本土社会。

（三）创新汉语教育举措，让汉语课程融入大学课程学分体系

菲律宾孔子学院的汉语教学已融入大学学分体系，其汉语课程已成为大学教学活动的重要组成部分。在"一带一路"倡议的推动下，中资企业活跃在菲律宾各个领域，对懂汉语本土人才的需求量进一步增大，普通百姓家庭对汉语的重视程度也逐渐提升。早在 2011 年，菲律宾教育部就宣布汉语正式作为外语选修课程纳入 K-12 基础教育体系，并指定红大孔院承担全菲公立中小学的汉语课程建设任务。2015—2016 年，菲律宾共有 72 所公立中学开设汉语课程，学习汉语的在校生人数达 10475人。[12]汉语学习者的快速增长，对孔子学院融入大学提出了更为迫切的要求。孔子学院融入大学意味着孔子学院需成为所在大学的一个有机组成部分，并积极参与大学的教学科研活动，使汉语教学成为大学的正规学历教育或学分教育，而不是仅仅办成一个语言培训机构。[13]菲律宾孔子学院将汉语课程融入大学体系，提升办学层次，开设汉语作为第二学历的本科教育和汉语国际教育硕士学位课程。可喜的是，布大孔院从 2013 年起开设了"英语、汉语本科专业双学位"课程，红大孔院从 2014 年起开设了"汉语师范专业"课程，亚大孔院从 2016 年起在加洛干大学开设了"中英双语教育本科专业"课程，孔子学院汉语课程融入大学的课程学分体系已经建成。培养本土高层次汉语人才，最有效的途径就是提高汉语教育的办学层次，办学层次的提高不仅可以为学校提供优质的汉语师资，而且可以推动汉语师范本科专业的可持续发展。

（四）积极开展汉语师资培训，满足国家教育改革需求

科学合理的语言政策能够保障民族团结、社会稳定和国家安全。[14]进入 21 世纪后，菲律宾政府十分重视主流大学的汉语教育。2001 年，时任总统阿罗约公开要求高等教育委员会鼓励大专院校开设汉语选修课[15]，菲律宾教育部门和教育机构将开展汉语教学提上了日程。特别是随着中菲经贸和人文交流的深入，社会各界对汉语的需求也日益上升。

2011 年，菲律宾教育部将汉语列入"特别语言项目"（SPFL），汉语成为了继西班牙语、法语、日语和德语之后的第五种"特别语言项目"外语。国家重视汉语教育，教育部门也向汉语教学基础较好的大学提供资金和资源，菲律宾孔子学院为所在大学获得政府政策支持和资金扶持拔得了头筹。2013 年 1 月 12 日，菲律宾教育部"菲律宾本土汉语师资培训中心"在红大孔院授牌成立，红大孔院成为菲律宾国家级的本土汉语师资培训定点单位，这是菲律宾汉语教育史上的一个重大事件，是菲律宾汉语传播迈上一个新起点的重要标志。特别在"一带一路"背景下，其他国家要搭上中国发展的快车，培养懂汉语的人才至关重要。菲律宾 4 所孔子学院均已开展了本土汉语师资的培训项目，孔子学院已成为大学培训汉语师资的重要平台，使大学更好地服务于国家的教育改革。菲律宾孔子学院开创的汉语师资培训新功能满足了所在大学服务国家教育改革的要求，成为菲律宾大学办学的新亮点，构筑了孔子学院融入大学的特色路径。

（五）改革办学资金来源机制，开辟筹措办学经费新局面

与世界上其他国家的"语言学院"相比，中国对孔子学院的经费投入远远不够。[16] 拓展办学经费渠道，最大限度减少对大学的经费依赖，实现经费自主是孔子学院持续开展教学和社区文化活动的重要保障，更是孔子学院融入大学的必经之路。近年来，菲律宾孔子学院越来越重视校企合作和产教融合，积极向企业筹募办学资金。菲大孔院在扩宽经费渠道方面大胆探索，积极争取各方的赞助。如 2016 年举办的"华裔菲人文化月活动"，活动经费均来自华人企业家的赞助；在菲大亚洲研究中心举办的"时尚中国"摄影展活动，经费则全部来自中国驻菲律宾大使馆文化处的赞助。2016 年亚大孔院获得菲律宾侨商施先生 400 万菲币的捐赠，用于支持《苏禄王国与中国》纪录片的拍摄以及向校外汉语教学点赠书，另外还获得个人捐赠 40 多万菲币，用于奖助孔子学院的贫困优秀学生。[17] 布大孔院在开辟经费来源方面也不断探索新机制，2017 年的"孔子雕塑"项目经费便是由校外捐赠。红大孔院也积极与菲律宾佘明培教育基金会、菲律宾神舟矿业、中菲友好基金会等机构和企业合作，为赴中国留学的孔子学院学生提供国际往返机票。菲律宾孔子学院的捐赠文化为孔子学院的可持续发展提供了支持。

三、菲律宾孔子学院融入大学存在的问题及建议

（一）汉语言本科专业建设力度不够是孔子学院融入大学存在的核心问题

汉语教师短缺是一个显见的问题，而如果对课程风格进行调整以满足孔子学院所在国文化的需求，那更是一个长期而艰难的过程。[18]多年来，菲律宾孔子学院在汉语纳入大学学分体系方面做了大量的实践和有益的探索，虽然学科建设取得了阶段性的成果，但在推动"汉语言本科"专业课程体系建设上，即孔子学院独自建立起汉语作为第一学历教育的"汉语言本科"方面力量还不够。"汉语言本科"是孔子学院汉语教学扎进所在大学教育系统的基础工程，需要同其他院系一样拥有自己的本科专业和完整的学科体系，使之成为实体教学单位，拥有自己的师资和自己的学生。

建议菲律宾孔子学院在当前良性发展的基础上，推陈出新，整合资源，积极与菲律宾的大学商讨开设汉语作为第一学历教育的"汉语言本科专业"的可行性，争取菲律宾高教部和教育部的支持，使"汉语作为第二学历的本科教育"向汉语作为第一学历教育的"汉语言本科专业"升级转型，尽早在大学开设"汉语言本科专业"，继而逐步实现本科—硕士—博士的汉语学历课程。同时，建议中国孔子学院总部选择一个孔子学院为试点，在公派汉语师资数量上给予更大支持，同时面向全菲公立中学、私立中学及华文学校定额招收定向的"汉语言本科专业"学生，以提供奖助学金的方式开展"本土汉语教师培养"与"汉语言本科专业"相结合的汉语人才培养新模式，培养一批汉语基础扎实的本土汉语师资。试点周期结束后，对试点孔子学院"汉语言本科专业"工作进行综合评估，最后形成具有针对性、科学性和可靠性的孔子学院"汉语言本科专业"培养方案。

（二）尚未建立起有效、稳定和独立的校外招生渠道是孔子学院融入大学存在的主要问题

孔子学院主要是附属在国外大学里，缺乏学院应有的如招生、人事、财务等常态体系，其办学的规模、功能与地位无法匹配其他在大学里的学院，这是孔子学院很难扎根本土的最突出原因[19]，特别是汉语教育还未完全成为外国大学生所追求的理想专业，所以建立起自己有效、稳定

和独立的校外招生渠道对孔子学院的发展十分重要。菲律宾孔子学院在大学校内的汉语教学主要是开展汉语选修课，生源来自不同的院系，主要是酒店管理、旅游管理等相关专业的学生选修。而且，这类生源也主要靠大学的行政手段调节，并非靠孔子学院自身招生而来。孔子学院校外的汉语教学则主要以短期培训为主，生源、课程的持续性有限，生源主要依靠大学的社会关系拓展而来，这类生源也不是孔子学院自身招生所得。为此，孔子学院要融入大学，需要开拓自身的社会资源，建立起自身的招生渠道。菲律宾的孔子学院基本都已设有官方网页、脸书（Facebook）及微信公众号，但其功能主要是宣传孔子学院，更多的是展示活动图片和报道新闻，对所开设课程的介绍很少，在招生功能方面存在很大的短板。

孔子学院要真正融入大学，建立起自身的招生渠道，可将孔子学院的独立网页链接放置于大学官网的"院系栏目"下，确保孔子学院的网页享有与其他院系网页相同的"放置地位"，让孔子学院的课程信息能够在第一时间为学生所知晓。另外，孔子学院可以与周边大、中、小学达成招生合作意向，到周边各个公立学校和华文学校开展"孔子学院文化巡演"，商讨中小学汉语课程与孔子学院汉语学历课程的衔接问题，为孔子学院的招生创造新机会。

（三）孔子学院的人文情怀还未完全融入大学共同体

要在外国大学里扎根、获得认同，孔子学院开拓并保持与校内各层级领导和其他学院的良好关系十分重要。让大学内各个群体从情感上认同孔子学院、从行动上支持孔子学院是孔子学院融入大学的一个关键。

孔子学院融入大学发展不能游离于大学行政体系之外。孔子学院虽然有独立的师资资源和经费来源，但在国外的日常运行中脱离不了大学领导层及其他各个部处院系的协助。因此在拓展业务时，孔子学院还需在教学管理、行政管理和学术研究等方面融入大学，要与校领导、院系领导和教授委员会等各方保持良好关系，确保大学领导层上下及师生支持孔子学院的发展。从整体上看，菲律宾孔子学院在人文情怀融入大学共同体方面的努力还不够，与大学的协同合作还不够密切，孔子学院仍较多地处于单干的态势。为了有效促进与大学共同体的合作，孔子学院可以通过拜访大学教师、邀请他们参加活动、推荐他们或子女免费参加汉语培训班，让他们更多地了解孔子学院和中国文化，也可以主动积极参加大学其他部门举办的各类活动，加深了解，建立友谊。对于大学里那些特别权威、有影响力的教授或专门研究中国的专家学者，孔子学院可以聘请他们为顾问、兼职教授，在合适的场合邀请他们为学生开设讲座或培训汉语师资，使他们成为孔子学院发展的友好建设力量。

（四）孔子学院助力大学参与"一带一路"创新创业服务的水平有待提高

转变和创新服务是孔子学院融入大学的有力保障。作为大学建设的一个有机组成部分，孔子学院理应担负起为所在大学培养创新人才、创业人才的责任，为大学的毕业生就业做出应有的贡献。特别是中菲关系发生积极变化及"一带一路"倡议化解了中菲两国间在政策沟通、设施联通、贸易畅通、资金融通和民心相通等方面的障碍，菲律宾政府积极鼓励开展两国人民的人文交流、大力吸引中国游客到菲旅游，中资企业在菲投资也异常活跃。在"一带一路"倡议的带动下，菲律宾迎来了大规模的基础设施建设，各行业对本土汉语人才的需求正日益扩大。大学作为培养高级人才的地方，孔子学院在促进大学参与"一带一路"建设所需汉语人才培养方面前景广阔。目前，菲律宾孔子学院在参与"一带一路"创新创业服务上还没有转变办学功能，仍然以汉语教学和文化活动为主，为大学培养"一带一路"建设的创新创业汉语人才的意识还不够，相关的服务体系还没有建立起来。

孔子学院在为菲律宾大学生贴近"一带一路"创新创业服务上大有可为。在孔子学院学习汉语的主要是教育、旅游、管理和经济等专业的学生，他们学习汉语有较为明确的动机，就是毕业后希望从事与汉语有关的工作。菲律宾的大商场、旅行社、银行、酒店、华文学校等行业几乎都是华人所拥有，孔子学院有先天的优势推荐孔子学院的毕业生到华人企业、公司、华文学校实习或就业。另外，一些孔子学院的学生在毕业后自己开始尝试创业，开办汉语培训班，孔子学院应该加以指导和扶持，在教材、教法上给予积极帮助，让孔子学院切实有效地深入年轻大学生内心，深入民心。

（五）过度重视社区外拓展，疏周边、轻内涵建设成为孔子学院融入大学的瓶颈

菲律宾4所孔子学院均位于吕宋岛，即大马尼拉地区及其周边城市。

4所孔子学院之间的距离很短，菲律宾大学到亚典耀大学只有4公里，到布拉卡国立大学的距离为43公里，到红溪礼示大学的距离为83公里，最长车程时间不超过两小时。在这样的布局下，孔子学院间出现了较为严重的项目重复建设现象，导致了较为激烈的竞争。如菲大孔院将汉语培训项目做到了红溪礼示大学的"门口"，在红溪礼示的城市学院和移民局设点开课，导致一个政府部门的汉语项目有两个孔子学院在相互竞争，造成资源和精力的损耗。同时，孔子学院也争相在菲律宾首都马尼拉设立办事处拓展教学项目，这很容易导致孔子学院办学精力的分散与外部竞争，而忽略了孔子学院的自身内涵建设。在马尼拉租用办公室和教学场所，派驻师资，车马劳顿，不仅造成资源的浪费，而且汉语教学志愿者的教学质量也很难监控到位。

孔子学院作为大学里的一个学院，其不只是一个语言培训机构，更是融合于大学系统的一个有机单位。孔子学院应以立足融入大学和周边社区为主要工作，以扩展省外、市外和校外的项目为辅，尽量规避一些项目的重复建设和市场的恶性竞争，防范出现因小失大、因噎废食的现象。同时，应清醒树立起孔子学院的内涵建设优先于在校外拓展培训项目的意识，加快在课程建设、教学质量提升、师资培养、评估体系和校友文化等方面的建设和完善，让孔子学院深度融合于大学、立足于大学体制内。

（六）孔子学院服务大学学术科研的视域不够开阔

开展学术研究是大学发展的一个重要内容，孔子学院融入大学离不开在科研方面融入大学和服务大学。菲律宾孔子学院在学术研究领域开展了一些工作，但没有贴近孔子学院服务外交、服务中外人文交流的时代使命。孔子学院可以在学术研究的内容和方式上改革创新，使之更好地服务并融入大学。

首先是"菲律宾式汉语本土化教学"的适应创新。教学质量是孔子学院发展的生命线，学术研究活动理应突破"汉语培训＋文化展示活动"的模式，转而在"汉语作为第二语言本土化教学"上多下功夫，多邀请菲律宾高校里的第二语言教学专家参与研讨和教学指导。形成教学改革专案后对汉语教师进行培训以加强孔子学院师资力量建设，汉语师资不仅需要接受孔子学院总部的岗前、岗中培训，更需要接受"菲律宾式的汉语作为第二语言本土化教学"培训，使其更能符合菲律宾学生的教学和心理需求。

其次是开展服务中国特色大国外交的学术创新活动。今天，孔子学院"教育外交"[20]的功能更加明显，中国外交展翅，孔子学院也将翱翔。[21]菲律宾是"一带一路"在东南亚的一个重要沿线国家，孔子学院可以联合菲律宾的智库和研究者开展"一带一路"的学术研究，加强和推进"一带一路"的宣传，让政府人员、学校教师、年轻学生、社区居民都了解"一带一路"给菲律宾社会所带来的正能量，让新闻媒体更多地正面评价和报道"一带一路"，是孔子学院改革创新时期的应尽之举。这不但可以在学术上服务和融入大学研究，而且也是对中国特色大国外交的有益补充。

总之，菲律宾孔子学院的改革创新与融入大学的路径将对东南亚国家的孔子学院产生积极而深远的影响，也为欧美等国的孔子学院提供可参考的发展改革模式。"一带一路"为孔子学院的发展创新带来了新的历史机遇，孔子学院需要转型升级，拓展功能，融入大学是实现孔子学院不断创新和可持续发展的一个重要路径。

参考文献

[1] 李盛兵，吴坚. 汉语高效率国际推广研究 [M]. 北京：科学出版社，2013：18.

[2] 马箭飞. 办好孔子学院贡献中国智慧 [N]. 中国教育报，2018-01-24（1）.

[3] 亚典耀大学孔子学院 [Z]. 第十一届孔子学院大学交流材料，2016：107.

[4] 亚典耀大学孔子学院 [Z]. 第十二届孔子学院大学交流材料，2017：108-109.

[5] 布拉卡国立大学孔子学院 [Z]. 第十一届孔子学院大学交流材料，2016：77.

[6] 布拉卡国立大学孔子学院 [Z]. 第十二届孔子学院大学交流材料，2017：85.

[7] 红溪礼示大学孔子学院 [Z]. 第十一届孔子学院大学交流材料，2016：98.

[8] 红溪礼示大学孔子学院 [Z]. 第十二届孔子学院大学交流材料，2017：101.

[9] 菲律宾大学孔子学院 [Z]. 第十二届孔子学院大学交流材料，2017：92.

[10] 宁继鸣. 孔子学院研究发展报告 [M]. 北京：商务印书馆，2016：3.

[11] 菲律宾大学孔子学院 [Z]. 第十一届孔子学院大学交流材料，2016：91.

[12] 张志文. 汉语班开到菲律宾总统府 [N]. 人民日报，2017-02-11（3）.

[13] 解植永. 韩国孔子学院汉语教学融入大学研究 [J]. 华文教学与研究，2017（2）：1-9.

[14] 王辉. "一带一路"国家语言状况与语言政策 [M]. 北京：社会科学文献出版社，2015：45.

[15] 颜长城. 菲律宾的汉语教学 [J]. 国外汉语教学动态，2003（4）：22-24.

［16］HOARE-VANCE S J. Confucius institutes and China's evolving foreign policy［D］. Christchurch: University of Canterbury, 2009.

［17］亚典耀大学孔子学院［Z］. 第十一届孔子学院大学交流材料，2016：111.

［18］BIANCO J L. Emergent China and Chinese: language planning categories［J］. Language Policy, 2007, 6（1）：3-26.

［19］赖林冬. "一带一路"背景下东盟孔子学院的发展与创新［J］. 南洋问题研究，2017（3）：37-52.

［20］STAMBACH A. Confucius and crisis in American universities: culture, capital, and diplomacy in US public higher education［M］. New York: Routledge, 2014.

［21］DING S, SAUNDERS R A. Talking up China: an analysis of China's rising cultural power and global promotion of the Chinese language［J］. East Asia, 2006, 23（2）：3-33.

（赖林冬，福建师范大学海外教育学院、印度尼西亚研究中心讲师，教育哲学博士研究生。原载《比较教育研究》2018年第9期，略有改动。）

跨境教育辖域中孔子学院特色发展鉴析

——基于澳大利亚格里菲斯大学旅游孔子学院的案例研究

张欣亮　童玲红

新时期，我国提出孔子学院需要在"一带一路"倡议框架下服务中国特色大国外交，讲好中国故事，尤其是做好中国教育的国际输出，丰富我国语言文化的国际推广内涵。然而，"中国故事"并非镶嵌在精深的"高概念"和宏大的政治叙事之中，而是蕴含在细致深入的教育教学过程之中。[1]本文选取全球唯一一所旅游孔子学院——澳大利亚格里菲斯大学旅游孔子学院（Tourism Confucius Institute at Griffith University, TCI，以下简称"旅游孔子学院"）作为研究对象，通过实证研究①，总结其在促进中国语言教学国际发展、加强民族理解和文化理解认同过程中秉承的发展理念和实践经验，深度探究其有效开展境外教育的各种细节，以期为我国立足孔子学院战略纵深发展与海外推广，在教育外交的细致之处讲好"中国故事"，有效推进跨境教育海外拓展找到战略支点和参考模式。

一、跨境教育视角下孔子学院特色发展的微观转向

我国的孔子学院是以跨境教育作为运作形式和载体，呈现和传播中国文化的境外教育机构，是属于我国特有的一种跨境教育形式。随着"一带一路"建设背景下我国新型教育外交战略的提出，对孔子学院战略发展的研究逐渐从侧重分析宏观政策或中观的类型与管理层面纵深到其内部要素及其对当地教育的实际作用和影响，研究重点也从外围走向内部。那些相对处于微观层面的要素对于孔子学院如何在国家战略需求中发挥实效作用起着支撑与导向作用，同时它们也在实际层面影响着各类

---

① 本文第一作者于2018年赴澳大利亚格里菲斯大学调研，文中有关格里菲斯大学旅游孔子学院的资料如无特殊说明，均来自该实地调研以及历年院长工作报告和年度总结。

宏观政策的制定与效用。

本研究主要基于丁笑炯在跨境教育微观研究中所提出的三个议题——跨境教学、教师培训和学生体验作为分析框架的学理基础[2]，同时结合特色孔子学院在跨境教育开展过程中所必须涉及的跨文化交际因素。整个分析框架以跨境教学、师资培训、文化传播和受众体验四个维度进行建构，着重考察旅游孔子学院建设具有特色和可持续发展前景的跨境教学单位，从而获得成功发展的经验。

首先，跨境教学主要专注课堂内外影响跨境教学的各类细微因素。[2]具体观照到孔子学院的教学过程层面，它涵盖授课方式、授课内容、授课方法。授课方式关注输出国教师如何通过有效的交流沟通方式，帮助输入国学生对异域课程知识产生学习兴趣，及时消化课堂知识，改善学习效果。授课内容关注教育内容的单向性抑或国际化问题。授课方法聚焦输入国学生沟通方式、学习风格与输出国教师教学风格的匹配问题。[3]其次，师资培训侧重探究输出国教师为了获取在跨境教育中的成功，如何适时调整已沿用习惯的教学方法，以适应跨境课堂的新要求。其中，输出国教师除专业培训外，更需要接受适应跨境教学的有效培训，特别是从事跨境教学必须掌握的独特技能，同时需要熟悉境外教育理念、文化环境，知晓教学的课堂设计要求，理解外国学生的学习目标和学习风格。再次，文化传播研究传播主体如何从更深层次和更广领域将跨境教育中的相关要素加以整合，在进行自我表达、向世界讲述中国故事的过程中主动寻求呼应。[4]最后，受众体验涵盖学生选择跨境教育的缘由和学生完成课程后的满意程度。[2]具体观照到孔子学院的教学层面，则指只有符合学生学习预期或者超出他们原先学习预期的跨境教育体验，才能吸引充足的生源，促进孔子学院可持续发展，同时也为课程与教学内容的国际化改造注入鲜活动力。

二、旅游孔子学院特色发展的实践辨识

（一）旅游孔子学院的建立背景

2011年，格里菲斯大学（Griffith University）与中国矿业大学共同创办了旅游孔子学院，开创性地把汉语学习同旅游特色结合起来，为中澳人民进行文化交流和语言学习提供互动平台。此后，该院首任外方院长——国际著名汉学家马克林（Colin Mackerras）教授积极投身于旅游孔

子学院的建设之中，长期致力于推动中澳两国友好关系。学院发展至今，已经成为澳洲最具活力与特色的汉语文化交流互动平台，开辟了以旅游为特色，开展汉语教学和传播中国文化的新模式。[5]旅游孔子学院的卓越成就也引起了我国政府和媒体的高度关注与重视。2014年，习近平主席在澳大利亚国会演讲时特别提及马克林教授，赞扬他为传播中国语言与文化，增进中澳人民理解与交流所做出的杰出贡献。同年，马克林教授荣获中国政府"友谊奖"，李克强总理出席颁奖典礼，亲切接见马克林教授，对他的杰出成就进行表彰。随着"一带一路"建设的纵深推进，中澳两国之间的科研和人文交流呈现出全新的趋势，在澳的旅游孔子学院成为双方教育与科研合作的战略基点，借此两国民众得以跨越语言与文化障碍，扩大共识，民心共通。

（二）旅游孔子学院特色发展的战略实践

作为全球唯一一所旅游孔子学院，进一步凸显"旅游"特色是旅游孔子学院长期不懈的建院理念和发展目标。它的课程设置以旅游汉语为主，教学对象主要是旅游从业人员。依托澳大利亚特有的旅游产业资源，旅游孔子学院着力培养具备国际视野的旅游管理人才。

1."多措并举、对接需求"：特色汉语课程融入本土教育体系

格里菲斯大学共有6个校区，其中布里斯班有5个校区，黄金海岸有1个校区。建院至今，旅游孔子学院逐步形成了"一院多点"的布局形态和"纵横贯通"的教学模式，它以布里斯班的主校区和黄金海岸校区为主要教学点，逐步在各地学校或毗邻社区建立教学分部或孔子课堂。截至2017年，旅游孔子学院设立了6个孔子课堂，开办基础汉语、中级汉语、商务汉语、旅游汉语等多个汉语学习班。这些多层级、多区域的教学点逐渐以点串线、连线成面，使旅游孔子学院的汉语文化教学影响力不断扩大。2017年，仅孔子课堂的汉语学习人数就达到3000多名，年度汉语教学课时超过11000学时，并以此带动了相关领域学术活动的蓬勃开展。

首先，实施"汉语＋"项目，因地制宜开设专业特色课程。旅游孔子学院根据自身的战略定位和澳大利亚本土的旅游和商务需求，开发了更具有针对性的汉语语言和文化方面的研究项目，尤其是为当地社区和旅游产业人士提供"汉语＋旅游"专业的复合型、差异化语言课程。其次，旅游孔子学院积极支持格里菲斯大学和当地中小学开展丰富多样的

汉语教学活动，凝聚各方力量，共同推进当地汉语教学高质量发展。它不断改进和细化授课方式和内容分级标准，支持汉语教学融入澳大利亚本土语言教育系统，形成了适应中小学生到大学生等不同人群、不同层次汉语学习需求的教材和教学资源体系。一方面，它借助汉语俱乐部和课后辅导班，为格里菲斯大学内选修中文的学生免费提供一系列的汉语学习辅助和文化体验机会，提高汉语教育的办学层次，推动大学汉语教学层次的提升。与此同时，它还额外为大学国际处工作人员以及校内有汉语学习需求的教职人员开设免费课程，增进校内理解支持汉语教学与推广的动力。另一方面，旅游孔子学院将推动澳洲当地中小学汉语教学视作日常工作的重要内容之一。它依托下设的 6 家孔子课堂加强与当地学校的合作，共同开展系列培训和文娱活动，推动当地中小学对汉语课程的教学，有效促进了孔子课堂的汉语教学工作。再次，旅游孔子学院协助当地语言机构办好汉语教学机构。旅游孔子学院能够正视并理顺与社会办学机构之间的关系，将当地社会办学机构开办的汉语学校视作汉语教学事业中一支不可忽视的本土力量，积极为黄金海岸和布里斯班地区的社会语言办学机构提供专业化的教学支持。

2."交互促进、教研并行"：国际师资协力助推跨境教育

孔子学院要实现高质量发展，关键在院长，根本在教师，故培育优秀国际师资团队尤为重要。旅游孔子学院从设立之初，就由国际知名的汉学家马克林教授担任首任外方院长。由于马克林教授既是格里菲斯大学乃至整个澳洲具有权威影响力的亚洲研究系创立者，同时又是一位对中华语言文化和中国人民有着深入研究和浓厚情怀的爱华人士，所以他自担任院长起就自然而然地将孔子学院的人文情怀逐步引入大学的行政与教研共同体之中，确保大学内部各层级的管理人员与教研人员从情感上认同旅游孔子学院，从行动上主动融入旅游孔子学院的日常办学与管理。作为一名资深的汉学家和语言学家，马克林教授深知旅游孔子学院要实现高质量发展，应在教学、行政和科研方面融入当地教育体系，而这需依托一支贴切本土需求的国际师资队伍。故旅游孔子学院既注重对中方教师跨文化技能与知识的提升，同时又着重利用大学已有的各类教师资源，鼓励、吸引当地汉语教职人员参与旅游孔子学院的教研活动，组建了一支精通汉语、熟悉中华文明的跨境教研团队。旅游孔子学院非常注重对中方教师到任后的专业培训，不仅选送教师赴墨尔本参加整体加速教学法（accelerative integrated methodology）培训，而且还组织他们

到当地圣彼得学校（Peters Lutheran College）进行现场教学观摩，帮助他们尽快熟悉并适应澳洲当地的教学环境与风格。除了选派教师参加院外进修，旅游孔子学院也邀请当地的教学法专家来学院做专题讲座，与院内教师以及大学内部的澳方汉语教师进行专业交流，同时还邀请附近高中的资深语言教师分享教学经验和教学策略，共同提高彼此的教学技能。学院还积极鼓励大学的中外汉语教师开展同伴间教学互评，借此提高双方的教学成效。为推动当地汉语优质师资不断涌现，旅游孔子学院还集合当地汉语教学力量成立了黄金海岸汉语教师协会，构建跨境教学的教师网络，为当地汉语教师搭建专业交流的平台，推进教师间持续性的专业交流与互动。

近年来，旅游孔子学院在格里菲斯大学和汉办"新汉学计划"专项经费的支持下，连续举办"东西方对话——旅游与中国梦"国际学术会议，邀请来自国际旅游组织，加拿大、英国等国家和其他地区政府旅游管理部门共计150多人与会，让政府人员、本地师生和社区公众能深入理解"一带一路"倡议给当地社会发展带来的积极影响，进而凝聚更多当地利益共同体对"一带一路"倡议的共识，吸引更多优秀人才投身汉语国际教育事业，构建服务中澳教育交流的国际智库和科研储备。

3. "多元包容、交融互动"：旅游文化交流服务周边社区

澳大利亚统计局2018年6月的数据显示，过去一年中国籍移民人数居首，约达到8.2万人，占同期来澳移民人数的15.7%。[6]因此，中国语言、文化、习俗在当地具有较高的辨识度和认可度。澳洲当地居民并不排斥中华文明，反而乐于了解中国文化，参与其中。这为中澳双方开展文化交流与互动奠定了基础。旅游孔子学院利用主办或参与一系列重要活动的契机，探索出一条融合旅游特色和服务社区的文化包容之道。它所开展的文化活动丰富多样，既有娱乐类、艺术类活动，也涵盖知识类、竞技竞赛类活动，这在一定程度上决定了其参与对象和文化受众的多样性及活动的广泛性。在宣传推广学院的语言文化产品时，旅游孔子学院注重让中华文化韵味和魅力澳洲相得益彰，产生积极的联动效应。例如，仅2016年，学院在黄金海岸、布里斯班和凯恩斯3个城市开展中国文化活动达69场次，其中中华饮食文化节、中澳太极养生文化节、孔子学院日系列活动、迎国庆中国灯展等大型文化活动规模大、时间长、参与范围广，已经连续举办多年，吸引了当地社区居民、各国游客和主流新闻媒体的广泛参与，形成了文化品牌效应，进一步丰富了当地的文化生活，

提高了旅游产业效益。

实践证明，旅游孔子学院借助社区公众和当地主流媒体的参与，注重在本土视角中柔性呈现我国历史文明风采、展现中华魅力，用国际表达讲述中国故事，在拉近学院与当地民众感情的同时，让中国的文化为更多海外人士所熟知与喜欢。当地主流媒体也因此更愿意邀请孔子学院参与具有澳洲人文特色的各类活动，让中华文化成为当地多元文化的有机组成元素，提升周边城市的旅游魅力。由此，旅游孔子学院也持续地保持在当地媒体资讯中的新闻热度。如在苏迪曼杯羽毛球国际赛事、黄金海岸多元文化日、布里斯班艺术大奖赛中均有旅游孔子学院的活动身影，其中国声音与文化形象通过当地媒体进行传播，传递出中国文化亲善惠民的和谐讯息。这一系列柔性的文化传播方式，大大巩固了旅游孔子学院在澳洲本土"亲诚惠容"的中国形象，提高了旅游孔子学院在当地社区和民众间的知名度和共鸣度，在各类文化活动的叠加效应中培养起一批知华友华的国际人士。

4. "精心自塑、提升认同"：多重体验构筑稳定生源渠道

学生的学校幸福感是学校教育的重要质量指标，这主要是因为学生在学校的学习结果不仅包括以学业成绩为表征的认知产出，还包括情感满足、潜能实现等内在情感性产出和社会性产出。相对于前者，后者对于学生的终身发展和生命成长的影响更为根本。[7] 在各类学习情境中所产生的良好主观体验能令学生在收获快乐、成功的同时，展现自身潜能、实现自我价值、拓展生命维度。旅游孔子学院把学生在学院所获得的幸福感以及获得感作为学院教育的重要质量指标加以考察，把这些重要的评估反馈作为学院特色发展的必要基础。与此同时，学生在孔子学院/孔子课堂参与各类课堂内外学习活动所产生的幸福感和获得感，也成为促使他们走近中国、了解中华语言文化的内在动力和逻辑起点。这在最大程度上确保了旅游孔子学院建立起稳定、持续的受众群体，从而确保其拥有独立畅通的招生渠道。

首先，旅游孔子学院将学生在学习中所积累的幸福体验作为一种"非认知性产出"而予以重视，把学生的多重体验视为学院回归教育本质的责任与初心。旅游孔子学院积极研究澳洲公众对中国形象的接受途径和认知要素，并对学院的授课效果和学习反馈实施周期性测查，依据测量结果调适学院的运行机制和教学体系，从而不断提升孔院形象的"自塑"能力，在以"他塑"为主的跨境传播格局中确立自身的国际对话能

力和跨文化交际力。例如，在课程建设方面，旅游孔子学院不断探索提高学生课程学习的满意程度，利用各种调研手段做好课前学情摸底、课中随堂观测、课后及时评价的工作，持续输出优质教学产品。尤其是在开设符合当地语言需求的特色课程中，旅游孔子学院根据不同的学习基础和学习动机，积极将文化内容融入其中，从国际文化视角解读不同文化间的特色与差异，体现出语言为基础、文化为依托、文教并举的授课特点。因此，各类学员对于授课的体验感和满足感不断增强，教学效果稳步提升。

其次，除了营造良好的课堂体验外，旅游孔子学院还注重精心设计各类课外活动，把它们视为兼具和谐性和社会性的"隐性课程"。在各类文化教学活动中让当地的民众切实体验中华文化的博大与魅力，塑造学院在澳洲民众心目中的外交形象和文化品质，促进了中澳文化交流和人文沟通的双向互动，也使得文化理解具有了丰富生动的情感因素，为澳洲学生接触、感受中国文化，从而走进孔院、认可我国实施的汉语国际教育提供了更大的可能性。

三、旅游孔子学院特色发展的路径鉴析

孔子学院是中国教育对外开放、走向世界的产物，也是中国与世界各国教育交流合作的有效路径。在第十三届全球孔子学院大会上，孔子学院总部理事会主席孙春兰指出，孔子学院应为推动中外人文交流、构建人类命运共同体、共创人类社会美好未来贡献智慧和力量。[8]这为孔子学院未来发展和融入跨境教育建设指明了发展方向。在此指引之下，我国孔子学院更需要从跨境教育的微观层面审视并制定促进核心教育成分有效流动的举措和路径，在服务中国特色大国外交的过程中实现自身的高质量发展。

（一）教学过程的本土对接是孔子学院凸显特色的有效诠释

要促进孔子学院特色发展，需要针对当地各行业对"汉语+复合型"人才的实际需求，开展"汉语+职业技术"的跨境教学项目，培养既懂汉语、又懂技术的人才，实现汉语特色课程从"孔院供给"到"需求匹配"的转变。旅游孔子学院在授课方式上，采取"固定授课""集中授课""网络授课"相互结合的方式，既有固定开班的授课方式，针对各类全日制在校生，也有"集中授课"等针对专业在职人士的短期课程或

上门专项辅导。它尤其注重在授课中同各类学生现场面对面交流互动的机会，因为与境外教师直面沟通的方式是学生学习外语和了解外国文化最有效的方式[9]，它既能激发学生学习外国语言和文化的兴趣，同时也有助于师生间的情感交流，促进课堂知识的消化。此外，为了让在偏远地区学校的学生也能接触并学习汉语，旅游孔子学院依托凯恩斯远程教育学校建立了远程孔子课堂，借助互联网、远程传输技术、多媒体网络教学和线上课堂使汉语教学覆盖到了昆士兰州北部广大地区。在授课内容上，旅游孔子学院深刻认识到当地汉语学习需求并非同质，需要通过研究不同学员的学习动机才能更好地理解不同的细分课程所对应的学习接受程度。旅游孔子学院根据学生的类别、汉语水平和学习动机的问卷结果，对课程内容及风格适时调整以满足当地文化的需求，因地制宜开设语言技能与行业所需相结合的特色课程。例如，对于旅游商圈的从业人员，学院开设的汉语课程除了基本语言知识点外，还着力传授学员与客户的商务用语技能，增加中国游客的消费习惯、旅游频度、住宿偏好、旅游期望等背景知识，这些内容都非常实用且有针对性，能帮助学习者更好地就业；对于全日制学生，学院开设的课程主要侧重从学校汉语课程与孔子学院语言学习的衔接和互补层面设计教学内容，同时加大跨文化课程的内容涉及面，注重从国际视角呈现和比较与当地相关的案例和资料，体现出跨境教育超越地域和界限的本质，同时也符合当地需求[2]，让学生可以在结合当地实际的情境中理解和运用所学知识，增强学习的获得感。此外，无论是旅游孔子学院还是孔子课堂，都要求教师从当地学生需求出发，调整课堂风格，增加西式教学中比较推崇的课堂讨论、批判辩论、课外调研等教学方法。教学过程的本土对接对确保孔子学院生源与课程的持续性起到了积极作用。

（二）国际师资的交互促进是孔子学院良性运作的行动保障

由于教学对象不同，同时身处陌生环境、遭遇文化冲击，从事跨境教学的教师有必要事先对境外教学所在国的文化背景和教育传统有所了解。尽管汉语师资在境外开展正式教学之前，都接受了孔子学院总部的岗前培训，但对于即将开展境外教学的中方汉语教师而言，及时、有效地在澳大利亚接受适合当地教学风格和学生需求的本土化培训尤为重要。有学者提出，孔子学院需要不断拓宽汉语学术研究内容和方式，在"汉语作为第二语言本土化教学"上多下功夫，多邀请当地学校的第二外语教学专家参与教学指导，形成教学改革专案来加强孔院师资建设，促使教学过程更加符合当地学生的需求。[10]此外，近年来，有研究显示跨境教育中的师资培训不应仅仅局限于单向层面，输入国教师对当地教学情况和学生需求的全面掌握尤为重要，因为他们是将国外课程本土化、连通境外教师与当地学生的适宜人选。因此，当地语言教师的知识与技能对于促进孔子学院在当地特色运作具有不可替代的重要作用。他们既可以与中方教师分享关于当地风俗、教学评价、质量保障等情况，同时又可以同伴教师的身份主动融入孔子学院的教学之中，形成"一带一路"教育共同体，既充盈了汉语教学师资队伍，又推动了中外师资的专业共同发展。

旅游孔子学院自创设之初，就注重国际师资团队的锻造与升级。无论是学院首任院长马克林教授还是现任领导，都是知名的学者型管理人员，对于中西方的产教融合有着深入研究和独到见解，他们既是跨境教学的主导者，又是本土教学与跨境教学的融合者，他们在将东方人文情怀注入到西方大学教研体系的同时，也深知为从事跨境教学的教师提供有效的专业培训是开展优质跨境教学的行动保障。因此，旅游孔子学院对于国际师资队伍的建设着眼于通过同行观摩、同伴评课，分享各自的跨境教学策略；开设工作坊、专题讨论，提升教师的专业水准，进行知识更新；构建国际汉语教师网络，推进中外教师间持续性的专业交流与成长；组织大型国际学术会议，聚焦学界研究重点，扩大共识，推进对接重点战略的国际智库建设。这些举措对于促进中方教师和本土教师间的信息共享、优势互补和学术视野拓展都起到至关重要的作用。在此格局中，中外教师都是孔子学院教研活动的实施者和促进者，他们同时为彼此的专业成长提供有价值的理念与要素。正是基于利益共同体的共同认知，旅游孔子学院在当地逐渐组成了一支汉语"跨境教研团队"，促成了区域汉语教育本土化的实现，形成了平等、互惠、活跃的汉语教学合作态势。

（三）跨境文化的柔性输出是孔子学院包容普惠的互通基础

《孔子学院研究年度报告（2018）》指出，特色孔子学院应以不同主题文化为切入点，以传播汉语和中华文化为学院办学宗旨。尽管有学者指出，孔子学院学术研究活动理应走出"汉语培训＋文化展示活动"的模式，但是我们必须清醒地认识到，文化传播仍是我国教育外交的重要手段和途径，在增进国家间交流和合作，塑造本国良好形象，促进文化的多样性存在和发展，维护国家利益等方面作用显著。[11]从文化"在场"（presence）的角度来审视孔子学院文化传播方式及其价值理解，我们可以发现在多数情况下，社会生活的空间维度都是受到"在场"及地域性活动的支配。正是由于"在场"和"不在场"，体验和感觉具有很大的差别[4]，真实的文化体验很好地弥补了网络时代技术理性所造成的情感疏离和沟通"脱域"。因此，文化"在场"可确保文化传播的真实性和感染性，可促成多元文化交流和对话的双向互动，更凸显出文化的价值内涵，巩固跨境教育的教学效果。我们需要走出传统意义上泛化、表层化的文化宣传活动，需要在文化传播的进度、深度和广度上精耕细作，主动寻求符合当地民众内心呼求和孔子学院特色的传播方式和内容形式，从而加速孔子学院的本土融入，促进世界文明互学互鉴、推进各族民众民心相通，以此构筑人类命运共同体。从"文化地理学"上看，我国以孔子学院为核心的文化输出，其转型发展必然需要重新审视自身的文化定位、延伸自我指涉的空间，在输出内容、目标受众、渠道建设等方面适应国际趋势。[12]这要求孔子学院在向世界讲述中国故事、进行自我表达时，需要根据文化输出的存现空间和传播范围等主客观条件进行加工衍生与多重转换，其中涉及对文化传播的场域、受众、内容、形式等要素进行择取，从而不断提升文化理解的实现程度和感染效度，使文化作为一种活跃的教育生成性要素能包容更多促进元素。

我国当前的教育外交旨在实现和平、稳定和共同发展，旅游、文化交流和体育赛事被定位为该战略中必不可少的组成部分。[13]旅游孔子学院将旅游主题穿插于文化活动之中，形成对该战略的天然对接。它通过多元丰富的文化互动和传播形式，引发当地各阶层受众的文化共鸣与认同，使之成为汉语教授的催化剂和助推器，着力构建语言教育、文化传播、文化贸易的多层次"走出去"格局。在场域选择上，学院既会选择黄金海岸私家庄园、布里斯班知名酒店等露天人流聚集地，也有图书馆、剧院等文化层次较高的室内场所，在潜意识里提高文化受众对传播内容的理解与认可。文化活动多以美食节、商品博览会、旅游风光摄影展、图片展等为主，在引起当地民众好奇心的同时，不断给予他们参与互动与交流的机会，吸引他们共同参与多元文化的构建与创设，让真实情感交流在共鸣中不断升华，转化为一种学习的需要、一种认同的需要。旅游孔子学院开展的各类旅游主题文化活动已经成为当地主流社会生活的生成性元素，是当地文化名片的有机组成部分。旅游孔子学院所营造的跨境文化场域与当地人文社会与区域经济发展自然契合，文化"在场"也逐步延伸为文化"进场"，最终成就文化"建场"，即中澳民众共同置身于多元文化的交融之中，促发的激情得以释放并收获积极反馈，"共塑"一种超越民族文化边界、包容普惠的融合之道和国际教育理解。这一柔性的文化输出方式是增进中澳国与国、人与人之间思想融通、民心相通的有效手段，为中澳多层次合作提供了坚实的民意和社会基础。

（四）境外学生的获得体验是孔子学院联通民心的情感纽带

学生的学习体验是微观层面衡量孔子学院精准施策效果的有效尺度，也是推动孔子学院持续良性运作的动态依据。一些国际大型跨境教育项目的个案研究显示，获取国际经验是学生选择跨境教育的主要原因。因为国际经验的累积能帮助个人拓展国际视野、提升跨文化交际的语言能力，能帮助个人在全球化时代更好地生存，实现自我理想。此外，能以更经济的教育成本、更为灵活便捷的方式获取高回报的跨境知识也是人们选择跨境教育的动因。只有当学生选择跨境教育的缘由得以实现时，他们的满意度才可能随之产生，良好的学习体验也才由此呈现。当然，学习体验不仅仅来自课堂上的学业活动，学生通过接触、参与各种文化活动所产生的文化融入感和生活幸福感也是一种非常重要的情感体验。这些积极的体验是孔子学院与境外学生民心相通、情感长存的纽带和基础，有助于确保孔子学院构建起独立稳定的招生渠道。

目前，多数孔子学院都会定期调查各类学生的满意度，作为保障孔子学院教育质量的手段，但是各类学生的个体反馈常常被淹没在庞大的学生实时数据之中，令人无法看清孔子学院学员的独特需求和体验情况。此外，人们往往趋向于将学习体验调查作为一种学习活动行至尾声时的阶段性反馈，它的作用仅仅是评估一段学习历程的优劣，而没有把它视作学生学习需求的即时性反映，借此为跨境教育设计出一些独特的方法或路径。旅游孔子学院始终将为各类受众带来良好的获得体验作为学院在当地持久优质发展的立足点和出发点。它在招收语言生时，采取试听课制度。学生在正式报名注册前可以选择试听两周的时间，然后再决定是否成为注册学员。学院能根据两周的试听反馈，适时地调整教学教法和教学材料，结合当地实际调整课程中国际化元素的占比，以保证学生获得良好的学习体验。在与大学或中小学汉语课程的互补对接中，旅游孔子学院力推汉语课程融入本土课程体系，不断提高汉语教育的教授层次和细分程度，满足中高级别汉语学习者的专业学习体验，让他们在自己熟悉的学习环境中就能接受高质量的专业汉语教育。在各类文化活动中，旅游孔子学院以旅游为特色，设计主题明确、受众清晰的各类活动，通过社会实践、志愿服务、文化浸润等多种形式，举办规模大、声誉好、持续时间长的对外交流品牌项目。当地民众和媒体积极参与，成为魅力文化的参与者和构建者，这种更直接、更实在的获得感帮助旅游孔子学院在目标受众中"自塑"稳定的国际认知，实现了中国声音在澳洲的本土表达。这种柔性输出的中华文化更具感染力、持久力和穿透力，育人与惠民相结合也更能凝聚中澳民心。

四、结语

作为我国特有的跨境教育机构，孔子学院不仅是中国的语言文化传播机构，更是国家重要的语言战略资源[14]，依托孔子学院所开展的跨境教育具有战略性、先导性和基础性。它的综合服务平台功能为"一带一路"沿线各国民心相通架设桥梁，为沿线各国教育资源和教学水平均衡发展提供人才支撑。面向未来，孔子学院的职能必将走向多元，不仅是开展语言教学、文化推广、中国研究，而且还要拓展师资培养、教材开发、职业培训等服务性职能。[15]从跨境教育的微观层面来研究旅游孔子学院的改革创新路径，为孔子学院在西方国家的本土化发展提供了现实参考。我国以孔子学院为载体的教育外交，必将伴随着跨境教育的深入实施而逐步兴起，与公共外交形成良好的互补态势，从而推动我国汉语国际教育和教育对外开放的积极发展。

参考文献

［1］周谷平，韩亮."一带一路"倡议与教育外交［J］. 比较教育研究，2018，40（4）：3-9.

［2］丁笑炯. 从宏观政策到微观教学：国外跨境教育研究转向述评［J］. 外国教育研究，2017，44（1）：89-101.

［3］O'MAHONY J. Enhancing student learning and teacher development in transnational education［R］. York: Higher Education Academy, 2014.

［4］邓新，刘伟乾."在场"理论视角下的孔子学院文化传播方式及其价值意蕴［J］. 民族教育研究，2017，28（3）：101-106.

［5］冯捷蕴. 探索孔子学院的特色化发展之路：访澳大利亚格里菲斯大学旅游孔子学院

副院长丁培毅［J］. 世界教育信息，2014，27（1）：13-16.

［6］AUSTRALIAN BUREAU OF STATISTICS. Feature article 2: spotlight on net overseas migration［EB/OL］.（2018-06-06）［2018-12-20］. http://www.abs.gov.au/ausstats/abs@. nsf/Latestproducts/3101.0Feature%20Article2Jun%202018?.

［7］安桂清，童璐. 学生学校幸福感测评框架研究述评［J］. 外国教育研究，2014，41（12）：97-106.

［8］孙春兰. 推动孔子学院高质量发展，为构建人类命运共同体贡献力量［EB/OL］.（2018-12-05）［2018-12-06］. http://www.moe.gov.cn/jyb_xwfb/s6052/moe_838/201812/t20181205_362436.html.

［9］BAMBACAS M, SANDERSON G, FEAST V, et al. Understanding transnational MBA students' instructional communication preferences［J］. Journal of international education in business, 2008, 1（1）: 15-28.

［10］赖林冬. "一带一路"背景下孔子学院融入大学发展研究：以菲律宾四所孔子学院为例［J］. 比较教育研究，2018，40（9）：3-10.

［11］宋佳. 全球化时代八国语言教育推广机构文化使命的国际比较［J］. 比较教育研究，2013，35（8）：95-101.

［12］杨文艺. 全球竞争的文化转向与孔子学院的转型发展：孔子学院十周年回眸与展望［J］. 中国高教研究，2015（4）：44-52.

［13］WEAVER D, BECKEN S, 丁培毅，等. 旅游和中国梦研究议程：对话与开放［J］. 旅游学刊，2015，30（10）：122-126.

［14］李宝贵，刘家宁. "一带一路"战略背景下孔子学院跨文化传播面临的机遇与挑战［J］. 新疆师范大学学报（哲学社会科学版），2017，38（4）：148-155.

［15］牛长松. 南非孔子学院的发展特色及影响因素分析［J］. 比较教育研究，2017，39（9）：49-54.

（张欣亮，上海师范大学国际与比较教育研究院兼职研究人员，国际交流处副研究员，教育学博士研究生；童玲红，上海师范大学外国语学院讲师。原载《比较教育研究》2019年第4期，略有改动。）

部分国家教育国际化战略研究 <<<<<

高等教育海外分校研究：动因、类型与挑战

廖菁菁

自我国加入世贸组织以来，海外分校作为境外办学的重要形式之一，在高等教育国际化的推动下发展日趋蓬勃，特别是我国2013年9月"一带一路"倡议的提出、2016年《推进共建"一带一路"教育行动》的印发，大大促进了我国海外分校的发展。在此背景下，许多地方政府，例如河南、福建等省份积极把在"一带一路"沿线国家设立海外分校纳入教育工作计划；许多高校积极走出去，在海外办学。例如，厦门大学在马来西亚开办分校，开创了我国在海外独资办分校的先河。这些情况说明，我国发展海外分校不仅是时代背景下的一种战略需求，也是地方政府和高校寻求新发展契机的重要途径。然而，目前我国对海外分校的认识尚处于概念混乱状态，还没有明确的界定和把握，海外分校呈现出政府主导和非政府主导、开展学历教育和非学历教育、有境外实体校舍和无境外实体校舍等多种样态，这非常不利于我们对海外分校的精准理解和把握。因此，非常有必要探讨什么是海外分校、推动海外分校发展的因素是什么、海外分校的类型及特点有哪些、海外分校发展面临的挑战是什么等问题，以便为我国推进海外分校的发展提供理论依据。

一、海外分校概念的界定与整合

目前，对于海外分校（international branch campus，IBC）的概念，尚无定论，但本质上是一致的。美国教育委员会（American Council on Education，ACE）提出，海外分校是设立在母校以外国家实施面授教育的机构；该分校拥有自己的实体建筑，通常包括教室、图书馆、餐厅，有的还包括娱乐设施和学生宿舍；以母校的名义运营；提供母校名义的学位证书；提供不止一个学习领域的课程，有长期的行政人员及学术人员。[1]英国"无国界高等教育观察组织"（the Observatory on Borderless Higher Education，OBHE）认为，海外分校是一家至少部分由外国教育机

构拥有的实体教育机构；完全或实质上以外国教育机构的名义经营；从事面对面的教学活动；提供整个学术计划所涉及的课程教学，而不是提供部分或短期学术经验；学生完成学业后可获得由外国教育机构颁发的证书。[2] 日本文部科学省（Ministry of Education, Culture, Sports, Science and Technology，MEXT）对海外分校的定义为：所有高等教育机构可以在国外设置学部、学科、研究科、预科等，并作为该校的一部分，但其设立必须符合《大学设置基准》《大学院设置基准》及《短期大学设置基准》等日本法律规定；在国外设置的分校必须是该校的学部、研究科等与学位挂钩的实质性组织机构（开展语言学习的课程班等不属于海外分校范围）；根据《大学设置基准》等法律规定的标准，配有相应比例的专职教师、校园、校舍等设施。[3]

通过上述比较分析，我们可以发现，虽然不同国家权威机构所给出的定义表述不一，但其核心要素是一致的，即海外分校是在东道国有实体校园和建筑、采取面授教学、有超过一门学科的课程以及完成整个学位教育的能力、提供母校学位证书、由来源国高校独立运营或与东道国高校及机构联合运营、受东道国管制的办学机构。无国界高等教育观察组织在 2017 年的报告中指出，截至 2017 年 11 月，海外分校共有 263 家[4]。

二、海外分校发展的多元动因

动因是高等教育国际化理论研究非常重要的逻辑起点，反映了不同国家的国际化期望。华南师范大学教育科学学院高等教育研究所以政治、经济、社会文化、学术及人力资源五个维度为纵坐标，以国际组织、区域、国家及高等院校四个层面为横坐标，建立了高等教育国际化动因理论框架[5]。由于不同国家的经济社会发展水平存在差异，每个国家的教育负载着特定的文化传统与价值期望，本研究借用高等教育国际化动因理论框架，分析来源国和东道国积极发展海外分校背后的动因，发现来源国和东道国推动海外分校发展的驱动因素存在差异。

（一）来源国发展海外分校的驱动因素

借用高等教育国际化动因理论框架，笔者从来源国和高等院校层面出发，分析来源国开办海外分校的动机，可以看出五个维度虽然有所交织，但经济、社会文化、学术方面的动因最为突出，具体表现为增加经济收入、提高机构知名度、创造新的学术机会等动因。

1. 增加经济收入

基于经济维度分析可知，追求经济利益是来源国高等教育机构在海外办分校的根本动因。在过去的几十年中，西方大学的预算减少，学生人数增加，迫使大学不得不寻找替代方法来获得新的收入来源。一些机构认为海外分校是获得额外收入来源的有效途径：一方面可以收取东道国学生的学费或得到东道国的政府补贴；另一方面通过当地提供的研究资助和与当地组织（如公立大学、工业和企业等）建立合作关系，可以获得额外的收入机会。[6]无国界高等教育观察组织在报告中指出，38%的海外分校年度学费超过 15000 美元，32% 的海外分校超过 20000 美元。例如，美国高校在卡塔尔教育城所提供的医药、工程、商业、IT 和外交事务等项目均收费较高，学费多为 20000 美元以上。[7]著名学者菲利普·阿尔特巴赫（Philip G. Altbach）将此现象解释为"货币收益激发了跨国高等教育的积极性"[8]。因此可以说，经济利益是各国大学发展海外分校的根本动因。

2. 提高机构知名度

基于社会文化维度，提高国际知名度和文化影响力是大学在其他国家建立海外分校的重要动机。大学希望通过发展战略联盟（政治和学术）和建立分校来提高国际知名度，增加国际社会影响力。例如，英国诺丁汉大学在马来西亚和中国的分校，正是出于提高本校国际知名度的目的而开设的。这些大学认为，只有加强与国际社会联系，才能在日益相互关联的世界中生存并与同行机构竞争，而开办海外分校是实现这一目标的重要策略。同时，英国诺丁汉大学 2005 年在中国开设分校所引起的关注和取得的效益，已表明海外分校比其他跨境高等教育形式更具有吸引力和竞争优势，因而海外分校越来越成为各国更广泛采用的国际化战略之一。

3. 创造新的学术机会

基于学术维度分析，提高在国际层面的研究和开发能力是大学发展海外分校的关键动机。大学在外国建立分校，在提高大学声望的同时，还可以帮助招募有才能的学生和研究人员，创造新的学术机会，从而使大学能够在全球范围内成为更具竞争力的竞争者；[7]一些机构希望教师接触新文化，从而将国际视角融入课程教材，开展和国外的研究合作、创办海外分校可以增加学生和教师的文化接触和相互理解。此外，海外分校具有可提供多样化的学科、更大规模的学生和完善的研究设施等优点，有利于系统地教学和研究，为创造新的学术机会打下基础。

（二）东道国接受外国分校的驱动因素

根据高等教育国际化动因理论框架，笔者从国家和高等院校层面出发，分析东道国接受外国大学海外分校的动机，可以看出五个维度复杂交织，具体表现为提高高等教育的水平、扭转人才外流的趋势、共享创新技术及知识产权等。

1. 提高高等教育的水平

基于社会文化和学术维度分析，通过国际知名大学在本国建立分校来提高本国的高等教育水平，发展区域"教育枢纽"（education hub），是东道国接受海外分校最根本的驱动因素。简·奈特（Jane Knight）将"教育枢纽"定义为"一个国家（或地区、城市）有计划地培养一批从事教育、培训、知识生产和创新活动的本地和国际行动者，并加大力度在新的教育市场中发挥更大的影响力"[9]。目前，教育枢纽都是由多个海外分校组成的各种教育实体。例如，新加坡1998年提出"十所顶级大学"倡议，目的是让至少10所国际知名大学在新加坡建立海外分校；2002年启动"全球校园"计划，制定了发展新加坡成为国际教育枢纽的目标。因此，东道国接受海外分校与其引进优质教育资源、提高自身高等教育水平、增加跨境教育效益的诉求有直接关系，这也是其发展海外分校的根本动力。

2. 扭转人才外流的趋势

基于人力资源维度分析，培养一支可以在国际上竞争的人才队伍是东道国接受海外分校的关键动因。发展中国家的一个大问题是缺乏人才，虽然国外学费是本国的3倍，但发展中国家的学生仍愿意选择在教育水平更先进的国家学习，学生一旦在国外完成了学业，可能选择留在就业机会和收入远远超过本国的国外，进而造成本国人才流失现象。因此，许多国家积极创造机会，制定吸引外国教育机构的政策，让本国学生有机会不出国门就读外国大学的本国分校，在降低学生教育总成本的同时，也为国家培养和招揽更多人才，从而扭转人才外流的趋势。

3. 共享创新技术及知识产权

基于社会文化和经济角度分析，寻求技术创新、增加知识产权、提升国家软实力是东道国接受海外分校的重要动因。海外分校进行本地化研究为东道国带来了实实在在的好处。海外分校紧密结合东道国社会、经济发展的需求，比较强调应用技术的研发，而不断增加的研究和开发工作，将创造出许多新的技术和新的产业，通过共享知识产权、创新发现，东道国可以实现技术应用、科技进步以及经济增长的目的。例如，中国宁波诺丁汉大学建立了一个可持续能源技术研究中心（Centre for Sustainable Energy Technologies，CSET），以支持中国快速发展的建筑业。正因如此，技术创新已经成为海外分校科研工作的中心，并且获得了东道国大学、企业越来越多的关注。

三、海外分校的三种主要模式

根据前面的分析，可以看出发展海外分校是世界各国和各地区在当今高等教育国际化竞争日趋激烈的时代背景下的一种战略选择，也是地方和高校寻求新突破的重要途径。然而，这当中也存在国家与国家、政府与高校、高校与市场等的动态博弈和不同的运作逻辑关系，具体表现为对海外分校不同的出资比例和运作管理形式，从而形成了海外分校不同的办学模式。

无国界高等教育观察组织学者莱恩·维比克（Line Verbik）和卡里·默克里（Cari Merkley）把海外分校分为三种模式（表1）：母体高校独资模式（self-funded）、外部机构投资模式（in receipt of external funding）和东道国提供设施模式（through provided facilities）。[10] 以下通过列举三种模式的办学案例，分析不同模式海外分校的办学背景、有利条件、不利条件，并对其进行总结。

表1　海外分校的模式、资金来源及优劣势

海外分校模式	资金来源	优势	劣势
模式A	母体高校独资模式	有完全的控制管理权，没有合作伙伴对于利益回报、还款时间、课程等要求，有利于保证教学质量	难度大，投入多，承担全部损失，同时要面对教育市场准入问题
模式B	外部机构投资模式 ·接受东道国政府资金的支持 ·接受私营公司或其他机构资金的支持	资金来源多元化，减少来源国的办学成本和风险，进入东道国教育市场难度较小	不利于对海外分校的控制和运作管理，有还款、利益回报等压力

续表

海外分校模式	资金来源	优势	劣势
模式 C	东道国提供设施模式	有场地、校园、校舍等支持，有利于快速建立海外分校，缩小投资规模，进入东道国教育市场难度较小	不利于对海外分校的控制和运作管理，有租金上涨等风险

资料来源：VERBIK L, MERKLEY C. The international branch campus: models and trends [EB/OL].（2006-10-01）[2018-03-25]. https://www.obhe.org/resources/the-international-branch-campus-models-and-trends.

1. 模式 A 案例：澳大利亚莫纳什大学（Monash University）南非分校

南非被列为中等收入经济体，是非洲第二大经济体，但据世界银行报告，其失业和贫困人口比例仍然非常高；虽然随着种族隔离政策的废除，南非成人识字率急剧上升，但超过一半的成年妇女未受过教育。南非有超过 200 所高等教育机构，作为东道国目前只接受了 3 所国际分校，澳大利亚莫纳什大学南非分校是其中的一所。南非接受莫纳什大学的动因在于：澳大利亚莫纳什大学是一所世界知名大学，南非期望其南非分校可以满足南非不断增加的高等教育需求；期望吸引本国和来自非洲其他地区的优秀人才以促进非洲大陆的人力资源发展，帮助阻止"人才外流"，帮助解决贫困和失业等问题。对来源国澳大利亚来说，南非的有利因素在于：南非是世界经济第 25 强国家，5300 万人口对高等教育的需求很高；它政治稳定，没有宗教的限制，也没有复杂的移民问题，对国际教师和学生来说是一个相对安全的国家；大学使用英语作为主要的教学语言，具有语言优势；等等。不利因素在于：政府管理严格，有大量的地方性法规和限制，且不断发生变化；基础设施薄弱，无法促进新教育事业的发展；教育支出少，公共教育支出占政府支出的比例为 20%，其中高等教育支出仅占 2.7%，海外分校完全不能获得南非政府的财政援助，这也是南非仅有 3 所海外分校的最根本原因。因此，在南非建立海外分校最可行的模式是独资独营模式，莫纳什大学南非分校就是采用的这种模式，它也是在南非建立的第一所外国大学分校（2001 年成立），10 年间已培养了 3500 名学生。莫纳什大学南非分校在社会科学、商业和经济、信息技术、健康和人类科学等领域取得了成功。[11]

2. 模式 B 案例：澳大利亚墨尔本皇家理工大学（RMIT University）越南分校

越南自 1986 年推行"革新"政策，随着经济的快速发展和人口的不断增长，其高等教育系统越来越不能满足国内变化的需求。对此，越南寄望于外国和私营的教育机构来解决其突出的教育能力不足和人才流失问题。墨尔本皇家理工大学是澳大利亚重要的公立大学，2001 年该校提出了"对国际社会、经济和环境福祉做出贡献"的国际化战略，并把越南作为实现该战略的重要目标国家之一。越南 2000 年出台有关"外商独资医疗、科学或教育相关机构"法律，并给墨尔本皇家理工大学发放 50 年投资许可证，墨尔本皇家理工大学越南分校成为第一个在新监管框架下获得批准的海外分校。墨尔本皇家理工大学总共在越南开设了 3 个校区，它先后接受了来自国际金融公司和亚洲开发银行 725 万美元的 10 年期限借款、美国大西洋慈善总会捐赠的 21 亿美元，最终形成了"多元化股权注入"模式。此外，墨尔本皇家理工大学越南分校与越南保险公司合作开发了"优先入学证书"（Certificate of Priority Enrolment）保险项目。越南家庭在 5—15 年内为该项目捐赠 15000 美元，捐赠费可以随时全额退款，投保此项目并且符合该校入学条件的学生可以优先入学。这一项目为墨尔本皇家理工大学越南分校的生源和资金都提供了强有力的保障。模式 B 的实施对墨尔本皇家理工大学来说，减小了资金投入，减轻了风险负担，保证了生源；对于东道国越南来说，墨尔本皇家理工大学越南分校的毕业生为越南的经济和社会发展做出贡献，从而实现了双赢的效果。[10]

3. 模式 C 案例：英国米德尔塞克斯大学（Middlesex University）迪拜分校

阿联酋对在本国建立海外分校持开放态度，并提供财政支持，对分校实施免税政策，还建立了"迪拜知识村"（Dubai Knowledge Village，DKV），提供教学设施等，以此吸引国际知名高校前来建立海外分校，成为世界上最大的海外教育枢纽。英国米德尔塞克斯大学在阿联酋建立了唯一一所海外分校。校园坐落在"迪拜知识村"里，并获得了教学设施，包括演讲厅、会议室、电脑室、学生区和图书馆，修建了"信息和学习资源中心"。一方面，作为东道国的阿联酋，引进海外分校的根本动因在于其公立大学资源有限，高等教育体系还没有扩大到足以容纳目前的需求，米德尔塞克斯大学迪拜分校提供商业管理、商业信息系统、心理学、传播和媒体研究等领域的学士学位课程，为阿联酋的人才培养、地方经济发展等发挥了作用；另一方面，对于米德尔塞克斯大学来说，阿联酋的有利因素在于除了提供设施、财政支持、免税之外，大学还期望利用品牌效应，吸引更多优秀的学生和研究人员，这将反过来给母校带来更多的捐赠机会和更高的社会声望。当然，阿联酋的不利因素也非常突出，由于文化差异突出、语言障碍难以克服、对当地文化缺乏认识等因素，外籍教师和当地师生冲突等问题也时有发生。另外，模式C虽有前期投资小、风险性较低等优势，但母校在知识产权上没有足够的控制权，这将不利于母校对分校的监督管理和质量保障，降低水平的招生也常常会导致品牌声誉受损等问题。[11]

表2列举了部分存在10年以上的海外分校及其办学模式。对其进行分析可以发现当今海外分校存在的几个特征：（1）同一所大学在不同的国家采取的模式不尽相同。例如，美国的卡内基·梅隆大学在卡塔尔采取模式C，在澳大利亚采取模式B；（2）同一个国家在接受不同国家的海外教育机构时，允许不同模式的存在。例如，新加坡在2006年引入的印度S.P.贾殷全球管理学院采用模式C，而引入的新南威尔士大学分校采用模式B；（3）有的东道国只接受一种模式。例如马来西亚和中国只接受模式B；（4）发展中国家高等教育机构到发展中国家，甚至到发达国家开办分校的苗头逐渐出现。例如，印度马尼帕尔大学在阿联酋建立分校、印度S.P.贾殷全球管理学院在新加坡开办分校等。综上所述，不同建校模式下的海外分校，其特点不尽相同，其优势和弊端也不尽相同。选择何种模式开设海外分校，既要充分了解东道国的政治、经济、文化、习俗等，也要仔细分析来源国自身的优势与劣势，在综合评价的基础上，采取最优的决策。

表2　部分存在10年以上的海外分校及其办学模式

高等教育机构	来源国	东道国	模式	开办年份	办学层次	开办学科
莫纳什大学（Monash University）	澳大利亚	南非	A	2001	学士	商务、IT和艺术
墨尔本皇家理工大学（Royal Melbourne Institute of Technology University）	澳大利亚	越南	B	2001	学士、硕士	商务、IT
米德尔塞克斯大学（Middlesex University）	英国	阿联酋	C	2005	学士、硕士	多学科

续表

高等教育机构	来源国	东道国	模式	开办年份	办学层次	开办学科
卡内基·梅隆大学（Carnegie Mellon University）	美国	卡塔尔	C	2004	学士	商务和IT
卡内基·梅隆大学（Carnegie Mellon University）	美国	澳大利亚	B	2006	学士、硕士	公共政策、管理和信息技术
费尔利迪金森大学（Fairleigh Dickinson University）	美国	加拿大	A	2007	学士	IT和商务
S. P. 贾殷全球管理学院（S. P. Jain School of Global Management）	印度	新加坡	C	2006	硕士	商务
新南威尔士大学（University of New South Walls Australia）	澳大利亚	新加坡	B	2007	学士、硕士	多学科
诺丁汉大学（University of Nottingham）	英国	马来西亚	B	2000	学士、硕士	多学科
诺丁汉大学（University of Nottingham）	英国	中国	B	2004	学士、硕士	多学科
马尼帕尔大学（Manipal University）	印度	阿联酋	C	2003	学士、硕士	商业、媒体设计IT和室内设计

资料来源：VERBIK L, MERKLEY C. The international branch campus: models and trends [EB/OL].（2006-10-01）[2018-03-25]. https://www.obhe.org/resources/the-international-branch-campus-models-and-trends.

四、海外分校办学面临的挑战

虽然建立海外分校会带来很多好处，但高等教育机构也意识到其存在相当大的风险：除了潜在的操作风险（政治形势或东道国监管框架的变化等）、金融风险（提供准备金需求的变化、货币变化等）和声誉风险等外部风险之外，最重要的是海外分校的发展还面临着质量保障标准不统一、学位层次和专业发展的失衡、多元文化的冲突等多重挑战。

（一）母校与分校质量保障标准不统一

海外分校可以说是一种教育服务，然而与其他产业不同，教育服务在物理环境、资源、课程和社会服务方面都很难在国外复制。有的海外分校为了保证生源，存在降低标准的情况，因而学生、家长和用人单位等主要利益相关者对分校的教育质量难免持有一定的怀疑。[6] 因此，东道国和来源国构建标准统一的质量保障体系，对海外分校的运营具有重要意义。表3仔细对比了纽约大学[12]、纽约大学阿布扎比分校[13]和纽约大学上海分校[14]的计算机工程专业的入学要求、课程设置、学分要求，发现这三个方面都存在差异。主要表现为：入学要求上，针对外国学生，母校纽约大学最为严苛，而两个分校不需要提供TOEFL iBT等英语考试成绩，仅接受本国认可的大学入学考试即可；课程设置上，板块设置方式和培养侧重点也不尽相同，有的学者认为海外分校的学生在写作、英语、数学方面的能力都达不到母校的要求；学分要求上，也是母校的学分要求最高。

表3　纽约大学、纽约大学阿布扎比分校和纽约大学上海分校计算机工程专业对比

大学	入学要求	课程设置	学分要求
纽约大学	1. 标准考试（七选一）① ·SAT（短文测试不要求） ·ACT（不需要书写测试） ·SAT三门学科测试分数 ·AP三门考试成绩 ·IB考试成绩 ·IB三门课程的考试成绩 ·国家认可的大学入学考试 2. 英语语言水平考试（四选一）② ·TOEFL iBT ·IELTS学术 ·PTE学术 ·C1高级或C2熟练	课程不按照模块而是按照学期设置。八个学期每个学期的课程和须修学分数已经排好，按照计划上课即可。例如：第一学年秋季学期上"微积分"（4学分）、"论文写作"（4学分）等	142学分，平均学分绩点（GPA）2.0以上

① SAT：学术能力评估测试；ACT：美国大学入学考试；AP：美国大学预修课程；IB：国际预科证书课程。

② TOEFL iBT：基于互联网的外国人英语水平测试；IELTS学术：国际英语语言测试系统（学术类）；PTE学术：培生学术英语考试；C1高级或C2熟练：剑桥英语高级或熟练水平测试。

续表

大学	入学要求	课程设置	学分要求
纽约大学阿布扎比分校	1. 标准考试，同样七选一，但多半采用本国认可的大学入学考试 2. 向阿布扎比校区申请的学生无需提交英语语言水平考试成绩	课程按照模块设置，分基础科学、数学、工程专业通识课、专业必修和选修课、研讨会和毕业设计等5个模块	140学分，GPA2.0以上
纽约大学上海分校	1. 标准考试，同样七选一，但多半采用本国认可的大学入学考试（面向中国学生，采取高中学业成绩和高考成绩相结合的招生录取模式） 2. 向上海校区申请的学生无需提交英语语言水平考试成绩	课程按照模块设置，分写作、社会基础、文化基础、数学、科学、算法思维、语言等7个模块	128学分，GPA2.0以上

资料来源：NYU. 2016-2018 Tandon school of engineering bulletin[EB/OL].(2018-03-25)[2018-03-25]. http://bulletin.engineering.nyu.edu/content.php?catoid=11&navoid=974; NYU ABU DHABI. Bulletin 2017-2018[EB/OL].(2018-03-25)[2018-03-25]. https://nyuad.nyu.edu/en/academics/undergraduate/majors-and-minors.html; NY SHANGHAI. Academic bulletin 2017-2018[EB/OL].(2018-03-25)[2018-03-25]. https://shanghai.nyu.edu/academics/curriculum/bulletin.

鉴于此，一方面，越来越多的东道国通过进一步制定详细的质量保障规章制度，来加强对外国大学分支机构的质量监管。例如，中国对师资和课程提出了4个"三分之一"的标准[①]；马来西亚提出外国大学必须与当地国家认可的合作伙伴或者当地认证机构进行合作等要求；日本法律规定外国大学（日本政府认可的正规高等教育机构）的学位课程必须与其本国母校提供的相同等。另一方面，澳大利亚和英国等教育出口国也正在努力规范其海外分校，主要目的就是确保其教育质量与本国学校相当，从而保障其海外分校的吸引力。因此，构建标准一致的质量保障体系，是消除海外分校与本国母校教学质量差别、消除利益相关者的疑虑、提高利益相关者信心的根本路径。

───────────

① 2006年2月，中华人民共和国教育部在《关于当前中外合作办学若干问题的意见》中针对本科项目明确提出了4个"1/3"的要求，即引进的外方课程和专业核心课程门数应当分别占中外合作办学项目全部课程和专业核心课程的1/3以上，外国教育机构教师担负的专业核心课程的门数和教学时数应当分别占中外合作办学项目全部专业核心课程门数和教学时数的1/3以上。

（二）学位层次、专业发展的失衡

区别于一般性的境外办学形式，海外分校必须与获取学位挂钩。绝大多数海外分校提供能够获取学位的课程。例如，有学者统计了"一带一路"沿线国家的海外分校，发现81.8%的海外分校提供学历教育；提供学历教育，兼顾非学历教育的海外分校占12.9%（少部分只提供非学历教育，本研究中的海外分校不包括这类海外教育机构）。此外，"一带一路"沿线国家既注重专业技能型人才的培养，也注重研究型人才的培养，因此呈现出本科生教育和研究生教育并存的办学方式，其中可以提供硕士生教育的占28.8%，而提供博士生教育的仅占0.8%。[15] 因此，学位层次的不均衡是海外办学面临的挑战之一，它关系到是否满足利益相关者的多样化需求、是否满足与东道国需求相契合等问题。另外，从专业分布来说，海外分校的专业布点主要集中于低成本收效快的工程和技术等高技能领域以及商业和社会科学等领域。北京师范大学张瑞芳对132所海外分校所设专业进行了分析，结果表明，这些海外分校以经济类（47.0%）、电子信息类（43.9%）、生物医药及工程类（29.5%）、管理类（29.3%）等专业为主，相对而言，文化教育类（13.6%）、法律宗教类（8.3%）和政治类（8.3%）等专业较少。[15]

经济类、电子信息类、生物医药及工程类、管理类等专业占比高，一定程度上与东道国劳动力市场需求和消费者需求相一致，但是随着东道国高等教育能力的不断提高，为了在日益激烈的国际化竞争中占有一席之地，它们会越来越寻求独特的合作领域，摆脱趋同的专业设置现象。因此，如果不仔细分析利益相关者的新需求、开拓新的合作领域，海外分校的道路将会越走越窄，甚至停步不前。因为学位层次和专业领域发展的不平衡增加了来源国和东道国达成共识的难度，从而成为建立海外分校的阻力。这也许就是十几年来海外分校虽然在发展，但是数量不多的原因之一。

（三）多元文化的冲突

海外分校在办学过程中面临各种文化冲突，既有因办学方自身固有的文化观念与东道国文化观念的不同而产生的文化冲突；也有校园内部来自不同国家和地域的教师及学生之间的多元文化冲突。许多大学对发展中国家的海外分校缺乏研究，海外分校的批评者认为，"开办海外分校的外国大学对东道国当地的文化和习俗常常出现不认同和不了解的情况，这种认同的缺乏常常会造成问题和争议"，甚至"某些特定科目的教材可能与东道国的文化或价值观相冲突"。[16]

多元文化冲突主要体现在四个方面[17]：（1）跨文化差异。跨文化沟通指的是来自不同文化背景的人之间发生的沟通行为。在当今社会中，跨文化沟通的困难源于每个国家的人民所拥有的独特的文化认同、行事方式与习惯。因此，海外分校的外方管理者不能仅仅以自身的文化传统来理解一切事物，而必须以客观、中立的视角去思考海外分校中可能出现或已经出现的文化冲突。例如，海外分校的外方管理者如果生搬硬套母校所谓的优秀课程，而忽略东道国的文化和需求，就会背离实际环境，与当地的社会习俗、传统习惯脱轨。（2）风俗习惯差异。风俗习惯是指在一定的文化区域内，经过历代的选择所留下的人们共同遵守的一种行为模式与相应的规范方式，对其社会成员产生一种非常强烈的行为制约作用。海外分校的外方管理者如果不去了解、尊重和适应东道国的生活方式、工作方式等各种风俗习惯，就不能做到"入乡随俗，适者生存"。（3）宗教信仰差异。宗教是文化的一个重要组成部分，也是一个敏感而且复杂的文化问题，很多文化冲突都源于不同宗教之间的理念差异。世界上的大多数人都被不同的宗教文化所影响，例如基督教对西方文化产生的影响很大，而东方文化则长期受到佛教、儒教等宗教的影响。（4）价值观差异。由于人们生活在不同的国家、不同的地域，受不同文化氛围的影响以及接触不同的事物，也就自然会形成不同的价值观，具体表现在集体主义和个人主义价值观差异、隐私价值观的差异等方面。因此，外国大学如何把握好本国文化和当地文化的融合度，东道国如何把握好吸收他国文化和坚守本土文化的平衡，是正确解决多元文化冲突的关键，也是办好海外分校的一个重要保障。

五、结语

通过前面对海外分校办学动因、类型和挑战的分析，笔者对于我国推进海外分校的发展提出以下几点建议：（1）海外分校属于学历教育，学生完成学业之后将授予我国的学位证书，因此设置的海外分校首先必须符合我国《教育法》《高等教育法》等相关法律规定，保障教学质量；（2）海外分校要有自己的校园和校舍等实体建筑，应该积极采用模式 B（资金来源多样化）和模式 C（东道国提供设施）的办学方式，减少投入成本和风险;(3)要明确设置分校国家的标准,包括国家政治的稳定性、为教师和学生提供安全的环境、英语熟练程度、对海外分校的普遍接受度,以及国际社会与许多联合国和非政府组织是否在该地区开展活动等;(4)海外分校应继续推动国际教育,培养国际化人才,促进跨文化理解和国家间关系的进一步巩固,对当地文化的研究是必不可少的,在既保持我国大学教学水准的同时,还应该兼顾东道国的文化和需求;(5)价值观和信仰常常影响教师的学术自由,进行协调不同价值观的研究是必不可少的。可以说,我国对于海外分校问题的理解程度将随着这一研究的深入而不断提升,但问题的彻底解决仍任重而道远,需要各方的共同参与和努力。

参考文献

[1] WILKINS S, HUISMAN J. The international branch campus as transnational strategy in higher education [J]. Higher education, 2012, 64 (5): 627-645.

[2] GARRETT R. Indian business school becomes Australian!? The latest on international branch campuses of Indian universities [EB/OL]. (2015-01-22)[2018-03-25]. https://www.obhe.org/resources/indian-business-school-becomes-australian-the-latest-on-international-branch-campuses-of-indian-universities.

[3] 文部科学省高等教育局. 学校教育法施行規則等の一部改正について(通知)[EB/OL]. (2015-03-30)[2018-03-25]. http://www.mext.go.jp/b_menu/hakusho/nc/08070410.htm.

[4] GARRETT R, KINSER K, LANE J E, et al. International branch campuses: success factors of mature IBCs [EB/OL]. (2017-06-12)[2018-03-25]. http://www.obhe.ac.uk/documents/view_details?id=1076.

[5] 李盛兵, 刘冬莲. 高等教育国际化动因理论的演变与新构想 [J]. 高等教育研究, 2013, 34 (12): 29-34.

[6] WILKINS S, BALAKRISHNAN M S, HUISMAN J. Student choice in higher education: motivations for choosing to study at an international branch campus [J]. Journal of studies in international education, 2012, 16 (5): 413-433.

[7] STANFIELD D A. International branch campuses: motivation, strategy, and structure [D]. Boston: Boston College, 2014.

[8] ALTBACH P G. Globalization and the university: realities in an unequal world [M] // FROEST J F, ALTBACH P G. International handbook of higher education, Dordrecht: Springer, 2007: 121-139.

［9］CROSS-BORDER HIGHER EDUCATION RESEARCH TEAM. Educational hubs［EB/OL］.（2016-09-09）［2018-03-25］. http://cbert.org/?page_id=32.

［10］VERBIK L, MERKLEY C. The international branch campus: models and trends［EB/OL］.（2006-10-01）［2018-03-25］. https://www.obhe.org/resources/the-international-branch-campus-models-and-trends.

［11］GOMEZ N. International branch campuses［D］. New York: City University of New York, 2015.

［12］NYU. 2016-2018 Tandon school of engineering bulletin［EB/OL］.（2018-03-25）［2018-03-25］. http://bulletin.engineering.nyu.edu/content.php?catoid=11&navoid=974.

［13］NYU ABU DHABI. Bulletin 2017-2018［EB/OL］.（2018-03-25）［2018-03-25］. https://nyuad.nyu.edu/en/academics/ undergraduate/majors-and-minors.html.

［14］NYU SHANGHAI. Academic bulletin 2017-2018［EB/OL］.（2018-03-25）［2018-03-25］. https://shanghai.nyu.edu/academics/curriculum/bulletin.

［15］张瑞芳.“一带一路”沿线国家境内海外分校发展现状研究［J］. 世界教育信息, 2017, 30（20）: 20-27.

［16］SAMOFF J, CARROL B. Continuities of dependence: external support to higher education in Africa［J］. Nippon jibiinkoka gakkai kaiho, 2003, 117（11）: 13-75.

［17］杨柏, 陈伟, 林川, 等.“一带一路”战略下中国企业跨国经营的文化冲突策略分析［J］. 管理世界, 2016（9）: 174-175.

（廖菁菁, 贵州师范大学求是学院讲师, 厦门大学教育研究院、中外合作办学研究中心博士研究生。原载《比较教育研究》2019年第2期, 略有改动。）

美国大学海外分校全球扩张历史和战略研究

王　璞

　　自 20 世纪下半叶以来，高等教育国际化已成为不可逆转的趋势，作为高等教育国际化重要内容的跨国高等教育蓬勃兴起。全球范围内的跨国高等教育活动有授权办学、海外分校、姊妹计划、学分转移、项目合作等多种形式，开办海外分校是最新也是发展最为迅速的形式之一。仅 2006—2013 年，全世界海外分校的数量就增长了 43%。2006 年只有大约 82 所海外分校，2013 年就增至 188 所。[1]

　　现阶段，不同的研究机构和学者对海外分校的界定不太一致，但对海外分校应该满足的基本条件有共识，即海外分校必须是一个有形的附属教育机构，该教育机构必须属于或者至少部分属于外国母体教育机构，而不能完全脱离外国母体教育机构而建立；海外分校必须以所属的外国教育机构的名称运营，且在教学方面必须有传统的面对面授课形式，而不能完全采用网络教学；海外分校能为学生提供完整的学术课程，学生可以获得由所属的外国教育机构颁发的文凭。[2]这些条件也得到长期追踪跨国高等教育发展的两个研究机构——美国跨境教育研究小组（Cross-Border Education Research Team，C-BERT）和英国无边界高等教育观察组织（Observatory on Borderless Higher Education，OBHE）的认可。[3]

一、全球最大的海外分校输出国：美国

　　美国一直是全球跨国高等教育的主要输出国之一，其在 20 世纪 90 年代的教育出口贸易额及留学生数量都位居世界第一。如，1994 年美国的教育出口贸易额为 70 亿美元，比排在第二、三位的英国和澳大利亚的总和还要多。[4]1999—2000 年，美国约有 50 多万名国际学生，仅此一项就为美国带来了 120 亿美元的经济利益。[5]与此同时，美国也是最大的海外分校输出国。据 C-BERT 统计，截至 2016 年，全球共有 32 个国家的大学在海外建立分校。按海外分校的数量计算，美国排名第一，有 82

所海外分校，其他排名前五的国家依次是：英国（38 所）、俄罗斯（20 所）、法国（16 所）、澳大利亚（15 所）。[6]正如 OBHE 副主任莱恩·维比克（Line Verbik）所说："全球各国大学都在海外设立分校，但显然美国的高等院校在开设海外分校这种教育输出类型上占有绝对的优势，而且越来越多的国家开始青睐海外分校这种教育输出形式。"[7]

美国的海外办学可以追溯到 19 世纪下半叶传教士到各殖民地国家进行的传教和办学活动，这可以被视为美国进行教育输出的初步实践，但这并不是今天高等教育国际化语境下的海外分校。自 20 世纪 50 年代起，很多美国大学自发地在海外设立分支机构，如斯坦福大学海外研究中心，其主要目的是为本国学生提供在海外学习、研修的机会，[8]同时也可以提高美国大学的声誉和收益。及至 20 世纪 70—80 年代，符合现代定义的美国大学海外分校开始大量产生。截至 2016 年，美国大学在全球建立的 82 所海外分校范围遍及五大洲，其中欧洲 29 所、亚洲 40 所、美洲 10 所、非洲 2 所、大洋洲 1 所。这些海外分校的设立与美国的经济利益和政治意图紧密相连，而且在不同的历史时期和地区，美国大学在海外分校的设立上还呈现出不同的兴趣倾向和扩张重点。

二、美国大学在欧洲的海外分校：文化交流和政治意图驱动

美国大学最先选择在欧洲建立海外分校，这种热情从 20 世纪 50 年代至今不减，而且这些分校多数长盛不衰，欧洲现存 29 所美国大学海外分校。起初美国大学在欧洲设立分校主要是为学生提供短期的国外学习机会，开阔学生眼界，扩大文化交流。随着高等教育国际化的不断深入，这些分校也开始招收欧洲本地的适龄学生和成人学生。[9]"二战"后，世界经济和政治格局发生巨变，美国开始制定各项政策加快高等教育国际化进程，美国大学的跨国教育活动从松散的国际合作项目演变为海外分校的设置和运作，此时的海外分校不可避免地裹挟着美国的全球战略意图。

在不同的时期，欧洲的不同区域受美国重视的程度不同。冷战时期，西欧是美苏对峙的前沿，服从于美国的政治和外交需求，这一区域海外分校的设置和运作受到异常的重视。[10]正如富布莱特指出的，美国出台的教育援助不仅是为穷困国家设计的一般性教育计划，也是为了加强国际交流与合作，并透过国家的重要知识领袖阶层来影响国际政治事务。[11]冷战后，美国开始在转型后的东欧国家大量设立海外分校，直至今日还

留存9所（表1）。这反映了美国对重回资本主义怀抱国家的重视，目的是推广西方民主及自由市场经济体系，赢得这些国家对美国的支持和政治认同。相应地，这些国家从20世纪90年代后才开始准许美国大学海外分校的建立。

表1 美国大学在原东欧社会主义国家的海外分校

分校输入国	分校数（所）	分校建立时间（年）	分校名称
阿尔巴尼亚	1	2002	帝国州立学院地拉那分校（Empire State College Program in Tirana）
德国	2	1991	杜鲁大学（Touro College in Berlin）
		不详	席勒国际大学（Schiller International University）
匈牙利	1	1994	麦克丹尼尔学院（McDaniel College in Budapest）
斯洛伐克	1	1991	西雅图城市大学（City University of Seattle）
波兰	1	2004	克拉克大学（Clark University）
捷克	1	1998	帝国州立学院（Empire State College）
俄罗斯	1	1991	莫斯科杜鲁大学（Moscow University Touro）
克罗地亚	1	1995	克罗地亚罗彻斯特理工学院（Rochester Institute of Technology, Croatia）

资料来源：根据C-BERT和OBHE统计数据、各大分校网站等网络资源整理。

美国大学在欧洲建立的海外分校存活率最高，有学者通过对开办海外分校的风险规避策略的研究，认为美国的高等教育机构在欧洲，尤其是在西欧开办的分校，可以完全移植美国母校的结构和运作模式而不用做大的改变，成为风险最低的海外分校。[12]但即便如此，由于教育法规和具体情况不同，欧洲各国对海外分校的准入门槛和认可度也不一样。

意大利对外国大学在意设立分校持开放和鼓励的政策，准入条件相当宽松。意大利 1989 年的法律规定，外国大学在意大利从事教育活动，免征增值税。1994 年签发的第 389 号总统令规定，欧盟国家和非欧盟国家的高校在意大利建立的分校，由教育部和文化财产部负责进行日常监督。因此，外国大学在意大利设立分校只要提供文件证明自己是所在国高等教育系统中的真实学校就可以。[13]西班牙同样支持外国大学在本国设立分校，但准入门槛较高，其相关的教育法令明确指出，在西班牙建立海外分校需要符合国家质量保障和认证机构或者其他合法的外部质量保障团体的要求。[14]保加利亚则规定，外国大学不能在保加利亚单独办学，只能与本国的国立高等教育机构一起合作才能够建立分校，而且这一合作还需要依据政府间的合作协议。也就是说，没有政府间的合作协议，禁止在保加利亚设立海外分校。当然，还有欧洲国家对海外分校有明确的限制条款。例如，希腊最早的法律是不承认海外分校地位的，虽然后来在欧盟的压力下，不得不修改相关的法令，但是海外分校的学术地位还是没有得到保证。

三、美国大学在东南亚地区的海外分校：经济利益驱动

亚洲发展中国家大多需要依靠国际高等教育资源来提高本国的高等教育水平，以满足本国经济社会的发展需要。较早的方法是鼓励出国留学，亚洲也因此成为最主要的留学生输出地区。20 世纪 80 年代的经济危机，以及 1997 年的亚洲金融风暴，让许多亚洲国家无法承担出国留学带来的巨额外汇损失。为了减少对出国留学的依赖，亚洲各国重视发展低成本高质量的跨国教育。而随着亚洲各国的经济和社会发展，当地民众产生巨大的教育需求，从 20 世纪 80 年代开始，亚洲逐渐成为美国大学设立海外分校最为集中的地区。不包含中东地区，亚洲现存 24 所美国海外分校，其中日本 2 所、泰国 1 所、新加坡 5 所、中国（包括港澳台地区）13 所、韩国 3 所。当然，在不同的时期，美国大学在亚洲开办海外分校的重点地区也不相同。

20 世纪 80 年代初，为了消除贸易摩擦，美日两国联手推动美国大学在日设立分校。美国大学在日本设立的海外分校发展迅速，其数量一度达到 30 余所。1982 年，美国天普大学（Temple University）在日本设立了第一所海外分校，随后美国多所大学在日本相继设立分校，这被认为是 20 世纪 80 年代美国兴建海外分校热潮的起点。[15]之后，由于日本

政府不承认海外分校的大学身份，导致海外分校税收负担沉重，经营难以为继，加之母校对海外分校又疏于监督，以致大多数分校质量堪忧，声誉扫地。到现在仅剩下两所分校，一所是 1982 年建立的天普大学日本校区，一所是 1993 年在东京建立的湖滨大学（Lakeland College）日本校区。在经历了美国大学海外分校关闭浪潮之后，日本政府曾一度禁止外国大学在日建立分校，直到近期才解除对开办海外分校的立法限制。

从 20 世纪 90 年代开始，尤其是 1997 年亚洲金融风暴之后，东南亚各国成为美国大学海外分校的扩张重点。与此同时，东南亚各国也积极制定相关政策。新加坡由政府主导积极发展海外分校，新加坡贸易工业部下属的经济发展局，于 1998 年提出了一面积极引进世界顶尖大学，一面发展国际教育服务贸易的"双翼发展"构想。[16] 新加坡政府明确规定，除政府允许引进的实施合作办学的外国大学之外，不允许外国其他大学擅自在新加坡建立分校，必须由经济发展局专门负责选择和引进国外一流大学，制定教育服务贸易的长远规划。新加坡对引进大学的资质和质量进行了严格控制，经过短短几年的努力，新加坡已经吸引了 5 所美国大学在新加坡建立了海外分校，它们是内华达大学拉斯维加斯分校（University of Nevada, Las Vegas）、纽约大学帝势艺术学院（New York University Tisch School of Arts）、美国烹饪学院（the Culinary Institute of America）、迪吉彭理工学院（Digipen Institute of Technology）和纽约市立大学柏鲁克学院（Baruch College, City University of New York）。这些分校具有明显的专业倾向，主要以工程、商科、医学等为主，都与新加坡重点培育的产业紧密相关，近期还引入了电影制作、游戏开发等专业。[17]

东南亚各国的政治、经济和文化差异很大，因此，各国政府和高等教育系统对美国大学海外分校的接纳形式也复杂多样。[18] 如马来西亚的跨国合作教育成果极为突出，但我们在 C-BERT 的统计报告中却没有发现美国大学在马来西亚建立分校。这主要是因为 1997 年亚洲金融风暴后，为了避免海外人才和金融资本的流失，保存国家的经济实力，马来西亚政府采取了比较稳健的高等教育发展战略，更倾向于鼓励联合课程的开发。因此，其跨国合作主要集中在项目合作、学分转移等风险较低的合作项目，[19] 而这些合作项目都不符合 C-BERT 海外分校的统计范围。

美国大学在中国设立的海外分校数量居于亚洲各国首位，截至 2016 年，美国大学在华海外分校有 13 所（表 2），其中 10 所设在中国大陆

（内地），2 所设于香港，1 所设于台湾。美国在华的海外分校大部分都是
2000 年之后建立的，起步虽晚，但发展迅速。这与中国强劲的发展力量
是分不开的。当然，美国大学在中国设立分校也契合了中国对高等教育
的强烈需求。美国大学不仅获得了丰厚的经济回报，还直接传播了美国
的文化和价值理念。

表 2　美国大学在中国设立的海外分校

区域	分校建立时间（年）	分校名称
中国大陆（内地）	1986	南京大学－约翰·霍普金斯大学中美文化研究中心（Hopkins-Nanjing Center for Chinese and American Studies）
	2001	上海交通大学密歇根学院（Shanghai Jiao Tong University SJTU-UM Joint Institute）
	2003	沈阳师范大学国际商学院（Fort Hays State University, Liaoning）
	2004	辽宁师范大学国际商学院（LNU-MSU College of International Business）
	2009	中国传媒大学国际传媒教育学院（Faculty of International Media, Communication University of China）
	2011	上海纽约大学（New York University Shanghai）
	2011	温州肯恩大学（Wenzhou-Kean University）
	2011	中山大学－卡内基·梅隆大学联合工程学院（Sun Yat-sen University-Carnegie Mellon University Joint Institute of Engineering at Sun Yat-sen University）
	2012	昆山杜克大学（Duke Kunshan University）
	2013	四川大学－匹兹堡学院（Sichuan University-Pittsburgh Institute）

续表

区域	分校建立时间（年）	分校名称
香港特别行政区	2010	萨凡纳艺术设计学院香港校区（Savannah College of Art Design – Hong Kong）
	不详	芝加哥大学布思商学院香港校区（The University of Chicago Booth School of Business – Hong Kong Campus）
台湾地区	不详	纽约市立大学柏鲁克学院台湾校区（Baruch College, City University of New York）

资料来源：根据C-BERT和OBHE统计数据、各大分校网站等网络资源整理。

韩国一开始是完全禁止外国大学在韩开办海外分校的，后鉴于高等教育国际化的压力，才在某些地区放松管制，允许建立海外分校。2012年，纽约州立大学石溪分校（State University of New York – Stony Brook）建立，这是美国大学在韩国建立的第一所海外分校。2014年，乔治·梅森大学仁川校区和犹他大学亚洲校区相继在韩国建立。

四、美国大学在中东地区的海外分校：国家安全和优厚条件驱动

美国大学在中东地区海外分校数量的激增有着明显的时间节点，即2001年的"9·11"事件。据统计，美国大学在中东地区开办的海外分校数量最多，约占所有外国大学海外分校的40%。[20]美国大学在中东现有16所分校，除了黎巴嫩、以色列、土耳其各1所分校外，其他13所分校都集中在卡塔尔和阿联酋。卡塔尔共有7所美国海外分校，分别为弗吉尼亚邦联大学（Virginia Commonwealth University，1998年开办）、康奈尔大学威尔医学院（Weill Cornell Medical College in Qatar，2001年开办）、得克萨斯农工大学（Texas A&M University，2003年开办）、乔治城大学外事学院（Georgetown University School of Foreign Service，2005年开办）、西北大学（Northwestern University，2008年开办）、休斯敦社区学院（Houston Community College，2010年开办）、卡内基·梅隆大学（Carnegie Mellon University，具体开办时间不详）；在阿联酋共有6所美国海外分校，分别是阿布扎比纽约理工学院（New York Institute of Technology, Abu Dhabi，2005年开办）、阿布扎比纽约电影学院（New

York Film Academy, Abu Dhabi，2007 年开办）、阿布扎比纽约大学
（New York University, Abu Dhabi，2010 年开办）、迪拜密歇根州立大学
（Michigan State University, Dubai，2007 年开办）、迪拜罗彻斯特理工学院
（Rochester Institute of Technology, Dubai，2008 年开办）和迪拜霍特国际
商学院（Hult International Business School, Dubai，2012 年开办）。①

  中东地区一直都是美国全球战略部署的核心区域，"9·11"事件之
后，出于反恐和保障国家安全的需要，美国对中东地区的关注迅速升级。
美国为了缓解中东的紧张局势，急需扩大与该地区的交流和对话，美国
大学海外分校在中东地区的快速增长符合美国的战略布局。这些分校间
接地充当了美国政府和中东国家的调解者，同时还担负着深入了解当地
文化、迅速觉察当地政治意图、及时调解当地种族矛盾、为美国的外交
策略提供合理建议的任务。与此同时，美国当局出于安全考虑，加强了
对签证申请的管理，严格控制恐怖事件多发地带的签证通过率，中东地
区的国际签证通过率大幅度降低，导致中东地区的学生只能在当地上学。
然而，当地的教育资源有限，无法满足他们求学的需求，因此美国大学
海外分校为该地区创造了一个替代留学美国的教育市场。这不仅让该地
区学生不用出国就享受到高质量的高等教育，还吸引了海湾地区，甚至
世界其他地区的学生前来就学。

  当然，中东地区外国大学海外分校的激增，也离不开中东各国自身
的发展需求和强力支持。中东国家的高等教育资源非常有限，为了快速
发展现代高等教育体系，它们非常重视引入国外优质教育资源。中东国
家普遍立法，允许私立高等教育机构运营，为国外教育机构的进入创造
了条件。为了鼓励海外名校来当地建立分校，中东各国相继出台了特殊
的引进政策。海湾国家凭借其积累的巨大石油财富，明确提出将会给世
界一流大学海外分校提供优厚的条件，或承诺帮助其在该地区建立教学
与科研体系。如阿联酋和卡塔尔为了吸引世界一流大学建立海外分校，
专门规划出专属区域作为各海外分校的校园，并承诺提供相应教学设施
设备，且明确规定著名大学海外分校在当地可以享受充分的办学自主权，
学费收入全免税，且收入可直接转回母校。对国外学生和教职员工办理
签证予以协助，还额外给进驻大学城的海外分校提供丰厚的经费支持。
虽然中东国家积极出台了各项特殊的引进政策，但中东地区政府或是相

---

① 资料来源：根据 C-BERT 和 OBHE 统计数据、各大分校网站等网络资源整理。

关的跨国教育管理部门对美国大学海外分校的引进具有严格的遴选标准和审查制度，只有那些具备良好教学和科研声望的大学，并且具备中东国家希望发展的高水平学科和专业，才能获准进入中东地区办学，并享受各项特殊政策。[21]

五、结语

从上文可知，美国大学海外分校的发展呈现一定的规律性，虽然在不同阶段和不同地区，美国大学海外分校发展的主要驱动力不同，但都与美国的经济利益和全球战略密切相关。不仅如此，在不同的地区，美国大学海外分校所采用的投资形式以及与输入国的合作方式也是不同的。这与美国的国家战略有关，但更多地取决于海外分校所在国的国情和教育体制。

第一种是美国大学全额投资创建，产权完全归美国大学所有。如 1983 年在荷兰开办的韦伯斯特大学荷兰校区（Webster University, Netherlands），以及 1970 年在墨西哥开办的阿莱恩特国际大学墨西哥城校区（Alliant International University-Mexico City Campus）。由于建设这种类型的海外分校需要花费巨额资金，而且要对所有的损失负责，所以这种类型逐渐被抛弃。

第二种是美国大学与分校所在地政府、企业或个人共同投资创建。共同投资的方式由于风险更低而被广泛采纳，分校所在地的投资方也因为投资而获得了海外分校的部分所有权和经营权，如大洋洲唯一的一所美国大学海外分校卡内基·梅隆大学澳大利亚校区（Carnegie Mellon University, Australia）。为了分担成本、共同获益，分校所在地的投资方也越来越多元。美国大学在华的海外分校就是如此，如昆山杜克大学由杜克大学、昆山市政府、武汉大学合作创立，温州肯恩大学由温州大学、温州市政府、美国肯恩大学合作创立。[22]

第三种是所在地的政府或企业提供所有投资和校园设施以吸引美国大学前来办学，如迪拜的"知识村"（Knowledge Village in Dubai）和卡塔尔的"教育城"（Education City in Qatar）。这也说明国家的经济支持能刺激产生更高水准的海外分校。

美国海外分校在高等教育国际化进程中扮演了举足轻重的角色，海外分校作为高等教育国际化的新形式，其作用不容小觑。研究美国大学海外分校的发展战略，显然有益于我们深刻理解当前高等教育国际化的环境，有益于我们在相对薄弱的高等教育基础上，引入优质高等教育资源，助力本国的经济发展和人才培养，同时也为我国高等教育的输出提供参考。

参考文献

［1］ BECKER R. International branch campuses: new trends and directions［J］. International higher education, 2015（58）: 3-5.

［2］ WILKINS S, HUISMAN J. The international branch campus as transnational strategy in higher education［J］. Higher education, 2012, 64（5）: 627-645.

［3］ C-BERT's definition of international branch campus［EB/OL］.（2015-09-02）［2016-09-02］. http://cbert.org/resources-data/intl-campus/.

［4］ 王剑波，姜伟宏.跨国高等教育及其质量监管的比较研究：以跨国高等教育提供国比较的视角［J］.东岳论丛，2009，30（8）：167-171.

［5］ 王剑波.跨国高等教育与中外合作办学［M］.济南：山东教育出版社，2012.

［6］ Cross-border education research team, research and news about transnational higher education［EB/OL］.（2016-09-02）［2016-09-02］. http://www.globalhighered.org.

［7］ VERBIK L. The international branch campus: models and trends［J］. International higher education, 2015（46）: 14-15.

［8］ 赵丽.跨国办学的理论与实践研究［D］.上海：华东师范大学，2005.

［9］ 顾建新.跨国教育发展理念与策略［M］.上海：学林出版社，2008.

［10］ 阿尔特巴赫.跨越国界的高等教育［J］.郭勉成，译.比较教育研究，2005，27（1）：5-10.

［11］ About senator J. William Fulbright［EB/OL］.（2016-09-02）［2016-09-02］. https://cies.org/about-senator-j-william-fulbright.

［12］ GIRDZIJAUSKAITE E, RADZEVICIENE A. International branch campus: framework and strategy［J］. Procedia - social and behavioral sciences, 2014（110）: 301-308.

［13］ VERBIK L, JOKIVIRTA L. National regulatory approaches to transnational higher education［J］. International higher education, 2015（41）: 6-8.

［14］ ADAM S, CAMPBELL C. The recognition, treatment, experience and implications of transnational education in Central and Eastern Europe 2002-2003［EB/OL］.（2003-07-21）［2016-09-02］. https://www.researchgate.net/publication/242687290_The_Recognition_Treatment_Experience_and_Implications_of_Transnational_Education_in_Central_and_Eastern_Europe_2002-2003.

［15］ 叶林.美国大学在日分校的历史、现状和将来［J］.清华大学教育研究，2005，26（1）：27-33，57.

[16] 张民选. 新加坡案例：拓展国际教育 建设世界校园 [J]. 高等教育研究，2004，25（2）：89-93.

[17] ZIGURAS C. The impact of the GATS on transnational tertiary education: comparing experiences of New Zealand, Australia, Singapore and Malaysia [J]. The Australian educational researcher, 2003, 30（3）: 89-109.

[18] OECD. Internationalisation and trade in higher education: opportunities and challenges [EB/OL].（2004-08-18）[2016-09-02]. https://doi.org/10.1787/9789264015067-en.

[19] 王璞，傅慧慧. 马来西亚跨国合作教育质量保证的政策法规综述 [J]. 重庆高教研究，2015, 3（3）: 105-111.

[20] MILLER-IDRISS C, HANAUER E. Transnational higher education: offshore campuses in the Middle East [J]. Comparative education, 2011, 47（2）: 181-207.

[21] KNIGHT J. Education hubs: a fad, a brand, an innovation? [J]. Journal of studies in international education, 2011, 15（3）: 221-240.

[22] MAZZAROL T, SOUTAR G N, SENG M S. The third wave: future trends in international education [J]. International journal of educational management, 2003, 17（3）: 90-99.

（王璞，厦门大学教育研究院副教授，教育学博士研究生。原载《比较教育研究》2017 年第 1 期，略有改动。）

默克尔执政以来德国高等教育国际化战略

刘淑华　郭荣梅

德国是当今世界高等教育强国，在世界高等教育坐标体系中占有举足轻重的地位，素有重视高等教育交流与合作的传统。21 世纪以来，随着世界高等教育国际化进程的加速，德国的高等教育国际化战略日益受到政府的重视。特别是 2005 年安格拉·多罗特娅·默克尔（Angela Dorothea Merkel）当选为德国历史上第一位女总理以来，德国的高等教育国际化步伐加快，目前正以超常速度向纵深推进。从 2008 年颁布的《联邦政府科学与研究国际化战略》（Strategie der Bundesregierung zur Internationalisierung von Wissenschaft und Forschung），到 2013 年颁布的《联邦与州科学部长推进德国高校国际化战略》（Strategie der Wissenschaftsminister/innen von Bund und Ländern für die Internationalisierung der Hochschulen in Deutschland），再到 2017 年颁布的《联邦政府教育、科学和研究国际化战略》（Internationalisierung von Bildung, Wissenschaft und Forschung—Strategie der Bundesregierung），有关高等教育国际化的战略文本不断涌现。高等教育国际化已从最初分散的、无组织的过程上升为系统的、有组织的国家战略，在德国高等教育诸项改革中占据核心位置。德国是中国高等教育交流与合作的重要伙伴，研究默克尔执政至今的高等教育国际化战略，对于加快推进我国高等教育国际化进程，促进中德两国的高等教育交流与合作具有重要意义。

一、德国高等教育国际化战略实施的动因

（一）学术动因：追求科学与研究的卓越

与其他动因相比，学术动因是德国自 2005 年以来实施高等教育国际化战略最为重要的动因，即提高德国科学和研究的卓越性，增强德国在世界科学与研究领域的吸引力和辐射力，重新赢得世界科学中心的地位。

自 19 世纪洪堡提出"教学与科研相统一"的理念以来，现代意义上的大学在德国兴起，德国一跃成为世界高等教育中心与科学中心。而到了 20 世纪，因两次世界大战、希特勒的文化专制、德国分裂等历史原因，以及德国的高等教育体制与世界教育体系不相容等问题，德国逐渐丧失世界高等教育中心和科学中心的地位，而被占据天时、地利、人和优势并具有独特创新优势的美国所取代。从科学研究的产出来看，日本学者小岛典夫、铃木研一对 1980—2002 年世界各国获得科学技术大奖的调查研究显示，德国的科学研究远远落后美国，也落后于英国、日本和法国。[1] 提高德国科学和研究的卓越性，重新赢得世界科学中心的地位，成为默克尔执政以来德国高等教育发展的一项重要诉求。

（二）政治动因：发挥更广泛的国际影响力

从政治动因上看，德国联邦政府希望通过高等教育领域的交流与合作，加深德国与世界各国的联系。首先以高等教育一体化推动欧洲一体化进程，进而扩大与欧洲以外的国家，特别是发展中国家和新兴市场国家的联系，增强德国在世界政治舞台上的影响力。

默克尔执政以来，德国的外交政策延续了以欧洲为重点的传统，并且在遭遇经济危机、英国脱欧等挑战的背景下，德国更加主动地承担起欧洲领导者的角色，协调欧盟各国的关系，推动欧洲一体化进程。随着国内经济实力的提升，默克尔政府逐渐将目光放眼全球，外交策略也从最初的价值观外交走向利益导向的外交，对现实利益的考量成为其建构外交关系的基础。2014 年高克总统在《德国在世界中的角色》演讲中，主张德国将自身定位为"国际秩序与安全的保障者"，在处理国际问题时应当"更早、更果断、更具实质性"。[2] 这表明德国倡导建立德国参与下的国际新秩序，希望在世界政治舞台上发挥更重要的作用。德国联邦政府认为，教育、科学和研究领域的合作对国家间双边与多边关系的影响越来越大，它能促进德国与战略伙伴、新兴大国关系的稳固以及它们在政治、社会领域的双边合作；为了能在国际竞争中立于不败之地，并承担相应的责任以及在应对全球性挑战中做出贡献，德国的教育、科学和创新体系必须以国际化为导向。[3]

（三）文化动因：弘扬德意志文化

弘扬德意志文化是德国快速推进高等教育国际化的重要文化动因。

一方面，通过世界范围内的高等教育交流与合作，让更多的人深入了解德国，重建被两次世界大战损害的德国国际形象，塑造崭新的、积极的国际形象，增强德国与世界其他国家的相互信任；另一方面，通过和世界其他国家的高等教育交流与合作，增加德国公民的跨文化交流机会，加深他们对世界不同文化的理解，从而培养更具全球竞争力的公民。

最近几年，德国注重把本国文化资源与政府的对外政策相结合，实行蕴含丰富文化元素的"软实力"外交。国际文化、教育和科技合作被视为实施这一外交政策的重要途径。涵盖人员往来、项目合作、文化交流等一系列活动的高等教育国际化，被视为弘扬德意志文化、提升国家"软实力"的重要途径。歌德学院（Goethe-Institut）、德国学术交流中心（Deutscher Akademischer Austauschdienst）等文化教育机构在海外扩大文化宣传，重塑德国新的国际形象。德国高校毕业的外国留学生被认为是德国国家形象的决定力量之一。[3] 为了培养更多知德、亲德的人，德国吸引越来越多的国际留学生和学术人员到德学习与交流，使他们更深入地了解德国及德国文化。同时，德国注重为本土学生和普通民众提供跨文化交流的机会，在多元文化氛围中培养具有国际视野、通晓国际规则、能够有效开展跨文化交流的德国公民。

二、德国高等教育国际化的发展路径

（一）扩大学生流动

首先，招收国际留学生是德国高等教育国际化最重要的途径。为吸引更多的外国学生到德国学习，德国联邦政府与州政府简化留学生的申请和认定程序，营造"欢迎文化"，创设更符合留学生学习与生活的国际化校园。2005—2018 年，除 2008—2010 年受金融危机影响留学生人数有所下降外，到德国求学的留学生数量呈不断上升趋势（表 1）。2005 年国际留学生人数为 24.63 万人，占德国高校学生总数的 12.5%。2014 年，留学生人数首次超过 30 万人，德国成为继美国、英国、澳大利亚和法国之后的世界第五大留学目的国。2018 年，留学生人数上升为 37.46 万人，其中外籍留学生（Bildungsinländer）为 9.26 万人，外国留学生①（Bildungsausländer）为 28.20 万人。[4]

---

① 外籍留学生是指保持外国国籍，在德国接受了中小学教育并且在德国接受高等教育的大学生；外国留学生是指在德国以外国家接受中小学教育而在德国接受高等教育的大学生。

表1 2005—2018 年德国国际留学生数量及占比

年份	德国学生总数（万人）	留学生数（万人）	留学生占学生总数比例（%）	年份	德国学生总数（万人）	留学生数（万人）	留学生占学生总数比例（%）
2005	196.31	24.63	12.5	2012	238.10	26.53	11.1
2006	198.58	24.84	12.5	2013	249.94	28.22	11.3
2007	197.90	24.64	12.5	2014	261.69	30.14	11.5
2008	194.14	23.36	12.0	2015	269.89	32.16	11.9
2009	202.53	23.91	11.8	2016	275.78	34.03	12.3
2010	212.12	24.48	11.5	2017	280.70	35.89	12.8
2011	221.73	25.20	11.4	2018	284.50	37.46	13.2

资料来源：DEUTSCHER AKADEMISCHER AUSTAUSCHDIENST, DEUTSCHES ZENTRUM FÜR HOCHSCHUL–UND WISSENSCHAFTSFORSCHUNG. Publikationen/Downloads [EB/OL]. [2019–04–13].http://www.wissenschaftweltoffen.de/publikation.

德国留学生主要来源于发展中大国和欧洲近邻国家。2016 年，德国外国留学生前六大来源国分别是中国、印度、俄罗斯、奥地利、意大利与法国。中国、印度与俄罗斯均属发展中大国，近几年出国留学人数逐年增加，德国高质量的免费高等教育对这几个国家的留学生吸引力较大。其中，中国是德国的第一大留学生来源国。2016 年，来自中国的学生人数达 3.23 万人，占德国外国留学生总人数的 12.8%。[5]奥地利、意大利和法国既是德国的近邻国家，也是博洛尼亚进程参与国，国家之间的学生流动便利。在留学生的学位层次上，攻读学士和硕士学位的留学生较多，2016 年分别占比 35.9% 和 34.3%，攻读博士学位的学生占10.1%。[5]在学科领域选择方面，工程学是留学生选择最多的专业，占留学生总数的 36.2%。"德国制造"是优良工业品质的代名词，这一品牌的形成与高质量的工程师人才培养密不可分，因而作为德国传统优势学科的工程学成为留学生的首选。除工程学，留学生选择较多的专业是法学、经济学和社会科学，然后是人文科学，最后是数学和自然科学，分别占留学生总数的 26.4%、12.8%、10.2%。[5]

其次，在派出本国学生方面，默克尔执政以来，德国不断采取有力举措，加大派出本国学生力度。最近几年，德国开展"到世界各地学习"（Studieren weltweit—Erlebe es）运动，鼓励学生出国留学。因此，自2005 年以来，在国外就读的德国学生人数不断增长。德国学生去国外就读分为两种形式：一种是在国外攻读学位，另一种是短期到国外交流。总体来看，目前仍以短期交流为主。从在国外攻读学位的德国学生来看，2005—2014 年其人数不断增长。2005 年出国攻读学位的德国大学生总数为 7.71 万人，2014 年增长至 13.73 万人，比 2005 年增长近一倍，占德国大学生总数的 5.8%。从德国学生的留学目的国来看，2014 年前六大目的国为奥地利、荷兰、英国、瑞士、美国及中国。[6] 在学科专业方面，选择经济学与社会科学的学生占德国出国攻读学位学生总数的 20% 左右，其次是语言和文化科学、体育，接下来是数学和自然科学，分别占12.6% 与 11.4%。从短期留学情况来看，德国学生出国短期交流的人数也在增长。2013 年德国就已实现欧盟提出的在 2020 年前使至少 20% 的大学生获得出国交流经历的目标，因此 2013 年《联邦与州科学部长推进德国高校国际化战略》提出 2020 年前德国的新目标是：使 1/2 的高校毕业生获得国外学习的经历，1/3 的毕业生获得不少于 3 个月的国外学习经历或者取得 15 个欧洲学分（European credit tranfer system, ECT）。[7] 2017年德国学生短期留学的前五大目的国是英国、美国、法国、西班牙与意大利。

（二）增强学术人员流动

首先，在学术人员流入方面，吸引外籍学术人员，特别是卓越的科学家和年轻的学术人员到高校及科研机构中交流与工作，是德国高等教育国际化进程中的重要一环。联邦政府着力打造具有吸引力和国际竞争力的工作条件，吸引国外更多学术人员进入德国交流或工作。例如，建立终身助理教授教职，修订《固定期限学术合同法》（Wissenschaftszeitvertragsgesetz），改善青年科学家的工作条件。研究机构也采取了一系列激励机制，吸引外来科学研究人员。如洪堡基金会（Alexander von Humboldt-Stiftung）设立"亚历山大·冯·洪堡教席－国际研究奖"来吸引世界上最顶尖的科学家到德国研究与工作。在一系列政策的激励下，2005 年以来外籍学术人员数量不断增加，其在德国学术人员中的比例也不断提高。2009 年，德国高校中的外籍学术人员共有 2.97 万人，占德国高校学术人员总数的 9.9%。到 2015 年，外籍学术人员增加到 4.31 万人，占学术人员总数的 11.2%。[5] 除了德国高校外，德国四大研究机构（弗劳恩霍夫协会、亥姆霍兹联合会、莱布尼茨协会和马克思－普朗克学会）也吸引了大量外籍学术人员。2008 年这四大研究机构的外籍学术人员共有 5619 人，到 2014 年这一数字上升为 8932 人，占四大研究机构学术人员总数的 20%[5]。从外籍学术人员的来源来看，2015 年前六大来源国分别是意大利、中国、奥地利、美国、俄罗斯和西班牙。外籍学术人员主要来自发达国家和较大的发展中国家，这有利于德国引入世界最先进的科学技术。

其次，在学术人员流出方面，德国也鼓励本国的科学家与学者出国交流。2007—2017 年，约 60% 的德国学术人员到国外交流的时间超过 3 个月。与欧洲其他国家相比，德国学术人员的流动性较高，如法国和英国出国交流的学术人员比例均低于 50%。[3] 2015 年共有 1.6 万名德国客座科学家（Gastwissenschaftler）到国外进行短期教学与研究工作，其中 76% 的科学家受德国学术交流中心资助，美国、中国、英国及俄罗斯是其最主要的目的国。[6] 德国联邦政府预计，2020 年将有 13.8 万名外国学术人员在德国工作与生活，约有 7.7 万名德国学术人员到国外交流。[3] 但是，学术人员的较强流动也给德国带来了一定的人才外流问题。据统计，近 10 年来，德国出国交流的学术人员仅有 60% 左右会返回德国。[3] 为了减少人才外流，联邦政府积极采取行动，吸引德国学术人员回国。例如，2003 年德国联邦教育与研究部牵头成立了德国国际学术网络，定期向国外德国学术人员提供科学界的最新信息和岗位，以吸引他们回国工作。

（三）加强国际合作研究

默克尔执政以来，为促进本国科研的快速发展，重振德国作为世界科学中心的地位，德国一方面加大对本国研究的投入和支持力度，另一方面把科研领域的国际化作为高等教育国际化的重要内容。联邦政府认为："融入全球知识流动对于科学和研究的发展空前重要"，"我们需要国际合作，特别是科学与研究方面的国际合作"。[3] 因此，德国的教育国际化战略是与研究国际化战略一同提出的，开发创新潜力始终是教育国际化战略关注的重点。

联邦政府加大对国际合作研究的资助和扶持力度。2009—2015 年 6 年间，在德国遭遇金融危机不久、国家财力尚不足的情况下，联邦教育与研究部资助国际合作研究的金额从 5.67 亿欧元提高到 8.02 亿欧元，增长了 41.4%。在此资助下国际合作项目数量快速增加，6 年间增长了一倍多，从 2009 年的 1500 个增长到 2015 年的 3400 个。[3] 其中，欧洲研究空间是德国着力打造的合作研究空间。2014 年，联邦政府发布《联邦政府推进欧洲研究空间战略》（Strategie der Bundesregierung zum Europäischen Forschungsraum），提出德国参与欧洲研究空间的六大优先发展事项：创建高效的国家研究体系；优化双边合作与竞争机制；为研究者开放劳动力市场；强调研究领域的性别平等；优化科学知识的获取、交流与转化；发挥欧洲研究空间对国际合作的推动作用。[8]

关于国际合作研究的重点工作，2008 年的《联邦政府科学与研究国际化战略》提出科研国际化的四项中心任务：第一，增强与世界上最优秀科学家的研究合作，深化德国研究者与最优秀、最具创新力的研究者的合作；第二，为开发国际创新潜力，德国企业与领先世界的新兴高科技企业和研发中心成为合作伙伴；第三，增强与发展中国家在教育、研究与发展方面的可持续性合作；第四，承担国际责任和应对全球挑战，深挖研究与创新潜力，为解决全球气候、能源、健康、安全、移民挑战做出贡献。[9]2013 年德国颁布的《联邦与州科学部长推进德国高校国际化战略》指出，联邦与州要资助高校开展国际科研合作，建立世界范围内的研究网络，与合作伙伴一同应对全球科学与社会方面的挑战。[7]

（四）加强课程国际化

为了增强本土大学生在国际劳动力市场上的竞争力，吸引更多的国际留学生，德国将建设国际性校园作为国际化的战略目标之一，其主要途径是课程国际化。大学校长联席会议认为课程的国际化建设十分重要，2017 年 5 月颁布的《致力于课程国际化》的建议书认为，课程国际化的目的在于培养学生的跨文化交际能力与自我发展能力，提高学生的外语水平等。[10]2015—2016 学年冬季学期德国大学校长联席会议开设的高校指南网站的有关数据显示，德国高校共登记注册 18243 门课程，其中 11% 的课程被高校定义为"国际化课程"。[11]

德国国际化课程包括英语授课课程和双学位课程，目前近 2/3 的高校都开设了这两类课程。从英语授课课程来看，有 1088 门课程登记注册为英语授课课程，占课程总数的 6%。97% 的大规模综合性大学、93% 的工业大学以及 78% 的大规模应用科学大学 ① 都开设了英语授课课程。[11]
同时，德国高校中的双学位课程也在不断增加。2015—2016 学年高校指
南网站有关数据显示，共有 640 门双学位课程登记在册，占课程总数的
3.5%。超过 90% 的工业大学、64% 的大规模应用科学大学都设有双学
位课程。这些双学位课程由德国高校和国外 1316 所伙伴高校共同开设。
其中，约有 2/3 的伙伴高校来自 15 个欧盟成员国，其中法国伙伴高校数
量占 24.7%。[11]

（五）建立高校海外伙伴联系

德国联邦政府敦促本国高校加强与国外高校的联系，建立高校伙伴
关系。在政府的鼓励和支持下，与国外高校主动搭建伙伴关系，促进本
校的国际化发展逐渐内化为德国高校的自觉行动。

2005 年以来，搭建伙伴关系的德国高校与外国高校数量都有较大
增长。2010 年高校指南网站的有关数据显示，共有 275 所德国高校与来
自 141 个国家的近 4000 所高校签署约 2 万项国际合作协议。[12]到 2016
年这一数字明显上升，变为 301 所德国高校与 154 个国家的近 5300 所
高校签署 3.2 万多项国际合作协议。[11]其中近一半的合作协议是在伊
拉斯谟计划框架内签署的。在此计划之外，其他欧洲国家的高校合作伙
伴数量最多，占 1/3 左右；其次是亚洲和北美洲国家，分别占 27.9% 和
17.7%。[11]

德国高校与国外高校建立伙伴关系后，主要通过以下四个方面展开
交流与合作：一是人员交流，包括学生、教师、研究人员和行政管理人
员的互动交流；二是教学合作，包括互认学历、共同开发学习计划、实
施双学位课程等；三是研究合作，包括制订研究计划、建立研究生院、
举行会议与共同出版成果等；四是机构之间的合作，包括高校数据中心
和图书馆的合作等。例如，2011 年德国科学基金会和加拿大自然科学与
工程研究理事会缔结了一项合作协议。在此协议的框架下，2011—2016
年两国建立了 13 所德国－加拿大国际研究生院，两国高校之间的伙伴关
系构建更加通畅。再如，柏林自由大学以"文化动力"为主题，与 5 所
国外高校，即耶路撒冷希伯来大学、约翰·霍普金斯大学、哈佛大学、

---

① 学生人数超过 2 万人的综合性大学为大规模大学，学生人数超过 5000 人的应用科学大学
为大规模应用科学大学。

巴黎高等社会科学研究学校和香港中文大学合作，建立了一个以哲学和人文科学专业领域为主题的合作网络。

三、德国高等教育国际化战略的新特征

（一）国别策略有所调整

默克尔执政以来，随着其"积极外交"政策的实施，德国高等教育国际化战略有所调整，主要表现在以下两个方面。

第一，继续强调德国在欧洲的作用，但以欧洲高等教育一体化领导者的新姿态挺身而出，将欧盟内部高等教育的交流与合作置于优先位置。正如德国在《联邦政府教育、科学和研究国际化战略》中指出的："我们的目标是在欧盟层面的国际合作中实现更高的一致性。"[3]德国有重视与欧盟其他成员国的交流和合作的传统，也是欧洲博洛尼亚进程的积极推动者，但姿态较为低调。而最近几年，随着英国脱欧、欧盟深陷多重危机，德国改变了以往较为保守的立场，高调承担起欧洲一体化进程领导者的使命，不仅继续在"欧洲高等教育区"、"伊拉斯谟计划"、欧洲学分转换系统的实施中发挥主导作用，而且在"地平线2020计划"、欧洲质量保障系统、欧洲资格框架、"教育与培训2020战略"的制定和实施中发挥引领作用。

第二，以注重现实利益为目标，大力加强与包括中国在内的广大发展中国家的合作。随着世界上新兴国家的异军突起和不少发展中国家科学与教育的快速发展，德国意识到这些国家将在塑造全球知识社会中日益发挥重要作用。因此，德国在高等教育交流与合作的全球布局上做出新的调整，将新兴工业化国家和发展中国家视为"建设和扩大教育、科学与研究体系的长期伙伴"[3]，努力扩大与这些国家现有的合作并着手建立新的伙伴关系。为此，德国制定《非洲战略（2014—2018）》和《中国战略（2015—2020）》等专门战略。同时，联邦政府投入大量资金促进与这些国家双边和多边合作关系的发展。例如，2011—2015年，德国外交部共投资约6亿欧元用于与发展中国家和新兴市场国家在科研领域的合作，联邦教育与研究部投资2200多万欧元强化与约旦、中国、越南、埃及、阿曼和土耳其的高校合作项目。[3]

（二）更加关注职业教育领域的国际化

与其他国家高等教育国际化的内容相比，德国高等教育国际化更加注重本国的特色教育模式——双元制职业教育的推广。联邦政府认为，职业教育国际化对国家利益至关重要。高水平的教育以及非学术型劳动力的培养，有助于增强经济竞争力，促进社会和平，保护国家免遭经济危机的威胁，保障国民免遭失业的风险。[3]联邦政府甚至把德国相较于欧盟其他国家较低的失业率归因于其双元制职业教育的成功。

德国的双元制职业教育被视为世界榜样，因而世界上许多国家有兴趣学习和借鉴这一教育模式。有鉴于此，默克尔执政以来，德国在教育国际化战略中更加强调职业教育的国际化，向世界推广德国的双元制职业教育实践经验和运作模式。2013年，德国联邦政府制定《一站式职业教育国际合作》战略文本，敦促联邦教育、经济、外交等各政府部门协同推广双元制职业教育体系。同年，德国成立职业教育国际合作中心，作为联邦职业教育研究所的下属机构专门负责德国职业教育国际化的推进。截至2017年，德国联邦教育与研究部和美国、印度、墨西哥等17个国家签署了职业教育双边合作协定和意向书。2017年的《联邦政府教育、科学和研究国际化战略》把更加注重职业教育国际化作为未来一段时间内教育、科学和研究国际化战略的五大核心任务之一，并确立了职业教育国际化的八项重点工作：一是进一步提高学员的流动性，计划到2020年使职业学校至少10%的学生获得出国交流经历；二是扩大与工业化国家和新兴市场国家的职业教育合作；三是支持在国外的德国利益相关者，尤其是中小企业融入职业教育的国际合作，训练当地的技能人才；四是在欧盟层面建立职业教育专家交流平台；五是增加高校的双元制课程，吸引更多的留学生；六是简化职业资格认定；七是参与国际和欧洲职业教育合作发展进程；八是支持教育领域的国际比较研究。[3]

（三）第三方机构作用凸显

与大多数国家不一样，德国在高等教育国际化进程中不仅发挥政府和高校的作用，而且特别注重发挥第三方机构的作用。第三方机构已经成长为德国高等教育国际化进程中不可或缺的力量。

在德国高等教育国际化领域，重要的第三方机构有德国学术交流中心与大学校长联席会议，其中最重要的是德国学术交流中心。这一中心自成立以来通过提供奖学金项目促进学生和学术人员的国际流动，帮助高校拓展国际伙伴关系。目前，在国外有 15 个代表处、56 个联络点。2016 年该中心共资助 13.12 万名学生和科学家，包括资助 7.55 万名德国学生和科学家出国，资助 5.57 万名留学生和科学家到德国。[13] 大学校长联席会议是德国高校自发成立的联合组织，成员涵盖 268 所德国高校，这些高校学生数量占德国高校学生总数的 94%。[14] 它为成员大学提供国际化的建议和支持，收集德国高等教育国际化的资料，并在比较研究的基础上为政府的国际化战略提供决策支持。这些第三方机构具有公益性、非营利性、专业性、自发性的特点，是介于政府和高校之间的缓冲机构，在国际化进程中发挥连接政府和高校的功能：一方面为高校服务，反馈高校需求；另一方面充当政府的咨询对象和建议提供者，使德国国际交流活动运行通畅，并保持较高的工作效率。

（四）更加注重教育输出和输入的双向度发展

19 世纪以来，德国高等教育在世界上一直处于较为领先的地位。传统的德国高等教育交流与合作具有外向型特征，以主动输出和传播为主要向度，接收留学生，推广本国优秀文化成果，传播德国优秀教育思想和教育经验。

默克尔执政以来，德国高等教育国际化进程更加注重教育输出和输入的双向度发展：既强调积极走出国门，将本民族精华向世界传播；又强调敞开国门，引进和吸收其他国家的优秀文化成果。首先，在学生和学术人员流动方面，逐步改变招收远远大于派出的不均衡现象。从 2005 年以来的十几年间，德国实现了招收国际学生和学术人员数量与派出本国学生和学术人员数量的共同增长。而且，从增长的幅度来看，如果把短期交流计算在内，派出本国学生和学术人员的增长幅度更大，招收人员和派出人员的差值在缩小。例如，2014 年德国招收外国留学生和派出学生数量分别占学生流动总数的 65% 与 35%；[5] 而仅仅过了一年的时间，到 2015 年两者的比例已变为 63% 与 37%。[15] 其次，在课程的国际化方面，也逐步改变输出和输入不对等的局面：一方面进一步强化德语和德意志文化的推广，另一方面注重加大英语授课课程和双学位课程的比重，目前德国近 2/3 的高校都开设这两类课程。最后，在教育理念和教育体系的互通交流上，一方面利用其传统的双元制职业教育等优势，积极向欧洲其他国家、亚洲和非洲等国家开展多种形式的教育输出；另一方面，注重学习借鉴他国的优秀教育理念和教育体系，例如引入英美国家的"学士—硕士"学位体系和学分转换系统，学习英法和北欧国家的高等教育质量保障体系等，并对本国教育系统做出相应的改革。[1]

（五）加强难民对高等教育的融入

默克尔执政以来，随着德国对自身国际地位期许的提高，德国更加主动地承担国际责任，积极参与国际危机治理。自 2014 年欧洲难民危机成为国际社会关注的热点以来，默克尔政府积极从本国和欧盟角度出发寻求化解难民危机的办法。尽管德国政府对难民的态度经历了从最初的开放欢迎到逐渐收紧的变化，但总体秉持人道主义底线，保持积极努力的态度。因此，大量难民涌入德国，成为默克尔政府不得不正视的挑战和困难。2015 年到德国寻求政治避难的人数达 89 万人，其中 30 岁以下的年轻人占大多数。对难民的审核与安置是首先要考虑的问题，而中长期挑战在于将大量的难民，尤其是其中的年轻人纳入社会劳动力市场。[3]默克尔政府希冀教育在这个过程中发挥主要作用。

高等教育领域是德国将难民融入社会的主要阵地。德国力主在国际层面发挥领导作用，承诺为难民提供高等教育。[3]自 2015 年以来，德国外交部、联邦劳工与社会服务部、联邦教育与研究部和德国学术交流中心等政府与非政府组织一道，实施了许多为难民提供学习机会、加强培训和寻找就业岗位的举措。一方面，以提供奖学金或预留高等院校学习位置的方式为难民提供入学机会。联邦教育与研究部在 180 多所高校里资助了 300 多个项目，帮助难民获得攻读高等教育的机会，并计划在未来追加投入 1 亿欧元跟进此项工作。另一方面，通过培训使难民学习德国的语言和专业技能。德国学术交流中心在联邦教育与研究部的资助下，为难民进入大学预科学院或类似提供技术和语言课程的高等教育机构预留了 2800 个名额。[3]总之，促进难民融入德国高等教育，已成为德国相较于其他国家高等教育国际化战略的独特之处。

参考文献

［1］袁琳.德国高等教育国际化发展研究［D］.重庆：西南大学，2011.

［2］施塔克，吴静娴.欧债危机后德国的外交政策：更积极，更有为，更全球化？［J］.德国研究，2014，29（3）：4-29，141.

[3] BUNDESMINISTERIUM FÜR BILDUNG UND FORSCHUNG. Internationalisierung von Bildung Wissenschaft und Forschung [R]. Bonn: Bundesministerium für Bildung und Forschung, 2016.

[4] DEUTSCHER AKADEMISCHER AUSTAUSCHDIENST, DEUTSCHES ZENTRUM FÜR HOCHSCHUL-UND WISSENSCHAFTSFORSCHUNG. Wissenschaft weltoffen kompakt 2019 [R]. Bielefeld: wbv Media, 2019.

[5] DEUTSCHER AKADEMISCHER AUSTAUSCHDIENST, DEUTSCHES ZENTRUM FÜR HOCHSCHUL-UND WISSENSCHAFTSFORSCHUNG. Wissenschaft weltoffen kompakt 2017 [R]. Bielefeld: W. Bertelsmann Verlag GmbH & Co. KG, 2017.

[6] DEUTSCHER AKADEMISCHER AUSTAUSCHDIENST, DEUTSCHES ZENTRUM FÜR HOCHSCHUL-UND WISSENSCHAFTSFORSCHUNG. Wissenschaft weltoffen 2017 [R]. Bielefeld: W. Bertelsmann Verlag GmbH & Co. KG, 2017.

[7] GEMEINSAME WISSENSCHAFTSKONFERENZ. Strategie der Wissenschaftsminister/ innen von Bund und Ländern für die Internationalisierung der Hochschulen in Deutschland [EB/OL]. (2014-04-12) [2018-04-20]. https://www.bmbf.de/files/aaa Internationalisierungsstrategie_GWK-Beschluss_12_04_13.pdf.

[8] BUNDESMINISTERIUM FÜR BILDUNG UND FORSCHUNG. Strategie der Bundesregierung zum Europäischen Forschungsraum (EFR) [R]. Bonn: Bundesministerium für Bildung und Forschung, 2014.

[9] WOLLIN K. Strategie der Bundesregierung zur Internationalisierung von Wissenschaft und Forschung [EB/OL]. [2019-04-14]. https://www.fvee.de/fileadmin/publikationen/ Themenhefte/th2009/th2009_05_01.pdf.

[10] HOCHSCHULREKTORENKONFERENZ. Empfehlung der 22. mitgliederversammlung der HRK am 9. Mai 2017 in Bielefeld Zur Internationalisierung der Curricula [EB/ OL]. (2017-05-09) [2018-04-17]. https://www.hrk.de/fileadmin/redaktion/hrk/02-Dokumente/02-01-Beschluesse/Internationalisierung_Curricula_Empfehlung_09.05.2017.pdf.

[11] DEUTSCHER AKADEMISCHER AUSTAUSCHDIENST, HOCHSCHULRENKONFERENZ. Internationalität an deutschen Hochschulen: Siebte Erhebung von Profildaten 2016 [R]. Siegburg: ditges print+more GmbH, 2017.

[12] DEUTSCHER AKADEMISCHER AUSTAUSCHDIENST, HOCHSCHULRENKONFERENZ. Internationalität an deutschen Hochschulen: Konzeption und Erhebung von Profildaten [R]. Siegburg: ditges print+more GmbH, 2010.

[13] DEUTSCHER AKADEMISCHER AUSTAUSCHDIENST. 2016 Jahresbericht [R]. Bonn: Köllen Druck + Verlag GmbH, 2017.

[14] HOCHSCHULREKTORENKONFERENZ. Aufgaben und Struktur [EB/OL]. [2018-05-01]. https://www.hrk.de/hrk/aufgaben-und-struktur/.

[15] DEUTSCHER AKADEMISCHER AUSTAUSCHDIENST, DEUTSCHES ZENRUM FÜR HOCHSCHUL-UND WISSENSCHAFTSFORSCHUNG. Wissenschaft weltoffen kompakt 2018 [R]. Bielefeld: wbv Media GmbH & Co. KG, 2018.

（刘淑华，浙江大学教育学院副教授，国际教育研究中心副主任，教育学博士研究生；郭荣梅，浙江大学教育学院硕士研究生。原载《比较教育研究》2019 年第 6 期，略有改动。）

德国提升"中国能力"的教育策略：
动因、举措与启示

刘奕涛

2014 年 3 月，中国国家主席习近平在德国科尔伯基金会的演讲中指出："当前，中德关系正处在历史最好时期，双方交流合作的广度、深度、热度都达到了前所未有的水平"，他认为中德两国交流合作之所以能出现这样好的局面，一个重要因素就是经过双方长期努力，懂得了不同历史文化、不同国情、不同社会制度的国家要相互理解、真诚相待，善于倾听对方意见，设身处地从对方的角度思考问题。[1] 在德国，加强与中国的教育交流与合作，成为增进中德相互理解、深化共识、提升"中国能力"（Chinese capability）① 的重要举措，已被纳入德国政府教育国际化战略。深入剖析德国提升"中国能力"的教育战略动因及其实施策略，对于中国深化与德国的教育交流与合作，构建面向"一带一路"沿线国家的教育战略框架具有重要的启发。

一、德国提升"中国能力"的动因

德国通过深化教育交流与合作提升"中国能力"具有深刻的现实背景。这一教育战略是德国政府应对全球化挑战与机遇的必然抉择，是德

---

① 所谓"中国能力"（Chinese capability），是指以中国作为认识对象，对中国的政治、经济、文化和科学技术等方面全面认识和了解，以及在与中国接触过程中所表现出来的适应能力和把控能力。从国际关系理论来看，提升"中国能力"的目的是更好地增进对中国的认识和了解，从而在与中国的互动接触过程中实现利益最大化。2015 年，德国联邦教育与研究部制定的《中国战略（2015—2020）》（The China Strategy 2015—2020）特别提出，"在语言和跨文化方面'对中国的理解能力'对于中德之间的成功合作很重要。由于中国未来在研究和经济方面的作用将日趋重要，应特别重视将这方面的能力传授给德国大学、大学毕业生以及（后备）科学家"。详见：FEDERAL MINISTRY OF EDUCATION AND RESEARCH（BMBF）. China strategy 2015—2020 [R]. Federal ministry of education and research, 2015: 34.

国在与中国长期交流与合作过程中形成彼此理解和相互信任的必然反应，也是德国经济社会实现跨越式发展的必然动力。

（一）特朗普政府主张"美国优先"政策，客观上推动德国提升"中国能力"

德国大力提升"中国能力"的首要原因，是美国与欧盟、与德国的关系发生转变。德国是美国在欧洲的重要盟友，也是欧洲一体化的坚定推动者、欧盟的核心成员国，"二战"后德国积极参与美国主导的全球治理战略，两国在政治制度、安全防卫和经济发展上具有共同利益。但特朗普上台之后，基于其"美国优先"（America First）战略，发起对欧盟和德国的"贸易战"，对欧盟和德国有诸多批评。如，他指责"欧盟成为德国的工具"，"是美国一个不公平的竞争者"；他批评德国总理默克尔的政策，认为其接纳100多万名移民的决定是"一个非常灾难性的错误"。可以说，特朗普政府领导下的美国与欧盟、德国的关系正发生重大变化。这促使德国寻求合作的替代方案。其次，美国先后退出国际社会应对气候变化的《巴黎协定》以及联合国教科文组织、联合国人权理事会和伊朗核问题全面协议等多边机制。这一系列"退群"行为背后的逻辑是特朗普政府维护美国利益的单边主义和保护主义政策，不愿意向国际社会提供"公共产品"、承担国际责任。特朗普的"美国优先"战略是"逆全球化"之举，势必给"二战"以来经过各国努力协商而形成的政治经济互动秩序框架带来破坏。正如德国总理默克尔指出："全球秩序目前受到了严重的威胁，应对这样的威胁需要全球各个国家的共同努力。而在维持自由贸易方面，中国等国家扮演着非常重要的角色。"[2] 当下，转向与主张多边主义、致力于构建人类命运共同体的中国开展深入合作，是德国的战略选择，而制定教育交流与合作战略是德国深化对中国的认知、拓展交流和合作最基础的举措之一。

（二）中国地缘政治及经济影响力提升使然

"亚洲国家在恢复全球经济健康、促进全球基础设施建设、加强全球和地区金融架构、改革国际金融机构、构建全球金融安全网等方面发挥着重要作用"[3]，而中国在其中发挥了核心作用。中国是联合国安理会五个常任理事国之一，是全球第二大经济体，在全球政治与经济发展格局中有着举足轻重的地位。有学者预测，"到2022年中国的中产阶级将达到 6.3 亿人",这些中产阶级"将消费价值 3.4 万亿美元的商品和服务"。[4]作为世界经济发展的重要引擎,迅速崛起的中国正在改变全球的地缘政治和经济格局。随着中国改革开放的深入推进,经济的潜力获得巨大释放,许多国家将之作为一种机遇,都通过政策调整强化对中国的了解,加深与中国的合作,以便搭上中国快速发展的列车。

在教育领域,这种改革调整相当明显且具有某种一致性。在美国,2015 年奥巴马政府极力推行"十万强"(100,000 Strong Initiative)美国学生赴华留学计划,计划在 4 年内,推动 10 万名美国学生到中国学习中国语言和中国文化,加深对中国的全面了解和认知,提高美国学生的全球竞争力。英国文化协会(British Council)于 2013 年推出了"英国一代"(Generation UK)计划,计划到 2020 年,通过提供在中国学习和工作的机会,帮助 8 万名英国学生提高就业能力,拓展长期就业前景,培养全球思维。[5]法国通过与中国建立高级别人文交流机制,深化教育领域合作与交流,逐步建立了全方位的教育交流合作框架。2013 年,澳大利亚通过新的"科伦坡计划"(Colombo Plan),大规模推动本国青年到亚洲,尤其是到中国留学。新西兰创设了中新教育合作的示范项目"三兄弟合作项目"(Tripartite Partnership Programme),即由一所新西兰大学、一所中国东部地区重点大学以及一所中国西部地区大学组成的三校合作模式,有效地推动了新西兰与中国高校的深度合作和交流。诸多发达国家的这些举措,客观上也推动了德国加速提升"中国能力"的步伐。

(三)落实中德政府磋商联合声明的具体行动

自 2011 年 6 月首轮中德政府磋商至 2019 年,德国与中国已经进行了五轮政府磋商。这是中德两国政府间级别最高、规模最大的对话机制,也是德国为数不多的与外国建立的政府级别对话机制。"政府磋商机制既是两国合作的'总调度台',又是'超级发动机'"[6],为德国与中国的深入交流与合作提供纲领性的指南。由于教育在促进民心相通方面发挥着基础性的作用,促进教育交流与合作是中德全面战略伙伴关系的重要支撑,因此每轮中德政府磋商中教育领域的交流与合作都是重要的协商内容。尽管中德两国在诸多国际问题上具有共同利益与共识,但是两国在政治体制、经济战略和文化观念等方面也有着诸多差异,只有增强彼此系统而全面的认知与理解能力,才能不断增进包容、管控分歧、拓展共识,达到深度合作发展。因此,提升"中国能力"是实现中德政府磋商联合声明中所制定的一系列教育协议内容的基本前提，是深化中德全方位交流与合作的基础。

（四）实现德国"工业4.0"和"中国制造2025"有效对接的重要举措

2013年德国政府推出的"工业4.0"和2015年中国出台的"中国制造2025"发展战略，在内容和总方向上具有高度重合性。实现两个战略的深度合作与有效对接，是两国政府的共同愿景，也是两国产业转型升级的客观要求。2014年10月，中德共同发表《中德合作行动纲要》，宣布两国将开展"工业4.0"合作。2015年10月，德国总理默克尔访华时重点商讨如何推进"中国制造2025"和德国"工业4.0"战略对接。2017年，中德两国总理在年度会晤时再次提出，实现"中国制造2025"和德国"工业4.0"更好的对接。实现战略有效对接的本质是从政府层面为双方战略合作提供框架条件和政策支持。这需要中德双方在产业结构、人才培养、战略需求等方面有充分的理解、共识和信任，进而实现优势互补，增进互利合作。德国通过教育领域的改革创新提升"中国能力"，就是谋求进一步加深对中国的系统性认知与理解，从人才培养、产学研合作、职业教育等方面与中国制造业实现更好的合作，从而促进德国工业转型发展，拓展国际市场。

二、德国提升"中国能力"的教育举措

为了提升"中国能力"，德国政府高度重视教育领域的改革，强力推动与中国教育的交流与合作，推动相关教育部门、行业组织和智库机构从多个层面提升"中国能力"。

（一）政府强力推动教育交流与合作

德国政府高度重视与中国的教育交流与合作，将之作为促进和深化中德关系的重要支撑。首先，德国政府通过建立政府磋商机制，发表教育交流与合作的联合声明（或签署相关文件），加强顶层设计，谋划中德教育交流与合作的未来发展方向。历次中德政府磋商中有关教育交流与合作的要点如表1所示。

表 1　中德教育交流与合作要点

文件	教育交流与合作要点
首轮中德政府磋商联合新闻公报（柏林，2011年）	两国政府将深化职教领域合作并为此建立"中德职教合作联盟"，共同建设一批职教示范基地。发表一项促进高等教育领域全面合作的声明。双方将通过在高等教育领域建立中德示范伙伴关系，深化高等教育领域合作
第二轮中德政府磋商联合声明（北京，2012年）	两国政府将继续深化职业教育合作，欢迎举行首届中德职教对话论坛；加强利用"中德职教合作联盟"和高校战略伙伴关系等机制和项目，促进交流与合作；双方一致同意加强文化机构、组织和文化领域专业人士的交流及文化企业间的务实合作，鼓励各自的文化中心开展文化教育工作，以继续增进相互理解与信任，赞成并将积极推动设立上海德国文化中心（歌德学院上海分院）
第三轮中德政府磋商联合声明（柏林，2014年）	发表《中德合作行动纲要：共塑创新》，继续积极促进两国大学生和科研人员的交流，双方应尤其重视建立高校间的可持续合作关系，修改、完善和重新签订关于相互承认高等教育等值的协定，便利两国人才自由流动，并提供更完善的法律保障；采取各种措施，吸引和吸纳各种力量参与和支持中德职教合作，进一步加强"中德职教合作联盟"建设，完善"中德职教合作示范基地"的运行机制
第四轮中德政府磋商联合声明（北京，2016年）	双方愿在现有"中德职教合作联盟"基础上升级两国教育合作，并进一步深化两国在职业教育领域的合作；利用"2016中德青少年交流年"，继续提升两国青少年跨文化交际能力，并建立可持续的中德青少年交流机制
第五轮中德政府磋商联合声明（柏林，2018年）	签署《关于深化高等教育和职业教育领域合作的联合意向性声明》《关于促进教育领域全面合作的联合意向性声明》《关于推动中国校园体育发展和中德青少年友好交流合作的谅解备忘录》等，促进中德两国教育合作深度发展

资料来源：根据中华人民共和国外交部网站有关德国信息整理而成。

其次，德国与中国政府共同主导、构建了中德高级别人文交流对话机制[7]，以促进教育、青年、文化等领域的深度交流对话。这一高级别对话机制着眼于青年，着眼于民间的力量，从多层面拓宽中德交流与合作的领域，增进中德两国交流合作的社会民意基础，对于巩固中德全方位战略伙伴关系具有重要意义。

最后，德国联邦教育与研究部还与中国教育部共同构建了中德教育政策战略对话机制，增强政策沟通，扩展政策共识面，研讨双方有关高等教育改革和发展过程中共同关心的问题，并商议和确定双方高等教育合作的重点及合作项目。

（二）制定面向中国的教育发展规划战略

2015 年，德国联邦教育与研究部制定了《中国战略（2015—2020）》，系统描述了德国联邦教育与研究部 2015—2020 年与中国在教育、研究和创新领域合作的政策框架体系。《中国战略（2015—2020）》着眼于六大目标[8]：第一，支持德国科学、研究和经济的参与者与中国开展合作活动（科学价值创造）、建立创新伙伴关系，并开拓目标市场和经营领域（经济价值创造）；第二，增加德国学生和学者进入中国一流高校和科研机构的机会，有针对性地提升其专业和跨文化能力；与之相应，这也适用于中国合作伙伴在德国开展研究和学习；第三，通过促进德国高校与中国高校间具有战略导向性的合作，提升德国高校教育和研究的国际化程度；第四，创造一个更广泛的、公众可用的有关中国教育、研究和创新体系乃至整个中国情况的知识基础，以加强德国民众对中国的了解；第五，致力于为德国科学、研究和经济界在中国的行动营造良好的框架条件；第六，与中国伙伴一道为应对全球性挑战做出贡献，支持可持续、保护资源、环境友好、社会相容的发展。基于这些目标，德国政府确定了未来德国与中国深化合作的 9 个行动领域：加强德国人对中国的了解；建立可持续的合作框架和科学家网络；构建德国科研行动者网络，组织政策对话①；优化德国科研界开展与中国合作的框架条件；加强关键技术合作；强化生命科学领域合作；应对全球生态挑战；促进人文和社会科学合作；强化职业教育合作。《中国战略（2015—2020）》是德国联邦教育与研究部国际化战略框架下的一项面向中国的国别教育战略，是推动

---

① 即拓展中德双边教育、科学、研究与创新政策对话机制，参与欧洲和国际上与中国开展教育和研究合作的各类委员会与活动，以及深化与德国科研机构、科研资助机构、中介机构、高校及其他相关部门的交流。

德国科学、教育、研究和经济界在与中国多层面合作交流中明确自身定位的重要指南，是增强"中国能力"的行动框架。

（三）加强汉语教育的整体部署

汉语教育是德国增强"中国能力"必不可少的基础性条件。2016年，继2014年在中学生"汉语桥"总决赛中夺冠之后，德国队再一次夺取冠军。德国学生能够在比赛中夺冠，离不开德国加强汉语教育的整体部署。德国加强汉语教育呈现出几个特点：第一，在各个教育层面覆盖汉语教育。中小学方面，截至2017年，"中文已走进全德400余所中小学的课堂"[9]；"截至2014年年底，全德11个联邦州有汉语教学大纲。近70所中学把汉语作为正式学分课程及高中毕业会考科目。全德每年各类学汉语人员总数约3万人"[10]。高等教育方面，目前全德有"36所大学为学生提供各种类型的汉语课程，学生可以通过选修不同的专业来学习汉语"[11]。在成人教育方面，德国倡导社会力量开设中文补习班、中文学校、"人民高校"①等培训和教学机构，满足不同人群的汉语学习兴趣与需求。第二，成立专门的汉语教学推广和评估组织——德语区（含德国、瑞士、奥地利）汉语教学协会（Fachverband Chinesisch e.V.）。这是德国最权威的汉语教学组织，成立于1984年，是一个全国性机构，负责为联邦各州统一制定汉语教学课程、教材和评估指南。此外，该协会还致力于为德国汉语教学机构和各媒体提供沟通交流的平台[12]。第三，借助孔子学院、孔子课堂面向社会多层面全方位开展汉语教学。截至2017年12月，德国已经建立19所孔子学院和4所孔子课堂[13]，大力促进了中德间的语言文化交流活动。

（四）形成智库、高校、企业共同深化中国研究的局面

加强对中国的深入研究是增进"中国能力"的保障。德国社会现已形成了智库、高校、企业共同深化中国研究的局面。智库方面，成立专门的智库全方位研究中国问题，定期提供研究报告，为德国政府及行业组织提供决策咨询。2013年成立的"墨卡托中国研究院"（Mercator Institute for China Studies, MERICS）是德国领先的智库，也是欧洲专门研

---

① "人民高校"是根据德语 Volkshochschule 直译而来，它并非高等学校，而是一种面向成年人提供继续教育和进修的业余性质的教学机构。

究中国的最大的智库，其职责主要是围绕中国崛起，为全球重要参与者提供有关中国的研究，并促进与中国的对话。该研究院的研究重点是中国的政治、经济、社会、技术和生态发展及其全球影响[14]。高校方面，德国许多高校近年来通过院所调整将原有的亚洲研究所（或东亚研究所）研究中国的专家资源进行整合，独立设置中国研究所或汉学所，也有些高校基于新的形势新设汉学所，加强对中国历史与现实发展的研究。企业方面，随着中德贸易关系日益紧密，德国一些知名企业大力资助那些培养熟悉中国文化、经济社会和政治体制等技术人才的学校。如德国大众汽车公司通过"大众汽车基金会"（Volkswagen Foundation）提供奖学金、课题资助以及招聘高校汉学系毕业生等形式，加大对汉学研究的支持力度。

三、德国提升"中国能力"教育策略的评价与启示

（一）德国提升"中国能力"教育策略的评价

德国联邦教育与研究部部长约翰娜·万卡（Johanna Wanka）指出："我们希望同中国走上战略性合作的道路，而不是依赖偶然的和零星的机会。"[15]今天，中德两国全方位的交流与合作的基础更加牢固，这不仅得益于两国政府领导人的战略谋划和战略沟通，而且也得益于教育和文化领域的深度交流与合作，以及两国历史传承下来的民众之间的相互联系与相互理解。毋庸置疑，德国提升"中国能力"的教育策略是全方位和系统性的，从政府到民间，从全面覆盖汉语教育到制定系统化的面向中国的教育战略，德国谋求构建面向中国的双向人员流动、产业合作对接、人文深度交流和政策联通的框架，从多个层面认知和理解中国现代化战略与人文心理，从而实现德国在与中国的互动接触过程中的利益最大化。德国提升"中国能力"具有重要的战略意义。柏林中国问题专家夫罗里扬就表示，德国机构急于研究中国，这是一件好事，因为谁了解中国，谁就可以掌握未来。[16]德国通过深化与中国的教育交流与合作，培养更多了解中国的人才，为未来的全球经贸关系奠定基础。从政治利益看，贸易保护主义在全球范围内蔓延，美国特朗普政府对欧盟和德国政策的根本转变等侵犯了德国的根本利益，客观上迫使德国强化与中国合作，而提升德国的"中国能力"是加强合作的基础。

（二）德国提升"中国能力"教育策略给中国的启示

第一，增强教育政策整体规划，制定"一带一路"国别教育战略。在深入推进"一带一路"建设的进程中，中国政府已经认识到教育在增强中国对沿线国家认知与理解、形成稳固的合作关系等方面发挥着重要的基础性和先导性作用。《关于做好新时期教育对外开放工作的若干意见》以及《推进共建"一带一路"教育行动》等已在国家层面对教育如何服务于"一带一路"建设做了顶层设计与规划，但是尚未针对"一带一路"沿线国家制定分类的国别教育战略。德国的"中国战略"是其首份国别教育战略，其指导思想是着眼于德国的战略利益，明确与中国合作的框架。这一专门面向中国的教育战略能够促使德国科学、研究和经济界明确自身定位，深化各层面和中国的交流与合作，以便从中国当今和未来的发展中获益。"一带一路"沿线国家的文化传统、政治体制和经济发展存在较大差异，需要制定分类的国别教育战略，有针对性地强化和各种类型国家的教育交流与合作，从而实现民心相通，巩固全方位交流与合作的基础。

第二，系统推进多语种语言人才培养规划，培养一大批适应"一带一路"建设的多语种语言人才。语言在文化交流与经贸合作中具有基础性的作用，德国现已构建覆盖基础教育、高等教育及社会教育的汉语教育与培训网络，营造浓厚的汉语学习氛围，推动民众认识和了解中国，为德国全方位和中国交流与合作奠定了坚实基础。随着"一带一路"建设的深入推进，中国要开展多语种语言人才培养储备状况调查及语言国情调查，创建适应"一带一路"建设需要的语言服务国家资源库，制定面向"一带一路"发展的多语种语言人才储备战略，构建覆盖全社会的多语种语言人才培养与培训网络，致力培养具有跨文化沟通能力，懂专业、懂技术、会外语的"三通"语言服务人才。

第三，构建政府、学校、企业及其他机构协同推进、深化交流与合作的工作模式。德国的政府、学校系统、企业及其他社会机构在深化和中国的交流与合作方面具有高度的共识：政府提供政策支持和顶层设计，企业提供基金资助，学校培养熟悉中国各方面的人才和开展科研合作，其他社会机构，如智库开展中国研究及评估德国与中国合作的关系，为政府和其他部门提供决策咨询等。这种协同合作的工作模式，打通了德国和中国交流与合作的各种渠道，激发了德国各个层面深化和中国交流与合作的活力。"一带一路"倡议的深入推进，需要发挥政府、学校、企业及其他社会力量的主体作用，明确各自在深化和沿线国家交流与合作中的角色定位，探索专业化的交流与合作模式，突出协同创新效应。

参考文献

［1］新华网. 习近平：历史是最好老师 给每一个国家未来的发展提供启示［EB/OL］.（2014-03-29）［2019-02-08］. http://www.xinhuanet.com//world/2014-03/29/c_1110007614.htm.

［2］凤凰网. 默克尔：中国曾保证整个世界没有陷入经济疲软［EB/OL］.（2018-11-03）［2019-02-08］. http://news.ifeng.com/a/20180721/59313908_0.shtml.

［3］HENRY K. Australia in the Asian century［J］. Asia & the Pacific policy studies, 2016, 3（2）: 132-139.

［4］BARTON D. The rise of the middle class in China and its impact on the Chinese and world economies.［EB/OL］.（2018-12-05）［2019-02-08］. https://www.chinausfocus.com/2022/wp-content/uploads/Part+02-Chapter+07.pdf.

［5］BRITISH COUNCIL. Generation UK: study and work in China［EB/OL］.（2018-12-08）［2019-02-08］. https://www.britishcouncil.org/education/ihe/what-we-do/international-mobility/generation-uk-china.

［6］新华网. 深入推进中德全方位战略合作［EB/OL］.（2017-07-08）［2019-02-08］. http://www.gov.cn/xinwen/2018-07/08/content_5304636.htm.

［7］中德人文交流网. 中华人民共和国政府和德意志联邦共和国政府关于建立中德高级别人文交流对话机制的联合声明［EB/OL］.（2018-12-24）［2019-02-08］. https://sino-german-dialogue.tongji.edu.cn/lhsm/list.htm.

［8］FEDERAL MINSTRY OF EDUCATION AND RESEARCH. China strategy 2015-2020［R］. Federal Ministry of Education and Research, 2015.

［9］俞可. 以人文交流促中德民心相通［N］. 人民日报（海外版）, 2017-05-26（1）.

［10］中华人民共和国驻德国大使馆教育处. 德国汉语国际推广基本情况［EB/OL］.（2019-01-06）［2019-01-06］. http://de-moe.org/article/read_one/336.

［11］俞松. 德国汉语教学现状分析研究［J］. 湖北函授大学学报, 2015, 28（19）: 127-128, 162.

［12］德语区汉语教学协会. 德国汉语教学概况［EB/OL］.（2019-01-06）［2019-01-06］. http://www.fachverbandchinesisch.de/fachverbandchinesischev/aufgabenundziele/index.html.

［13］国家汉办. 孔子学院/孔子课堂［EB/OL］.（2019-01-06）［2019-01-06］. http://www.hanban.edu.cn/confuciousinstitutes/node_10961.htm.

［14］MERCATOR INSTITUTE FOR CHINA STUDIES. The path to a European perspective on

China［EB/OL］.（2019-01-06）［2019-01-06］. https://www.stiftung-mercator.de/en/ partnergesellschaft/mercator-institute-for-china-studiesmerics/.

［15］廖圆圆.“中国战略”助推两国科教实现共赢［N］.中国教育报，2015-11-22（3）.

［16］青木.德国“中国热”变本加厉：“中国报告”一个接一个［N］.环球时报，2015-11-27（2）.

（刘奕涛，嘉应学院教育科学学院副教授，华南师范大学国际与比较教育研究所博士研究生。原载《比较教育研究》2019年第9期，略有改动。）

培育"亚洲素养"：学校教育的路径探析
——基于澳大利亚亚洲教育基金会的研究报告

刘奕涛　柯　森

随着亚洲经济复苏，尤其是中国、印度等新兴经济大国在亚太地区影响力日益增加，亚洲在 21 世纪的崛起成为一种必然的趋势。有关报告指出，"未来几十年，地缘政治的财富和重要性将不可逆转地向亚洲转移"[1]。这种地缘政治的变革对澳大利亚的政治、经济和文化发展战略产生了深远影响。澳大利亚将亚洲崛起视为促进国内经济发展和繁荣的重要机会。为了抓住这些机会并成为亚洲时代的"赢家"，2012 年，澳大利亚政府发布《亚洲时代的澳大利亚》（Australia in Asia Century）白皮书，强调澳大利亚需要成为一个具有"亚洲素养"（Asia-literate）和亚洲胜任力（Asia-capable）的国家[2]，并将教育作为培养"亚洲素养"、深化和拓宽澳大利亚与亚洲各国关系的重要改革议题。"'亚洲素养'，当前被认为是澳大利亚教育体系必不可少的构成部分"[3]，引起了澳大利亚政界、经济界与学术界的高度重视。其中亚洲教育基金会（Asia Education Foundation，AEF）是澳大利亚支持学校"亚洲素养"计划并开展广泛研究的最大组织。为了明确学校教育在"亚洲素养"培养中的定位，探索培养"亚洲素养"有效的学校教育框架，亚洲教育基金会在 2012 年 6 月到 2015 年 7 月发布了《什么起作用》（What Works）系列报告，就澳大利亚推动"亚洲素养"计划的政策环境、学校领导力、课程教学、教师教育、信息技术应用、创造"亚洲需求"以及家庭和社区与学校合作等问题开展了广泛研究。这些报告明确了学校培养"亚洲素养"所涉及的关键要素，为学校教育培养"亚洲素养"提供了行动框架。亚洲教育基金会所确认的学校培养"亚洲素养"的关键要素反映了澳大利亚增强对亚洲认知与理解、构建澳大利亚亚洲观的策略。

一、"亚洲素养"：概念演进与厘定

"亚洲素养"概念是澳大利亚在和亚洲的接触与融合中逐渐演进而来的。它既是澳大利亚将亚洲作为一种认识对象（他者），对亚洲的历史、经济、政治和社会文化等的一种认识与理解，也是澳大利亚对亚洲日益彰显的重要影响力的一种回应与自我战略调整，凸显出历史性、自我构建性和动态性特征。

（一）澳大利亚政策语境中的"亚洲素养"概念演进

1988 年，澳大利亚亚洲研究协会（Asian Studies Association of Australia）在堪培拉举行的两年一度的会议上首次提出了"亚洲素养的"（Asia literate）一词，该会议将其定义为"澳大利亚必须变成具有'亚洲素养的'国家，国民普遍拥有亚洲语言的知识以及有关亚洲风俗、经济和社会的知识……，这些知识将成为我们执行力的核心"[4]。这一概念成为"亚洲素养"的基础，并在后续的一些研究报告中被反复引用。在随后的几年中，在澳大利亚与亚洲互动增强的背景下，这一观点由于只是注重从外部环境角度将亚洲作为认识客体，强调"亚洲素养"的知识与认知层面而无法适应形势的发展。1994 年，凯文·拉德（Kevin Rudd，中文名陆克文）受当时澳大利亚政府委员会（Council of Australian Governments）的委托做了《亚洲语言与澳大利亚的经济未来》报告，该报告进一步明确了"亚洲素养"的定义，认为"'亚洲素养'是澳大利亚推动个体、组织和整个国家有效地处理区域不同业务时所需的语言和文化能力"[5]。在拉德看来，"亚洲素养"就是与亚洲建立深入而持久关系所需的知识与理解，包括熟练掌握亚洲语言。随着澳大利亚与亚洲各国的互动日益密切以及亚洲地缘政治影响力的日益增强，原有的"亚洲素养"概念在相关政策中的表述发生了变化。2008 年，《澳大利亚年轻人教育目标墨尔本宣言》将"亚洲素养"定义为跨文化理解的能力，尤其注重亚洲文化和与亚洲国家联系和交流的能力[6]。2011 年，亚洲教育基金会在整合既有定义的基础上，在其发布的《澳大利亚学校中亚洲素养的国家声明（2011—2012）》中给"亚洲素养"进行了更为全面的定义，认为"亚洲素养"是对亚洲地区不同国家的历史、地理、文学、艺术、文化和语言所形成的知识、技能和理解的综合体现。它包括对亚洲的跨学科研究、澳大利亚与亚洲的接触以及聚焦于中文、日语、印度尼西亚语和韩语的亚洲语言的学习[7]。2013 年，澳大利亚国家课程将"亚洲素养"定义为

"对亚洲社会、文化、信仰和环境的认知，构建亚洲、澳大利亚及世界其他国家之间的联系，以及与亚洲人们进行交流和接触的能力，以便更有效地在该区域生存、工作和学习"[8]。

（二）"亚洲素养"概念的厘定

澳大利亚政策语境中"亚洲素养"内涵的历史演进，反映了"亚洲素养"从主要关注"亚洲相关知识"到关注"亚洲相关能力"的转变，"这种能力包括积极地与亚洲地区人们进行接触所需要的理解力、技能、行为和倾向。概念的转变反映了仅有亚洲地区的知识不足以形成一个具有亚洲胜任力的澳大利亚。全球化能力，如跨文化理解，必须成为与亚洲地区进行接触的具有意义和变革性的整体概念框架的一部分"[9]。在竞争日益激烈的亚洲地区，澳大利亚人更需要具有亚洲胜任力，包括"拥有一种全球视野、拥抱新技术的能力以及提高亚洲素养"[10]。简言之，"亚洲素养"是指有效地与亚洲国家和亚洲文化，以及与具有亚洲文化背景的人们进行互动以便完成工作目标时所需的认知的知识、互动的技能、跨文化的理解力。"亚洲素养"概念的内涵转移，体现了它是一个动态发展的概念，也反映了澳大利亚与亚洲的跨文化联结与理解需要诸多不同的能力构成的素养体系。

二、"亚洲素养"研究报告：研究主题、内容与研究发现

在"亚洲素养"概念话语转移的时代背景下，亚洲教育基金会就如何增强澳大利亚的"亚洲素养"开展了广泛的研究并形成了《什么起作用》系列报告。这些研究报告明确了在澳大利亚学校中推行"亚洲素养"教育所涉及的关键内容，是对澳大利亚 40 多年来学校有关亚洲语言学习和亚洲研究的经验总结，以及对学校"亚洲素养"教育的实证分析，为今后研究与实践提供了重要的分析框架。

（一）研究主题与内容

这些研究报告的主题与内容涉及澳大利亚有关"亚洲素养"的学校政策、学校教育改革、教学方法创新、国际交流与合作、教师教育、亚洲研究的基本价值以及创造亚洲需求的策略等，揭示了具有"亚洲素养"的学校与教师的基本特征，反映了澳大利亚通过学校教育改革增强和亚洲的接触与融合的基本方式方法。10 份研究报告的研究主题与内容如表 1 所示。

表1 《什么起作用》系列研究主题与内容

序号	发布年份（年）	主题	研究内容	序号	发布年份（年）	主题	研究内容
1	2012	创造亚洲素养的需求	分析了学校"亚洲素养"的需求、面临的挑战，探索澳大利亚的学校怎样在学生和学校社区中创造对亚洲研究与亚洲语言的需求	4	2013	学校中采用信息和通信技术以支持亚洲相关能力的发展	分析了学校怎样利用信息沟通技术支持学生亚洲相关能力的发展问题
2	2013	领导学校变革以支持亚洲相关能力的发展	分析了澳大利亚学校如何实施有效而持续的变革以便支持学生和学校社区的亚洲相关能力的发展。这些变革涉及课程、教学以及整个学校组织的变化	5	2013	让学校变得具有亚洲素养	基于对"具有亚洲素养：学校资助项目"①的数据分析，研究了构建具有亚洲胜任力的学校所需要的宏观变革策略
3	2013	在澳大利亚课程中教授亚洲观点以实现跨文化理解：英语和历史	探究了怎样通过亚洲相关内容的教学，尤其是英语与历史教学，培养学生的跨文化理解能力的问题	6	2014	澳大利亚－亚洲学校的合作关系	探索"通过跨文化对话和促进参与以构建关系"学校合作项目②推动跨文化参与与互动的成功要素

---

① "具有亚洲素养：学校资助项目"（Becoming Asia Literate: Grants to Schools Project, BALGS）是 2008 年设立的"国家亚洲语言和研究学校项目"（National Asian Languages and Studies in Schools Program）的一部分，由亚洲教育基金会进行管理。该项目通过向开展亚洲语言和亚洲研究的学校提供资助的方式，支持澳大利亚学校中的亚洲素养发展。

② "通过跨文化对话和促进参与以构建关系"学校合作项目（Building Relationships through Intercultural Dialogue and Growing Engagement School Partnerships），是由亚洲教育基金会创立与管理的一项跨国的学校间合作项目，其使命是发展跨文化知识与意识，改善亚洲语言技能，建立可持续的跨国的学校合作关系与学习者社区。下文称"学校跨文化合作项目"。

续表

序号	发布年份（年）	主题	研究内容	序号	发布年份（年）	主题	研究内容
7	2014	亚洲项目研究	探索澳大利亚国内研究项目对项目参与者个人及专业发展的潜在影响	9	2015	在学校中实现跨文化理解	探索学校中培养跨文化理解的策略
8	2015	家长和学校中的亚洲语言的学习	探索学校怎样赋予家长权力以支持其孩子学习亚洲语言的问题	10	2015	教师教育和语言	探索澳大利亚亚洲语言教师教育的问题，分析了其现状及主要发展趋势

（二）研究发现

亚洲教育基金会在调查、访问的基础上开展了持续的实证研究，深入分析了澳大利亚通过学校教育培养"亚洲素养"存在的问题和发展趋势，得出了相应的研究结果。10 份研究报告的研究发现如下[①]。

第一，在"创造亚洲素养的需求"方面，研究发现，促成对亚洲研究的需求有三种因素，分别是"有说服力的个人际遇""明确的行动方案"和"同行的影响与支持"。而"交一个新朋友的愿望"、对其他国家和地区的好奇心、给自己工作和生活带来真正的帮助，以及"有效的动机激励策略，包括促进学习者自主性、学习者目标导向以及使学习者熟悉目标文化"等动机因素能够创造对亚洲语言的有效需求。

第二，在"学校领导力变革"方面，研究发现，拥有一种培养"亚洲素养"的道德目的有助于学校深入而持续的变革；学校领导者提供鼓舞人心的激励有助于学校确定深刻而可持续的发展目标；基于研究和证据的实践使学校领导者能够选择最有效的课程和教学方法；教师－领导者（teacher-leader）可以通过分布式领导模式（distributed leadership model）和以学生学习为重点的专业文化影响学校变革；将构建亚洲素养的可持续领导力与未来发展目标联系起来，有助于学校亚洲素养的培养。

---

① 这一部分的内容根据亚洲教育基金会网站信息进行整理，参见：ASIA EDUCATION FOUNDATION. What works series [EB/OL].[2018-05-16]. http://www.asiaeducation.edu.au/research-and-policy/what-works-series.

第三，在"学校课程教学培养学生跨文化能力"方面，研究发现，持续的课程与教学评估将促使课程和教学方法的更新；对英语和历史的理解为发展跨文化理解提供了丰富的背景；采用包括信息沟通技术在内的广泛资源能够带来有关故事、文本、主要历史人物或事件的不同的声音和观点；跨文化教育中，教师面对的内容可能是具有挑战性的、复杂的，甚至是会令人不舒服的；为了确保深入的和有意义的接触，跨文化内容应有助于对"文化学习"与发展跨文化理解之间的差异透彻理解。

第四，在"信息技术对学生发展亚洲素养的影响"方面，研究发现，信息沟通技术有助于发展学生的跨国联系，有助于创造对亚洲语言学习与研究的需求，因此，应将信息沟通技术的应用作为教师教学实践的一部分。

第五，在"学校如何变得具有亚洲素养"方面，研究发现，学校培养亚洲素养的策略主要涉及四个核心主题，分别是培养教师能力、提升整个学校承诺的能力、构建合作关系和设计新的教学方法与课程。

第六，在"澳大利亚－亚洲学校的合作关系对发展亚洲素养的影响"方面，研究发现，构建一种有助于跨文化参与和互动的可持续结构和模式有助于形成澳大利亚与亚洲的学校合作关系，应凸显"学校跨文化合作项目"在培养教师能力、提供跨文化学习资源或工具、促进跨文化关系和构建可持续的学校合作伙伴关系等方面的作用。

第七，在"亚洲研究对项目参与者个人及专业发展的潜在影响"方面，基于亚洲教育基金会"亚洲项目研究"参与者的案例，研究发现，这些项目有助于提升参与者的亚洲文化知识水平，促进学校层面的课程与教学法的变革；促进个人在专业研究上与亚洲有关机构持续的合作；促进研究者持续地与海外人士接触，并投入跨国学习社区的构建。

第八，在"家长参与和学生亚洲素养发展方面"，基于对8所学校的案例分析，研究发现，构建家长参与的正规化渠道以确保家长及时了解学生学习状况、引导家长形成对亚洲语言与文化的积极观念、在义务教育年限之外确保获得家长对学习亚洲语言与文化的支持、为家长提供促进学生学习亚洲语言与文化的各种资源等有助于增强家长对其孩子学习亚洲语言与文化的支持力度。

第九，在"学校中培养跨文化理解"方面，研究发现，下列6个行动有助于提高学校培养跨文化理解能力的成效：（1）教师对课程涉及的跨文化理解的一般能力及其构成部分有彻底理解；（2）教师创设发展学生跨文化理解能力的各种机会;(3)师生参与到持续的跨文化接触之中;(4)师生反思跨文化经历,关注思维方式、态度和行为的转变;(5)教师巩固和发展本土与国际的学术网络,以便分享、反思和进一步发展跨文化教学和学习实践;(6)教师从事与跨文化理解有关的专业学习。

第十,在"教师教育"方面,研究发现,澳大利亚学校的亚洲语言教师在数量、规模及教育方面存在着不少问题。未来应建立国家统一的、标准化的亚洲语言教师教育评价制度和语言教师许可制度,强化质量评价。

三、培养"亚洲素养":研究报告对学校教育路径的建议

笔者研究发现,这些研究报告提供了学校"亚洲素养"教育的一些关键性因素信息,如支持性的政策框架、学校领导力、教师能力、课程和资源、教学法、创造对亚洲素养的需求与构建可持续的跨国学校合作关系等。这些关键性要素构成了澳大利亚学校"亚洲素养"教育实施的重要框架。

(一)构建支持性的政策框架

支持性的政策框架提供整合资源的基础,并有助于设置明确的目标,是实现"亚洲素养"教育目标的基础。为了支持学校"亚洲素养"教育,澳大利亚已建立了一个由政府、社会和学校共同参与的政策框架。这一政策框架通过一系列具有内在延续性的政府宏观层面政策或声明以及相关的战略规划项目体现出来。构建这种支持性的政策框架是政府的重要责任,无论是20世纪90年代的"拉德报告"及随后创立的"澳大利亚学校国家亚洲语言与研究"项目,还是2008年的《澳大利亚年轻人教育目标墨尔本宣言》、2012年的《亚洲时代的澳大利亚》以及2013年的澳大利亚国家课程,都强调政府应在实施"亚洲素养"教育中起到政策导向、财政支持与沟通协调的持续性作用。社会机构的参与也是学校推行"亚洲素养"教育的重要力量。以亚洲教育基金会为代表的社会机构在协调政府角色、整合社会力量以及进行跨境交流合作等方面发挥了重要作用。"具有亚洲素养:学校资助项目"和"学校跨文化合作项目"是亚洲教育基金会管理下的两大受政府资助的项目,这两个项目在促进澳大利亚学校与亚洲学校合作交流、培养国际化人才、培育学生跨文化理解能力、增强亚洲素养实践能力等方面积累了丰富的经验。澳大利亚学校是

使政策落地实施的重要执行主体，《什么起作用》系列报告认为，一项国家宏观的教育政策，若要在学校中得以施行，需要对学校进行"结构的、政策的和程序上的改革"[9]，并将政策相关要求"系统化为学校政策、课程和教学法的一部分"[11]。

（二）增强学校领导力

学校领导力是将政策要求转化为实践行动的首要条件。《什么起作用》系列报告指出："学校领导力在亚洲素养和跨文化理解等变革和创新中发挥着重要作用。"[12]报告认为，有效的学校领导力在建立"亚洲素养"的政策和项目、发展学校伙伴关系、实施亚洲语言项目、获得更高层次的跨文化理解和推动父母参与该领域工作等方面起着关键的作用。但是学校领导力并非局限于学校领导层之中，整个学校在推行"亚洲素养"教育上具有共享的权力。当学校所有人参与其中，并建构出一种"教师－领导者"的共享领导模式的时候，学校领导力才是最有效的。"共享领导模式促进了教师对涉及课程、教学和学习等关键决策的参与"[9]。报告总结出亚洲素养项目的有效领导者的一些特征，这些特征有助于实现深入而持续的变革。它们包括：领导者拥有一种建构亚洲素养的强烈道德使命感；以团队形式开展工作，为系统化的全校性的变革建构动力，教师－领导者激励同事对课程和教学法进行创新[9]；支持开展基于事实和证据的实践和研究，理解亚洲素养的重要性并选择适当的课程和教学方法；教师－领导者将学生学习置于优先地位[13]。

（三）培养与提升教师亚洲素养

报告认为，教师是亚洲素养政策和项目行之有效的关键。"一个具有亚洲素养的教师必须拥有与亚洲相关课程的专业知识、评估策略以及教学方法；熟悉与亚洲相关的范围广泛的教学资源；积极构建跨文化理解；经常地、有目的地并且是'无缝地'（seamlessly）将亚洲相关内容整合进课程教学之中；采用信息沟通技术推动澳大利亚学生与亚洲学生的联系；在校内外亚洲相关学习中起带头作用。"[14]为了培养与提升教师的亚洲素养，报告认为第一个要素是要在学校培育一种反思性实践的文化。这包括对实践的评估以及采用证据为本的方法，而基于研究和证据的实践使教师能够选择最有效的课程和教学方法。"教师被鼓励去评估他们的实践，并基于'什么起作用'的证据开展跨文化理解。教师可以利用这种证据去重塑课程、教学、学习和评估。"[15]第二个要素是让教师参与跨国的合作交流活动。报告认为:"参与海外研究项目的教师增强了文化认知和跨文化理解,这促使他们变革教学实践并在学校亚洲素养项目中承担领导角色。他们的国际经历也重新燃起他们对亚洲素养的热情并使之产生强劲而持续的动力去培育学生相关的亚洲能力。"[16]第三个要素是借助信息沟通技术。报告指出:"构建各个学习阶段的信息沟通技术教学体系是重要的,因为教师自己的亚洲素养相关教学实践需要建立在对信息沟通技术的应用基础上;在亚洲研究和亚洲语言课堂中对信息沟通技术的变革性应用是教学体系的一部分;采用信息沟通技术发展学生的相关亚洲能力能够创造对亚洲语言和研究的需求"。[17]教师要获得高层次的亚洲素养,所需的另一个要素是有效的教师职前教育。报告指出政府、大学以及教师教育利益相关者需要共同面对教师职前教育的六个主要问题:语言教师的教育质量保障;语言教师教育的分化问题;语言和方法的研究;建立国家统一的、标准化的语言教师教育评价制度;语言专业化问题;构建全国统一的语言教师许可制度。[18]

(四)完善课程资源建设,促进教学创新

澳大利亚国家课程(Australia curriculum)提供了"亚洲素养"培育的课程政策框架,这一课程框架明确要求各门学科的教学都要融入"三个跨学科优先领域"——"亚洲、澳大利亚与亚洲接触"(Asia and Australia's engagement with Asia)、亚洲语言、跨文化理解的一般能力。报告认为应从三个方面改进对教学法和课程的设计:创新课程与教学法,以便更好地反映学生的学习需求并确保对亚洲内容教学的参与;参与建设专业和学术网络,以便掌握这一领域的最新变化与实施情况;实施尝试性研究,以便评估课程和教学创新对学生学习的影响。[9]对于课程资源建设,报告认为,学校作为亚洲素养教育的实施主体,应对学校课程大纲进行适当调适,并将国家课程中有关亚洲的内容纳入课程单元;丰富课程资源,构建跨国学校合作关系,并使师生积极参与其中,是课程资源建设的重点。报告指出,参与持续的国际学校合作有助于教师重新设计课程和教学法,开发课程单元和教材并以协作形式参与相关项目。[12]在教学创新方面,报告认为即使是最好的课程,也需要高质量的教学技术和能力使之转化为实践。报告指出,在澳大利亚国家课程和"澳大利亚教师专业标准"已经确定的背景下,应鼓励教师超越"安稳"的课程选

择和教学法，亚洲素养教育需要应用一系列 21 世纪的教学法，包括探究、高阶思维、问题解决和社会行动[9]，要采用信息和通信技术拓展教师和学校推动学生接触真实内容的能力。

（五）创造对亚洲素养的需求

需求是澳大利亚亚洲素养形成与持续发展的前提与动力。对亚洲素养的需求主要表现为对亚洲研究和亚洲语言的需求。报告明确指出亚洲研究将支持亚洲语言学习，而亚洲语言学习将鼓励并创造对亚洲研究的需求[19]。报告认为对亚洲研究的需求主要来自教师和学校领导。创造对亚洲研究需求的策略包括："一个有说服力的个人经历，包括参观、旅游学习、姐妹学校的关系以及接触给人灵感的说某种语言的人（inspirational speakers）；政策支持，诸如澳大利亚课程中有关亚洲素养的内容以及明确的行动方针，包括现实的目标、可行的期待和具体的结果；同侪的影响和支持，学校内部以及跨校的朋辈合作"[19]；确保计划执行的持久性以及"拥有足够的资金支持项目发展"[19]。应该指出的是，鉴于亚洲研究与亚洲语言需求的内在联系，创造亚洲素养的需求需要将学校领导、教师、家长和学生作为目标群体，以确保这些群体在亚洲素养需求上的一致性。

（六）构建可持续的跨国学校合作关系

与亚洲国家学校的跨国学校合作关系是深化澳大利亚与亚洲关系、培养跨文化理解能力和提升亚洲语言能力的重要平台。报告基于对参与"学校跨文化合作项目"的澳大利亚学校的实证调研，认为"学校跨文化合作项目"的使命是"发展跨文化知识与意识，改善亚洲语言技能，建立可持续的跨国学校合作关系与学习者社区"[12]。为了创新"学校跨文化合作项目"在构建可持续的跨国学校合作关系方面的功能，"学校跨文化合作项目"应该作为[12]：（1）一种多维的教师能力培养的工具，它可以促进教师运用信息技术手段进行教学创新。提升教师跨文化理解的能力，发展教师文化知识和意识，使之熟练掌握亚洲语言。（2）一种真正的学习资源或工具，它可以促进教师运用信息技术手段，与讲当地语言的人进行交流，获取跨文化学习的有用资源，开展跨文化互动。（3）一种促进跨文化关系的要素，可以推动教师与亚洲国家的民众进行私人访问和交流，开展同步的课堂联系。（4）一种可持续的学校合作伙伴关系的促进要素，它可以促进跨国跨校合作以及学习者社区的构建。"学校跨文化合作项目"推动下的跨国的学校合作关系的构建，还需要学校的系统化支持以及利益相关者的参与，合作学校间平等而坚定的合作与沟通，相关的课程合作与教学方法的创新以及跨国的专业学习项目的规划，等等。

参考文献

[1] ANG I, TAMBIAH Y, MAR P. Smart engagement with Asia: leveraging language, research and culture [R]. Report for the Australian council of learned academies, 2015.

[2] AUSTRALIA IN THE ASIAN CENTURY TASK FORCE. Australia in the Asian century: white paper [R]. Commonwealth government, 2012.

[3] SALTER P. The problem in policy: representations of Asia literacy in Australian education for the Asian century [J]. Asian studies review, 2013, 37 (1): 3-23.

[4] GERALD F. National education policy and Asian studies [C]. //ELAINE M. Towards an Asia-Literate society. Oakleigh South Asian studies association of Australia, 1988.

[5] RUDD K. Chair. Asian Languages and Australia's Economic Future. A Report Prepared for the Council of Australian Governments on a Proposed National Asian Languages/ Studies Strategy for Australian Schools [R]. Brisbane, 1994: ii.

[6] MINISTERIAL COUNCIL FOR EDUCATION, EARLY CHILDHOOD DEVELOPMENT AND YOUTH AFFAIRS. National declaration on education goals for young Australians [R]. Melbourne, 2008: i.

[7] ASIA EDUCATION FOUNDATION. National statement on Asia literacy in Australian schools (2011-2012) [R]. The University of Melbourne, VIC: Asia education foundation, 2011.

[8] HALSE C. Asia literacy and the Australian teaching workforce: summary report [R]. Asia education foundation, 2013.

[9] ASIA EDUCATION FOUNDATION. What works: schools becoming Asia literate [R]. The University of Melbourne, VIC: Asia education foundation. 2013.

[10] JANE O'LEARY. Leading in the Asia century: a national scorecard of Australia's workforce Asia capability [R]. Diversity Council Australia, 2015.

[11] ASIA EDUCATION FOUNDATION. What works: achieving intercultural understanding in schools. The University of Melbourne, VIC: Asia education foundation, 2015.

[12] ASIA EDUCATION FOUNDATION. What works: Australia-Asia school partnerships. The University of Melbourne [R]. The University of Melbourne, VIC: Asia education foundation, 2014.

［13］ASIA EDUCATION FOUNDATION. What works: leading school change to support the development of Asia-relevant capabilities ［R］. The University of Melbourne, VIC: Asia education foundation, 2013.

［14］ASIA EDUCATION FOUNDATION. Asia literacy and the Australian teaching workforce ［R］. The University of Melbourne, VIC: Asia Education Foundation, 2013.

［15］ASIA EDUCATION FOUNDATION. What works: achieving intercultural understanding through the teaching of Asia perspectives in the Australian curriculum: English and history ［R］. The University of Melbourne, VIC: Asia education foundation, 2013.

［16］ASIA EDUCATION FOUNDATION. What works: study programmes to Asia ［R］. The University of Melbourne, VIC: Asia education foundation, 2014.

［17］ASIA EDUCATION FOUNDATION. What works: using ICT in schools to support the development of Asia-relevant capabilities ［R］. The University of Melbourne, VIC: Asia education foundation, 2013.

［18］ASIA EDUCATION FOUNDATION. What works: teacher education and languages ［R］. The University of Melbourne, VIC: Asia education foundation, 2015.

［19］ASIA EDUCATION FOUNDATION. What works: building demand for Asia literacy ［R］. The University of Melbourne, VIC: Asia education foundation, 2012.

（刘奕涛，嘉应学院教育科学学院副教授，华南师范大学国际与比较教育研究所博士研究生；柯森，华南师范大学国际与比较教育研究所教授，所长。原载《比较教育研究》2018年第7期，略有改动。）

澳大利亚区域国际教育资助体系探析
——以"新科伦坡计划"为例

滕曼曼

　　20世纪80年代以来，国际教育蓬勃发展成为世界范围内高等教育发展的重要新趋势。与此同时，国际教育区域目标化发展趋势也日趋显著。国际教育的发展离不开健全完善的资助体系。2014年，澳大利亚联邦政府提出了集"奖学金项目""学生流动项目""校友参与项目""社会参与项目"为一体的"新科伦坡计划"（New Colombo Plan）区域国际教育资助体系，资助澳大利亚高校学生赴亚洲-太平洋地区（以下简称"亚太地区"）40个国家和地区留学、实习。本文对"新科伦坡计划"的形成背景及出台过程进行分析，并对各个项目的具体内容进行介绍，继而透视该计划的显著特征、取得的成就及其面临的挑战，以期对澳大利亚区域国际教育资助体系有全方位的认识和理解。

一、"新科伦坡计划"的背景及形成过程

（一）"新科伦坡计划"产生的历史渊源

　　澳大利亚联邦政府通过对高校或者学生进行拨款或贷款的方式支持学生的国际流动，资助计划最早可追溯到针对南亚和东南亚英联邦国家进行的援助项目"科伦坡计划"（Colombo Plan）。1950年1月在锡兰（今斯里兰卡）首都科伦坡召开的英联邦外交部长会议上，时任澳大利亚联邦政府外交与贸易部部长斯彭德（Percy Spender）提出"制定提升南亚和东南亚人民经济社会发展水平的国际合作框架"，即后来所谓的"科伦坡计划"。"科伦坡计划"之于澳大利亚的意义，恰如斯彭德所言："从地理上看，亚洲是澳大利亚的邻居，它的发展不可避免地会对澳大利亚产生影响。这也就意味着澳大利亚的未来取决于亚洲邻国的政治稳定、经济

发展以及由人与人之间的理解和友好相处所带来的福祉。"[1]澳大利亚联邦政府于同年制订并通过了对南亚和东南亚国家进行技术援助和经济援助的"科伦坡计划"。自"科伦坡计划"实施以来，澳大利亚联邦政府通过信贷和奖学金资助南亚和东南亚国家的学生到澳大利亚接受高等教育，并派遣国内专家到该地区国家进行教育和技术援助。"科伦坡计划"不仅促进了南亚和东南亚国家的经济社会发展，更重要的是促进了地区之间的理解和联系。正如时任澳大利亚联邦政府外交与贸易部部长朱莉·毕晓普（Julie Bishop）在"新科伦坡计划"的启动会议上所说，"从（20 世纪）50 年代到 80 年代中期，原来的'科伦坡计划'使来自东南亚数以万计的学生在澳大利亚学习"[2]。

（二）"新科伦坡计划"产生的现实动因

"科伦坡计划"的目的在于促进澳大利亚与南亚和东南亚国家间的相互了解和联系，但实际却形成了南亚和东南亚国家人员赴澳大利亚的单向流动。为了改变这一趋势，同时积极应对亚太地区国家不断崛起的现实，保持澳大利亚在该地区的影响力，澳大利亚联邦政府采取了积极主动的策略。2012 年 10 月，澳大利亚联邦政府发布白皮书《亚洲时代的澳大利亚》（Australia in the Asia Century），指出"稳固的关系可以促使更多的澳大利亚人对亚洲正在发生的事情有更深入的了解，并能够更好地获取这些地区发展所带来的好处。反过来，我们的邻国也会比今天更加了解我们"[3]。为了实现澳大利亚对亚太地区的了解和联系，澳大利亚联邦政府在国际教育发展上做出了战略性调整，积极推动澳大利亚学生赴该地区留学。实际上，早在 2011 年 10 月，澳大利亚联邦政府就为促进国际教育的发展成立了专门机构——国际教育咨询委员会（International Education Advisory Council），该机构成立后便着手研究制定推动澳大利亚学生赴外留学的提案。2013 年 2 月，该委员会发布了《澳大利亚——全球教育：国际教育咨询委员会的建议》（Australia-Educating Globally: Advice from the International Education Advisory Council）。该报告提出的重要建议之一就是推动澳大利亚学生赴外流动。与此同时，近年来澳大利亚高校学生赴外留学、实习的热情也日趋高涨。2009 年，参与国际交流学习的澳大利亚高校学生总数为 15058 人次，此数据在 2010 年、2011 年和 2012 年分别为 18340 人次、20906 人次和 24763 人次，至 2013 年高达

29487 人次，5 年内翻了近一倍①（见表 1）。值得注意的是，与以往赴欧美传统发达国家留学不同的是，近年来澳大利亚学生赴非传统留学地留学人数不断攀升。澳大利亚联邦政府教育与培训部的一项调查显示，相较于北美和欧洲国家等传统留学首选地，亚洲国家对澳大利亚高校学生的吸引力逐渐增加。如表 1 所示，2009—2013 年澳大利亚学生到亚洲国家进行国际交流的总人次年均增长率为 21.10%，位列第一。面对加强对亚太地区认识和联系的需要，以及本国学生赴亚太地区留学需求日益旺盛的局面，澳大利亚联邦政府认识到并承认政府在支持本国学生进行国际交流中应承担重要责任，但实际上联邦政府对本国学生的国际流动，尤其是面向亚太地区的国际交流，其政策和资金支持都极为不足，于是促使了"新科伦坡计划"的出台。

表 1　2009—2013 年澳大利亚高校学生全球流动概况

年份	项目	地区			
		亚洲	北美	欧洲	全球
2009	数量（人次）	4765	3252	5414	15058
	比例（%）	31.60	21.60	36.00	—
2010	数量（人次）	5529	4232	6517	18340
	比例（%）	30.20	23.10	35.50	—
	增长率（%）	16.00	30.10	20.40	21.80
2011	数量（人次）	6759	4811	7587	20906
	比例（%）	32.30	23.00	36.30	—
	增长率（%）	22.30	13.70	16.40	14.00
2012	数量（人次）	7856	5534	8288	24763
	比例（%）	31.70	22.40	33.50	—
	增长率（%）	16.20	15.00	9.20	18.50

---

① 数据参见澳大利亚教育与培训部公布数据（网址：https://internationaleducation.gov.au/research/AustralianStudentSun54371821sOverseas，访问时间：2017 年 5 月 24 日）。

续表

年份	项目	地区			
		亚洲	北美	欧洲	全球
2013	数量（人次）	10205	9345	9901	29487
	比例（%）	34.61	21.50	33.60	—
	增长率（%）	29.90	14.70	19.50	19.10
年均增长率（%）		21.10	18.40	16.40	18.30

注：澳大利亚官方统计数据中包括非洲、大洋洲等地区数据，表中仅显示研究所需数据；"—"代表数据缺失。

（三）"新科伦坡计划"的形成过程

在 2008 年召开的"2020 澳大利亚高层峰会"上，澳大利亚政府承认在了解亚洲地区的语言和文化方面存在战略性缺失，认为应该让澳大利亚学生到亚洲进行学习、工作和生活，并提出了所谓的"反向科伦坡计划"（Reverse Colombo Plan）。[4] 然而，因种种因素阻碍，该计划最终并未得以延续。直至 2010 年朱莉娅·吉拉德（Julia Gillard）当选为澳大利亚联邦政府总理，"学生出境流动"问题才有了实质性的进展。吉拉德在任澳大利亚联邦政府教育与培训部部长期间就曾指出，"学生流动对于澳大利亚发展繁荣的重要性在于——成为'全球供应链'的一部分，并真正走向'国际化'"[5]。2013 年，作为澳大利亚联邦政府总理的吉拉德正式启动了备受瞩目的"前进亚洲"奖学金计划（AsiaBound），该计划旨在鼓励澳大利亚学生赴亚洲地区学习。然而与"科伦坡计划"相比，该计划由联邦政府教育与培训部下属的国际教育司主管，"前进亚洲"奖学金计划仅有 3000 万澳元预算，在工作规模和资助力度方面都相形见绌。[6] 与此同时，朱莉·毕晓普再次提出有关"新科伦坡计划"的讨论。在 2013 年召开的澳大利亚－印度尼西亚双边会议上，澳大利亚联邦政府正式提出"新科伦坡计划"。[7] 之后，孟席斯研究中心（Menzies Research Centre）主持召开了一系列由大学校长、行业领导者、实业家以及学者组成的圆桌会议，进一步形成和完善了"新科伦坡计划"的政策框架。经过不懈努力，澳大利亚联邦政府宣布于 2014 年 1 月开始试点"新科伦坡计划"，试点地区包括两个东盟成员——印度尼西亚和新加坡，以及日本和中国香港。2014 年 9 月 4 日，澳大利亚联邦政府发布了"新科伦坡计划"试点阶段评估报告，并基于试点阶段取得的成果，宣布 2015 年全面启动"新科伦坡计划"，扩大该计划在亚太地区的实施范围，并承诺在 5 年内提供 1 亿美元的资金支持。

二、"新科伦坡计划"概述

所谓"新科伦坡计划"，是澳大利亚联邦政府通过"奖学金项目""学生流动项目""校友参与项目""社会参与项目"等项目支持澳大利亚高校学生赴亚太地区研究、学习和实习的教育计划，其目的在于促进澳大利亚与该区域国家和地区间学生的双向流动，增进大学、企业等各个主体间的合作，加强澳大利亚与亚太地区的联系。

（一）"新科伦坡计划"的战略目标

澳大利亚联邦政府站在国家的战略高度，明确了"新科伦坡计划"的战略目标[8]：一是通过支持澳大利亚本科生前往亚太地区学习、实习和实践，提升对该地区的了解，促进相互理解，深化澳大利亚与亚太地区的关系；二是形成学生、大学、企业和其他利益相关者的参与网络，加强人与机构之间的联系；三是让在亚太地区的学习和实习成为澳大利亚学生重要的人生经历（"成年礼"），并得到澳大利亚社会的广泛关注和认可；四是不断增加具备在亚太地区工作经验和技能的澳大利亚毕业生人数，为国家和区域经济以及社会发展做出贡献。由此，"新科伦坡计划"主要目标国家和地区的确定、不同项目以及具体操作性目标的制订均围绕这一战略目标进行。

（二）"新科伦坡计划"的主要目标国家和地区

根据澳大利亚联邦政府网站公布的信息，"新科伦坡计划"资助澳大利亚高校学生进行国际交流学习的区域从最初的 4 个试点国家和地区——印度尼西亚、新加坡、日本和中国香港，扩展到以下国家和地区：孟加拉国、不丹、文莱、柬埔寨、中国、库克群岛、密克罗尼西亚联邦、斐济、法属波利尼西亚、中国香港、印度、印度尼西亚、日本、基里巴斯、老挝、马来西亚、马尔代夫、马绍尔群岛、蒙古、缅甸、瑙鲁、尼泊尔、新喀里多尼亚、纽埃、巴基斯坦、帕劳、巴布亚新几内亚、菲律宾、韩国、萨摩亚、新加坡、所罗门群岛、斯里兰卡、中国台湾、泰国、东帝汶、汤加、图瓦卢、瓦努阿图和越南。[9] 其中，法属波利尼西亚和新喀里多尼亚是2018年"新科伦坡计划"新增加的地区。

（三）"新科伦坡计划"的主要项目

1. "奖学金项目"①

"奖学金项目"为18—28岁的澳大利亚本科生提供到亚太地区（"新科伦坡计划"的参与国家和地区）学习、研究和实习的资金奖励，并接受来自目标国家和地区学生的语言培训。全日制"学习和研究"是"奖学金项目"的重要组成部分，要求学生必须达到目标国或地区高校规定的1学年时间；申请人所在大学必须同意为学生在目标国或地区高校/机构所修的课程授予学士学位或荣誉学位学分；申请人可以到除目标国或地区高校/机构之外的地方进行学习和研究，但是必须接受目标国或地区高校/机构的监督；项目遴选时更倾向于选择具有长远研究和学习计划的候选人。在"实习"方面，在目标国或地区高校/机构进行正式学习和研究之前或者之后，申请人可以从事全职实习（时间要求为每周22—38小时，最多不超过6个月），或者在学习和研究的同时进行兼职实习；如果"实习"不是在"学习和研究"期间，那么"实习"方面的奖助金将在"实习"期间单独发放；申请人可以到除目标国或地区高校/机构之外的地方进行实习；"实习"是非强制性的，但无法单独组成"奖学金项目"。在"语言培训"方面，"奖学金项目"提供目标国国家或者地区的官方语言培训，全日制语言培训每周至少15个小时，最多会给予去指定的语言培训机构学习1个月的经费支持。

"奖学金项目"提供的经费支持主要包括：（1）学费。学费资助用于支付学生1学年的学费，最高达2万美元（每学期1万美元）。这些费用直接支付给目标国或地区高校/机构。如果学生母校与目标国或地区高校/机构之间没有交换协议，奖学金将仅用于提供国际学费。（2）语言培训学费。该项经费资助最高为1500美元，仅用于在目标国或地区接受的语言培训，直接支付给语言培训机构。（3）旅途津贴、住宿津贴。分别提供2500美元用于支付学生的国际旅费和在目标国或地区高校/机构的住宿费。（4）生活补助。每月补贴2500美元，用于支持学生在其学习地点的基本生活费用。（5）其他福利。例如，在目标国期间享有健康和旅

---

① "奖学金项目"所有数据均来自参考文献[11]，此处不一一标注。

游保险等。[10]

2."学生流动项目"①

"学生流动项目"支持澳大利亚本科生前往亚太地区 40 个国家和地区进行长期或短期学习、研究、实习和实践，包括单期学生流动资助、多年学生流动资助和学生流动合作伙伴关系资助。（1）单期学生流动资助分为短期资助、学期资助和实习资助。短期学生流动要求至少两周（14 天）时间，但一般不超过 6 个月，这段时间的学习或者实习计入学分，资助金额在 1000—3000 美元；学期资助要求至少 1 个学期的时间，但一般不超过 12 个月，这段时间的学习或者实习计入学分，资助金额在 3000—7000 美元；实习资助包括在学期资助内，资助金额为 1000 美元（除学期资助金之外）[11]；获得短期流动资助不具有获得实习资助的资格。（2）多年"学生流动项目"是在单期"学生流动项目"的基础上，通过专门的审核而予以批准延长至 2 年时间的项目。申请人需要在单期"学生流动项目"时间截止前提交多年流动项目申请书，而且这两类项目的提案不能雷同。申请人必须说明多年学生流动资助将如何帮助他们扩大和维持与大学和企业之间的相互交流，并加强合作伙伴关系，或者证明"学生流动项目"的研究将如何扩大和深入。（3）构建"学生流动项目"合作伙伴关系，鼓励澳大利亚高校与本国和亚太地区的企业或者私人机构发展学生流动合作伙伴关系，为"学生流动项目"提供资金支持，或者为学生实习和实践提供机会。

3."校友参与项目"

"校友参与项目"是指支持参与"新科伦坡计划"的校友间保持联系，以帮助彼此在生活和事业上相互促进、共同进步。自 2014 年"新科伦坡计划"启动以来，已经支持约 17500 名澳大利亚本科生在亚太地区生活、学习和工作。[12]"新科伦坡计划"鼓励获得"奖学金项目"和"学生流动项目"支持的澳大利亚学生加入"新科伦坡校友计划"，学生可以通过澳大利亚全球校友网站注册，并加入在"领英"平台创建的"新科伦坡计划"校友小组，通过这两大网站了解校友活动和分享自身关于"新科伦坡计划"的经验。

4."社会参与项目"

企业界的支持对于提升参与"新科伦坡计划"学生的实习和实践能

---

① "学生流动项目"所有数据均来自参考文献 [12]，此处不一一标注。

力至关重要。"新科伦坡计划"为澳大利亚和亚太地区参与该计划的企业提供了4种参与途径[13]:(1)"新科伦坡计划"实习和导师网站项目。建立这一网站旨在将澳大利亚和亚太地区参与该计划的大学、学生和企业连接起来,为参与"新科伦坡计划"的学生提供与课程学习相关的工作经验。企业注册成为网站会员后,就可以访问网站提供的人才库,为学生在亚太地区提供工作机会。(2)流动合作伙伴项目。该项目鼓励大学与澳大利亚和亚太地区的企业界建立合作伙伴关系,企业可以为学生提供额外的研究费用,或者为政府资金提供配额,以提升学生的参与度。(3)企业领袖项目。该项目旨在提高区域学习对学生职业前景的价值,促进企业参与"新科伦坡计划"。(4)赞助。提供赞助,促使企业与"新科伦坡计划"建立联系。

三、"新科伦坡计划"的特征分析

作为澳大利亚联邦政府顺应时代趋势和现实需求制定的区域国际教育资助体系,"新科伦坡计划"既承接了"科伦坡计划"的历史,又回应了澳大利亚面对国际教育发展新趋势及在国际竞争新环境下的未来发展需求。"新科伦坡计划"具有以下四个鲜明特征。

(一)国际教育理念趋向多元

20世纪80年代以来,受市场化理念和教育被纳入服务贸易范畴等系列因素影响,国际教育发展的理念更多地指向了经济收益。在国际教育供给国中,澳大利亚以获取经济收益为目标,一跃成为世界第三大国际教育供给国,教育服务贸易也成为澳大利亚第三大出口产业和第一大服务贸易出口产业,形成了以招收留学生为主的输出型国际教育发展模式。随着国际教育的纵深发展,其自身携带的其他工具价值也日益凸现,发展国际教育可以获取地缘政治利益、传播文化意识形态、彰显国家软实力、发挥地区影响力、实现国际理解。作为国际教育的老牌发达国家,澳大利亚不可能也无法回避对这些工具价值的利用,亚太地区经济社会的高速发展也让澳大利亚意识到不能忽视与亚太地区的联系。因此,加强对亚太地区各方面的了解与联系,成为关乎澳大利亚国家发展战略的重大问题。因此,利用国际教育的发展来实现澳大利亚国家的整体利益便成为澳大利亚联邦政府的战略选择。可以说,摒弃以往单一的经济收益取向,重视更加多元的价值取向成为澳大利亚国际教育发展的新思维。

这直接体现在"新科伦坡计划"中资助目标、项目设置和目标国家的选择上。

（二）推动国际教育的区域化发展

在当代高等教育的国际化发展中，区域化已经成为一个重要趋势。亚太地区国家力量的迅速崛起以及高等教育市场的日益扩大，对澳大利亚的国际教育产生了巨大挑战，同时也让澳大利亚看到了更大的市场机遇。"新科伦坡计划"旨在通过资助学生的国际流动构建和加强澳大利亚与亚太地区的联系，增加澳大利亚在亚太地区事务中的参与度和影响力；鼓励企业为"新科伦坡计划"和受资助学生提供资金或者物质支持，培养毕业生在亚太地区工作的技能，从而建立企业与"新科伦坡计划"及学生的联系，继而为企业进入亚太地区这个新兴市场打下基础。可以说，自实施以来，"新科伦坡计划"已初见成效，2014—2017年分别支持了约1300、3100、5450、7400名澳大利亚高校学生在亚太地区流动。[9]

（三）提升国际教育流动性

随着国际教育理念的多元化发展，获取学历或者学位证书已经不是学生进行国际交流的必然的单一的选择，丰富的国际交流经验越来越得到学生的青睐。澳大利亚大学生国际交流情况调查显示，短期"学生流动项目"快速发展已经成为澳大利亚国际教育的一大特征。[14]2015年，澳大利亚本科生拥有的国际学习经历总数为27753人次，其中时间"超过2周但少于10周"的为16278人次，占比为58.65%，可谓占据"半壁江山"。"新科伦坡计划"的"学生流动项目"致力于支持学生进行短期的国际学习、实习和实践，增加学生国际交流经验。此外，"新科伦坡计划"提出，在目标国或地区高校/机构的支持下，参与"奖学金项目"的学生可以申请到目标高校或者机构以外的其他地点进行学习和实习，这进一步增强了学生的流动性。提升学生流动性的目标在于增进学生对不同文化的体验和理解，"新科伦坡计划"明确指出"澳大利亚联邦政府希望鼓励新一代的澳大利亚人通过'新科伦坡计划'体验到更多的区域文化、不同的语言和商业交往方式"[15]。

（四）鼓励多元利益主体参与

"新科伦坡计划"致力于构建一个由政府、大学、企业和学生等组成的多元化网络体系，尤其重视校友和工商业界对于计划的参与及其在推进国际教育方面所发挥的重要作用。毋庸置疑，随着时间的推移，不断壮大的"新科伦坡计划"校友队伍将形成一个影响力巨大的网络系统，他们拥有在亚太地区学习和工作的经历，在形成稳固的职业联系和个人联系基础上，未来将在加强澳大利亚与亚太地区的联系方面发挥重要作用，成为澳大利亚社会未来繁荣和确保区域地位的重要基石。对于企业而言，参与"新科伦坡计划"是双向互利的选择。亚太地区已经成为全球经济发展最快的地区之一，拥有一支能够在该地区工作的团队对于企业进入这个新市场至关重要。获取来自企业的资金和岗位支持，一方面有利于提升参与"新科伦坡计划"学生的流动、学习、实习和实践能力，另一方面可以丰富毕业生在亚太地区的工作经验，提高其区域工作能力，而这恰恰是企业开拓亚太地区市场潜在人力资源所需要的。目前，"新科伦坡计划"已经与一些私营机构建立了合作关系。例如，普华永道会计师事务所（Pricewaterhouse Coopers）在印度尼西亚、日本和新加坡都为"新科伦坡计划"赞助奖学金；澳大利亚会计师公会（Certified Public Accountants Australia）为来到中国的学生提供"新科伦坡计划"奖学金。[13]

四、"新科伦坡计划"取得的成就及面临的挑战

2016 年，澳大利亚联邦政府外交与贸易部委托阿西尔艾伦咨询公司（Acil Allen Consulting）对"新科伦坡计划"进行了调查，并发布了《"新科伦坡计划"第二阶段调查报告》（New Colombo Plan Evaluation of the Pilot Program Stage-2 Report）[16]（以下简称《调查报告》）。《调查报告》总结了"新科伦坡计划"取得的阶段性成就，并指出其运行过程中存在的主要问题。

（一）取得的成就

1. 为澳大利亚学生提供了宝贵的学习工作经历和文化体验

《调查报告》指出，参与"奖学金项目"和"学生流动项目"的学生普遍表示他们参与该计划的初衷是"可以到亚太地区进行长时间的学习和项目研究，他们对于这件事情充满了渴望和热情"。《调查报告》显示，"文化认知和理解"对于参与"奖学金项目"和"学生流动项目"的学生而言都是最具价值的收获。接近 60% 的被调查者认为参与"文化活动"是非常有价值的，认为有价值的比例超过了 25%。良好的体验增加了学

生对于"新科伦坡计划"的满意度和支持度，提高了他们向其他澳大利亚学生推荐该计划的意愿。

2. 增进了澳大利亚学生对于亚太地区的了解

《调查报告》显示，约 70% 参与"学生流动项目"的学生表示强烈同意他们已经提高了对于"目标国家或者地区的认知和了解"，85% 参与"奖学金项目"的学生表示强烈同意这一说法。澳大利亚学生普遍反映，在平时的学习、研究和工作中，与目标国家或地区的机构、教师、学生和同事相互接触，在其本土文化氛围中生活，有利于他们尽快形成对于亚太地区教育、文化、经济和社会形态的整体了解，并不断完善自己的认知，以达成彼此的文化理解。

3. 增加了具备在亚太地区工作能力的人力资源

作为世界上经济发展最快的地区之一，亚太地区的不少国家和地区已经完成或者正在进行经济转型，这为该地区甚至是全世界的人才提供了更多的工作机遇。"新科伦坡计划"的实施顺应了这一趋势，"奖学金项目"鼓励学生在学习和研究的同时，进行一段时间的实习，将他们的学习经历与未来职业联系起来，为就业做充分准备；"学生流动项目"则是尽可能支持有意愿到亚太地区进行短期学习和工作的学生。《调查报告》显示，参与"学生流动项目"的学生对"具备在亚太地区工作能力"表示强烈同意和同意的比例均为 42%，参与"奖学金项目"的学生对此表示强烈同意和同意的比例分别为 57% 和 40%。

4. 提升了澳大利亚学生参与亚太地区事务的意愿和热情

作为澳大利亚的邻居，亚太地区的政治、经济和社会发展等对澳大利亚的发展存在不可避免的影响。因此，参与亚太地区的事务，抓住发展机遇，发挥在亚太地区的作用，以及保证在亚太地区的影响力，对澳大利亚意义重大。"新科伦坡计划"引导和鼓励学生提升"参与亚太地区事务的意愿和热情"。约 72% 的参与"学生流动项目"的学生表示强烈同意他们具有"参与亚太地区事务的意愿和热情"；83% 的参与"奖学金项目"的学生也表示强烈同意这一说法。

5. 进一步巩固和构建了澳大利亚与亚太地区各类组织之间的联系

通过大学、企业和其他利益相关者构建一个多元的参与网络，确保该计划得到澳大利亚社会的高度重视，深化澳大利亚与亚太地区的关系，是"新科伦坡计划"的目标之一。学生的流动，势必增加澳大利亚联邦政府和目标国家或地区的联系，澳大利亚高校与目标国或地区高校／

机构的密切沟通，筑建了一座坚固的"立交桥"。《调查报告》显示，约60% 的参与"学生流动项目"的目标国或地区高校 / 机构以及 75% 的参与"奖学金项目"的目标国或地区高校 / 机构表示完全同意"参与'新科伦坡计划'有利于促进它们和澳大利亚的关系"，约 66% 的参与"学生流动项目"的目标国或地区高校 / 机构，以及 35% 的参与"奖学金项目"的目标国或地区高校 / 机构表示完全同意"参与'新科伦坡计划'有利于促进它们和澳大利亚高校的关系"。

（二）面临的挑战

1. 文化和语言的巨大差异

文化和语言的差异是国际教育发展中普遍存在的难题，"新科伦坡计划"也不例外。《调查报告》指出，澳大利亚学生和目标国或地区高校 / 机构都把文化和语言的差异作为首要挑战。对于参与"奖学金项目"的学生而言，无法很好地跟上学习进度成为他们的困扰，而参与"学生流动项目"的学生则认为文化和语言的差异阻碍了他们顺利完成承担的项目，也无法很好地融入群体，难以建立良好的学习和工作关系网，这都让他们感到失落。学生普遍反映，不管是澳大利亚政府和高校提供的出国前"预备语言和文化培训"，还是在目标国或地区高校 / 机构接受的本地"语言和文化培训"，都为他们更好地理解亚太地区提供了巨大帮助，但这些仍然不够。

2. 签证管理制度不完善

《调查报告》指出，对于参与"新科伦坡计划"的学生而言，获得适当的签证通常是一个问题，这也同样困扰着目标国或地区高校 / 机构。例如，许多学生有"暂住"签证，允许 1 年的逗留，但不允许在当地工作。如果实习需要 2 个学期，那么可以获得"社会文化访问"签证，但这类签证提供的逗留时间有限，需要学生多次往返目标国或地区。"新科伦坡计划"的项目中通常包括语言"实习"，但通常是由大学而不是企业赞助。以上这些都让目标国或地区的移民当局感到"不知所措"。不少学生反映，他们在前往印度尼西亚的 2 天前才收到自己的护照和签证，而申请是在 1 个月以前就已经提交的，这类事情时有发生。

3. 项目信息获取不便和指导缺乏

国际教育的相关信息能否及时、充分地被学生获知，是影响学生是否选择国际教育，乃至选择何种国际教育的至关重要因素。"新科伦坡计划"在项目信息等方面的工作不令人满意,《调查报告》指出,学生强烈要求澳大利亚联邦政府和高校给予多方面充分的指导,如具体的申请程序、申请要求、学业要求、实习要求、成果评估要求等,且指导应该贯穿学生参与项目的整个过程。

4. 澳大利亚和目标国或地区之间缺乏及时有效沟通

正如《调查报告》所证实的,接受调查的目标国或地区的相关负责人表示,澳大利亚政府和高校与目标国或地区政府或者高校之间缺乏及时、有效的沟通渠道,这可能意味着澳方并不总是清楚参与"新科伦坡计划"的学生在目标国或地区的学习、实习、参与活动等方面的情况;而目标方则对"新科伦坡计划"的项目和学生的具体情况缺乏了解,无法给予学生合适的指导,这对于学生的发展以及组织之间关系的构建都产生了负面影响。

5. 获取实习机会的支持力度不足

实习、实践是"新科伦坡计划"的重要组成部分。然而,实习机会的获取很大程度上需要企业界的支持。《调查报告》指出,对于参与"奖学金项目"的学生而言,获取实习机会是最大的挑战,而且这一问题一直没有得到很好的解决,对于参与"学生流动项目"的学生也同样如此。"社会参与项目"是"新科伦坡计划"一直在推进的项目,致力于在更大程度上获得来自社会各界的支持,但一直未有很好的回应,这成为"新科伦坡计划"进一步推进的严重障碍。

参考文献

[1] SPENDER P. Quoted in Julie Bishop, address to new Colombo plan policy development roundtable [EB/OL]. [2017-05-20]. https://www.menziesrc.org/images/ Latest_ News/ PDF/ 130322%20Julie%20Bishop%20 -%20 Speech%20-%20New%20Colombo%20 Plan%20roundtable.pdf.

[2] AUSTRALIAN GOVERNMENT DEPARTMENT OF FOREIGN AFFAIRS AND TRADE. All ASEAN members to be part of new Colombo plan [EB/OL]. (2014-08-09)[2017-05-20]. http://foreignminister.gov.au/ releases/Pages/2014/jb_mr_140809.aspx.

[3] AUSTRALIAN GOVERNMENT. Australia in the Asian century [EB/OL]. [2017-05-20]. http://asiancentury.dpmc.gov.au/white-paper.

[4] AUSTRALIAN GOVERNMENT. Australia 2020 summit final report [EB/OL]. (2008-05-28)[2017-05-23]. https://apo.org.au/sites/default/files/resource-files/2008-06/apo-

nid15061. pdf.

[5] GILLARD J. Address to Australian education international industry forum [EB/OL]. [2017-05-23]. http://aei.dest.gov.au/AEI/Events/Default.htm.

[6] WOODLEY N. New study in Asia program dwarfs Colombo plan [EB/OL]. (2013-04-06) [2017-05-23]. http://www.radioaustralia.net.au/international/2013-04-06/new-study-in-asia-program-dwarfs-colombo-plan/1112310.

[7] BISHOP J. Address to Australia-Indonesia dialogue [EB/OL]. (2013-03-04) [2017-05-24]. http://www.juliebishop.com.au/address-to-australia-indonesia-dialogue/.

[8] AUSTRALIAN GOVERNMENT DEPARTMENT OF FOREIGN AFFAIRS AND TRADE. Scholarship program guidelines 2015 [EB/OL]. [2017-05-24]. http://dfat.gov.au/people-to-people/new-colombo-plan / Documents/scholarship-program-guidelines-2015.pdf.

[9] AUSTRALIAN GOVERNMENT DEPARTMENT OF FOREIGN AFFAIRS AND TRADE. About the New Colombo Plan [EB/OL]. (2014-08-04) [2017-05-27]. https://www.dfat.gov.au/people-to-people/new-colombo-plan/about/Pages/about.

[10] AUSTRALIAN GOVERNMENT DEPARTMENT OF FOREIGN AFFAIRS AND TRADE. Scholarship program guidelines 2018 [EB/OL]. (2017-01-03) [2017-05-27]. https://www.dfat.gov.au/people-to-people/new-colombo-plan/scholarship-program/Pages/scholarship-program-guidelines-2018.

[11] AUSTRALIAN GOVERNMENT DEPARTMENT OF FOREIGN AFFAIRS AND TRADE. Mobility program guidelines 2018 [EB/OL]. (2017-01-03) [2017-05-28]. https://www.dfat.gov.au/people-to-people/new-colombo-plan/mobility-program/Pages/mobility-program-guidelines-2018.

[12] AUSTRALIAN GOVERNMENT DEPARTMENT OF FOREIGN AFFAIRS AND TRADE. The New Colombo Plan alumni program [EB/OL]. (2017) [2017-05-28]. http://dfat.gov.au/people-to-people/new-colombo-plan/alumni/Pages/alumni-program.aspx.

[13] AUSTRALIAN GOVERNMENT DEPARTMENT OF FOREIGN AFFAIRS AND TRADE. Business engagement 2018 [EB/OL]. [2017-06-05]. https://www.dfat.gov.au/people-to-people/new-colombo-plan/business-engagement/Pages/business-engagement.

[14] AUSTRALIAN GOVERNMENT DEPARTMENT OF EDUCATION AND TRAINING. International mobility of Australian university students [EB/OL]. [2017-06-05]. https://internationaleducation.gov.au/research/australianstudentsoverseas/pages/australians-students-overseas.aspx.

[15] AUSTRALIAN GOVERNMENT DEPARTMENT OF INTERNATIONAL DEVELOPMENT AND THE PACIFIC. The New Colombo Plan: building regional engagement and enhancing learning opportunities for Australian students [EB/OL]. [2017-06-05]. http://ministers.dfat.gov.au/mason/releases/Pages/2014/bm_mr_20140227.aspx.

［16］AUSTRALIAN GOVERNMENT DEPARTMENT OF EDUCATION AND TRAINING. New Colombo Plan evaluation of the pilot program stage-2 Report［EB/OL］.（2016-04）［2017-06-05］. http://dfat.gov.au/people-to-people/new-colombo-plan/resources/ Documents/new-colombo-plan_evaluation-of-the-pilot-program_stage-2_report_acil- allen.pdf.

（滕曼曼，厦门大学教育研究院博士研究生。原载《比较教育研究》 2018年第5期，略有改动。）

日本"全球校园"模式的进展、架构与路径
——以东京大学为例

刘兴璀

全球理念是 21 世纪高等教育领域的核心理念，在全球理念下，东京大学率先提出"全球校园"（グローバルキャンパスのモデル）概念，作为其独创的全球化教育标准模型。2015 年，东京大学校长五神真（Makoto Gonokami）倡导"在 21 世纪全球社会中建构大学的公共角色"[1]，主张东京大学要"比以往任何时候都更多地向日本和世界各地传播优秀的人文和科学学术成果，同时可以吸引更多不分国籍、性别和年龄的人才自由进入研究"[1]。这一行动策略形成了东京大学"全球校园"的基本形态。

2014 年，《东京大学"全球校园"倡议书》明确提出该模式的六大特征：在广泛的学术领域进行世界级的尖端研究；推进全球化时代的全面教育改革；丰富英语授课学位课程的内容，增强多样性；用日语进行高水平的研究和教学，并有组织地开设英语以外的其他语言课程；创建一个多元化环境，使不同文化、语言、性别和年龄的教授、行政人员和学生彼此相互理解，共同开展教学、研究和工作；组建一个发挥实质作用的支持全球校园的组织，打造一支具有高水平知识和能力的队伍。[2]上述特征显示，东京大学倡议的"全球校园"模式本质上是一场大学的综合教育改革，提倡在高等教育领域，允许各国人才自由进入，提升校园国际化、学生多元化、知识全球化水平，以培育具有全球视野的人才。本文通过对东京大学"全球校园"模式启动以来的进展情况、架构策略以及具体行动路径的分析，探索东京大学全球化校园改革的特点和经验。

一、"全球校园"模式的提出与发展

2001 年，日本文部科学省在推进日本高等教育全面改革中，将提升国际竞争力作为目标；2014 年，启动"全球顶尖大学项目"（TGUP），为拥有世界领先水平教育与研究、积极推进全面国际化改革、能够引领日本社会全球化的大学提供优先支持。东京大学作为日本重点研究型大学，在全球化项目申报和入选数量上始终名列前茅，走在了引领日本全球化的前列。自 2001 年成立中日文化研究中心以来，东京大学相继加入"国际研究型大学联盟"（IARU）、推出"亚洲校园"计划（CA）、启动"国际领军人才培养计划"（GLP）等。在这些国际化项目的经验积累之下，东京大学充分认识到大学全球化对大学生成长和大学自身发展的重要性。2014 年，"全球校园"正式提出，并作为"全球顶尖大学项目"的申报项目，获得为期 10 年的建设经费资助。

东京大学"全球校园"设计了"3+4+3"模式的"三步走"战略布局。第一步，"全球校园"启动的最初三年，在国际事务司的支持下，与世界一流大学建立战略合作伙伴关系，与 26 所海外大学签订合作协议，并在此基础上发展各种跨学科研究和教育合作项目。第二步，在接下来的四年里，致力于进一步强化和拓展战略合作伙伴关系，在全校范围内推进合作项目，吸纳工业和政府部门，在全球合作的基础上实现学术界与工商业界的合作，扩展"10+9"所海外大学。第三步，项目最后三年，在全面建立战略合作伙伴关系的基础上，形成可持续性机制，消除校园界限，形成"全球校园"。目前，"全球校园"发展第一步基本实现，2017 年秋季开启第二步，东京大学战略合作伙伴大学达到十几个，并成功举办了四届"东京大学战略合作研讨会"，海外学生的数量增加、多样性更加丰富，教育研究活动更富全球性，建立了多个国际知识研究基地，实现了超越东京大学校园框架的联合研究和国际合作。

二、"全球校园"模式的基本架构

"全球校园"的六个主要特征刻画出"全球校园"遵循的三条构建主线，即搭建全球合作关系、构建全球话语体系和重组全球校园组织管理机构，三条主线相互配合、互为支撑，构成"全球校园"的基本架构。

（一）搭建全球合作关系

"全球校园"形成现实形态，大学合作关系发挥了重要作用。全球合作关系包括战略合作伙伴关系、全球团队合作伙伴关系以及学术交流合作关系。

战略合作伙伴关系是指超越一般的学术交流协议关系，立足于全局的、高度信任的战略双方互利合作，共享竞争优势和利益，致力于发展为合作各方带来深远意义的具有广泛性、长期性、战略性特点的协同发展关系。东京大学通过"形成、提高教育和研究活动的全球覆盖面，与选定的世界领先海外大学建立战略合作伙伴关系"[2]，形成了全球化的行政部门、学术人员和学生体系，强化了具有流动性、卓越性、多样性和可持续性的国际学术、管理和交流活动，在战略性的全球合作中实现了"全球校园"的构建计划。普林斯顿大学校长伊斯格鲁布（Christopher L. Eisgruber）评价说："这一战略合作伙伴关系是我们努力为教师和学生提供与来自世界各地主要机构的学者进行有意义合作的重要一步。"[3]现阶段，东京大学的战略合作伙伴关系发展已取得一定成效，与十几家大学签署战略合作协议①，但仍需进一步发展潜在的战略合作伙伴关系。

全球团队合作伙伴关系是指在战略合作伙伴关系的基础上建立工业界和学术界的伙伴关系，致力于开展高级实验研究项目，在解决复杂的多学科问题中进行基于系统化实验的研究、教育或实践，并将团队项目作为大学课程。全球团队工作模式分为起草提案（概念化）、搭建结构化框架、创建原型、开展实验、评估、采取行动6个步骤。2015年，由产业界、麻省理工学院和东京大学联合推出的"全球团队实验室"（GTL）是一个典型的全球团队合作伙伴关系模型。GTL首先组织两所大学的研究生参加半年的系统设计和工业分析讲座，随后，学生向麻省理工学院"系统设计与管理"课程申请研究主题，申请学生将加入麻省理工学院处理全球公司问题的项目，参与复杂系统的建模与仿真，并定期开展系统方法的研讨会。

---

① 这些学校包括：普林斯顿大学、剑桥大学、首尔大学、澳大利亚国立大学、北京大学、清华大学、麻省理工学院、加州大学伯克利分校、苏黎世联邦理工学院、斯德哥尔摩大学、瑞典皇家理工学院、卡罗林斯卡研究所、不列颠哥伦比亚大学、马克斯·普朗克研究所。

学术交流合作关系即一般合作关系，截至 2018 年，东京大学与世界 28 个国家的 77 所大学成为"学生交流计划合作大学"，致力于提供学生、研究人员的互派交流和访学，其中 61 所大学涉及研究生交流合作项目。这些合作关系遍布亚洲、美洲、欧洲和大洋洲，其中中、美、英、澳四个国家的合作大学数量达到 43%，是东京大学主要合作关系方，而欧洲合作国家的数目最多。[4]

全球合作关系有利于塑造全球校园学习环境，将全球一流大学的独特校园元素和各领域的杰出能力纳入东京大学校园体系，发挥其价值和作用，使学生在全球范围内体验知识的发展。

（二）构建全球话语体系

话语搭建合作的桥梁。"全球校园"是面向全球各语言国家招生和开展教育的模式，构建全球话语体系，解决不同语言教学环境的分歧，实现全球化语言环境，才能保证"全球校园"运行起来。为此，东京大学推出"三语计划"（Trilingual Program, TLP），即构建英语、日语并行使用，第三语言为补充的多样化"全球校园"话语体系，用语言的多样性来容纳差异。英语的国际通用性使其成为"全球校园"话语体系中的共同话语媒介，学生用英语会话是适应全球校园的第一步，而调查显示，东京大学 80% 的学生忽视了英语的重要性。[5] 为此，东京大学致力于：（1）在全球项目中推广使用英语，提供英语支持服务，如会议口译，用英语宣传、开发自动翻译技术等；（2）提供不同层次的英语学习项目，使英语课程的供应满足学生需求，如不同科目的全英语授课课程、英语集中化学习课程、英语演讲和会话课程、英语写作辅导课程等；（3）把英语的使用责任推给每个人，加强英语的应用学习，如 2012 年创办英文时事通讯年刊《驹场时报》（Komaba Times），通讯全部由学生以英文供稿。

日语是课堂之外的全球校园日常交流的主要语言，是全球校园话语体系中的必备话语媒介。具有一定程度的日语能力是全球校园学生处理日常生活、利用大学丰富学术资源的必要条件，因此，东京大学设立日语教育中心，专门帮助国际学生参与校园互动并开设日语课程。日语教育中心日语课程设计的基本思路是：（1）适应不同背景的学生，引入自主学习系统（见表 1）；（2）强调"第二语言环境"，即日常交流中的日语学习机会。除日语教育中心课程以外，其他课程项目中也包括日语必修课，如日语文学课、应用日语、野外工作和全球实践中的日语交流等。一些研究生院也提供自己的日语课程。

表 1　东京大学日语教育中心自主学习系统的 5 类日语课程开设情况

课程类型	适合学生类型	课程内容	选课方式	课程频次	课程实施方式	作业	证书
一般课程	所有学生	综合日语（入门级—高级 5 级）、实用日语（初级、中级）	根据日语教育中心分班考试结果确定	3 节/周（高级课 2 节/周），100 分钟/节	有限时间内最有效学习	无	无
强化课程	希望深入学习日语的学生	日语说、听、读、写四种技能	参加所有课程	取决于水平（4—12 节/周）	短时间内集中学习	准备和复习	有
学术课程	学术研究型国际学生	学术日语写作培训（研究、引用、逻辑等）	规定时间内由学术顾问同意签字报名参加所有课程	1 节/周	特别主题研讨会	为日本学术会议和研讨会撰写论文或准备论文并提交	有
短期课程	不定期上课或在职学生	日语概论	参加某一全球夏季课程	为期一周	密集型授课	无	无
特殊课程	参与研讨会学生	随每个学期而改变，如日语演讲	自由	特定日期	特别主题研讨会	无	无

资料来源：東京大学日本語教育センター，コース案内・日本語を勉強しませんか? [EB/OL].（2017-05-15）[2018-06-13]. http://www.nkc.u-tokyo.ac.jp/course_info/documents/NKCCourseGuide2018Oct.pdf.

第三语言是满足非英语、日语母语师生深入交流与合作的语言，是全球校园话语体系中的补充话语媒介。第三语言培训项目包括"第三语言"人才项目和非语言项目。"第三语言"人才项目，即培养熟练掌握第三种语言和文化，同时又具备专业知识且能够与所学语言目标国人员开展高层次交流与对话的国际化人才项目，由东京大学教养学部面向本科生开设。一年级修读初级外语，二年级修读应用外语，并参加为期3周的赴外夏令营，通过开设讲座和讨论会、游历、参观、对话交流等进行语言培训。2013年，东京大学率先运作"TLP中国语项目"，随后开启TLP俄语、法语、德语项目。"非语言"项目，即主要依赖于图像、声音、操作等的合作项目，如"东京大学与社会博览"（UTokyo/Society）课程实施影片教学，没有任何叙述，通过视频和音频来超越语言的障碍，传递东京大学利用先进的学术成果促进社会发展的信息供学生交流。

（三）重组全球校园组织管理机构

全球校园组织管理系统是一个规划和实施"全球校园"的核心组织平台，是保证其可持续构建与发展的支撑力量。重组全球校园组织管理机构，在于加强组织机构的国际兼容性，并实现其组织化运作。重组后的全球校园组织管理系统分为两个层次，即内部组织管理系统和海外办事处，两者既各行其则，又积极联合开展行动。

内部组织管理系统是由在东京大学内部建构的一套推进"全球校园"建设的部门和负责机构组成的行政系统，包括由校长直接负责的倡议委员会、全球顾问委员会、全球校园管理局（下设全球校园倡议办公室、全球领导力教育计划促进办公室、全球30个本科招生办公室、国际事务司）。其中，国际事务司负责全校范围内的国际交流与合作。全球顾问委员会由来自全球的学术界、工业界和政界的成员组成，就全球校园建设提出高层董事会决议，2017年11月成立并召开第一届会议。此外，各院系、研究生院和研究所也设有负责国际关系和交流的机构，负责从广泛合作到特定领域的专业合作的多层次国际活动，如国际支持、联络、学术交流等。

海外办事处是指在海外各个国家设立的办事机构，合作部门包括办公室、协作局、国际事务司、研究所等。据统计，目前东京大学在19个国家设立了31个海外办事处，其中，在中国和美国有12个。[6]海外办事处成为东京大学的组织结构，主要负责处理国际事务合作，有些还承担重要的研究项目，如生物多样性与生态系统恢复、遗址考古、宇宙射线研究等，同时与东京大学本部交换管理人员、为员工提供国际培训等。

三、"全球校园"模式构建的行动方案

为切实推进"全球校园"构建，东京大学采取了积极的行动策略，通过综合教育改革，如开设创新性全球课程、开展全球学术与研究项目、加速全球学术人员流动并促进校园文化多元化等，建立了一个有效的全球教育行动方案。

（一）开设全球课程

全球课程是鼓励学生寻求海外知识并向世界敞开眼界的课程，包括全球英语课程、慕课（MOOC）等，目的在于打造一个激发学生个性的全球化学习环境。

1.全球英语课程

全球英语课程是全球校园主要课程，旨在为本科生提供全英语学习环境，提高学生成为全球领导者所需要的英语语言沟通和学术技能。东京大学推出了不同科目的全英语授课课程，如人文学科驹场校区英语课程项目（Programs in English at Komaba, PEAK）、自然学科的全球科学课程（GSC）、亚洲高级研究学院"全球日本研究"（GJS）课程、工程研究生院"双语校园中心专业英语学习"（SEL）课程等。

PEAK是东京大学2012年推出的本科生课程，面向全球，以英语考试招生。其课程教学特点是：全球化班级；英语授课；全球了解日本。参与该课程的学生前两年学习英语一般课程，并注重日常交流学习；后两年学习高级课程，任选"国际研究：东亚日本"（JEA）或"国际环境学"（IPES）两门课程之一进行专业学习。课程提供英文书目和文章，课程实施方式包括英语阅读、演讲、讨论、写作等。统计数据显示，PEAK吸引了大量的国际学生，每年保持从12—15个国家招生，其招生和录取比例总体上升，尤其是2014年"全球校园"模式提出以后，2015年招生和录取比例迅速上升。[7]招生来源国家总数虽然增加不多，但新增国家的地理覆盖面不断扩大，不断由邻近国家和发达国家扩展到边远国家和发展中国家。这些变化表明，PEAK在全球校园建设中起到巨大的推动作用。

GSC 是理学院化学系 2014 年启动的本科生课程，扩大了科学领域对"全球校园"建设的影响。GSC 的申请同 PEAK 有相似之处，不同的是，GSC 是一门面向全球招生的本科转学课程，该课程从本科三年级开始，任何学生只要在某个国家已经成功完成或将完成他们在认可的高等教育机构的类似本科课程的头两年的学习，都可以申请转到 GSC 完成后两年的本科生课程。GSC 的吸引力在于：全球环境（包括住所环境）、世界一流教授和尖端科学、先进的实验室。GSC 课程涵盖了基础科学的各种跨学科研究领域，还会举办专题英语讲座、讨论会、"樱花交流计划"等。

研究生全英文授课课程目前已涵盖了公共政策、经济、文理、工程、医药、农业、信息、前沿和跨学科研究等 10 个研究生院的 22 门课程，其中最有影响力的如国际经济计划（UTIPE）、亚洲信息技术和社会（ITASIA）等，其中 17 门课程提供博士学位[8]，以专题英语讨论会为课程实施模式。为克服研究生学科独立性导致的英语学习分散现象，东京大学又推出英语集中化学习，即不分专业领域提供的英语集中学习项目。

2. MOOC

MOOC 具有在线、自由、开放性，为打造真正的"全球校园"起到巨大的推动作用，武田信雄（Nobuo Takeda）谈道："快速增长的 MOOCs 作为一种手段，可以直接连接海外学生并实现交流，强化东京大学教育的吸引力，并将教育提供给那些不能进入大学校园的人。"[9]

东京大学与 Coursera、EDX 平台合作开发的 MOOC，拥有广泛的国际受众。截至 2018 年 4 月，东京大学提供了 14 门 MOOC，涉及医学、物理学、法学、经济学、艺术、信息技术等领域，来自 185 个国家的 320000 多名学生学习了这些课程。[10] 其中，2014 年麻省理工学院、哈佛大学和东京大学合作开发的 MOOC "视觉化日本（1850—1930）：西化，抗议，现代性"，由哈佛大学历史系教授、麻省理工学院教授、日本语言文化教授、杜克大学视觉艺术教授共同讲授，成为东京大学开发的一门真正全球授课的课程。2015 年一项针对 Coursera 平台的学生调查的结果显示，东京大学提供的"博弈论入门"课程受到 70% 的学生认可[9]。这项结果表明，提供 MOOC 提高了东京大学的国际知名度，对构建"全球校园"产生了积极影响。

东京大学还要求学生学习 MOOC，丰富学生全球视野。目前，东京大学两大合作平台提供 278 个国际合作机构的近 5000 门课程[11]，其广泛的合作范围使东京大学的 MOOC 学习具有了全球性。为真正发挥

MOOC 对"全球校园"建设的作用，日本实行在线授课与面对面学习相结合的翻转课堂，加川雅子（Masako Egawa）表示"EDX 积极推行翻转课堂这种全球合作的新模式，将为促进东京大学的教育事业做出贡献，这将有助于培养具有全球意识的人力资源"[12]。

（二）开展全球学术与研究项目

作为学术与研究中心，东京大学"全球校园"行动在于超越各种界限，不断加强国际合作，开展全球学术与研究项目，即在"全球校园"推广面向特定主题的多元化和跨学科的项目，主要包括战略合作学术研究项目和短期合作与交流项目。

战略合作学术研究项目是东京大学与战略合作伙伴签订了战略性交流协议的项目，致力于开展全球尖端学术研究。2015 年，东京大学与普林斯顿大学建立第一个以捐赠为依托的联合研究和教育交流项目，随后陆续与其他战略合作伙伴建立项目（见表 2）。战略合作学术研究项目利用与战略合作伙伴的全面互利关系，开展定期的学术活动，推进学术人员的国际跨学科交流和跨界流动。通过这些努力，东京大学将进一步加深全球化。

表 2　东京大学部分重要战略合作学术研究项目

项目名称	项目合作内容
清华大学、北京大学、东京大学联合员工培训项目	高校全球化员工培训
东京大学–清华大学战略合作联席研讨会	合作领域：材料和物理、水文科学、生物工程和生物医学工程、机械和精密工程、建筑历史、公共安全、人文、材料和设备、创新和创业教育、无障碍发展
东京大学–澳大利亚国立大学联合游览项目、跨学科大学生交换项目	联合游览、学术交流双学位培养
苏黎世联邦理工学院–东京大学战略合作项目	科学、设计、制造和信息相关领域博士后/研究生流动以及本科生实习
"全球团队实验室"项目	在改善人类健康和舒适状况、能源问题与可持续社会、农业、创造与创新、交通与物流、技术开发和生产技术 6 大领域开展联合研究

续表

项目名称	项目合作内容
"国际研究型大学联盟"联合会议	联合会议、联合研究、学生交流活动、联合网络活动
剑桥大学－东京大学联合研讨会	在计算机、大数据、制药与工程学领域开展联合研究与讨论
不列颠哥伦比亚大学、马克斯·普朗克研究所、东京大学量子材料中心联合项目	在量子材料科学领域开展研究合作、全球基地学术交流
所有大学的可持续发展目标合作研究项目	2015—2030 年，围绕可持续发展开展一系列"全球校园"学术研究与创新项目，截至 2018 年 4 月，已有 120 个注册项目

资料来源：东京大学国际本部.第 4 回戦略的パートナーシップシンポジウム報告書 [EB/OL].（2018-03-06）[2018-06-19]. https://www.u-tokyo.ac.jp/content/400078915.pdf； 第 3 回戦略的パートナーシップシンポジウム報告書 [EB/OL].（2017-03-17）[2018-06-19].https://www.u-tokyo.ac.jp/content/400064158.pdf；第 2 回戦略的パートナーシップシンポジウム報告書 [EB/OL].（2016-03-14）[2018-06-19]. https://www.u-tokyo.ac.jp/content/400042542.pdf；第 1 回戦略的パートナーシップシンポジウム報告書 [EB/OL].（2015-04-20）[2018-06-19]. https://www.u-tokyo.ac.jp/content/400033169.pdf.

短期合作与交流项目是东京大学开展的海外短期联合学习项目，致力于为学生提供在国外不同城市短期学习交流体验机会，满足学生在"全球校园"最广泛的学习需求。短期合作与交流项目围绕一定的主题开展，如全球生活、语言学习、双方关系等，由东京大学与海外大学部分师生联合开展包括讲座、实地考察访问、与各界人士交谈、分组开展校外实地工作、研究报告或演讲等内容的合作。自 2012 年启动台湾大学－东京大学夏季联合项目以来，短期合作与交流项目不断发展，目前东京大学已经与香港大学、首尔大学、加州大学圣地亚哥分校等十几所大学举办了多次冬季或夏季联合项目。

（三）加速全球学术人员流动

积极促进"全球校园"的学术人员在全球范围内的自由流动，有利于打造一种全球学习的氛围，这一行动策略最典型地体现在国际学生交流计划（USTEP）和全球顶尖学者访问上。

国际学生交流计划是东京大学与合作大学开展的学生交流活动，即接受来自合作大学的交换生，并签署关于学生交换的谅解备忘录。东京大学为交换学生提供本科 U 型课程（语言课程）和研究生 G 型课程（专业研究课程）。国际学术会议交流也是全球学术人员流动的重要部分，交流范围远远超越了合作关系大学，并不断扩展。2016 年度统计数据显示，东京大学与各大洲都实现了国际交流，交流总人数达到 1.5 万人以上，但交流地区分布不平衡。交流密集区集中分布在东亚、欧美大陆，交流总人数占到总数的 88.5%，其中美国在流动人数和交流密度上占绝对优势，其次是中国。[13] 由此可见，东京大学国际交流呈现明显的偏向性：一是偏向以发达国家为主要交流对象，有利于借鉴最先进科研经验；二是偏向邻国，以增加交流的便利性和频度。

全球顶尖学者访问并提供讲座和交流，是东京大学"全球校园"计划的重要部分，对提升大学的卓越性、流动性和多样性发挥积极作用。这些顶尖学者涵盖田野奖、卡夫利奖、诺贝尔奖等各类奖项获得者以及国际有影响力人才和全球一流大学知名学者，主要来自英美俄等国家。自 2014 年起，东京大学全球顶尖学者访问向更高层次、更宽领域、更频繁化发展，逐渐形成了交流机制，由个别学者访问发展为集体访问，变被动为主动，成为多方学者汇集平台。东京大学积极引进全球顶尖学者访问，带来的不仅是最先进的学术研究成果，也更有利于吸收更多的国际学生。

（四）深化校园文化多元化

"全球校园"建设不仅要在科研和学术方面做出努力，也要求在校园文化和课外活动中增加全球因素，举办各种全球校园活动，使校园生活真正成为全球化的。

东京大学的传统文化是一套独特的东方文化体系，而"全球校园"文化模式强调跨文化的价值观和文化多样性，使校园成为一种融合了各国文化独特风格的文化密集型校园。五神真指出："全球校园是校园文化范式转变的催化剂，是对传统校园文化的变革，有助于我们有效应对全球化时期校园文化的精神失落。"[14] 全球校园文化的多元化是全球文化交流的必然，东京大学在这方面做出了积极的改革，但这一文化模式的转化并不是连续性的，而是分散在"全球校园"开展的各种文化活动中，让学生体验包容多样的校园，从而形成包含全球视角的文化态度。近年来，东京大学国际学生组织迅速发展，据统计，仅驹场校区就有超过 450 个国际学生组织[15]，由学生举办的全球校园活动包括文化体验、文化服务等，如中国武术研究会、汉语学习会等；还有校方举办的各国文化艺术展，如中国金属艺术品展、爱尔兰传统音乐会、委内瑞拉歌手表演等。此外，还有各种各样的国际问题研讨会、国际名人纪念日活动，如列宁逝世周年纪念日等。

参考文献

［1］東京大学総長五神真.「東京大学ビジョン 2020」の公表にあたって［EB/OL］. （2015-11-20）［2018-06-10］. https://www.u-tokyo.ac.jp/content/400035564.pdf.

［2］スーパーグローバル大学創成支援. ＜グローバルキャンパスモデル構築のための 3 つの課題＞［EB/ OL］.［2018-06-10］. https://www.u-tokyo.ac.jp/res02/sgu.html.

［3］THE UNIVERSITY OF TOKYO. UTokyo day at Princeton, celebrated the strategic partnership［EB/OL］.（2014-10-30）［2018-06-10］. https://www.u-tokyo.ac.jp/focus/en/articles/t_3188.html.

［4］THE UNIVERSITY OF TOKYO. Partner universities of university-wide student exchange program（administered by the Division of International Affairs）［EB/OL］.（2018）［2018-06-13］. https://www.u-tokyo.ac.jp/en/academics/ustep.html.

［5］THE UNIVERSITY OF TOKYO. Summary of panel discussion "what are the roles of 'English language' for universities in non-English speaking regions?" in the fourth UTokyo strategic partnership symposium［EB/OL］.（2018-03-06）［2018-06-13］. https://www.u-tokyo.ac.jp/content/400078917.pdf.

［6］THE UNIVERSITY OF TOKYO. List of overseas offices［EB/OL］.（2018-06-13）［2018-06-13］. https://www.u-tokyo.ac.jp/en/about/list_of_overseas_offices.html.

［7］THE UNIVERSITY OF TOKYO. PEAK admissions: results for 2012-2018 enrolment［EB/OL］.（2012-2018）［2018-06-13］. http://peak.c.u-tokyo.ac.jp/whypeak/documents/index.html.

［8］THE UNIVERSITY OF TOKYO. Degree programs offered in English for graduate students［EB/OL］.［2018-06-13］. https://www.u-tokyo.ac.jp/en/prospective-students/graduate_course_list.html.

［9］THE UNIVERSITY OF TOKYO. Four new UTokyo courses on edX and Coursera in 2015［EB/OL］.（2015-09-25）［2018-06-13］. https://www.u-tokyo.ac.jp/content/400036467.pdf.

［10］THE UNIVERSITY OF TOKYO. Massive open online courses（MOOCs）［EB/OL］.

［2018-06-13］. https://www.u-tokyo.ac.jp/en/academics/moocs.html.

［11］ EDX. Schools and partners of EDX［EB/OL］.［2018-06-13］. https://www.edx.org/schools-partners.

［12］ EDX. The University of Tokyo to offer an online course through edX in cooperation with Harvard University and MIT［EB/OL］.（2014-02-18）［2018-06-13］. https://www.edx.org/school/utokyox.

［13］ UTOKYO DATE CENTER. Exchange of researchers: 2016 academic year［EB/OL］.［2018-06-10］. https://www.U-tokyo.ac.jp/en/about/researchers_exchange.html.

［14］ 五神総長メッセージ集へ|: 2018 年ソウル大学校入学式総長祝辞［EB/OL］.（2018-03-02）［2018-06-13］. https://www.u-tokyo.ac.jp/gen01/b_message_snu.html.

［15］ 平成 30（2018）年度届出学生団体基本情報一覧（公開用）［EB/OL］.（2018-05-31）［2018-06-13］. https://www.u-tokyo.ac.jp/content/400010075.pdf.

（刘兴璀，鲁东大学马克思主义学院讲师，武汉大学马克思主义学院博士研究生。原载《比较教育研究》2018 年第 12 期，略有改动。）

日本对非洲教育援助框架"图景"分析
——历届东京非洲发展国际会议透视

楼世洲　　刘秉栋

在欧美对非洲出现"援助疲劳"之际，日本通过举办非洲发展国际会议，提高了在国际援助事务方面的影响力，[1]赢得了国际社会的关注和部分非洲国家的欢迎。东京非洲发展国际会议（TICAD）被称作日非首脑峰会，由日本政府主导，非盟委员会、世界银行、联合国开发计划署及联合国非洲问题特别顾问办公室共同主办，[2]是众多参与方对话交流的机制，也是日本对非洲援助的重要平台。该会议始于 1993 年，截至2018 年已经在日本连续举办了五届。2016 年 8 月 27—28 日，第六届会议在肯尼亚内罗毕举行，吸引了 11000 余名来自非洲、日本政府及国际组织的人员参会。[3]这是东京非洲发展国际会议 20 多年来首次由日本转向在非洲本土举办。①透视东京非洲发展国际会议，研究日本对非洲的教育援助政策，具有重要的战略价值与现实意义。

一、日本对非教育援助的发展历史回顾

日本的国际教育援助始于 20 世纪 60 年代，但这一时期日本的国际教育援助是在其他发达国家和国际组织框架下，以参与者的身份实施对非教育援助项目。日本全面参与教育援非是在 20 世纪 80 年代末非洲经济结构调整时期，主要是作为世界银行和国际货币基金组织的重要成员参与了对非洲国家的经济结构调整计划。长期以来，日本作为经济合作与发展组织（OECD）成员国之一，对非洲国家的援助规模一直位列援助国的第一方阵中。20 世纪 90 年代开始，日本开始改变对非洲援助的方针与策略，除参与国际组织与 OECD 国家的联合行动外，开始着手谋划独

---

① 第七届东京非洲发展国际会议将于 2019 年再度回到日本举办。此后，日本与非洲轮流举办该会议。

立实施对非洲国家的援助计划，以进一步扩大其在非洲的影响力和话语权。因此日本提出了举办东京非洲发展国际会议，实施独立自主的非洲援助计划。其中前三届会议分别于 1993 年 10 月、1998 年 10 月和 2003 年 9 月在日本东京举办，第四、五届会议于 2008 年 5 月和 2013 年 6 月在日本横滨举办。

在第一届东京非洲发展国际会议上，羽田孜外相具体阐述了日本对非洲的政策，提出将积极支援非洲人力资源开发，启动"非洲青年邀请项目"，计划每年邀请 100 名非洲青年来日本参与交换活动。第一届会议的举办标志着日本将援助的重点对象从东亚转向了撒哈拉以南非洲，并逐步开始增加对该地区的援助金额。[4] 在第二届东京非洲发展国际会议上，日本政府倡导对非援助应优先促进基础教育发展，承诺在未来 5 年援助非洲 900 亿日元，为该地区 200 万名儿童提供新的教育设施并改善 150 万人的居住环境。[5] 在对非人力资源能力建设的援助方面，日本计划在非洲建立一些区域性的技术与职业培训基地，为日本企业在非洲培养技术服务人才。第三届东京非洲发展国际会议将教育培训纳入南南合作三边机制，时任日本首相小泉纯一郎发表主旨演讲，提出日本要在三大关键领域加大对非洲的援助，其中对非的人力资源开发被列为第一位。会议提出人力资源开发是日本与非洲全面合作的有机组成部分，日本要鼓励和支持非洲国家推进和实施"全民教育"，通过无偿援助与专项贷款等方式帮助非洲国家增加普及基础教育的预算，并号召国际社会继续支持和加强对非洲教育基础设施建设和质量提升的援助力度。会议发表的《十周年宣言》在总结援助非洲的成效时提到，日本十年来对非洲教育援助的总额超过了 980 亿日元。[6] 第四届东京非洲发展国际会议提出，要基于联合国"千年发展计划"和非洲"全民教育"的需要实施全面的、持续的、有重点的教育援助，力求与非盟启动的非洲教育第二个十年（2006—2015）计划相契合，重点在基础教育领域扩大援助范围。[7]自第四届会议以来，日本已经在非洲国家援建了 1321 所中小学。[8] 第五届东京非洲发展国际会议启动了"非洲青年精英人才教育计划"（ABE Initiative），计划从 2014 年到 2019 年为 1000 名具有学士学位水平的非洲青年提供赴日攻读研究生的机会。此外，本次会议还重点讨论了在高等教育领域的日非合作机制，提出通过培养高素质的人才推动非洲可持续发展。

二、日本对非教育援助发展趋势展望：第六届会议的教育援非框架分析

2016 年，第六届东京非洲发展国际会议在肯尼亚内罗毕举行，会议秘书处总干事奥古图（B. H. O. Ogutu）大使说，"非洲发展国际会议 23 年来首次在非洲召开，具有特别重要的现实意义"[9]。在会议正式举办前，日本政府还分别举行了非洲国家高级官员预备会议和部长级预备会议。

第六届东京非洲发展国际会议的主题是"推进联合国可持续发展议程——日非伙伴关系助推非洲繁荣与发展"，并围绕大会主题设置了三个分议题：（1）通过经济多样化和工业信息化促进非洲产业结构和经济转型；（2）全面推动非洲改善民众生活质量并建立全民健康保障体系；（3）促进非洲国家社会稳定、政治民主和经济繁荣。大会发表了《内罗毕宣言》和《内罗毕行动计划》，制定了未来 3 年日本援助非洲的战略原则、重点项目和实施计划。[10] 日本许诺在 2016—2019 年将投入约 300 亿美元的援助资金推动非洲国家的能力建设，借助日本企业的技术优势开展人力资源培训，促进非洲青年人就业；提出日本企业要在提供高质量产品的同时，通过职业技能培训开发非洲的高技能人力资源[10]。日本政府在大会上承诺将通过"非洲青年精英人才教育计划"，为非洲国家培训 3 万名各类高素质人才[11]。

从表面看，第六届会议并没有将教育单列出来（实际上，除第三届会议外，历届会议也很少将教育单列出来），貌似对教育重视程度不够，但进一步细读和分析第六届东京非洲发展国际会议资料可以发现，上述三项主题最终的落脚点都在教育。分议题一是针对非洲经济发展放缓的现实状况提出的，会议倡导非洲国家要减少对初级产品的依赖，这就需要大力发展教育和科技，并且通过非洲精英人才教育促进非洲经济转型和高科技产业发展；分议题二针对非洲国家普遍贫穷与缺乏医疗健康保障的现实状况，提出要关注全民健康和全民教育，特别是儿童健康和青少年的教育，减少非洲贫困人口比例，提高医疗健康保障体系的覆盖面；分议题三涉及如何通过为家庭妇女与贫困人群提供专门的职业技术教育与培训机会，提高其就业与创业能力，促进经济发展与社会公平。[11]

第六届会议总结了日非合作成效，特别强调了两项与教育相关的合作成效，认为人力资源开发在日非合作中最具有价值与意义。东京非洲

发展国际会议从第一届提出并始终坚持人力资源开发的优先地位，认为非洲的可持续发展要依靠非洲国家的能力建设来实现，人力资源在非洲国家的能力建设中具有基础与核心作用。因此，日本对非洲大额投资的公共领域都涉及了人力资源开发。在第六届会议后，日本拟实施的具体教育培训项目既有面向企业的人才培养计划，也包括培养基础教育教师和其他各类管理人才，其中包括2万名制造业技术工人、IT行业青年、科技创新人才、汽车机械及汽车检测人员，2万名中小学数学与科学教师，5000名警察与职业维稳人员。[12]此外，第六届会议延续并扩大了第五届会议中提出的"非洲青年精英人才教育计划"，将面向非洲国家的政府奖学金名额增加了2倍。总之，第六届会议上，日本对非教育援助项目单从规模而言，就远远超过了上一届会议。

三、比较与分析：日本对非洲国家教育援助的几个关键点

日本对非洲教育援助出于经济、政治等多方面因素的考量，其宗旨是通过教育援助项目的实施提高日本在非洲国家的政治影响力，为获取联合国常任理事国席位投石铺路。非洲之所以引起日本和国际社会的重视，与其在国际政治、经济中日益增长的重要性不无关系。非洲影响力增长的主要表现包括：（1）非洲是国际政治体系中的重要力量；（2）非洲丰富的自然资源对世界经济发展具有重要意义；（3）非洲的地缘政治经济地位对全球安全产生重大影响；（4）非洲经济发展关系到全球经济的可持续发展。[13]基于非洲话语权的增强及日本借以与中俄等大国抗衡的动机，日本大力倡导"非洲主事"理念，强调非洲自立和自主发展，既为援助力不从心找到了开脱的理由，也似乎是为非洲国家赢得了面子。当然，也不可忽略日本对非教育援助是在输出自己的教育理念，对非洲施加潜在影响。

第一，日本对非教育援助原则与理念分析。日本提出非洲主事、自助（self-help）和自力更生（self-reliance）是其国内教育理念的传承与拓展。日本向来重视自我生存力的培养。1995年4月，日本文部大臣向第15届中央教育审议会提出《展望21世纪日本教育的应有状态》的咨询报告，认为21世纪的教育应培养儿童的"生存力"，促进以自主判断的行动为目的及其所需要的素质和能力。[14]实际上，日本与非洲国家对教育的重要性有着一定的共识。日本拟通过输出长期积累的发展经验来为非洲孕育自己的民族生命提供借鉴和帮助，力争成为对非教育援助的领跑

者，非洲也希望通过与日本的教育合作来磨砺改变世界的"武器"。

日本的援助理念将援助准则与援助利益有效结合起来，先后经历了国际协调、经济协力、注重全球贡献、缩减援助数量、打造品牌的发展过程。结合东京非洲发展国际会议来看，在第一届会议上，日本号召了8个国际组织共同举办会议，随后世界银行和亚洲国家逐渐加入，该会议实现了从伙伴关系到新伙伴关系的跨越。可以说，在对非援助的起始阶段，日本并没有形成系统的政策，只是顺应国际政治与经济环境的变化。然而，随着日本援助话语权的逐渐增强，基于援助准则和援助利益的考量，教育援助作为外交战略和经济战略的重要组成部分被纳入全盘考虑，借助东京非洲发展国际会议平台实施教育援助是其外交经济战略的重要表现形式。

第二，历届东京非洲发展国际会议的主题与核心内容分析。"人力资源"是东京非洲发展国际会议教育援非的核心内容（见表1）。

表1 历届东京非洲发展国际会议中教育援助非洲关键词

届次	教育援助事实或项目
第一届（1993 年）	非洲青年邀请项目；人力资源
第二届（1998 年）	儿童教育；人力资源；教育合作
第三届（2003 年）	基础教育；全民教育
第四届（2008 年）	基础教育；职业教育；生存教育；教育管理
第五届（2013 年）	基础教育；职业教育；高等教育；研究生教育；教师发展；非洲青年精英人才教育计划
第六届（2016 年）	非洲商业教育；人力资源；职业教育；妇女教育；残疾人教育

资料来源：根据历届东京非洲发展国际会议中与教育相关内容绘制。

从表1可以看出，历届东京非洲发展国际会议都将非洲的教育与人力资源开发放在重要的地位，教育对象涉及儿童、青年、妇女和残疾人。其中第三届会议关注非洲国家积极落实的"全民教育"；第四届的"生存教育"是日本教育理念输出的表现；第六届会议新增妇女与残疾人教育，契合《教育2030行动框架》。从教育援助层次来看，日本对非教育援助已经从最早的专项援助发展到建立体系化的援助机制，不仅涵盖了正规教育的各个阶段，而且不同阶段呈现出不同的侧重点，整体呈现出教育对象具体化并从基础教育逐渐向职业教育和高等教育倾斜的发展趋势。

第三，日本对非洲国家教育援助投入与结构分析。作为日本对非援助的重要平台，在历届东京非洲发展国际会议上，日本首相或外长都会宣布对非援助的资金投入。从结构上看，日本对非援助资金中占比较高的依次为人道主义援助、粮食援助、债务免除、设施与能源援助，教育援助的投入约占总额的6%。1993—2013年，从单项援助投入来看，教育比医疗高出了4个百分点，所实施的教育援助项目涵盖了教师教育、职业教育和高等教育等多个领域，其产生的影响力非常广泛，甚至超过了其他投入更大的援助领域。如非洲中小学数学与科学教育推广计划，该项目覆盖了东非、西非、中非、南非，1998年首次在肯尼亚实施，随后通过南南合作扩展到了34个国家和地区。截至2012年3月，该项目为非洲培训了38万名科学与数学老师。[15]职业教育方面的典型项目是在塞内加尔首都达喀尔建立了非洲法语地区职业培训中心——塞日职业技术中心（CFPT），先后为16个法语国家培训了2300名汽车维修和机电技术人员。[16]日本与肯尼亚乔莫·肯雅塔农业技术大学（JKUAT）合作，为肯尼亚培养了3500多名技术人员。该成果在第二届会议上被日本作为国际援助的典型案例对非洲国家进行宣传和推广。[15]2016年12月7日，日本南非大学合作论坛时隔10年后在南非比勒陀利亚重启。论坛由南非大学联合会董事会和南非科技部协调，目前南非26所公立大学参与了这一论坛。这一论坛的重启标志着日非高等教育领域的合作在广度和深度上都得到了极大的提升。

四、结语

日本对非洲的教育援助不仅在非洲产生较大的影响，而且也得到了国际社会的普遍关注。一方面由于日本对非教育援助特别注重在联合国发展计划的框架内实施，并且在多方面与发达国家建立联合行动，所以在一定程度上得到了国际社会尤其是西方发达国家的认同。日本联合国际组织、亚洲国家以及非政府组织主办对非发展国际会议，根本目的是在国际社会上增强对非教育援助的话语权。另一方面日本虽然高举"非洲主事"的大旗，但始终以实现本国利益的最大化为宗旨开展教育对非援助。如在长期的人力资源援助项目的实施中，日本的核心目标是全面建立日本产品销售服务技术网络，为扩大日本在非洲地区的产品贸易及企业扩张服务。同时日本还试图通过对非洲基础教育、职业技术教育和高等教育体系全领域、全方位的渗透，提升日本在非洲社会各阶层的政治影响力。日本政府积极倡导并推动跨国企业与非政府组织参与对非教育援助，既有利于增加日本民众对援助的理解与支持，同时也有助于在官方发展援助额度下降的情况下，通过民间援助资金补充其不足。随着非洲国家自我发展意识的觉醒，非洲越来越重视发展教育和培养本土人才，日本认识到教育深入人心且影响久远的特点，试图通过进一步扩大教育援非的深度与广度，输出自己的教育理念，为今后在非洲的利益角逐打下基础。

参考文献

[1] 李安山. 东京非洲发展国际会议与日本援助非洲政策 [J]. 西亚非洲, 2008 (5): 5-13.

[2] MOFA OF JAPAN. What is TICAD? [EB/OL]. [2016-09-01]. http://www.mofa.go.jp/region/africa/ticad/what.html.

[3] MOFA OF JAPAN. Sixth Tokyo international conference on African development (TICAD VI)[EB/OL]. [2016-08-28]. http://www.mofa.go.jp/af/af1/page3e_000551.html.

[4] PENN M. The Borgen project Japan's foreign aid efforts in Africa. [EB/OL]. [2013-07-03]. http://borgenproject.org/japans- foreign-aid-efforts-in-africa/.

[5] MOFA OF JAPAN. Japan's new assistance program for Africa in line with the TICAD II agenda for action [EB/OL]. [2016-11-16]. http://www.mofa.go.jp/region/africa/ticad2/agenda_n.html.

[6] MOFA OF JAPAN. TICAD tenth anniversary declaration [EB/OL]. (2003-10-01)[2016-04-15]. http://www.mofa.go.jp/region/africa/ticad3/declaration.html.

[7] MOFA OF JAPAN. Japan's initiatives at TICAD IV [EB/OL]. (2008-05-30)[2016-04-15]. http:// www.mofa.go.jp/region/africa/ticad/ticad4/doc/initiative.pdf.

[8] MOFA OF JAPAN. Looking back at TICAD's history [EB/OL]. [2016-04-15]. http://www.mofa.go.jp/afr/af2/page23e_000411.html.

[9] FP. Japan's contribution to a more vibrant Africa [EB/OL]. (2016-11-13)[2016-11-13]. http://foreignpolicy.com/sponsored/japanus/towards-a-vibrant-africa-ticad-vi/.

[10] TICAD VI. TICAD VI summit[EB/OL]. [2016-10-23]. https://ticad6.net/.

[11] TICAD VI. The very first TICAD summit on the Africa soil [EB/OL]. [2016-11-13]. http://www.mofa.go.jp/files/000180178.pdf.

[12] TICAD VI. Japan's measures for Africa at TICAD VI "quality and empowerment" [EB/OL]. [2016-08-28]. http://www.mofa.go.jp/files/000183835.pdf.

［13］苗吉.利益与价值：中美非洲政策的历史考察［M］.北京：世界知识出版社，2015.

［14］梁忠义.论日本教育之演变［J］.外国教育研究，2001,28（1）: 1-5.

［15］MOFA OF JAPAN. 20 years of the TICAD process and JAPAN's ODA to AFRICA［EB/OL］.（2013-03-01）［2016-08-28］. http://www.mofa.go.jp/policy/oda/pamphlet/pdfs/ticad_20_en.pdf.

［16］JICA. Support by Senegal's vocational training center to French-speaking African countries［EB/OL］.（2016-11-10）［2016-11-10］. https://www.jica.go.jp/english/our_work/thematic_issues/south/ activity_01.html.

（楼世洲，浙江师范大学教师教育学院教授，教育学博士研究生；刘秉栋，浙江师范大学教师教育学院博士研究生。原载《比较教育研究》2017年第5期，略有改动。）

英国高校国际组织人才培养与输送研究

郭　婧

高等学校不仅是世界文明与价值的代际传递者、已有知识的沉淀累积者，而且是新知识的跨国界孵育者。[1]在全球化浪潮中，世界各国高等学校和研究机构为国际组织参与全球治理提供了大量的人力与智力资源。作为高等教育国际化的先锋，英国高校培养的毕业生既拥有国际知识，又拥有国际眼光和国际交往能力，很多学生毕业后进入国际组织工作，承担国际组织各级各类职务，以自身所学所长投身于国际事务的治理与服务之中。

一、具有英国高校教育背景的国际组织高级人才履历特征

本研究对联合国系统、世界银行、经合组织、欧盟委员会、国际奥林匹克委员会、红十字国际委员会等国际组织中，具有英国高校教育背景的24位高级官员的履历进行分析，发现这些国际组织官员的教育经历与职业发展呈现如下特征。

（一）在英国就读高校层次水平较高

24位高级官员在英格兰的剑桥大学、牛津大学、曼彻斯特大学、华威大学、杜伦大学、谢菲尔德大学、伯明翰大学、利兹大学、约克大学、纽卡斯尔大学、利物浦大学、萨塞克斯大学、伦敦大学亚非学院、伦敦城市大学、切斯特大学、英国开放大学和林肯律师学院（四大出庭律师培训机构），苏格兰的爱丁堡大学和佩斯利大学，以及威尔士的阿伯里斯特威斯大学等英国高等教育机构就读；先后获得学士学位11人次、硕士学位17人次、博士学位7人次。

总体来看，他们在英国就读的学校层次水平较高，多属于顶尖研究型大学和高水平学术型大学，其中有11所高校是英国罗素大学集团盟校成员，

在 QS 世界大学排名和 THE 世界大学排名中均进入全球前 200 名。[2][3]

（二）在国际组织就职岗位与所学专业匹配度高

通过对履历分析发现，24 位高级官员的专业多集中于社会科学领域，就读的专业有经济学、法学、国际发展、国家或地区研究、战略研究、社会政策、现代史与政策、工商管理、教育规划等。他们在英国高校就读的专业、获取的学位与其在国际组织中的工作职责和工作内容的匹配度非常高。

例如，联合国促进性别平等和增强妇女权能署执行主任普姆齐莱·姆兰博－恩格库卡（Phumzile Mlambo-Ngcuka），本科、硕士就读教育学和教育规划相关专业，在华威大学攻读博士学位时仍然关注全球教育，特别是发展中国家的教育问题。她的博士论文的研究内容是通过移动科技支持欠发达国家的教师发展。再如，联合国环境规划署执行主任阿希姆·施泰纳（Achim Steiner），在就读于伦敦大学亚非学院时就非常关注经济发展与环境政策等问题，而且他对环境问题的关注延续到后来在德国发展学院和美国哈佛大学的学习研究中。他在世界信托组织、世界环境保护联盟和联合国环境规划署等机构工作时，不仅作为行政主管，同时也作为环境政策的技术专家和资深顾问，领导了很多全球性自然资源管理和环境保护项目，推动了全球众多国家和地区同环境发展相关国际组织的合作。

二、英国高校的国际组织人才专业培养与就业服务

国际组织的工作要务是在全球化治理过程中，制定国际规则、协调多边事务、配置国际资源，并且提供知识精英、技术专家和管理专家的共同体支持。[4] 国际组织各级各类职员招录具有明显的领域性和专业性特点，同时还要求职员是具有适应、沟通、合作等能力的复合型人才。[5] 下文以 2018 年 QS 世界大学专业排名中，发展研究、国际教育研究、经济学这三个专业排名第一的英国高校为例，分析它们培养国际组织人才的经验。

（一）英国高校对国际组织人才的专业培养

1. 萨塞克斯大学的发展研究人才培养

萨塞克斯大学（University of Sussex）是 20 世纪 60 年代英国建立的

"新大学"之一,其发展研究学院(Institute of Development Studies,IDS)的发展学专业(Development Studies)在 QS 世界大学专业排名中连续多年超越哈佛大学、牛津大学和剑桥大学等世界名校,位列全球第一。它曾对很多国际组织的政策制定与转型产生重大影响,例如都德莱·西尔斯(Dudley Seers)领导的贫困问题研究团队,引领着世界银行、学术界和国际政策界"将减贫行动纳入发展议程"[6]。

发展研究学院的理念是:"通过研究,发现世界、理解世界、改变世界,减少社会的不平等,促进社会的可持续发展,建立一个平等、包容的社会。力争在地区和全球范围内,每个人都可以享受安定的生活,都能够脱离贫困,享受社会公正的待遇。"[7]发展研究学院目前设有 7 个硕士点(课程目标如表 1 所示)和 1 个博士点,人才培养目标是通过高水平研究生的培养,打造具有发展理念、制定发展决策、实施发展战略的未来领导者。[8]

除专业课程的学习之外,研究生们需根据自身的背景,赴社区组织、非政府组织、政府部门、商业部门和咨询部门等,完成 4 个月的"工作本位"行动学习。他们的主要就业去向包括世界主要的发展研究机构和世界一流高校,重要的国际组织(如联合国环境计划署、世界银行、泛美开发银行),非政府组织(如红十字国际委员会、反饥馑国际行动中心),各国政府部门(如英国能源与气候变化部、英国国际发展署)和私营部门等。[9]

表 1　萨塞克斯大学发展研究学院硕士研究生课程目标

专业	课程目标
发展研究	了解主要的发展理论、发展概念,并将这些知识应用在专业工作中; 学习政治科学、经济学、社会学和人类学的批判性研究方法; 合作研讨全球发展的问题挑战与应对策略。
性别与发展	运用发展理论,批判性地分析性别问题; 具备综合研究性别与发展相关理论的能力; 形成设计性别与发展相关项目的能力。
全球化、商业与发展	辩证分析国际发展事务中,商业发展对全球化的影响; 批判评价微观和中观层面的商业发展政策; 与跨学科和多元文化背景的专家合作,参与商业发展规划的设计。
治理与发展	分析国家和非国家行为体在社会经济发展中的角色; 理解全球化过程中,地方、国家和国际组织的重要作用; 根据具体情境开发有效的治理框架。

续表

专业	课程目标
参与、权力与社会变革	理解权力的内涵； 挑战陈规实践与学说； 组织学习与变革。
贫困与发展	掌握关于减贫的理论、概念等知识； 理解和运用减贫相关理论知识； 针对减贫问题进行跨学科合作研究； 运用定性和定量的研究方法分析问题。
气候变化、发展与政策	了解气候变化与可持续能源的相关理论； 学习碳管理和气候风险管理的相关知识； 学习地理信息系统等综合性、专业性课程。

资料来源：INSTITUTE OF DEVELOPMENT STUDIES. MA development studies [EB/OL]. （2017-10-26）[2017-10-26]. http://www.ids.ac.uk/study/postgraduate-programmes/ma-development-studies.

2. 伦敦大学学院教育研究院的教育国际发展研究人才培养

伦敦大学学院教育研究院（University College London，Institute of Education，UCL-IOE）连续几年蝉联 QS 教育学专业排名榜首。在伦敦大学学院教育研究院的各系部专业中，教育实践与社会系的教育国际发展中心（Centre for Education and International Development，CEID）对国际教育政策、国际发展研究的影响最大。

教育国际发展中心关注五大研究领域：贫穷、教育和不平等，教育、冲突与和平重建，教育与健康福利改善，教育与移民，教育、性别平等与赋权。这些都是联合国教科文组织、世界银行等国际组织志在改善的全球性教育发展问题。中心下设四个硕士研究方向（见表2）：教育与国际发展（EID），教育、健康与国际发展（EHPID），教育规划、经济与国际发展（EPEID），教育、性别与国际发展（EGID）。

表2　伦敦大学学院教育研究院教育国际发展专业四大方向培养目标

专业	培养目标
教育与国际发展	从社会、经济、可持续发展、全球化等视角讨论国家和跨国教育行动背后的国际发展理念与挑战； 批判反思教育与国际发展相关政策及其实践； 培养未来从事教育国际发展相关工作的兴趣与能力。

续表

专业	培养目标
教育、健康与国际发展	批判性地讨论健康、教育与国际发展相关的问题； 针对教育与健康的问题设计教育发展规划； 运用健康教育、社会发展等理论开展研究。
教育规划、经济与国际发展	学习国际发展相关的知识，理解教育与国际发展的关系； 批判性地分析教育规划，掌握分析技术； 了解经济学理论及原则在教育规划中的应用； 掌握教育规划、经济与国际发展相关的研究方法。
教育、性别与国际发展	了解发展中国家和低收入国家教育政策、教育实践与发展现状； 批判性地分析性别与国际发展问题； 掌握教育、性别和国际发展相关的研究方法。

资料来源：IOE.MA EID/EHPID/EPEID/EGID Handbook 2014—2015 [R]. London: IOE, 2014: 5-10.

教育国际发展中心专门为研究生设计了为期一周的巴黎游学计划（Paris Study Tour），通过赴国际教育规划研究所（IIEP）、联合国教科文组织和经合组织等国际组织进行实地考察，使研究生对国际组织的工作性质、工作内容、主题实践等形成更为深入的了解；帮助研究生熟悉和拓展他们毕业后可能从事的专业工作和相关的专业网络。该中心要求研究生在游学结束后，加强对相关国际组织的国际教育与发展使命、最受关注的国际教育发展主题、国际教育发展促进社会公平的作用等的认识、理解与思考。[10]

3. 伦敦政治经济学院的经济学人才培养

伦敦政治经济学院（the London School of Economics and Political Science, LSE）是一所专注社会科学研究，且在经济金融领域顶尖的世界一流高校。伦敦政治经济学院与国际组织的发展具有一定的渊源。1932—1953 年在伦敦政治经济学院任教的查尔斯·韦伯斯特勋爵（Sir Charles Webster）是联合国的重要创始人和推动者之一。目前，伦敦政治经济学院的一些毕业生已在政治、城市服务、商业、工业以及国际发展等领域国际组织中获得较高级别的职位。[11]

伦敦政治经济学院最负盛名的经济学系（Department of Economics）在本科生培养上，以 15 人左右的小班型为主，学生每周至少要完成 12

小时的课堂学习和6小时的独立学习。授课型研究生可选择学制一年的经济学课程或计量与数理经济学课程，也可选择学制两年的经济学课程，完成后可获得科学硕士学位（MSc）。研究型研究生学制为3—6年，课程设置注重跨学科、跨区域的学习和研究。[12]

在师资力量上，伦敦政治经济学院的经济学系吸引了一大批来自北美和欧洲具有国际影响力的教师，保持教学与科研的高水平和高质量。现任的69位教学研究人员中，44位在美国顶尖高校获得博士学位，其中13位在哈佛大学获得博士学位、8位在麻省理工学院获得博士学位。这些学者在伦敦政治经济学院讲授、应用、传播世界最先进的经济学理念，这支师资队伍也为学生的国际就业和国际流动提供了重要支持。[13]

（二）英国高校的国际组织课程指导与就业服务

在专业培养的基础上，英国高校通过开设与国际组织相关的课程、讲座、就业指导服务等，帮助学生广泛了解国际组织发展的相关理论、各类国际组织的职能、国际组织的基本用人标准等。

1. 开设国际组织专门课程

很多英国高校的政治学院、公共政策学院、国际发展学院专门开设与国际组织相关的课程，向本科生和硕士生介绍国际组织运行的理论依据、采用的主要政策和开展的重要活动，扩展学生在全球化背景下对国际组织全球治理功能的认识与了解。

伦敦政治经济学院社会政策学院开设的"全球社会政策和国际组织"课程，由10学时的讲座和15学时的研讨组成，课程内容包括：探究全球化背景下，卫生、教育、社会关怀等领域的变化；结合案例分析影响发展中国家社会政策的双边或多边援助组织和非政府组织；评价政府间政策进程的影响；分析全球社会政策中宗教群体、社会运动和跨国企业的影响；等等。[14]

伦敦大学学院政治科学学院开设了本科生高年级课程"国际组织"和研究生课程"国际组织理论与实践"。这两门课程均由两部分组成：第一部分以新自由主义制度学派的理论为基础，讨论国际组织发展的理论依据；第二部分介绍全球治理的具体事务、重要的国际组织及其主要涉及的领域，如人权、环境、全球市场等，并且讨论国际组织在推动全球治理、制定全球公共政策中的作用。[15][16]

2. 开展国际组织专题活动

英国高校为提高学生到国际组织实习和毕业生赴国际组织就职的机会，开展了多种多样的国际组织专题活动。

伦敦政治经济学院的就业中心每年11月定期举行"国际组织日"活动，邀请国际组织官员向参加活动的学生介绍各国际组织的使命、用人标准和岗位需求。参加2016年"国际组织日"活动的国际组织有：亚洲发展银行、欧洲人员选拔办公室、欧洲复兴开发银行、欧洲投资银行、联合国粮农组织、泛美开发银行、红十字国际委员会、国际金融组织、国际劳工组织、经合组织、联合国儿童基金会、联合国人口活动基金会、联合国难民安置署、联合国项目事务署、联合国秘书处、联合国志愿者项目和世界银行。[17]

牛津大学就业服务中心不定期开展国际组织相关座谈会。2017年就曾开展五场重要的国际组织官员座谈会，邀请世界银行的项目经理和项目负责人介绍世界银行全球聘用人才的标准、能力要求、工作经验要求和一些可申请项目；邀请联合国人力资源部负责人和重要项目负责人介绍联合国系统的工作要点、个人职业发展历程和工作心得等。

3. 开设国际组织就业咨询服务

如今，赴国际组织实习或就职已经成为英国高校为毕业生谋划的职业发展路径之一。一些高校的就业服务中心积极为学生提供国际组织就业咨询服务。

例如，牛津大学和肯特大学两所学校提供的国际组织就业服务可以归纳为以下几个方面：（1）介绍国际组织的基本概念，明确政府间国际组织（IGOs）和非政府国际组织（INGOs）的异同，并对目前就业去向较好的国际组织进行分类；（2）推介适合于高校毕业生的国际组织初级岗位的技能要求，如一些国际发展组织或国际慈善组织注重应聘者入职前的国际工作经历；联合国相关组织希望应聘者在熟练使用英语或法语这两种工作语言外，还能够掌握阿拉伯语、汉语、俄语、西班牙语等官方语言；有意申请国际组织工作的学生应具备量身定做求职简历的能力，简历的内容既要反映应聘者自身真实的热情、学业水平、工作能力和社会经历，也要突出符合国际组织相关岗位的能力特质、价值取向等；[18]（3）发布重要国际组织的工作领域、岗位要求，以及空缺岗位和实习岗位信息等。[19]

三、英国高校为国际组织培养与输送人才的特点

英国高校在高等教育国际化战略实施、学科组织形态构建、人才培养目标设定和全球智库服务功能扩展等方面所具有的偏好和优势，为其培养和输送国际组织人才提供了坚实的战略基础、学术基础、路径基础和组织基础，形成了具有英国高校特色的国际组织人才培养与输送特点。

（一）英国高等教育国际化的优势

在英国，高等教育国际化的重要性不仅在于发掘其经济价值，使其有助于提高经济增长，同时它也是促进本国参与世界政治、经济、文化联合互动的途径之一。如剑桥大学校长所言："没有单一的国家，更没有单一的大学能够独立解决世界上所面临的巨大挑战，国际性合作的重要性在当今世界变得更加清晰。"[20]

英国是重要的国际留学生目的国，留学生主要集中在研究型大学集群，并且分布于商业与管理、工程与技术及社会科学等专业领域。以2011年的数据为例，罗素大学集团的国际留学生占英国所有留学生的1/3；如果从单所学校分布看，伦敦商学院的国际留学生密集度最高，占本校所有学生的3/4。[21]这些学生拥有的国际教育背景是很多国际组织看重的应聘要素之一。

除了国际生源外，英国高校也越来越关注本土学生毕业后的国际化就业去向。英国高等学校毕业生去向调查（DLHE）的数据显示，在2015—2016学年毕业的281750名英国本土学生中，有7165名学生选择到海外工作，其中3120人在欧盟国家就职，4045人在非欧盟国家工作，就业去向覆盖了173个国家。排名前十的国家是法国、美国、西班牙、中国、爱尔兰、德国、澳大利亚、阿联酋、加拿大和瑞士（图1）。[22]其中不乏大量在政府间国际组织、非政府国际组织、国际慈善组织、跨国集团等国际性机构、集团、企业工作的毕业生，他们一方面用自己的专业知识和职业理想为更广泛的群体服务，另一方面也间接地在海外传播着英国文化、英国传统和英国价值。

（二）英国高校学科组织形态的偏好

英国高校的学科组织，呈现为跨学科形态、独立学科形态、子学科

（人）

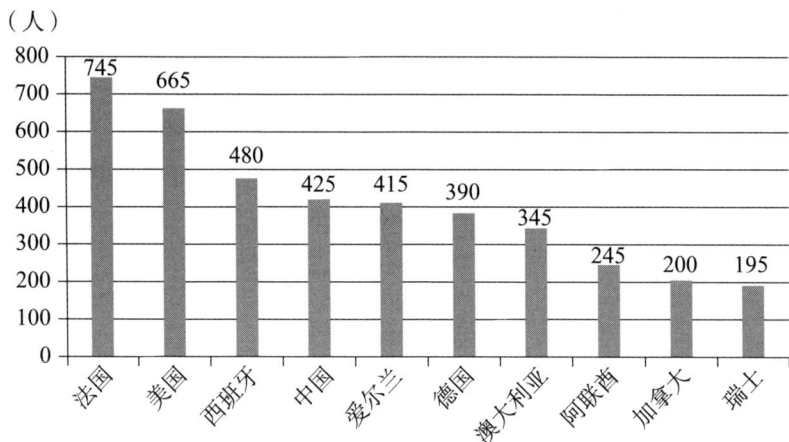

图1 2015—2016 学年英国本土毕业生海外就业人数最多的 10 个国家

资料来源：MACARI J. Top 10 countries [EB/OL].（2017-08-29）[2017-10-24]. https://www.hesa.ac.uk/insight/29-08-2017/uk-graduates-in-173-countries.

形态三种不同形态。学科组织形态的划分并不是基于授课教师的学科背景或研究方向，而是因为很多学科的课程大纲在设计时，就考虑到跨学科性。这不仅反映了专业学科之间的交叉、重叠和融合状态，而且也是现实中越来越明显的学术生态。[23]

前文分析的三个专业中，经济学的专业性较强，所以伦敦政治经济学院的经济学专业主要呈现出独立学科和子学科形态，本科生课程多以宏观经济学、微观经济学和计量经济学等经济领域的基础课程为主；硕士和博士研究生课程会拓展到财经市场、国际经济学、劳动力经济学、公共经济学、政治经济学和发展经济学等经济学子学科领域。

各专业领域均需要培养学生跨专业、跨学科的理论与知识。萨塞克斯大学发展学专业要求学生学会用政治科学、经济学、社会学和人类学等多学科的批判性研究方法看待全球发展中的问题与挑战。伦敦大学学院教育研究院的教育国际发展专业将教育研究同健康、性别、经济、多元文化等关键词联系起来，将教育发展特别是国际教育发展置于更深层次、更具情景化的社会空间和问题场域。

（三）英国高校人才培养目标的导向

英国高校注重培养具有领导力和决策力的领袖型人才、具有专业研究和专业分析能力的研究型人才、能够用跨学科知识与技能处理事务的复合型人才。这与国际组织最常见的职位要求不谋而合。

萨塞克斯大学发展研究学院在学生录取的条件中，明确指出要招录具有一定政府部门、国际组织和慈善机构工作经验、已处于一定领导岗位或具有领导潜质的申请人。如贫困与发展专业和治理与发展专业的申请人主要来自各国政府部门、非政府组织、双边或多边慈善机构、民间组织、联合国等相关国际组织和部门。这些学生毕业后大多回到原机构，研究生阶段的学习经历成为他们入选领导层储备人才的有利条件。伦敦政治经济学院对研究型学生"教、学、研"相结合的课程设置和伦敦大学学院教育研究院对学生跨学科素养的培养也分别反映出英国高校对专业型人才和复合型人才培养的方式方法。

此外，英国高校还特别重视学生个人品行、道德和价值观的养成。例如，为很多国际组织培养法律人才的牛津大学法学院，在培养学生思辨能力和社会科学知识的同时，要求每一位导师关注学生的品格与道德发展。

（四）英国高校全球智库服务功能的驱动

英国是较早开展国际援助事业、参与国际组织的建设与发展的国家之一。它在国际援助和国际组织建设过程中，经常扮演"教师"或"示范者"的角色。例如，社会福利科层组织、私有化政策都曾是国际组织向发展中国家大力推广的英国经验。

在国家之间的利益博弈过程中，高等教育机构作为具有独立思想的研究性质单位，将研究成果作为向国际组织提供的咨询建议，更容易获得国际组织的认可甚至采纳。英国高校在诸多领域都具有全球智库的身份。例如，伦敦政治经济学院的国际事务与外交战略研究名列国际事务领域全球高校第三位，萨塞克斯大学的发展学专业被评选为国际发展全球高校第四名，伦敦大学学院教育研究院则是全球最重要的高校教育智库。

这些高校智库为学生们提供较早、较深入的接触国际组织的机会，使他们对国际组织的功能和职责有清晰的认识，对国际事务的研究价值有深刻的理解。特别是对于硕士研究生和博士研究生而言，他们有机会参与国际事务咨询与研究，有利于他们在学生时期就形成赴国际组织工作的志向、研究方向和个人发展目标。而与此相呼应的是，毕业于全球高校智库的学生，在国际组织选拔和聘用人才时，优势也更为明显。

参考文献

［1］Mittelman J H. Global governance and universities: the power of ideas and knowledge［J］. Globalizations, 2016, 13（5）: 608-621.

［2］QS TOP UNIVERSITIES. University rankings［EB/OL］.（2017-10-22）［2017-10-22］. https://www.topuniversities.com/university-rankings.

［3］The world university rankings 2018［EB/OL］.（2018-02-16）［2018-02-16］. https://www.timeshighereducation.com/world-university-rankings/2018/world-ranking#!/page/0/length/25/locations/GB/sort_by/rank/sort_order/asc/cols/stats.

［4］阚阅. 全球治理视域下我国的国际组织人才发展战略［J］. 比较教育研究，2016, 38（12）: 16-21.

［5］彭龙. 全球治理体系变革与国际组织人才培养［J］. 社会治理，2017（4）: 10-12.

［6］芬尼莫尔. 国际社会中的国家利益［M］. 杭州：浙江人民出版社，2001.

［7］杨丽华. 英国萨塞克斯大学发展研究学院［J］. 上海教育，2016（32）: 30-31.

［8］INSTITUTE OF DEVELOPMENT STUDIES. About us［EB/OL］.（2017-10-20）［2017-10-20］. http://www.ids.ac.uk/about-us.

［9］INSTITUTE OF DEVELOPMENT STUDIES. MA development studies［EB/OL］.（2017-10-26）［2017-10-26］. https://www.ids.ac.uk/learn-at-ids/ma-development-studies/.

［10］IOE. MAEID/EHPID/EPEID/EGID hand book 2014-2015［R］. London: IOE, 2014: 31.

［11］郭德红. 伦敦政治经济学院的发展模式［J］. 清华大学教育研究，2007, 28（5）: 93-98

［12］LSE. Economic courses list［EB/OL］.（2017-11-01）［2017-11-01］. http://www.lse.ac.uk/economics/study/courses.

［13］LSE. Faculty activity in research centres［EB/OL］.（2017-11-01）［2017-11-01］. http://www.lse.ac.uk/economics/people/faculty-a-z.

［14］LSE. SA4C8 half unit-global social policy and international organizations［EB/OL］.（2017-11-01）［2017-11-01］. http://www.lse.ac.uk/resources/calendar/courseGuides/SA/2017_SA4C8.htm?from_serp=1.

［15］UCL. POLS7014 international organization［EB/OL］.（2017-11-02）［2017-11-02］. http://www.ucl.ac.uk/political-science/teaching/undergraduate/modules/courses/io.

［16］UCL. International organisations: theory and practice［EB/OL］.（2017-11-02）［2017-11-02］. http://www.ucl.ac.uk/political-science/teaching/masters/modules/international-organisation.

［17］LSE. Careers: transform your career［EB/OL］.（2017-10-20）［2017-10-20］. http://www.lse.ac.uk/ideas/exec/careers?from_serp=1.

［18］UNIVERSITY OF OXFORD. The careers service［EB/OL］.（2017-10-22）［2017-10-22］. http://www.careers.ox.ac.uk/international-organisations/.

［19］UNIVERSITY OF KENT. I want to work for an international organization［EB/OL］. （2017-10-22）［2017-10-22］. https://www.kent.ac.uk/ces/#whatis.

［20］聂名华.英国高等教育国际化发展特征与启示［J］.学术论坛，2011, 34（11）: 210-214.

［21］杨晓斐.英国高等教育国际化的程度、困境与战略对策：国际学生视角［J］.高教探索，2016（1）: 38-42.

［22］JOE MACARI. Top 10 countries［EB/OL］.（2017-08-29）［2017-10-24］. https://www. hesa.ac.uk/ insight/29-08-2017/uk-graduates-in-173-countries.

［23］余晖，刘水云.世界一流大学如何培养教育政策人才：对六种主流模式的分析［J］.清华大学教育研究，2017, 38（2）: 43-49.

（郭婧，上海市师资培训中心研究发展部讲师，教育学博士研究生。原载《比较教育研究》2019 年第 2 期，略有改动。）

英国教育援助的成效、问题与动向

王小栋　傅王倩　王　璐

　　英国是国际发展援助的领跑者。"二战"后，英国政府的援助重点发生了转向，改为通过经费拨款、物资发放、设施建设等形式，帮扶贫困的发展中国家，改善人民的生活环境与质量，激活受援国经济发展的内驱力。在这一过程中，英国的国际援助体系日趋完善，援助成果显著。美国布鲁金斯学会（Brookings Institution）和全球发展研究中心（Center for Global Development）曾发表联合评估报告，指出"英国在援助有效性、援助规制建设、援助透明度方面均优于其他援助国家"[1]，对世界人民福祉、国家利益帮扶、国际战略部署、世界格局重构等做出了巨大的贡献。

　　从长远利益来看，教育援助能够为受援国培养人才和储备人力资本，是受援国摆脱贫困且可持续发展的动力。1997年以后，英国教育援助的重点放在了基础教育上，支持受援国学校的基础设施建设，加强师资培训，关注基础教育阶段的儿童就学情况，重视教育援助的质量和效能。截至2015年，英国已经超额完成了国际教育援助的承诺，在援助人数、基建设施、合作方式等方面表现卓越。自此之后，英国又迎来了新的援助五年计划，采取了新举措，旨在巩固已有成果，调整援助方向，提高援助效能。面对已有的贡献和国际认可，英国该如何正视教育援助的成效？厘清援助的问题？又做出了哪些政策调整？本文对此进行探讨。

一、英国教育援助的成效

　　教育援助是英国关注的援助重点之一。截至2012年年底，英国共向世界149个发展中国家提供了教育援助。[2]对于贫困的发展中国家来说，经费支持和基础设施完善只能缓解受援国国力疲软的表面"症状"，而教育的投入、师资的培养、人才的积累才是解决"症结"的关键所在。近些年，随着国际援助趋势的转向，英国教育援助的重点从高等教育、继续教育转变为基础教育，同时也加大了对儿童早教的重视。

（一）千年发展目标的实施成效

在教育援助中，英国政府将着力点放在基础教育方面，关心儿童成长和女童教育，关注学生入学率和教育质量，重视"千年发展目标"（Millennium Development Goals，MDG）的作用。2009 年，英国将千年发展目标写入《消除世界贫困：建设我们共同的未来》（Eliminating World Poverty: Building Our Common Future）政策文本中。同时，在全球教育合作（Global Partnership for Education）项目中纳入千年发展目标中的"目标 2：普及小学教育"和"目标 3：促进性别平等、赋权女性"，并提出"到 2015 年，所有儿童都能够完成小学课程教育"[3]。要实现这一目标，需要各方努力，不仅要保障基础设施和物资供应，也要加强技术指导与技能培训。2015 年，英国国际发展部（Department for International Development，DFID）发布了报告《2010—2015 年政府政策：发展中国家的教育》（2010 to 2015 Government Policy: Education in Developing Countries）。该报告总结了上一个五年计划的实施情况，其中提到每一个孩子都应该有上学的机会，不仅应确保他们能进入课堂，而且要让他们接受良好的教学，并通过学习改变他们的生活，使他们获得更多的机会。

此外，英国支持千年发展目标，关注极度贫困的国家。为了实现教育经费价值最大化，英国援助优先关注三个方面："首先，增加教育机会，特别强调男女教育机会均等的问题；其次，保护并发展儿童早期阶段的认知功能，测试学生成绩，培养更多的教师，并通过完善各国的教育标准提高教育质量；第三，在国际和国家层面，扩大早期教育、中学教育以及技术和职业教育的投资项目，强化学校、技术和雇佣者间的关系。"[4] 表 1 总结了 2015 年千年发展目标中的目标 2、目标 3 的进展情况，同时反映出英国国际发展部双边项目的效能。[5]

表 1　2015 年千年发展目标中目标 2、目标 3 进展情况

项目	非洲		亚洲				大洋洲	拉美与加勒比	高加索与中亚
	北非	撒哈拉以南	东亚	东南亚	南亚	西亚			
目标 2：普及小学教育									
普及小学教育	高入学率	中等入学率	高入学率	高入学率	高入学率	高入学率	高入学率	中等入学率	中等入学率

续表

目标3：促进性别平等、赋权女性									
小学女童入学平等	近乎均等	近乎均等	均等	均等	均等	近乎均等	近乎均等	均等	均等
女性有偿就业份额比	低	中	高	中	低	低	中	高	高
妇女在国家议会中的平等代表性	中	中	中	低	低	低	非常低	中	低

注："＿"表示"进展良好"；"……"表示"进展一般"；"﹏﹏﹏"表示"进展较差或有恶化"；其余的表示"实现目标或进展非常好"。

资料来源：UNITED NATIONS. Millennium development goals: 2015 progress chart [R/OL]. (2015-07-06) [2017-09-20]. http://mdgs. un.org/unsd/mdg/Resources/Static/Products/Progress2015/Progress_E.pdf.

（二）教育援助承诺的兑现

2011年，英国发布了《英国援助：改变生活，获得成功》（UK Aid: Changing Lives, Delivering Results），以指导英国教育援助的发展，并在学生就学、援助合作、师资培养、基础设施建设等方面做出承诺。历经5年的援助发展，英国不仅超额完成了教育援助任务，促进了受援国家和儿童的教育发展，而且引进了新的教学技术，提供了电子教育资源，扩大了教育援助的受众面。

为了帮助更多的年轻人接近教育、获得教育、完成英国的教育援助承诺，英国政府将远程教育和网络课程引入教育援助。"2012年链接型课堂"（2012 Connecting Classrooms）项目就是其典型模式之一，它促使全球5000所学校形成长期的合作关系，共享教育资源。目前，在英国、非洲和亚洲等地区，3万所学校加入网络合作课程的学习中，约2.8万名教师和9000名校长接受了培训，其核心技能教学与全球公民教学能力得到了提升。[5]

2015—2016年，英国国际发展部支持了1130万名学生进入小学和初中（其中530万名学生是女童），超过了之前承诺的1100万人。[5]与此同时，英国国际发展部与多边合作组织开展教育援助活动的成效也十分显著。2014年，联合国儿基会（UNICEF）帮助1040万名儿童进入小学接受教育；2014 年 7 月至 2015 年 6 月，在全球教育合作项目的支持下，培养了约 9.8 万名教师。[5] 直至 2015 年 3 月，英国国际发展部已经实现了承诺，[5] 即 2011—2015 年支持 190 万名儿童完成小学教育；通过多边合作渠道，培养 19 万名教师。此外，基于全球教育合作项目，英国国际发展部帮助贫困地区的 87.1 万名儿童接受了适合的教育。2015 年 4 月至 2016 年 3 月，英国的"女童教育挑战"（Girls' Education Challenge）项目帮助超过 67 万名女童接受了教育。同时，该项目提供了 440 万册课本和学生教学设备，建设并翻新了 2555 间教室，帮助了 4829 名残疾女童就学。[5]

二、英国教育援助存在的问题

（一）千年发展目标未能全面实现

过去 10 年里，由于千年发展目标的影响，各国为了确保在 2015 年所有孩子能够接受小学的所有课程，加大了教育的投资力度，提高了教育经费预算，但是依旧未能实现千年发展目标。目前，全世界还有 5900 万名边缘化儿童辍学，性别不平等依旧存在。[6] 批评的观点认为，一味地关注儿童就学率却忽视了教育质量，降低了援助经费的价值。[7] 2015 年，英国国际发展部发布了《2010—2015 年政府政策：发展中国家的教育》，其中提到"全球已有 2.5 亿名受援儿童接受了 4 年以上的教育"[8]，但他们仍旧未能完成学业，依然不会阅读、写作和算术。援助的目的不仅是确保他们进入课堂，而且要让他们接受良好的教学，并通过学习改变他们的生活，获得更多的机遇。[8]

（二）教育援助经费使用低效

英国国际发展部得到了英国政府的预算支持，曾计划在 10 年间（2005—2015 年）对非洲东部 3 国（埃塞俄比亚、卢旺达和坦桑尼亚）投入 10 亿英镑的教育援助经费。尽管经费的投入改善了该地区贫困人民的生活，确保了招生数量的增加，但其教育质量堪忧。2012 年，援助影响独立委员会（Independent Commission for Aid Impact）发布了报告《东非三国英国国际发展部教育项目》（DFID's Education Programmes in Three East African Countries），明确指出[9]：虽然英国援助扩大了东非三国教育系统的融资，但英国国际发展部缺乏对学生学习的关注。该报告表示，在这些国家中，基础教育质量不高严重影响了英国国际发展部的教育援助发展。同时，英国国际发展部只考虑到了学习的基础条件，没有考虑到教师能否正常上课，学生能否持续地接受教育。如果大多数学生不能达到语文或数学的基本标准，那么小学教育的普及目标也就不能实现。同时，这也说明英国援助经费与国家预算经费没有充分发挥它的价值。[7] 此外，目前英国国际发展部援助的教育经费仅占总预算的 7.7%，相比于民间机构（8%）、自然灾害（9%）和健康（12.5%）来说，所占份额较少。近年来，全球的双边和多边捐助情况也反映了这一现象，经济合作与发展组织（OECD）下属的官方发展援助委员会（Official Development Assistance，ODA）用于教育的援助经费正逐年走低。[6]

（三）忽视边缘化女童教育问题

在英国国际发展部的援助项目中，女童教育喜忧参半，最为明显的是边缘化女童的教育问题。2016 年英国援助影响独立委员会[10] 发布了报告《基础教育中的机会、维持与成功——英国援助对边缘化女童的支持：绩效评估》（Accessing, Staying and Succeeding in Basic Education-UK Aid's Support to Marginalised Girls: A Performance Review）。该报告指出，在援助项目的发展过程中，女童教育容易被忽视或遗忘。究其原因，第一，女童教育目标被其他优先发展事项（如全面改进基础教育就学计划）所替代；第二，英国国际发展部对受援国政府的教育项目缺乏影响力；第三，女童教育的干预措施并不完善，没有对处于边缘化的女童教育设定目标，制约了解决女童教育问题的能力；第四，缺乏女童教育的专业知识或技能；第五，（教育）环境具有挑战性（缺乏基本的教育设施），（项目）实施有困难。

英国援助影响独立委员会在评估援助项目（1/3 的项目）时发现，女童援助不仅要考虑边缘化的问题，更要考量实际情况或者政治环境的影响。如，肯尼亚的"女童教育挑战"项目（IMlango）是一个网络学习的援助项目，主要为边缘化女童提供电子媒介，帮助她们通过媒体学习课程，但却由于地理条件的原因受到极大的限制，因为有些地方不能供电，也无法引进电子媒介。事实上，此类失败的项目还有很多，这些项目既无法完成之前预设的目标，也无法让受援国获益。此外，2015 年，英国国际发展部发布了有关"女童教育挑战"项目的实施情况评估报告。评估发现，英国"女童教育挑战"项目在实施过程中的参与性、学习性和可持续性欠佳，所制定的干预措施不能满足女童的培养要求，也不能使学生达到预期的语文和数学标准。

三、英国教育援助的改革与动向

至 2015 年，英国超额完成教育援助的任务，并开始了下一个五年计划。2016 年 2 月，英国国际发展部发布了《独立部门计划》（Single Departmental Plan），规划了下一个五年（2016—2020 年）教育援助计划，明确了英国国际援助的战略目标。鉴于教育援助中存在的问题，该计划重申了女童、女性教育的重要性，并强调要拓展新的援助渠道，加强国际间的合作，改革经费预算，应对人道主义危机，实现其援助承诺。[5] 2016 年 5 月，英国在世界人道主义峰会（World Humanitarian Summit）中再次指出，要加强与国际组织（如联合国儿基会）的合作，解决处于危机状况的教育问题。该峰会还启动了"教育不能等待"（Education Cannot Wait）基金项目，明确规定要加强所有国家的共同努力，实现"到 2020 年年底，让生活在危机状况中的 1360 万名青年获得良好的教育；到 2030 年，让所有处于危机状况的青年都能获得良好的教育"[5] 的发展目标。总体而言，英国教育援助呈现出五个发展趋势。

（一）援助政策的限制与松绑

为了更有针对性地使用援助资源，英国政府曾在 2005 年制定了有关援助条件的限制性政策。该政策指出，"英国政府在援助一个国家之前，首先要和受援国达成协议，制定限制性策略。例如，不允许受援国利用援助经费进行军事活动等。如果受援国在援助过程中违反了这些条件，那么英国方面将减少或中止提供援助资金，并将延缓对该国（受援国）的援助行为"[11]。在贫困国家的教育帮扶中，为了保证援助经费效能的最大化，教育援助活动的开展也要遵从这些限制性策略。与此同时，在国际活动中，英国政府也将该策略推广至国际援助组织（如世界银行等），以保证援助资源的合理使用。

但针对目前国际援助合作的新趋势，英国政府也正逐渐对一些援助规定进行松绑，这意味着英国要改变与受援国的合作模式，提供更灵活、更多样的合作机会。以教学设备供应为例，松绑之前教学设备是由英国政府统一采购，并运送至受援国；松绑之后，英国政府将购买教学设备的经费发放给受援国，并设定经费款项的额度，受援国可以在金额范围内，根据本国的实际情况自行采购。[12]

（二）统一管理与有效合作

为了提高教育援助的效能，避免援助中的浪费，提升教育经费使用的有效性，英国政府从国内和国外入手，双管齐下。就国内而言，英国国际发展部加强了对英国援助机构的统一管理，以保证英国输出的教育援助资源口径统一。以高等教育工作组（Higher Education Taskforce）为例，它统一管理许多合作组织（包括大学、继续教育学院、英国文化委员会、代理机构、教育与技能中介等），关注具体的发展问题，在援助实施的过程中，保证机构间合作的连贯性，从而高效地执行和推进英国国际发展部的政策和项目。[13]

在国与国之间，为了提高教育援助效能，英国政府提出两点要求：第一，建立有效的教育援助合作伙伴关系。为达成这一要求，英国政府意识到对外援助需要立足三个共同的目标，即减贫和千年发展目标；尊重人权和其他的国际权利；加强财政管理，提升责任意识，减少资金不当使用的风险及援助过程中的贪腐现象。第二，强化援助国与受援国的责任。英国的援助经费取之于民（英国公民的税收），因此，援助方要高效使用援助经费，对英国议会和公民负责。同时，在援助过程中，杜绝双方（援助国与受援国）的贪污、腐败现象。特别是在受援国，如有此情况发生，英国政府将减少或中止给予援助经费。此外，英国政府还加强了与动荡国家和地区的发展合作，建立新的英国国际发展部援助联合项目，帮助那些处于冲突和争端中的国家。[14]

（三）实现 0.7% 的援助预算比例

作为经济合作与发展组织下属的发展援助委员会成员国之一，英国对外援助的经费比例居世界前列，2012 年，英国对外援助经费总额居世界第二（87.66 亿英镑）。[15] 为了实现联合国千年发展目标，兑现英国所做出的承诺，即英国对外援助支出占到其国民总收入的 0.70%，自 2013年起，英国援助经费在国民总收入中所占的比例，由 0.56%（2012 年）上升至 0.70%（2013 年）。至今，该援助经费比例保持不变（2014 年为 0.70%，2015 年为 0.71%[16]，2016 年为 0.70%[17]）。同时，英国未来的援助项目预算也持续增加。表 2 为 2015—2018 年度，英国在世界各地的教育援助项目经费分配情况。表中数据显示，2016—2017 年度以及 2017—2018 年度的项目预算经费均高于 2015—2016 年度的实际项目经费。除此之外，英国国际发展部还针对特殊情况设立了灵活的实款拨付经费，如英国国际发展部为塞拉利昂提供经费支持，缓解埃博拉疫情危机的影响，并重新开放学校，扩大基建等，以复原该国的经济实力。[18]

表 2　2015—2018 年度英国国际发展部项目经费与分配

地方项目	2015—2016 年	2016—2017 年	2017—2018 年
	项目经费（英镑）	项目计划（英镑）	项目计划（英镑）
西非与南非	719,524	819,800	811,300
东非与中非	1,412,809	1,497,550	1,429,775
亚洲、加勒比海与海外地区	1,161,308	1,254,000	1,205,300
中东与北非部门	554,717	688,000	688,000
埃博拉危机部门	161,366	0	0
总额	4,009,724	4,259,350	4,134,375

资料来源：DEPARTMENT FOR INTERNATIONAL DEVELOPMENT. Annual report and accounts 2015-16 [R]. London: Department for International Development, 2016:135.

（四）"结果—支出"体系的应用

英国政府提出，要制定明确的教育进步评价指标。该评价指标，能够量化教育发展过程中的增量及效能，直观反映出教育的进步程度，同时也验证教育项目实施的有效性及相关措施的合理性，并总结其成效。为了扩大援助评估的范围，提高援助经费的使用效能，英国国际发展部引进"以结果为依据的经费支付方式"（Payment by Result，PbR）。在经费投入方面，英国国际发展部并不对合作组织的类型设限，也不设定最低的支付金额。但为了提高援助经费的效能，经费的支出不能只按计划，不顾实际情况。因此，英国国际发展部采用了"以结果为依据的经费支付方式"计算援助的经费额度。实际上，以结果来计算经费支出，可以视为改进绩效的方式，具有可测量性。图 1 为教育部门计算教育援助经费的流程。[19]

> 1. 在PbR中，支付应该与成绩或者产出相关，如学习改进、成绩提高

> 2. 若受援国的绩效改进能够测量，那支付也可参看中期产出或其过程

输入	过程	产出	结果	影响
在项目中加入什么样的资源，能够推动事情的发生	使用输入的资源，促进结果的产生	短期内，在过程中传递些什么	过程或行为的中期影响	长期而广泛的改变
为培训计划和服务提供预算	为教师提供培训	更多的教师培训	孩子们获得较好的成绩	市民收入提高并享受幸福

> 3. 基于成绩的支付十分重要，也是PbR的创新形式。英国国际的展部因此会有更多行动

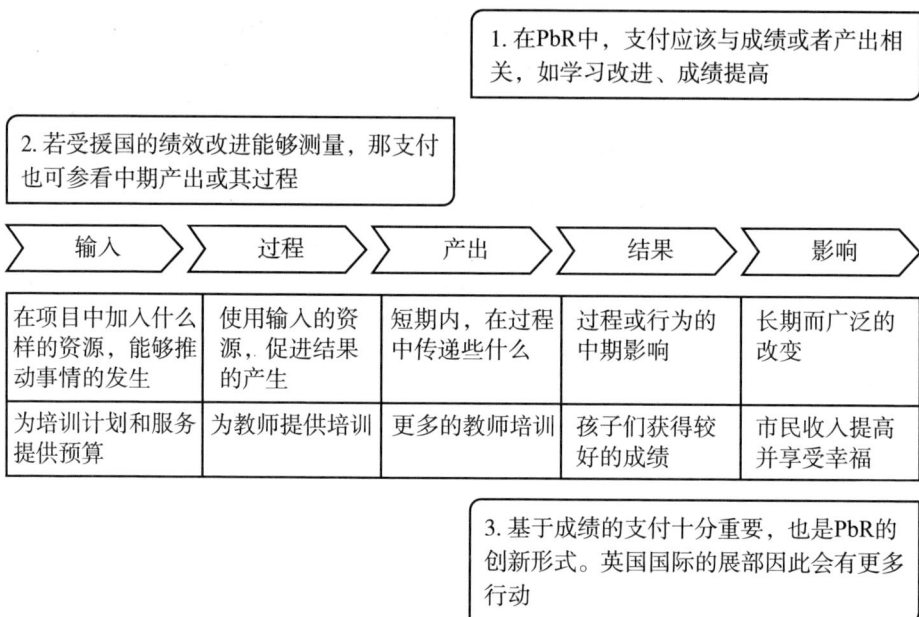

图1 PbR 教育援助经费流程图

资料来源：DEPARTMENT FOR INTERNATIONAL DEVELOPMENT. Sharpening incentives to perform: DFID's strategy for payment by results[R]. London: Department for International Development, 2014:6.

实际上，以结果计算援助经费的支出是一种新的经费拨款形式，它通过教育改进的结果和成效决定援助经费的额度。英国在国际援助中，越来越重视 PbR 的使用。目前，PbR 已经植入英国与受援国政府之间的项目合作中，约 1/3 公共预算经费与项目结果挂钩。同时，政府也可以将更多经费投入更需要援助的领域，确保经费使用的价值和效能。而这种以结果为基础的援助形式，今后也将在英国政府援助的其他领域，如健康、基建、饮水、卫生等领域广泛应用。[19]

（五）进一步促进女童教育

女童教育一直是英国教育援助的重点之一。英国国际发展部大臣贾斯汀·格林宁（Justine Greening）表示，"英国未来需要关注千年发展目标中忽略的问题，……将女性和女童问题排在首位"[20]。自 2012 年以来，英国国际发展部推出了"女童教育挑战"项目，共投资 3 亿英镑，

援助了 18 个国家的 37 个项目,以帮扶极度边缘化的女童和残障女童,帮助她们改善生活。2016 年 7 月,在"女童教育挑战"项目的推进下,英国政府又启动了"不让女孩掉队"(Leave No Girl Behind,LNGB)项目,该项目是一个新的融资渠道[21],通过更好的方式提高女童就学率,确保她们能够获得合格的教育,改善生活。[22]

"不让女孩掉队"项目将提供经费,帮助辍学或者无法上学的女童和女性青年(10—19 岁)重返学校或者就业岗位。[22]该项目首先关注女童学习成绩,帮助边缘化女童快速提高读写和算术的技能,掌握学习、生活和工作所需要的相关知识和技能;其次,帮助缺乏教育的女性青年,其中包括改进社区(对女性)的态度,防止社会和性别危害,如童婚、早孕、童工、家暴等;最后,与私立学校、合作政府、民间团体及其他捐助机构或个人开展深度合作,维持并提高"女童教育挑战"项目的经费使用效能,提升项目的意义。[23]

2016 年 7 月,贾斯汀·格林宁再次表示,英国政府将帮助全世界贫困地区的 17.5 万名女童(她们因社会动荡和争端而被边缘化)获得教育。同时,英国国际发展部将为"女童教育挑战"项目提供 1 亿英镑,用以帮助那些辍学或上不起学的女童。[23]

四、小结

在过去的几十年间,英国教育援助成绩斐然。英国政府不断努力,通过提高援助经费、加强女童教育、优化资源分配、调整国际合作关系等,逐一兑现教育援助的承诺。与此同时,多年来,英国密切跟踪国际援助的发展趋势,参与并不断推进国际合作项目(如千年发展目标、可持续发展目标),为国际合作项目提供发展助力。

目前,英国政府正试图强化和扩大合作关系,支持创新战略的发展,其中包括在教育系统中通过政策和实践来改进学校、扩大教育机会和提高学生成就。在学校发展和管理中加强当地社区的参与性,并提高问责力度;为穷人创造接受教育的新机会。在社会动荡的贫弱国家中重建教育系统;加强学术研究,寻找教育消除贫困的有效路径。[24]

尽管英国教育援助的表现值得肯定,但也出现了受援国教育质量薄弱、经费使用低效、女童教育发展仍存在盲点等问题,这也是英国未来五年国际援助发展的方向。在 2015 年的联合国大会上,英国做出新承诺——《不让任何人掉队:我们的承诺》(Leaving No One Behind: Our

Promise）[25]，提出了英国未来 5 年援助发展的新战略。新的战略举措将围绕平等、优先、人本三个核心理念，追求人人机会平等，优先发展劣势群体，让每一个人接受教育，保证教育质量，并努力实现个人的价值。[25]站在新的发展起点，英国国际教育援助让更多人拭目以待。

参考文献

[1] RAJ M, DESAI, NATASHA L. Why the end of British aid to India won't matter［N/OL］.（2012-11-21）［2017-04-15］. https://www.brookings.edu/opinions/why-the-end-of-british-aid-to-india-wont-matter/.

[2] DEPARTMENT FOR INTERNATIONAL DEVELOPMENT. Statistics on international development［R］. London: Department for International Development, 2013.

[3] THE UNITED NATIONS. The millennium development goals report 2015［R/OL］.（2015-07-01）［2017-09-10］. http://www.un.org/millenniumgoals/2015_MDG_Report/pdf/MDG%202015%20rev%20%28July%201%29.pdf.

[4] DEPARTMENT FOR INTERNATIONAL DEVELOPMENT. Eliminating world poverty: building our common future［Z］. London: Department for International Development, 2009, 6: 98.

[5] DEPARTMENT FOR INTERNATIONAL DEVELOPMENT. Annual report and accounts 2015-16［R］. London: Department for International Development, 2016.

[6] UK PARLIAMENT. DFID's work on education: leaving no one behind? inquiry launched［EB/OL］.（2016-07-20）［2017-09-12］. https://www.parliament.uk/business/committees/committees-a-z/commons-select/international-development-committee/news-parliament-20151/launch-tor-dfids-work-on-education-16-17/.

[7] THE GUARDIAN. UK aid for education in East Africa is failing［EB/OL］.（2012-05-18）［2017-10-13］. https://www.theguardian.com/global-development/2012/may/18/uk-aid-education-africa-failing.

[8] DEPARTMENT FOR INTERNATIONAL DEVELOPMENT. 2010 to 2015 government policy: education in developing countries［Z/OL］.（2015-05-08）［2017-09-11］. https://www.gov.uk/government/publications/2010-to-2015-government-policy-education-in-developing-countries/2010-to-2015-government-policy-education-in-developing-countries.

[9] INDEPENDENT COMMISSION FOR AID IMPACT. DFID's education programmes in three East African countries［R］. London: Independent Commission for Aid Impact, 2012.

[10] INDEPENDENT COMMISSION FOR UK AID. Accessing, staying and succeeding in basic education-UK aid's support to marginalised girls: a performance review［R］. London:

Independent Commission for UK Aid, 2016.

［11］ROGERSON A, HEWITT A, WALDENBERG D. The international aid system 2005−2010 forces for and against change ［Z］. London: Overseas Development Institute, 2004.

［12］JONATHAN M. UK start-up stake slice of £130 bn educational technology market ［N/OL］. (2015−10−21)［2017−08−30］. https://www.ft.com/content/6e73096a−7675−11e5−933d−efcdc3c11c89.

［13］DEPARTMENT FOR INTERNATIONAL DEVELOPMENT. Education position paper: improving learning, expanding opportunities ［Z/OL］. ［2017−08−30］. https://assets. publishing.service.gov.uk/government/uploads/system/uploads/attachment_data/file/225715/Education_Position_Paper_July_2013.pdf

［14］HM GOVERNMENT. National security strategy and strategic defence and security review 2015: a secure and prosperous ［Z/OL］. ［2017−08−30］. https://www.gov.uk/government/publications/national−security−strategy−and−strategic−defence−and−security−review−2015.

［15］张效民，孙同全 . 英国对外援助规制体系研究［J］. 国际经济合作，2014（5）: 50−55.

［16］OECD. Official development assistance 2016 ［EB/OL］. (2017−04−05)［2017−06−11］. http://www2.compareyourcountry.org/oda?cr=12&cr1=oecd&lg=en&page=1.

［17］OECD−DAC. Development aid rises again in 2016 ［R］. Paris: OECD, 2017.

［18］DEPARTMENT FOR INTERNATIONAL DEVELOPMENT. Annual report and accounts 2015−16［R］. London: Department for International Development, 2016.

［19］DEPARTMENT FOR INTERNATIONAL DEVELOPMENT. DFID's strategy for payment by results: sharpening incentives to perform ［Z/OL］. https://www.gov.uk/government/publications/dfids−strategy−for−payment−by−results−sharpening−incentives−to−perform/payment−by−results−strategy−sharpening−incentives−to−perform.

［20］HOUSE OF COMMONS INTERNATIONAL DEVELOPMENT COMMITTEE. The future of UK development cooperation: phase 2: beyond aid: government response to the committee's tenth report of session 2014−15 ［Z/OL］. (2015−01−26)［2017−08−08］. https://publications.parliament.uk/pa/cm201516/cmselect/cmintdev/339/339.pdf.

［21］DEPARTMENT FOR INTERNATIONAL DEVELOPMENT. Girls' education challenge ［Z/OL］. (2013−08−16)［2017−09−11］. https://www.gov.uk/guidance/girls−education−challenge.

［22］UK AID. Leave no girl behind ［R/OL］. (2016−10−28)［2017−01−13］. https://assets. publishing.service.gov.uk/media/581350b140f0b64fc1000028/LNGB−Key−Messages.pdf.

［23］DEPARTMENT FOR INTERNATIONAL DEVELOPMENT, HON J G. Britain to help 175,000 girls in world's poorest countries get an education ［EB/OL］. (2016−07−07) ［2017−10−13］. https://www.gov.uk/government/news/britain−to−help−175000−girls−in−

worlds-poorest-countries-get-an-education.

[24] SECRETARY OF STATE FOR INTERNATIONAL DEVELOPMENT. Eliminating world poverty: a challenge for the 21st century [Z]. London: Secretary of State for International Development, 1997.

[25] DEPARTMENT FOR INTERNATIONAL DEVELOPMENT. Leaving no one behind: our promise [EB/OL]. (2017-01-10) [2017-10-13]. https://www.gov.uk/government/ publications/leaving-no-one-behind-our-promise/leaving-no-one-behind-our-promise.

（王小栋，北京师范大学国际与比较教育研究院博士研究生，英国布里斯托大学教育学院联合培养博士生；傅王倩，北京师范大学特殊教育研究所博士生，美国加州大学圣芭芭拉分校联合培养博士生；王璐，北京师范大学国际与比较教育研究院教授，博士生导师。原载《比较教育研究》2018年第5期，略有改动。）

韩国高等教育国际化建设：动因、战略与挑战

魏玉亭　高长完

自 1945 年脱离日本殖民统治到 20 世纪 80 年代末期，韩国政府为了改变国家积贫积弱的局面，派遣大量留学人员到美国等发达国家学习先进科技。这一时期高等教育国际化的表征单一，即在政府的严格控制下派遣留学生，因此极具政治导向性。20 世纪 90 年代以来，受世界经济一体化的影响，韩国国内外形势发生剧烈变化，高等教育走向国际化已经成为一种不可逆转的潮流。自 1995 年世界贸易组织（World Trade Organization，WTO）成立，高等教育开始被视为一种服务贸易产品，成员方逐步选择性开放高等教育市场。同年，作为 WTO 原始成员方之一的韩国在金泳三政府的领导下开始推行《5·31 教育改革方案》（*May 31 Education Reform Plan*），强调在高等教育领域引进市场机制、放松管制并加强竞争。1996 年，韩国政府出台《向国外开放高等教育市场的初步计划》（*Initial Plan for Opening the Higher Education Market to Foreign Countries*），首次在官方政策文件中提及逐步开放韩国高等教育市场。此后的二十几年里，韩国政府与高等教育机构持续致力于探索高等教育国际化策略，并取得了显著成效。如今韩国高等教育国际化保持良好的发展势头，位居亚洲前列。

一、韩国高等教育国际化建设之源

（一）国家层面动因

进入 21 世纪后，全球范围内的学生跨国流动加快，国际教育收入已经成为许多发达国家 GDP 增收的主要项目之一，而韩国的留学教育仍旧赤字惊人。由于韩国优质高等教育资源相对匮乏，大量韩国学生涌入发达国家求学，与出国留学人员相比，赴韩留学生不仅数量少，而且增幅处于预势，因此留学教育赤字巨大。2004 年在海外留学的韩国学生数量

高达 187683 人[1]，同期在韩外国留学生数量仅为 16832 人[2]。这不仅导致巨额的教育贸易逆差，还使韩国陷入高端人才流失的窘境。为扭转这一趋势，韩国政府开始积极推进高等教育国际化，争取将人才流失转为人才流入，并加速人才循环，补充人才缺口。

推进高等教育国际化的主要目的之一在于实现人才的国际化，国际水准的高等教育有助于将本国学生培养成具有国际视野与一流知识结构的高层次人才。另外，吸引优秀的外国留学生留在韩国，可以帮助韩国经济获得创新动力，即使这些人才毕业后选择回国，也可以作为亲韩或知韩派成为连接韩国与他国的桥梁。由此可见，高等教育国际化已经成为引进和培养高端人才与提升高等教育核心竞争力，进而构建国家软实力不可或缺的重要途径。

（二）高校层面动因

韩国各高等教育机构积极配合政府推动高等教育国际化举措的原因有以下三点。其一，QS 世界大学排名、泰晤士报世界大学排名和 US News 世界大学排名等大学排名榜很大程度上已成为衡量大学质量的标准[3]，这些最具影响力的世界大学排名都将国际化作为其评价指标之一，其国际化指标权重分别为 10%[4]、7.5%[5] 和 10%[6]。韩国《中央日报》自 1994 年起每年公布韩国大学综合排名榜，是韩国最权威的排名机构，这一排名体系将国际化水平视为大学的核心竞争力，在"教育条件"①这一指标下赋值高达 30%。[7] 鉴于各排名榜对提升大学知名度有很大帮助，韩国高校开始积极推进国际化战略以提升其排名。

其二，韩国政府对大学有三种财政资助方式。第一种是对国立大学、公立大学及少数因特殊目的由政府资金建立的私立大学进行的运营资金方面的资助；第二种是政府通过国家奖学金形式直接资助学生；第三种是一般性的财政资助，采取以项目为基础的资助方式。[8] 换言之，韩国大学若想获得政府资助，必须参与政府主持的各项大型项目，如 21 世纪智慧韩国工程（Brain Korea 21，BK21）、21 世纪智慧韩国一流大学与卓越人才建设工程（Brain Korea 21 Program for Leading Universities & Students，BK21 PLUS）等，政府会根据各大学在项目中的表现，进行选择性的财政资助。因为政府主持的大型项目普遍设置了国际化指标，所以各大高

---

① 《中央日报》评价体系总分为 300 分，有关国际化的指标都在教育条件（100 分）这一指标之下。

校竭力提高自身的国际化水平，以获得政府的财政资助。

其三，由于韩国出生率持续低迷，大学适龄人口急剧下降。根据韩国教育部 2014 年发布的数据，预计 2023 年适龄人口将比大学计划招生的人数少 16 万人。[9] 韩国的大部分知名大学都位于首尔及其附近地区，各地方除极少的国立大学外，都是一些规模较小的私立大学。这些私立大学的日常运行主要依靠学生缴纳的学费来维持，若遭遇"学生荒"，很可能出现财政危机，甚至面临关门或被合并的局面。因此，包括地方院校在内的多所韩国高校意在通过吸引留学生来赚取学费，以维持学校的正常运行。

二、韩国高等教育国际化建设之策

（一）吸引留学生，提高生源国际化水平

为吸引外国留学生，韩国政府于 2004 年发布《留学韩国计划》，计划至 2010 年招收 5 万名留学生。自此以后，在韩外国留学生数量增长迅猛，2007 年留学生数量已经增长至 49270 名（图 1）。[2] 因此，韩国政府于 2008 年发布了《留学韩国计划发展方案》，计划至 2012 年吸引 10 万名留学生。方案出台后留学生人数显著增长，增长的强劲势头促使韩国政府于 2012 年出台《高等教育国际化推进战略》，韩国政府提出一个颇具野心的目标，即至 2020 年招收 20 万名留学生。然而，韩国政府盲目增加留学生招收数量，导致很多韩国高校降低留学生入学标准，且在留学生入学后采用粗放式管理，因无法适应学校生活而中途退学的留学生日渐增多，更有很多留学生打着留学的名义在韩国非法打工。针对此局面，2011 年韩国教育科学技术部①为防止"留学韩国计划"走向恶性循环，发布了《外国留学生质量管理认证制度》，强化对留学生的质量管理和监控。[10] 此制度以 346 所高等教育机构为对象，通过书面和现场审查，评估各院校留学生的管理情况。对于管理不善的高等院校，韩国教育科学技术部计划联合法务部做出限制发放签证等处罚。此项政策发布后，2011—2014 年留学生数量逐年递减。针对此形势，韩国政府于 2015 年修改了 2012 年出台的战略，将原定的截止期限从 2020 年延长至 2023 年，即至 2023 年计划吸引 20 万名留学生。此外，韩国政府自 1967 年起开始实施"韩国政府奖学金项目"（Korean Government Scholarship

---

① 韩国教育部的名称自 1948 年建国以来经历了几次变化：1948 年建国时名为文教部，1990 年改名为教育部，2001 年改名为教育人力资源部，2008 年改名为教育科学技术部，2013 年改名为教育部。

Program），旨在为来自全球的优秀学生提供资助，保障其在韩顺利完成学业，并最终建立遍布全球的"知韩"与"亲韩"人才网络，以促进国际交流与合作。截至 2012 年，此项目培养出 340 名大学教授、90 名政界人士与 20 名媒体界人士，其中包括美国朝鲜人权委员会秘书长格雷格·斯克尔勒托尤（Greg Scarlatoiu）等。[11]

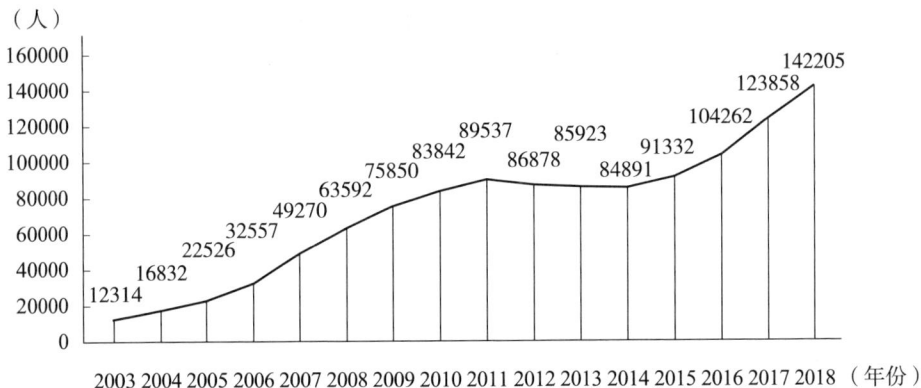

图 1　2003—2018 年在韩学习外国留学生数

（二）提高科研水平，加快科研国际化步伐

20 世纪 80 年代后，韩国的高等教育机构数量增加，但质量堪忧，学术研究水平低下，很难满足经济全球化的发展需求。因此，韩国政府于 1999 年开始实施 BK21 工程，旨在通过资助研究生及新进研究人员，培养高质量的研究人才，并建设世界一流水准的研究生院。该工程分两个阶段，1999—2005 年为第一阶段，内容包括两点：一是培养具有国际水准的研究人才，将总经费的 70% 以上用于资助研究生与新进研究人员，使研究者可以全身心地投入学术研究；二是建设具有世界水平的研究生院，促进韩国高等教育机构与国际知名院校间的交流和合作，努力与世界高水平大学接轨。这使研究生的研究能力得到了大幅提升，SCI 论文数量从 1998 年的 9444 篇（世界排名第 19 位）增长至 2005 年的 23515 篇（世界排名第 12 位）。[12] 但这一阶段过度强调 SCI 论文数量等指标，忽略了人才培养与产学合作，而且该项目资助的高等教育机构大多集中在首都圈，使其与地方大学的研究能力差距进一步扩大。在对第一阶段进

行反省的基础上，韩国政府为加速建设研究型大学并在核心技术与新型产业领域培养高级人才，于 2006 年开始实施第二阶段 BK21 工程，主要目标包括：每年资助 2 万名以上优秀研究生；建设 10 所世界水平的研究型大学；SCI 论文数量计划进入世界排名前 10 位；高校科技成果转化率由2004 年的 10% 到 2012 年提高至 20%，争取进入世界前 10 位（2005 年世界排名为第 21 位）。[12] 经过第二阶段的建设，韩国 SCI 论文数量增长迅速，论文质量也得到了大幅提升，科学技术领域的教授、研究生与新进研究人员的论文影响因子在 6 年间分别提升了 37.3%、42.8% 与 31.0%。[13]

作为 BK21 工程与世界一流大学项目（World Class University，WCU）的后续项目，韩国政府于 2013 年开始实施 BK21 PLUS 工程，实施时间为 2013—2020 年，具体目标包括以下三点。第一，建设一批具有国际水准的研究型大学，争取将进入 QS 世界大学排名 200 名以内的大学数量从 2012 年的 6 所至 2019 年增加到 11 所。第二，培养各领域核心人才及复合型高级人才，每年资助 15000 名优秀研究生与一定数量的新进研究人员。第三，提高大学的教学与科研质量，争取将 SCI 论文被引量的世界排名从 2011 年的第 30 名到 2019 年提高至第 20 名。[14] 目前，距离BK21 PLUS 工程结束还有不到 2 年时间，其预期目标能否实现、后继工程如何展开都值得持续关注。

（三）引进优秀外籍教授，加强师资队伍国际化建设

一流的师资队伍是发展高等教育国际化的重要一环，韩国政府认为一流学者的匮乏是阻碍韩国高等教育提升国际竞争力的主要因素之一。据美国科学信息研究所（Information Sciences Institute，ISI）统计，2007年全球论文被引量排名靠前的学者中美国有 3929 名，德国有 256 名，日本有 253 名，加拿大有 182 名，澳大利亚有 107 名，而韩国仅有 3 名；不仅如此，2006 年韩国大学全职教师中外籍教师的数量为 2078 名，仅占全体师资的 3.75%。[15] 与亚洲其他高水平大学相比，韩国的一流大学中全职外籍教师的比例偏低。① 基于此背景，韩国教育科学技术部于 2008年开始实施 WCU 项目，旨在通过吸引全球高水平的学者汇聚韩国，建设世界一流师资队伍，并着力提高大学的教学和科研水平，建设世界一

---

① 2006 年，国立首尔大学外国教师仅占全体师资的 0.5%（8 名 /1773 名），同期中国清华大学该比例为 12.9%（1000 名 /7777 名），日本东京大学为 5%（250 名 /5000 名）。

流学科，最终建设世界一流研究型大学。此项目实施周期为 2008—2012 年，资助方式分为以下三种：一是招聘高水平海外学者作为全职教授与韩国教授合作建设前沿学科，并协同研究、管理实验室、开展各种教育活动；二是招聘可以引领新型技术开发与交叉研究的海外学者，全职在韩开设课程或与韩国教授进行研究合作；三是邀请世界级学界泰斗，特别是高新技术领域的世界级学者或尖端核心技术持有者，来韩开展短期教育、研究或技术开发活动。[15] WCU 项目在 5 年间取得以下成果：一是研究成果水平得到了大幅提高，共有 38 篇文章刊载在《自然》(*Nature*)、《科学》(*Science*) 和《细胞》(*Cell*) 等世界顶级期刊上，140 篇文章进入 SCI 前 1%，4220 篇文章进入 SCI 前 10%；二是在 19 所大学中开设了 34 个新专业；三是聘用了 313 名高水平海外学者，其中 271 名为全职教授，42 名为兼职教授。[16]

（四）提高英语授课课程比例，深化课程国际化改革

英语作为全世界使用地域最为广泛的语言，已成为国际学术界的通用语，在全球化不断深化的背景下，包括韩国在内的许多非英语国家的高等教育学校使用英文授课的趋势愈发明显。从 21 世纪初起，韩国政府便考虑通过英语授课改革来培养国际化人才，吸引外国留学生与知名学者，从而提升韩国大学的国际排名及影响力。韩国教育人力资源部于 2004 年发布的《留学韩国计划》鼓励各大学增加英语授课课程比例，韩国政府每年通过选拔对积极增设全英语授课课程的高校进行财政资助。不仅如此，韩国政府还在 BK21 等大型项目的评审指标中设置英语授课课程比例这一指标。为响应政府号召并提升大学影响力，韩国各大学也开始积极推动英语授课课程改革。以成均馆大学为例，2017 年的英语授课比例为 42.3%，国际经济专业与国际工商管理专业的英语授课比例高达 100%。[17]

（五）建立区域教育枢纽，打造高等教育国际化高地

在经济全球化与高等教育国际化的影响下，跨境教育得到了蓬勃发展。加拿大教育学家简·奈特 (Jane Knight) 将跨境教育分为三个阶段，即教育人员的跨境流动、教育项目与机构的跨境流动以及教育枢纽 (education hub) 的打造。第一阶段教育人员的跨境流动是学生、教授及其他研究者以教育或研究为目的进行的跨境流动。20 世纪 90 年代初急

剧增长的高等教育需求助推了第二阶段教育项目与机构的跨境流动，其中教育项目的跨境流动包括特许经营、学分互认、双学位与远程教育等项目，教育机构的跨境流动包括创建海外分校、远程大学、慕课、大学间的合并与收购及创建独立机构等。[18]相较于前两个阶段单纯的人员、项目与机构的跨境流动，第三阶段的教育枢纽战略更为复杂。从20世纪90年代末起，一些国家及城市计划打造教育枢纽，但何为教育枢纽其实很难界定。当前学界较为认可的是奈特对于教育枢纽的定义："某国家或城市通过战略规划将国内外利益相关者汇聚到一起，并使之参与到教育、培训、知识生产与创新活动中。"[19]目前，积极打造教育枢纽的国家和地区包括亚洲的新加坡、马来西亚、斯里兰卡、韩国和中国香港，中东地区的卡塔尔、阿联酋和巴林，非洲的博茨瓦纳和毛里求斯。

韩国在打造教育枢纽时立足于所在区域的经济发展需要，主要通过吸引与所在地产业发展密切相关的海外优秀大学，来实现高等教育与经济发展的耦合。韩国最具代表性的教育枢纽是位于仁川自由经济特区的"仁川国际大学城"。目前，已有美国纽约州立大学下属的石溪分校与时装技术学院、美国乔治梅森大学、比利时根特大学、美国犹他大学入驻仁川国际大学城。不同于其他海外一流高校的分校，这5所大学作为总校的"延伸校区"，入学审查、课程设置、师资力量、质量管理和学位授予都与总校保持高度一致。[20]在这5所大学中，除纽约州立大学下属的时装技术学院外，其余大学首批学生均已毕业。不少学生进入全球知名学府继续深造，绝大多数就职于LG电子、大韩航空和毕马威等国际知名企业。[21]由于首批毕业生就业率和深造率较高，仁川国际大学城在提供优质教育与培养国际化人才方面得到各方人士的高度认可。另外，韩国政府与仁川市政府还计划在仁川自由经济特区打造生物产业创新枢纽和软件融合产业集聚区，并成功吸引韩国三星生物制剂公司和德国默克公司等国内外知名企业入驻。韩国政府希望通过产学研的深度融合，促进技术创新并推动经济发展。

（六）有效整合资源，丰富国际化形式

《5·31教育改革方案》第一次正式提出发展高等教育国际化，此改革方案建议各高等教育机构设置国际研究生院（Graduate School of International Studies），用以培养国际关系与区域研究领域的专门人才。此后，国际研究生院如雨后春笋般涌现出来，原本只有硕士课程的国际研究生院自 2004 年起新设博士课程，国内外学生数量逐年增长。近些年来，韩国很多知名高校开始开设国际暑期学校（International Summer School/Semester/Campus），面向全球招生，通常为期 4—6 周，开设课程范围广泛。为提升本校暑期学校的竞争力，韩国各高校可谓倾尽"浑身解数"。如高丽大学聘请了来自斯坦福大学、剑桥大学与康奈尔大学等名校的在职教授，还提供棒球比赛观览、跆拳道、书法、K-POP 舞蹈等多种文化体验机会；延世大学不仅为学生提供优质课程，还为他们提供国家机关和知名企业的实习机会。此外，韩国政府和高校还致力于国际合作办学、学者互访与区域间高等教育合作（如中日韩合作的"亚洲校园"项目）。

三、韩国高等教育国际化建设之殇

（一）重数量，轻质量

韩国政府在制定高等教育国际化发展策略时，过度重视数量指标与发展速度而忽略了质量。很多韩国高校为提高外籍学生比例，不惜降低入学要求，特别是语言成绩的门槛。当前，多所知名大学仅要求申请大学本科的学生提交韩国语能力考试（test of proficiency in Korean，TOPIK）[①]三级证书，但通过 TOPIK 三级的学生仅能进行简单的日常生活交流，很难听懂课堂内容。另外，韩国过度强调英语授课也滋生了很多问题，师生因为并不完美的英语"饱受折磨"，很多教授无法用英语精确地传达专业知识，大部分韩国学生也无法理解并消化使用英文授课的专业课内容。2006 年韩国科学技术院启动课程改革方案，规定大学新生的全部课程使用英语授课，但 2011 年 1 名教授与 4 名学生由于备课和上课压力过大而相继自杀，此后该校降低了英语授课课程比例。此外，在高等教育国际化推进的过程中，多所韩国大学改变了教师的聘任与晋升制度，很多一流大学要求教师发表 SCI 文章，大学教师面临着"不发表就出局"（publish or perish）的巨大压力。如今，很少有教师出于纯粹的学术好奇心从事研究活动，取而代之的是大量迫于学校压力"赶论文"的教师。相较于开拓新领域或提出新原理，大学教师更倾向于紧追热点式地速成论文。无疑，这种重量不重质的学术评价机制已经严重影响了学术生态。

---

① TOPIK 共分六个等级，一级为最低等级，六级为最高等级。

（二）仿欧美，缺特色

韩国政府在制定高等教育国际化策略时，很大程度上是模仿西方一流综合性研究型大学的办学模式，甚至不惜放弃自身的优势与特点。这些问题引发了韩国学界关于"西方化""美国化""依附文化"，甚至"新殖民主义"等主题的讨论。为了发展可以与世界一流学府相匹敌的国际化高等教育，韩国各大高校在政府的引导下盲目地追随西方的惯例与标准，甚至不考虑这些政策是否会"水土不服"。有些高校不顾一切地提高英语授课比例，甚至要求韩国历史与文学专业的教授也使用英语讲授专业内容。语言不仅仅用于沟通交流，更是传承文化与精神的工具，一味扩大英语授课范围损害了本国语言的"话语主权"，势必在一定程度上妨碍传统文化的传播。另外，在韩留学生绝大多数来自中国、越南、蒙古与日本等亚洲国家，这些学生希望留学期间深入学习韩国语言与文化。然而，学校盲目扩大英语授课比例无疑忽略了这种需求，也增加了他们掌握课程的难度。除此之外，各高校在教师聘任与晋升指标中过度重视在欧美一流期刊发表的论文，忽略了国内学术期刊的价值，影响了本土学术的发展，也不利于学术成果的本土转化。当然，发展国际化已经是各国高等教育的必然走向，但是盲目追随并不可取，根据国家的实际情况，尽快制定出符合本国国情、具有本国特色的高等教育国际化战略已成为当务之急。

（三）一刀切，失平衡

韩国政府主导并大力推进的各项与政府财政资助挂钩的高等教育国际化策略，使各高校为获得财政资助不得不遵循政府制定的"游戏规则"，这毫无疑问侵犯了大学的办学自主权，也使各高校高等教育国际化的建设过于整齐划一而缺乏活力与特色。另外，政府这种"以项目为基础的支援方式"还导致了高等教育财政资源配置的不公平，加剧了高校间"贫富不均"的状况。如上文所述，韩国政府通常按照"选择与集中"的原则对高校进行财政资助，而每次在遴选中脱颖而出的往往是几所固定的知名高等学府。参与 BK21 工程的 74 所高校中，国立首尔大学、韩国科学技术院、延世大学、高丽大学与浦项工科大学获得的资助占总额的 43.1%，而在接受 WCU 项目资助的 36 所高校中，上述 5 所高校获得的资助更是高达 52.8%。[22] 在韩国，大多数知名综合大学都集中在首尔及其周边地区，这种支援方式加剧了首都与地方院校发展的不平衡，导致人才向首都地区集中，使地方高校在发展高等教育国际化和建立高水平大学上举步维艰。

（四）持偏见，非多元

虽然韩国政府在政策上大力推进高等教育国际化，但在文化多样性的教育上仍显不足。在大学课程中，强调韩国为单一民族国家的课程占绝大多数（尽管这种观点在学界备受争议），关注韩国多元民族融合内容的课程数量屈指可数。韩国大学生鲜有机会深入了解在韩国居住的其他民族及种族的历史、现状及其对韩国社会的贡献与价值，漠视往往会导致较低水平的人际互动、误解，甚至冲突。调查发现韩国学生与外国留学生间的跨文化交流很少，而且韩国教授和学生在与外国留学生接触时经常会流露出一种强烈的民族优越感。韩国学生在评价外国学生时，一般不考虑多元文化的价值，而是怀着相对功利化的心态，即外国留学生能否给韩国带来利益。在韩国高校工作的外国教师也表示他们经常被排斥在学术共同体之外，因为韩国高校雇佣外籍教师多出于迎合指标需求等短期功利性目的。此外，在韩工作的外籍教师还经常感到自己不被尊重，因为韩国教授及学生普遍将他们视作"二等学者"，并认为他们正是因为不能在自己国家或西方发达国家找到教职，才会被急需提高外籍教师数量的韩国高校录用。[23]

归根结底，韩国发展高等教育国际化有其特殊目的：或是吸引留学生来弥补本国高等教育适龄人口的快速萎缩造成的生源不足，或是吸引海外优秀人才弥补本国高端人才流失的缺口，抑或是迎合排行榜指标以提升本国大学的世界大学排名。颇具功利性的目的扭曲了高等教育国际化政策的应然走向，沦为追求结构的多样化，却忽略了实质的多样化。[23]在发展高等教育国际化的过程中，绝不能漠视或歧视其他文化，而应以开放和包容的心态尊重外域文化，通过多元文化的交流实现政治、经济、文化与社会的创新和发展。正如密歇根大学斯科特·佩吉（Scott Page）教授所说，只有当成员拥有不同的背景、思维模式和知识结构时，团队才能发挥最大效益。[24]摈弃文化同化、倡导文化共存才是高等教育国际化的必然走向。

参考文献

［1］교육부. 2001—2011 년도국외한국인유학생통계［EB/OL］.（2013-09-26）［2018-08-27］. http://www.moe.go.kr/boardCnts/view.do?boardID=350&lev=0&statusYN=C&s=moe&m=040103&opType=N&boardSeq=50653.

［2］교육부. 2018 년국내고등교육기관외국인유학생통계［EB/OL］.（2018-11-05）［2018-11-16］. http://www.moe. go.kr/boardCnts/view.do?boardID=350&lev=0&statusYN=.

［3］ALTBACH P. The dilemmas of ranking［J］. International higher education, 2015（42）: 2-3.

［4］QS TOP UNIVERSITIES. QS world university rankings methodology［EB/OL］.（2018-06-06）［2018-11-15］. https:// www.topuniversities.com/qs-world-university-rankings/methodology.

［5］THE WORLD UNIVERSITY RANKINGS. World university rankings 2019: methodology［EB/OL］.（2018-09-07）［2018-11-19］. https://www.timeshighereducation.com/world-university-rankings/methodology-world-university-rankings-2019.

［6］MORSE R, VEGA-RODRIGUEZ J. How U.S. news calculated the best global universities rankings［EB/OL］.（2019-10-21）［2018-11-15］. https://www.usnews.com/education/best-global-universities/articles/methodology.

［7］중앙일보대학평가. 2017 년 대학평가지표［EB/OL］.（2018-03-20）［2018-11-15］. http://univ.joongang.co.kr/new/university/index_ view.asp?pg=1&ps=10&pb=10&sf=0&sw=&tf=&sm=&cf=0&sc=&ix=17&ht=.

［8］KO J W. Higher education system and institutions, Korea［EB/OL］.［2019-04-17］.https://doi.org/10.1007/9 78-94-017-9553-1_509-1.

［9］교육부. 대학교육의질제고및학령인구급감대비를위한대학구조개혁추진계획발표［EB/OL］.（2014-01-29）［2018-05-27］. http://www.moe.go.kr/boardCnts/view.do?boardID=339&lev=0&statusYN=C&s=moe&m=02 &opType=N&boardSeq=52452.

［10］교육과학기술부. 외국인유학생 10 만명시대, 외국인유학생유치・관리역량인증제본격시행［EB/OL］.［2018-05-29］. http://www.moe.go.kr/boardCnts/ view.do?boardID=294&lev=0&statusYN=C&s=moe&m=0503&opType=N&boardSeq=34888.

［11］교육과학기술부. 고등교육국제화추진전략보고［EB/OL］.（2012-08-30）［2018-05-29］. http://www.moe.go.kr/boardCnts/view.do? boardID=333&lev=0&statusYN=W&s=moe&m=05&opType=N&boardSeq=47530.

［12］교육과학기술부. BK21 사업개요및 BNC 의사업관리［EB/OL］.（2009-04-09）［2018-05-31］.http://www.moe.go.kr/boardCnts/view.do? boardID=337&lev=0&statusYN=W&s=moe&m=03 03&opType=N&boardSeq=48382.

［13］교육과학기술부. 2 단계연구중심대학육성사업의사업단（팀）종합평가결과및주요성과발표［EB/OL］.（2012-09-05）［2018-05-31］. http://www.moe.go.kr/boardCnts/view.do?b

oardID=294&lev=0&statusYN=W&s=moe&m=0 503&opType=N&boardSeq=32761.

[14] 교육부. 2013 년 BK21 플러스기본계획 [EB/OL]. (2013-06-05) [2018-06-01]. http://www.moe.go.kr/boardCnts/view.do?boardID= 337&lev=0&statusYN=C&s=moe&m=0 30308&opType=N&boardSeq=44462.

[15] 교육과학기술부. WCU 사업육성사업계획 [EB/OL]. (2009-04-09) [2018-06-03]. http://www.moe.go.kr/boardCnts/view.do?boardID=337&lev&statusYN=W&s=moe&m=0 3 0308&opType=N&boardSeq=48381.

[16] 김혜윤. 단절시계열을활용한세계수준의연구중심대학육성사업 (WCU) 정책효과분석 [D]. 한국서울 : 성균관대학교교육대학원, 2015: 27.

[17] 매일경제. 성균관대, 학생만족도 10 년째국내 1 위…아시아톱 10 대학 '눈앞' [EB/OL]. (2017-03-29) [2018-06-05]. http://news.mk.co.kr/newsRead.php?&year=2017&no=211173.

[18] KNIGHT J. Understanding education hubs within the context of crossborder education [M] //KNIGHT J. International education hubs. Dordrecht: Springer Netherlands, 2013: 13-27.

[19] KNIGHT J. Education hubs: a fad, a brand, an innovation? [J]. Journal of studies in international education, 2011, 15 (3): 222.

[20] KO J W. The emergence of an international higher education hub in South Korea [J]. Higher education in southeast ASIA and beyond, 2017 (2): 24-26.

[21] 아주경제. 인천글로벌캠퍼스 (IGC) 본격적졸업생배출시작 [EB/OL]. (2017-12-14) [2018-08-26]. https://www.ajunews.com/view/20171214093746203.

[22] BYUN K, JON J E, KIM D. Quest for building world-class universities in South Korea: outcomes and consequences [J]. Higher education, 2013, 65 (5): 645-659.

[23] MOON R J, SHIN G W. Korean higher education: internationalization, but not diversity [M] // oh Y C, Shin G W, Moon R J. Internationalizing higher education in Korea: challenges and opportunities in comparative perspectives. California: Walter H. Shorenstein Asia-Pacific Research Center, 2016: 89-108.

[24] PAGE S E. The difference: how the power of diversity creates better groups, firms, schools, and societies [M]. New ed. New Jersey: Princeton University Press, 2008.

(魏玉亭, 成均馆大学教育学博士研究生; 高长完, 成均馆大学教育学副教授。原载《比较教育研究》2019 年第 6 期, 略有改动。)

印度高校海外分校的发展动因及区域布局研究

曾晓洁

在全球化背景下，高等教育国际化已成为世界许多国家高等教育发展的目标，并且越来越多的国家开始将开办海外分校①作为推进高等教育国际化发展、积极参与国际高等教育市场竞争的一种教育发展战略。印度自20世纪90年代以来，其海外分校发展较快，先后创办了10多所海外分校，是海外分校输出最多的发展中国家。印度海外分校的发展动因是什么？印度海外分校的区域分布现状如何，其区域布局和办学选址又呈现出什么样的战略考量及特点？现就此进行分析，以期为"一带一路"倡议下我国高校海外分校的区域布局和办校选址提供参考。

一、印度：海外分校输出最多的发展中国家

海外分校的快速发展是全球化背景下高等教育国际化的一种新趋向。在19世纪末20世纪初，全球海外分校还仅为20所左右。[1]至1999年，全球海外分校也只有35所。[2]但20世纪90年代以来，由于财政危机，一些西方国家逐渐将海外分校的开办作为本土高校全球扩张的一种途径，积极抢占国际高等教育市场，通过招收更多的国际学生来增加学费收入，以获取巨大的经济利益，英国和澳大利亚政府更是将之列为产业发展的战略。与此同时，一些国家和地区也开始建设"国际教育枢纽"，如新加坡、马来西亚、斯里兰卡和中国香港等国家和地区纷纷制定优惠政策，提供基础设施及经费支持，吸引国外优质高校来开办海外分校。这些举措促进了全球海外分校的迅速发展。据跨国界高等教育组织统计，2006—2009年，仅新建海外分校就有49所。[2]到2011年，全球的海

---

① 关于海外分校，目前有多个定义。本文参照英国无国界高等教育观察组织（OBHE）的定义，将海外分校定义为由外国教育机构全部或部分拥有的实体教育机构，为学生提供面对面的证书或学位课程教学，并在学生完成学业后为其颁发证书或学位。

外分校已达 162 所，2015 年更是跃升至 280 余所。[1]关于海外分校的发展，据有关研究 2015 年的统计数据，美国高校明显占主导地位，有 90 所，其次是英国，有 45 所。[3]但今天，全球海外分校的发展出现了新的南-南发展模式，甚至南-北发展模式。一些发展中国家也开始在海外建立分校。例如，中国在老挝、马来西亚等国开办了海外分校，马来西亚在英国、博茨瓦纳开办了海外分校，巴基斯坦在阿联酋建有海外分校，等等。全球高等教育的格局正在发生改变。

自 20 世纪 90 年代以来，印度高校也开始走出国门，积极开办海外分校。有关资料显示，目前印度高校在阿联酋、新加坡、马来西亚、澳大利亚、毛里求斯、尼泊尔等国家创办了 10 多所海外分校，主要有：在阿联酋迪拜建立的 6 所海外分校——博拉理工学院迪拜分校（Birla Institute of Technology and Science-Dubai Campus）、管理技术学院迪拜分校（Institute of Management Technology-Dubai）、马尼帕尔大学迪拜分校（Manipal University-Dubai）、S. P. 贾殷管理中心迪拜分校（S. P. Jain Centre of Management-Dubai Campus）、巴哈拉提·维达皮斯大学（Bharati Vidyapeeth University）和马杜赖卡·玛拉大学（Madurai Kamaraj University）；在尼泊尔建立的马尼帕尔医学院（Manipal College of Medical Sciences, NEPAL）；在澳大利亚建立的 S. P. 贾殷全球管理学院悉尼校区（S. P. Jain School of Global Management Sydney Campus）；在新加坡建立的 S. P. 贾殷全球管理学院（S. P. Jain School of Global Management）；在毛里求斯建立的国际技术研究院（IITRA）以及在马来西亚建立的马尼帕尔国际大学（MIU）；等等。

二、印度海外分校的发展动因

开办海外分校是近十几年来印度高校国际化发展的新动向，之所以出现这样的发展趋向，一是服务印度国家发展战略的需要，二是缘于印度高等教育国际化发展的需求，三是出于解决激烈的入学竞争和高校自主发展的需要。

（一）服务印度国家发展战略的需要

1992 年，印度开始推行"全球化和市场化"改革，20 多年来其经济得到迅速发展。1992—2007 年，印度人均 GDP 的五年平均增长率达到 7.2%。1992—2017 年，印度人均 GDP 平均年增长率接近 5%。[4]根据世界银行和国际货币基金组织的预测，印度将成为未来十年内全球经济增速最快的国家。与此同时，印度也将成为世界上人口最多的国家。[5]随着经济的快速发展和国际影响力的提高，印度政府也雄心勃勃地提出了大国发展战略。为实现大国发展战略，印度政府一直非常重视教育及文化的作用，将其作为"软实力"纳入印度的大国发展战略。2014年，印度文化部积极推动"季风计划"，就是要强化印度在印度洋地区的文化核心地位。2015年2月，莫迪政府更是提出要让印度发展成为"全球领导大国"。[6]

为增强国际影响力和提升文化软实力，进入21世纪，印度政府积极调整了海外印度人（包括印度海外移民和印度海外劳工）政策，强化海外印度人与印度的联系。印度是一个人口大国，也是一个移民大国，印度人移居海外有近200年的历史。据联合国经济和社会事务部2017年12月的报告统计，全球有2.58亿人是移民，占全球总人口的3.4%，而印度是输出移民人数最多的国家，全世界来自印度的移民为1700万人。[7]印度总理莫迪非常重视海外印度人的作用，强调"我们不仅用数字来衡量海外印度人，更要将他们视作一种力量"。[6]

2000年，印度政府组建了一个关于海外印度人的高级委员会，专门负责研究海外印度人的生存发展问题，如文化、教育、健康等问题。2002年，印度政府成立了印度海外教育促进委员会（COPIEA），积极推动印度高校与国外高校的合作。2004年，成立了海外印度人事务部（Ministry of Overseas Indian Affairs），专门负责海外印度人事务，包括文化和教育事务。印度政府希望通过对年轻一代海外印度人的教育和培养，加强他们对母国文化的了解与认同，使之成为实现其大国战略的人力资源。印度政府不仅实施双重国籍政策，给予符合条件的印度裔外国公民印度公民身份，启动了"海外印度人奖学金计划"，而且制定了其他的文化教育政策支持印度高校海外办学；不仅注重为年轻一代海外印度人提供高等教育，也期望招收其他国家的学生，培养有益于印度发展的国际人才。可以说，服务大国发展战略是印度近些年来支持发展高校海外办学的一个重要原因。

（二）推动印度高等教育国际化发展的需求

20世纪90年代推行改革以来，印度政府加快了高校国际化推进的步伐。一方面，印度政府制定新政，2000年通过《外商直接投资法》，

2010 年颁布《外国教育机构法案》，开放国门，允许外商及外国高校进入印度开办高等教育机构，以满足国内巨大的高等教育需求[8]；另一方面，印度政府也鼓励印度高校开展海外办学，积极参与高等教育市场的全球竞争。2004 年印度政府成立了大学拨款委员会（The University Grants Commission），推动印度高等教育的海外发展。[9]大学拨款委员会在《"十五"高等教育发展规划（2002—2007）》期间专门设置了印度海外高等教育项目，积极推进印度高校与其他国家高校的合作和师生交流。[10]2007 年《"十一五"高等教育发展规划（2007—2012）》提出要"进一步加强高等教育的国际化，支持印度高校的海外发展"；在《"十二五"高等教育发展规划（2012—2017）》中，印度政府又提出建立"印度国际教育中心"，支持印度高校建立专门的国际中心，提升其国际化发展水平。

印度一些高校也将开办海外分校作为提升学校国际声誉及国际竞争力的发展战略，积极开办海外分校。今天的世界已变得非常全球化，由于信息科技的发展和贸易壁垒的减少，企业正变得全球化。因此，教育机构必须适应企业的需求，培养全球化人才。对印度顶级大学而言，国际性校区和课程是必要的。例如 S. P. 贾殷管理与研究学院近十年来持续向海外扩展，2004 年在阿联酋迪拜、2006 年在新加坡、2012 年在澳大利亚先后开办了海外分校，开设了"全球物流和供应链管理""全球人力资源"等 MBA 课程。印度排名第一的私立大学阿米提大学（Amity University）也积极开展海外布局，目前在阿联酋迪拜、新加坡等地开办了多个海外分校，其校长表示"我们的目标是未来十年内打开 50 个国家的市场"[11]。可以说，开办海外分校已成为印度一些大学国际化发展的一种共识和重要路径。

（三）解决印度高校入学竞争和自主发展的需要

印度高校积极开办海外分校的另一个重要原因是印度高校需要解决激烈的入学竞争和自主发展问题。印度是一个人口大国且人口年龄结构比较年轻。据 2017 年的统计，印度人口年龄的中位数为 27 岁，18 岁以下的人数占印度人口的三分之一。[12]到 2020 年，印度将有 4200 万高等教育适龄人口。但印度大学的毛入学率很低，大学入学竞争十分激烈。[11]据《印度时报》报道，2013 年印度高等教育毛入学率接近 19%，远低于世界 26% 的平均水平。印度政府计划到 2020 年将之提高至 30%。[13]印度理工学院（Indian Institute of Technology，IIT）是印度和世界顶尖的大学，在 2006 年《泰晤士高等教育》（Times Higher Education）全球大学排行榜上名列前 50 名，工科排名全球第三，仅次于麻省理工学院和加州大学伯克利分校。2015 年，印度理工学院报考人数为 45 万人，录取人数为13000 人，录取率仅为 2.89%；而同年斯坦福大学报考人数为 42487 人，录取人数为 2144 人，录取率为 5.05%；哈佛大学报考人数为 37305 人，录取人数为 1990 人，录取率 5.33%。[14] 如此激烈的入学竞争，促使一部分印度学生不得不将海外留学作为自己的求学选择。据统计，印度国内每年选择留学海外的学生多达 20 万人[15]，是一个不小的、非常具有吸引力的海外学生来源。尽管许多印度学生海外留学首选欧美知名高校，但印度一些高校积极开办海外分校，也将目标瞄准了这部分流向海外的富裕家庭学生群体；而海外分校对于这些学生群体而言也具有吸引力，因为他们既难被欧美名校录取，也根本考不上国内高水平的院校。

另外，印度高校之所以积极开办海外分校，还有一个原因是为了获得自主发展的权利与空间。为解决教育公平问题，印度从 1973 年起开始实施为特定种姓和部落的学生预留入学名额的政策。2005 年 12 月印度通过了第 93 号宪法修正案，2006 年 1 月《中央教育机构（入学预留）法案》正式生效，明确要求所有中央资助高校必须为弱势阶层保留 27% 的入学名额。2008 年 6 月 9 日，印度政府出台了更加严格的高校招生配额或"预留"制，要求一些高校从 2008 年 9 月的学年开始，将各院系 15%的学生入学名额预留给特定种姓，7.5% 的学生入学名额预留给特定部落，27% 的学生入学名额预留给其他弱势阶层。这些政策虽然一定程度上保证了高等教育的入学公平，但也大大限制了高校的招生自主权，影响到高校的自主发展空间，故也一直备受争议。正如 S. P. 贾殷管理与研究学院负责人尼蒂什·简所指出的，"尽管印度许多行业现在都不必受到政府许可制的限制，但教育不在其中"。因此，为获得更大的发展空间，一些印度高校开始走出国门，去海外开办分校。海外分校不仅可以自行决定招生人数，而且学费也大大高于印度国内的收费标准。例如，阿米提大学迪拜分校本科生每年学费大约为 1.3 万美元，相当于印度本校学生学费的 3 倍[15]；S. P. 贾殷管理与研究学院在新加坡海外分校的学费大约为 2.5 万美元，而在孟买的学费仅为 1 万美元左右[16]。

三、印度海外分校区域布局的战略考量及其特点

印度高校海外分校目前主要分布于南亚、东南亚、中东、东非及大洋洲地区，具体选址于尼泊尔、新加坡、马来西亚、阿联酋、毛里求斯和澳大利亚等国。印度高校海外分校为什么会落户于这些地区、选址于这些国家，其海外分校的区域布局有何战略考量及特点？以下对此进行分析。

（一）印度高校海外分校的区域布局契合政府地缘政治与国家安全的战略考量

印度高校在南亚开办了 1 所海外分校——马尼帕尔大学在尼泊尔开办的马尼帕尔医学院。印度马尼帕尔大学成立于 1953 年，是印度著名的医科大学，也是印度海外办学的先行者之一。1994 年，马尼帕尔大学在尼泊尔第二大城市博克拉建立海外分校，开设本科医学学位课程，每年招收 100 名学生，2003 年增至 150 名。1998 年 12 月，马尼帕尔大学又与加德满都大学（Kathmandu University）合作开办拥有 750 个床位的教学医院。目前，尼泊尔马尼帕尔医学院拥有两个校区：迪普校区（Deep Campus）占地 8 英亩（约 3.24 万平方米），为学生提供临床前教育、宿舍和其他设施；普巴里校区（Phulbari Campus），占地 30 英亩（约 12.14 万平方米），是拥有 825 个床位的多专业教学医院。马尼帕尔医学院除提供护理（PCL/BSc）课程项目外，还提供了一个 5 年半（4 年半课程 +1 年实习）的医学学士和外科学士（Bachelor of Medicine, Bachelor of Surgery, MBBS）学位课程项目。其中，MBBS 项目 20% 的免费名额要预留给尼泊尔政府指定的尼泊尔学生。[17] 1999 年，马尼帕尔医学院获得尼泊尔医学委员会的正式认证。因其卓越的高标准和教学质量，马尼帕尔医学院被评为尼泊尔最好的学院之一，成为许多学生理想的学习中心，其学生来自印度、斯里兰卡、马尔代夫、孟加拉国、泰国、新西兰等多个国家。

印度马尼帕尔大学海外分校选址尼泊尔，充分体现了其所属的马尼帕尔教育和医学集团（The Manipal Education and Medical Group）的国际化发展战略。马尼帕尔教育和医学集团拥有"人人享有健康"[17]的使命，其发展愿景是在人类发展、教育和卫生保健方面建立全球的领导地位，因此集团制订了明确的海外扩张计划。鉴于尼泊尔对优质医学教育的需求以及集团与尼泊尔政府良好的合作关系，马尼帕尔教育和医学集

团选择尼泊尔作为在南亚建立海外分校的第一站。1992 年 10 月 18 日，马尼帕尔教育和医学集团与尼泊尔政府签订办学协议，并投资 400 亿印度卢比建立了尼泊尔马尼帕尔医学院。[17]

印度马尼帕尔大学海外分校选择在尼泊尔布局也契合了印度政府有关地缘政治与国家安全的战略考量。因为印度是南亚最大的国家，一直奉行"周边第一"的外交政策。尼泊尔与印度相邻，拥有悠久的历史和地缘联系。尼泊尔是农业国家，经济比较落后，其经济高度依赖印度。长久以来印度在尼泊尔有很大的影响力，与尼泊尔保持着一种特殊的政治和安全关系。尼泊尔位于中国与印度之间，印度议会委员会在一份外交事务报告中曾指出："为应对中国在我们后院日益增加的存在，需要制定战略，政府应致力于根据其优先事项推进发展与不丹和尼泊尔的伙伴关系。"为此，印度政府决定从 2018 年 4 月开始的财年起，将对尼泊尔的援助增加至 65 亿卢比（约合 6.5 亿元人民币），而 2017—2018 财年，印度对尼泊尔的援助仅为 37.5 亿卢比。[18]除加强经济联系外，印度政府还一直通过教育加强和周边国家的文化交流与政治互信，建构安全的地区环境。印度政府还积极招收来自尼泊尔和斯里兰卡的留学生。2013 年，印度共招收海外学生 39517 人，其中斯里兰卡留学生 991 名、尼泊尔留学生 6983 名，合计占赴印留学生总数的 20.18%。[19]2018 年 4 月，莫迪政府更明确地提出要通过有机农业、土壤试验和农业教育在农业领域帮助尼泊尔，通过教育建立印度对尼泊尔更加深入、持久的影响力，以此进一步加强印度与尼泊尔的纽带关系。

（二）印度高校海外分校的区域布局契合政府外交与文化传播的战略考量

印度高校在毛里求斯、新加坡、马来西亚、阿联酋、澳大利亚都建有海外分校，之所以选择布局于这些东非、东南亚、中东及大洋洲地区的国家，是出于海外分校自身可持续性发展的考量。因为海外分校要成功举办的一个关键因素是要有可持续的生源保证，而这些区域和国家聚集了大量的海外印度人，为其提供了可能的持续性生源。毛里求斯、新加坡、马来西亚是历史上印度人最早移民海外的目的国。早在 1834—1907 年，就有超过 45 万的印度人进入毛里求斯，1987 年毛里求斯有印度人 70.1 万，大约占其总人口的 70.1%；1987 年新加坡的印度人为 10 万，占其总人口的 3.83%。[20]马来地区印度人的记载，最早可以追溯到公元前，印度人大量移居马来西亚是在英属马来西亚时期（20世纪初），今天印度裔马来西亚人已成为马来西亚的第三大族群，人口规模在马来人和马来西亚华人之后。[21]20世纪50年代以后，澳大利亚开始成为印度人新的移民目的国。1971年，移民澳大利亚的印度人为29212人。[20]2000—2016年，共有29.19万出生在印度的永久移民居住在澳大利亚，是澳大利亚最大的海外移民群体。20世纪70—80年代以来，随着海外劳务输出，大量印度劳务人员开始移居阿联酋。据估算，目前约有260万印度人在阿联酋工作生活，约占阿联酋人口的三成。[22]这些数量庞大的海外印度裔后代和海外务工人员产生了巨大的海外教育需求，为印度海外分校提供了可能的持续性生源。

正因如此，印度不少高校选址在毛里求斯、新加坡、马来西亚和澳大利亚，开办海外分校。例如，印度理工学院德里分校（IIT Delhi）与毛里求斯研究理事会合作成立了国际技术研究院（IITRA），新校区于2014年11月开始运作，提供电子和计算机科学等学科的全职与兼职博士学位教育。这所分校还计划开设本科课程，并希望将其建设成为世界性的研究中心。印度S. P.贾殷管理与研究学院于2004年建立了阿联酋迪拜分校，2006年建立了新加坡分校，2012年建立了澳大利亚分校。S. P.贾殷管理中心迪拜分校是中东地区第一个全日制商学院，新加坡分校主要开设工商管理类学士和硕士项目。澳大利亚分校总投资达4500万澳元，计划第一年招收120名学生，2015年增加至700名。马尼帕尔教育和医学集团在马来西亚建立了马尼帕尔国际大学（MIU），开设科学、工程、会计、商业和大众传媒等专业课程，提供预科、专科及学士3个层次的教育。在阿联酋，目前有6所印度高校的海外分校。这些海外分校除提供学位课程外，也提供许多短期的英语、计算机等方面的语言和技能培训。

印度高校海外分校在这些国家及区域的选址与布局，也充分契合了印度政府外交与文化传播的战略考量。因为印度政府将2800万海外印度人看作一项重要的外交资源。海外印度人委员会曾在报告中指出："海外印度人是传播印度文化的天然标签，也是提升印度'软实力'的重要渠道。"[6]这些海外印度人既是印度文化的全球宣传者，也是传播印度文化的天然力量和提升印度"软实力"的重要渠道。印度高校海外分校布局与选址于这些海外印度人聚集的国家和地区，可以通过教育加强与海外印度人的联系，培养海外印度人对印度的认同和了解，使之成为印度外交及文化传播的宝贵资源。

（三）印度高校海外分校的区域布局侧重于经济利益的战略考量

印度高校海外分校的选址及区域布局比较重视对经济效益的考量，一般会选择在实施优惠政策、经贸发达和注重高科技发展的国家与地区开办海外分校。

首先，海外办学是跨境办学，其开办成功与否与所选国家和地区的教育开放政策密切相关。印度高校海外分校选址时比较注重对这方面条件的考虑。例如，在迪拜，国际学术城的海外分校享有100%的产权、100%的免税权和100%的资产与利润转出自由，这些优惠政策可以保证海外分校的盈利空间。又如，印度高校之所以在新加坡建立海外分校，是因为新加坡政府于2002年启动了"全球校园"（Global House）计划，建造教育枢纽，并提出了税金减免或提供土地租用等系列激励政策。截至2015年，共有9所国外大学在新加坡开办海外分校，其中包括印度S.P.贾殷管理与研究学院2015年在新加坡开办的S.P.贾殷全球管理学院（S. P. Jain School of Global Management）。

其次，印度高校的海外分校主要是商学院和理工学院，选址于这些国家和地区可以帮助印度高校更好地进入这些新兴市场的高增长性行业，如零售业、房地产、物流以及高科技新兴产业等，有效解决学生的后续就业问题。如新加坡是全球经贸及科技发展的中心。据新加坡经济发展局的资料，截至2016年，约有4000家企业在新加坡设立办事处，2015年秋在新加坡证交所上市的708家企业中，有240家来自海外。迪拜是中东地区的经济和金融中心，也是东西方资本市场之间的桥梁，支柱产业包括物流、贸易、金融及旅游行业，是阿联酋的"贸易之都"，2001年还建立了迪拜网络城（Dubai Internet City），有超过835家跨国大科技公司在此设点，其中包括微软、西门子、甲骨文、IBM等世界顶级企业。印度高校海外分校选址于新加坡和阿联酋迪拜，可以近距离地与这些跨国公司建立联系，从而在课程开发、学生实习以及学生就业方面拥有独特优势，大大提升海外分校的吸引力。例如，马尼帕尔大学2000年在阿联酋迪拜建立了分校，提供工程与信息技术、管理、生物技术、室内设计、建筑和媒体等多个专业从本科生到研究生的课程，开设了36个跨学科的学习项目，是中东地区领先的综合性大学。目前，这所迪拜分校在全球40多个国家招收了2000多名学生。[23] 又如，印度S. P.贾殷管理与研究学院利用在阿联酋迪拜、新加坡、澳大利亚多个海外分校的资源优势，开设了全球工商管理与经济学士（Global BBA）项目，学生可在大一就读于新加坡——亚洲的经济和商务中心，大二就读于迪拜——中东的商业金融中心，大三、大四又转到悉尼——澳大利亚的商业和金融中心学习；印度 S. P. 贾殷管理与研究学院还开设了全球商业硕士（Master of Global Business）项目，学生除在新加坡和阿联酋迪拜分校完成专业学习外，还要进入世界五百强企业完成 4 个月的实习，其课程设置充分体现出国际特色和实践特色。[24]

四、结语

综上所述，印度高校海外分校的创办动因比较复杂，既有其大国发展战略的需求，也有高校自主发展和国际化发展的需求，其办学选址和区域分布契合了国家地缘政治与国家安全、外交与文化传播的战略考量以及海外分校自身经济利益及可持续发展的战略考量。也正因如此，其海外办学获得了快速发展，取得了一些成效。

海外分校的创办与区域布局对一个国家的政治、经济、文化与外交具有重要战略意义。在"一带一路"倡议下，我国也开始推进高校的海外办学，但创办海外分校首先要考虑的是在哪儿开办、如何选址，海外分校的区域布局是否正确直接关系到海外分校创办的成败与成效。目前，我国高校在老挝、马来西亚等国已建立了海外分校，但相比印度海外分校的选址与区域布局，我国海外分校的区域分布还有局限，区域布局还存在战略考量上的空白。中东欧 16 国是推进"一带一路"建设的重要地区。中国与中东欧国家的贸易规模 2016 年达到 586 亿美元，同比增长4.3%；2017 年 1—9 月达 491 亿美元，同比大幅增长 14.1%。[25] 2017 年12 月 27 日，中国同中东欧 16 国又共同发表了《中国 - 中东欧国家合作布达佩斯纲要》，双方将在能源、金融、人员等多个领域加强合作交流。中国与中东欧国家的教育交流与合作也日益紧密。2018 年 6 月，第五届中国（宁波）- 中东欧国家教育合作交流会暨"一带一路"国家教育合作高峰论坛在宁波举办，会上签署生效了近 20 项教育合作协议，启动了丝路联盟国际商务 MOOC 开发中心、中国（宁波）- 中东欧企业家教授联盟等一批合作项目和平台；11 月 24 日，"中国 - 中东欧职业教育国际交流研讨会暨中国 - 中东欧职业教育国际联盟（中国区）成立大会"在北京举行。这些交流与合作为我国高校在中东欧建立海外分校奠定了一定基础，我们可以进一步研究和探索在中东欧建立海外分校的可能性及可行性。又如，中亚是"一带一路"建设的一个关键地区，2017 年中国与中亚地区"一带一路"国家的进出口总额是 360 亿美元，较 2016 年增长 19.8%，是中国与"一带一路"国家贸易增长最快的区域，占中国与"一带一路"国家进出口总额的 2.5%。[26] 虽然我国与中亚的教育交流日益增强，但目前我国在中亚地区还没有一所海外分校。因此，我们非常有必要研究和借鉴印度海外分校的创办经验，从国家和学校发展的多种战略需求出发，研究我国高校海外分校的选址与区域布局，减少海外办学选址的盲目性，深入研究我国高等教育的比较优势，更好对接"一带一路"沿线国家和地区的教育需求，保证我国海外分校的办学成效，从而保障我国海外分校的创办可以切实有效地服务于我国的国家发展战略和"一带一路"建设。

参考文献

［1］ROBERT C.海外分校与院校质量保障［J］.国际高等教育（内部刊物），2015（1）：33.

［2］MASLEN G. GLOBAL: Huge expansion in overseas campuses［EB/OL］.（2009-11-20）［2020-08-20］. https://www.universityworldnews.com/post.php?story=20091120103411843.

［3］王光荣，骆洪福.世界高等学校发展境外分校的现状分析：基于 C-BERT 数据分析［J］.宁波大学学报（教育科学版），2017，39（6）：50-55.

［4］印度想要赶超中国？英媒：仅有经济增速远远不够［EB/OL］.（2018-02-12）［2018-06-15］. http://www.xinhuanet.com/world/2018-02/12/c_129811223.htm.

［5］印度经济增速可能全球第一 但是区域差别太大［EB/OL］.（2018-01-12）［2020-08-20］.https://finance.qq.com/a/20180112/027874.htm.

［6］王晓文.印度莫迪政府的大国战略评析［J］.现代国际关系，2017（5）：33-41，64，66.

［7］联合国：全球移民超规模达 2.58 亿人 印度输出最多［EB/OL］.（2017-12-20）［2018-03-12］. http://finance.ifeng.com/a/20171220/15878890_0.shtml.

［8］LAVAKARE Pr J. Does India have an international higher education strategy?［EB/OL］.（2013-06-15）［2018-05-18］. https://www.universityworldnews.com/post.php?story=20130613141352202.

［9］赵叶珠.印度涉外办学现状及其法律监管体系［J］.外国教育研究，2013，40（2）：19-24.

［10］戴妍，袁利平.印度高等教育国际化的特点及趋势［J］.比较教育研究，2010，32（9）：72-76.

［11］印度大学追逐海外市场［J］.二十一世纪商业评论，2015（11）：10.

［12］美媒：2024 年印度将超中国成世界人口第一大国 发展面临挑战［EB/OL］.（2019-09-13）［2020-08-20］. http://news.dzwww.com/guojixinwen/201909/t20190913_19173052.htm.

［13］苗淼. 印度政府宣布高等教育毛入学率 2020 年将达 30%［N］. 中国教育报，2013-09-20（2）.

［14］2015 世界最难考大学排行 印度理工居首［EB/OL］.（2015-08-17）［2018-06-15］. http://edu.sina.com.cn/gaokao/2015-08-17/1142481249.shtml.

［15］袁原. 瞄准富家子弟和海外印裔子女，欲在全球市场分杯羹：印度大学要将分校开遍国外［N］. 新民晚报，2015-11-19（B3）.

［16］FEES & OTHER CHARGES［EB/OL］.（2018-06-16）［2020-08-20］. https://www.spjain.sg/programs/postgraduate/mgb/fees.

［17］Manipal college of medical sciences（MCOMS），Nepal［EB/OL］.（2020-08-19）［2020-08-19］. https://miu.edu.my/miu-world-wide-manipal.

［18］大出血 印度为应对中国对尼泊尔援助涨七成［EB/OL］.（2018-03-22）［2018-04-28］. http://news.sina.com.cn/w/2018-03-22/doc-ifysnscm6242454.shtml.

［19］孔令帅，陈铭霞. 印度教育国际化政策、效果及问题［J］. 比较教育研究，2017，39（5）：67-72.

［20］张秀明. 海外印度移民及印度政府的侨务政策［J］. 华侨华人历史研究，2005（1）：17-30.

［21］罗圣荣. 马来西亚印度人的由来及其困境研究［J］. 东南亚研究，2008（4）：36-40，59.

［22］莫迪首次访问阿联酋 为印度在中东谋划大战略［EB/OL］.（2015-08-15）［2018-10-08］. http://www.xinhuanet.com/world/2015-08/15/c_128130049.htm.

［23］Manipal academy of higher education, Dubai［EB/OL］.［2018-08-10］. https://en.wikipedia.org/wiki/Manipal_Academy_of_Higher_Education,_Dubai.

［24］SP Jain 商学院的实力有多强？（2019-11-09）［2020-08-19］. http://sg.liuxue360.com/news/03893643.html.

［25］中国与中东欧 16 国全面签署"一带一路"合作协议［EB/OL］.（2017-12-06）［2020-08-20］. http://gpj.mofcom.gov.cn/article/zuixindt/201712/20171202681226.shtml.

［26］2018 年"一带一路"中国对中亚地区贸易数据分析：出口商品以鞋靴为主［EB/OL］.（2018-05-18）［2020-08-19］. https://www.askci.com/news/chanye/20180518/1046211123375.shtml.

（曾晓洁，北京师范大学国际与比较教育研究院教师，副编审。原载《比较教育研究》2019 年第 2 期，略有改动。）

印度教育国际化政策、效果及问题

孔令帅　陈铭霞

伴随着经济全球化的迅猛发展，教育国际化受到各国的关注。印度是当下重视教育国际化的发展中国家之一，其教育国际化政策具有自身特色，取得了较好的效果，但也面临着一些问题。

一、印度的教育国际化政策

为促进教育国际化，自独立以来，印度实施了积极的国际合作政策。21世纪以来，印度继续大力推进教育国际化，2010年印度内阁通过的《外国教育机构法案》（Foreign Educational Institutions Bill）是印度教育国际化的一项重要政策。

（一）印度教育国际合作政策沿革

1947年独立后，印度开始积极恢复、发展本国教育，并且在教育国际化的推进过程中稳步崛起。总体来说，教育国际化的参与主体主要有三种：一为国家主体；二为区域性的国际组织，如欧盟、东盟等；三为全球性的国际组织，包括联合国教科文组织、世界银行、世界贸易组织等。独立初期，在经济落后的情况下，印度也积极与外界交流，与这三个层次的对象始终保持良好的合作关系。在积极学习其他国家经验方面，1950年，印度仿效美国麻省理工学院，在国内建立了印度理工学院。在国际合作方面，印度先后接受国际组织及发达国家的技术援助，以发展本国高等教育。如1957年，印度与联合国教科文组织合作，在孟买建立印度理工学院孟买分校。1958年，印度与德国签订了协议，于次年建成印度理工学院马德拉斯分校。此后，德国不断向印度提供实验设备及选派教师、技术人员。在这一时期，印度整体处于恢复发展阶段，其教育国际化程度较低，在教育国际化的交流和合作中更多的是充当被援助的角色，其教育国际化政策也显得比较被动。

20 世纪 90 年代以来，印度在教育国际化政策上渐渐转向主动，紧跟世界教育潮流，开展广泛的国际教育交流与合作。这一时期印度的教育国际化政策主要表现在以下几方面。第一，鼓励印度高校与世界排名200 名以内的国外大学在印度本土合作建立国外名校的分校。在国外名校分校学习的印度学生可以获得该国外名校的学位，该学位在印度也被承认。第二，鼓励印度高校到国外建立分校。第三，为了增加印度学生出国的便利性和吸引国际学生，印度鼓励高校提高课程国际化水平。此外，因为许多国际学生来到印度学习印度文化和相关特色专业，所以印度积极发展这些专业来满足国际学生的需求。第四，印度鼓励高校为国际学生提供语言课程，来帮助留学生克服语言方面的困难。第五，为了鼓励更多国外教师加入印度高校，印度积极帮助国外教师解决护照、停留期限和税收等实际问题。第六，在政府资助的教育财政经费中，有分配给高校国际化的专项经费。第七，印度和那些具有严格准入、认证和质量保障项目和体系的国家进行协商，为本国学生留学提供方便。[1] 第八，重视远程国际教育，扩大印度教育的国际影响力。

（二）《外国教育机构法案》

1995 年，印度加入世界贸易组织，加快了教育国际化的步伐。教育服务贸易包括跨境交付、境外消费、商业存在及自然人流动四种模式。[2] 其中，第三种模式"商业存在"是指，一成员方的服务提供者在另一成员方境内设立商业机构，为其境内的消费者提供服务。商业机构包括法人和非法人的分支机构或代表处，有合作办学、建立分校区、授予特许经营权等形式。在 21 世纪初，印度国内已经有不少外国教育机构，其中一些机构利用某些手段诱惑或欺骗学生入学。因为此前印度没有一个全面有效的政策可以监管这些教育机构的运营，各种不公平的商业化行为时有发生。为了在吸引国外优质教育资源的同时保护学生及公众利益，规范外国教育机构的进入和经营，印度内阁于 2010 年通过了《外国教育机构法案》。[3] 该法案包括"序言""外国教育机构""处罚""其他"四章，对外国教育机构的准入与审批、运营与监管、质量保证与商业化预防等方面做出了明确规定。其中，"外国教育机构资格申请和认定"和"处罚及豁免条款"是其关注重点。

1. 外国教育机构资格申请和认定

按照法案规定，有意愿在印度开展教育活动的外国机构需要得到印度大学拨款委员会的推荐，并获得印度中央政府的认可。现有的外国教育机构可以在法案生效的 6 个月内提出申请认定。如果外国教育机构违反法案中的任何一项规定，印度中央政府根据大学拨款委员会的建议，可以撤销此前的认可。而机构运营人员、教师、学生以及家长均有权对该撤销提出申诉。

在资格申请和认定方面，该法案设置了一系列强制性条件。第一，外国教育机构必须有至少 5 亿卢比（约 760 万美元）的存款作为保证金，该保证金运营所得的 75% 需用于开设在印度的教育机构的发展，余下的 25% 要存入银行继续作为保证金。[4] 也就是说，外国教育机构在印度所获得的利润必须全部用于其在印度建立的教育机构的日后发展。第二，外国教育机构所提供的学习计划必须符合有关部门的规定，如需遵守印度大学拨款委员会、印度技术教育委员会以及印度律师职业委员会的相应条例。第三，外国教育机构在印度所提供的课程、教学方法、教师质量应遵照主校区的标准。第四，每一所外国教育机构都应在开学前 60 天发布招生手册，其中应包括学费金额、招生人数和师资详情等内容。[3]

2. 处罚及豁免条款

根据法案规定，任何未得到办学许可或者传播误导性信息的外国教育机构，除了需要退还其所收取的费用，还将面临最低 100 万卢比（约 1.5 万美元）、最高 500 万卢比（约 7.5 万美元）的罚款，并没收其保证金。不过，为了吸引国外优质教育机构，该法案设置了相应的豁免条款。印度中央政府成立了由大学教授、大学拨款委员会主席等组成的咨询委员会，对外国教育机构的处罚进行认定。中央政府可根据咨询委员会的建议，免除对某些外国教育机构的处罚。[4]

二、印度教育国际化政策的实施效果

通过实施一系列有效政策，印度在学生出国留学、招收国际学生、和国外大学交流、印度裔教师回国任教、海外校园开设、在国际组织中影响加强、国际远程教育扩展等方面取得了较好效果。

（一）印度出国留学人数增加

在高等教育国际化进程中，全球范围内的国际学生流动日益频繁。根据联合国教科文组织的统计，全球的国际学生从 1995 年的 170 万人增加到 2012 年的 400 万人，增加了 135%。[5]

进入 21 世纪以后，印度政府鼓励印度学生赴国外寻求接受优质高等教育的机会。1995 年，只有约 4 万名印度学生出国接受高等教育。2005 年，印度成为第二大国际学生来源国，国际学生人数达到了约 15 万，仅次于我国（约 40 万人）。[5] 2012 年，印度仍是第二大国际学生来源国，约 19 万名印度学生出国留学，占全部国际学生（约 400 万）的 4.8%，仅次于我国（约 69 万，占 17.3%）。[5] 另外，2012 年，超过 85% 的印度出国留学生主要集中在 6 个国家，分别是美国（51%）、英国（16%）、澳大利亚（6%）、加拿大（4%）、阿联酋（4%）和新西兰（4%）。[5] 可以看出，印度学生留学的目标国家比较集中，且多为发达国家。

（二）到印度留学的国际学生增多

20 世纪 90 年代初，我国仅有几百名留学生，现在有 20 万人左右；而印度在 1990—1991 年留学生已经有约 1.3 万名，但目前却只有约 4 万名，增长速度远远低于我国。[2] 近年来，印度政府认识到了吸引国际学生的重要性，已经采取措施来吸引留学生，包括简化签证流程、为长期学习者签发多次入境的签证、发展与印度文化有关的专业、引入优质的外国教育机构等。这些措施取得了一定的效果，到印度留学的国际学生人数，尤其是来自发展中国家的学生人数有所增长。2013—2014 年，印度共招收海外学生 39517 人，大多来自发展中国家，包括尼泊尔（21%）、阿富汗（8%）、不丹（7%）和伊拉克（5%）等，只有很小一部分来自发达国家。[6] 发展中国家学生到印度留学的动机一般是追求更好的工作前景和移民机会、学习英语、受印度文化吸引等。

（三）和国外大学的交流项目较有成效

独立之初，为创建世界一流的理工大学，印度先后接受德国、美国、英国等国的援助。借助发达国家的经验和援助，印度和发达国家合作开办了印度理工学院马德拉斯分校、德里分校和坎普尔分校。坎普尔分校的"坎普尔印美项目"就是印度和美国合作的重要项目。通过该项目，坎普尔分校与美国顶尖大学建立了广泛和深入的合作，逐渐获得了世界性的声誉。此外，截至 2008 年，英国在印度有 640 个合作项目，主要目的是在印度和英国之间建立教育方面的联系。比如，开始于 2006 年的"英国-印度合作项目"鼓励英国学生到印度留学和在印度就业，2006—2011 年期间，该项目资助了约 2.5 万名学生到印度学习。[4]

印度人力资源开发部的报告指出，全球知名大学进入印度高等教育领域将会带来不少益处，比如提升教学水平、使印度高校更多地参与世界新兴领域的研究、提高高等教育入学率等。[2]除了国家层面的合作，一些外国大学开始通过代理服务、联合办学以及虚拟大学等模式向印度提供教育服务。印度大学拨款委员会开展了与其他国家大学的双边交流项目。通过该项目，印度高校每年与 20 多个国家进行学者互派。[7]

（四）印度裔教师回国任教人数增加

在印度，一些高校教师被外国高校吸引，离开印度，在更好的科研环境中从事研究，这使得印度一些高校人才较为短缺。印度人力资源开发部的一份报告显示，印度理工学院和印度管理学院等高校正面临着教师紧缺的情况，有近 1/3 的职位空缺。[8]目前，印度大学通过"人才引进"项目，用更高的报酬和更好的资源吸引在国外的印度裔教师。如加尔各答总统大学采取了有力措施，吸引了一些来自国外的印度裔教师到校任教。随着印度大多数城市的生活水平不断提高，许多印度裔人才陆续回到印度。

（五）通过开设海外校园扩大国际影响力

为了扩大印度教育在国际上的影响力，印度在一些国家建立了海外校园。目前世界上有海外校园的组织机构有 232 个，其中印度有 8 家，分布在阿联酋、澳大利亚和新加坡。阿联酋有 6 家，分别为博拉理工学院迪拜分校（Birla Institute of Technology and Science-Dubai Campus）、管理技术学院迪拜分校（Institute of Management Technology-Dubai）、马尼帕尔大学迪拜分校（Manipal University-Dubai）、S. P. 贾殷管理中心迪拜分校（S. P. Jain Centre of Management-Dubai Campus）、巴哈拉提·维达皮斯大学（Bharati Vidyapeeth University）和马杜赖卡·玛拉大学（Madurai Kamaraj University）。澳大利亚有 1 家，为 S. P. 贾殷全球管理学院悉尼校区（S. P. Jain School of Global Management Sydney Campus）。新加坡有 1 家，为 S. P. 贾殷全球管理学院（S. P. Jain School of Global Management）。[6]

（六）在国际组织中的影响加强

国际组织在当前全球教育中起着重要作用，印度积极参与国际组织的活动。根据国际协会联盟 2009 年的统计，在 67 个全球协定性政府间国际组织中，印度参与了 45 个，参与率为 67%，世界排名第 8 位；在 1555 个全球协定性非政府间国际组织中，印度参与了 1190 个，参与率为 77%，世界排名第 14 位，在发展中国家中排名第一。[9]

印度参与国际组织有较长的历史。1951 年，印度与联合国教科文组织建立了永久性的合作组织——印度国家委员会。随着教育国际化的发展，印度政府不断通过联合国教科文组织这个国际平台开展更高水平的合作，如参与联合国教科文组织的"姊妹大学计划"以及"教席计划"。目前，印度已经参与这两个计划中 11 个不同的项目。[10]此外，随着印度高等教育不断发展，印度培养出了大量优秀国际人才。大批印度籍国际职员活跃在联合国及其他国际组织中，极大地提高了印度在国际组织中的影响力。

（七）远程国际教育扩展

印度学者帕瓦（Sanjay Pawar）指出，高等教育国际化的路径包括学生流动、与国外大学合作、教师流动、海外校园、体育与文化联系、远程教育等。[6]远程国际教育把一个国家的教育资源输送到另一个国家，使教育跨越了国界，便于教育国际化的展开。20 世纪 70 年代开始，世界各国（包括印度）开始将目光投向远程国际教育。印度 1985 年通过的《英迪拉·甘地国立开放大学法案》规定，英迪拉·甘地国立开放大学可以在印度以外的地方设立学习中心。目前，该大学在亚洲和非洲设立了 40 多个学习中心，有数千名海外注册学生，分布在世界上 28 个国家。中心的设施由该大学提供，场地由当地教育部门提供。[11]此外，印度国家信息技术学院也在国外设有分校。近些年来，印度积极参与远程国际教育的交流与合作，在全球范围内提供学习课程，形成自身的影响力。现在印度已将远程国际教育扩展到波斯湾和印度洋地区。

三、印度教育国际化存在的问题

印度是一个社会开放程度较高的国家，教育国际合作的不断加深为印度提供了迅速提升本国教育水平的契机，印度政府对教育国际交流也给予大力支持。但客观来看，当前印度教育国际化还存在着一些问题。

（一）扭转印度学生外流趋势较为困难

学生跨国流动是高等教育国际化最外显的特征。印度国内对外国高校学位的需求在不断增长，印度出国留学的学生人数逐年上升，留学已经不再是少数精英的权利。许多中产阶级的学生更愿意到国外学习，因为他们认识到学成回国后会有更好的工作机会。

为了控制学生向国外流动，把优秀学生留在国内，印度认为创建国际认可的一流大学是很重要的。除了规范外国教育机构的进入和经营，《外国教育机构法案》的另一大目的是通过支持外国一流大学到印度本土开设分校，使更多优秀学生留在国内学习。如果外国大学在印度开设分校，学生的生活费和交通费能有所降低，可以减轻学生的负担，从而吸引部分优秀学生留在印度国内。但是，外国大学能否将国外的教学氛围和工作文化带到印度本土，还是一个未知数。而且，少数外国大学分校的开设并不能扭转印度学生外流的状况。一些渴望出国留学的印度学生不仅是为了良好的教育，而且想要移民到发达国家以拥有更好的生活。

（二）到印度留学的国际学生人数较少

目前，到印度留学的国际学生，特别是发达国家的国际学生人数较少。印度政府和大学为了扩大国际学生的数量，特别是来自发达国家的国际学生数量，纷纷调整海外招生策略，提升自身的基础设施，提供高质量的国际教育，并为国际学生创设一个良好的环境和氛围。但这些措施的成效仍不够显著。

有很多因素导致印度的国际学生招生不足。第一，大多数国际学生是自费或者由本国政府资助一部分经费，留学费用负担较重；第二，印度驻外使馆关于大学基本信息和学术课程的手册不能定期更新，印度政府和大学又缺乏信息完备的留学网站，不能为学生提供详细的信息；第三，签证时间较长，外国学生等到签证下来，大学新学期可能已经开学了，学生没有足够的时间来制订学习计划；第四，印度大学缺乏完备的基础设施，如良好的宿舍设施或餐厅等。同时，银行账户的开设和交通信息的缺乏等也是国际学生所面临的一些困难。

（三）教育国际化政策有改进的空间

印度是联邦制国家，也是一个多元文化并存的人口大国，同时由于执政党更替、社会矛盾复杂等，在印度，任何一项高等教育政策、法案或者建议，从其提出到成形，都会经过曲折而反复的讨论和决策过程，2010年出台的《外国教育机构法案》也是如此。从目前的反映来看，该法案存在的问题主要集中在以下三个方面。

第一，有些条款的用词比较模糊。比如，第二章第四条中提及"外国教育机构在申请之日起应尽可能早注册，最好在 6 个月以内，并提交该机构在印度提供合格教育的可行性报告"。其中出现了模棱两可的词语，如"尽可能早"和"最好在 6 个月以内"。

第二，关于外国教育机构的准入标准需要再权衡考虑。该法案规定，外国教育机构必须是在其母国已经成立或注册，且得到母国合法权威机构的认证，从事教育服务至少 20 年以上的办学机构。按照法案的要求，一些在高等教育领域表现优良的新兴大学就被拒之门外。

第三，对外国教育机构运营所得的限制较严。该法案规定，外国教育机构运营所得不能用于其他任何用途，只能用于开设在印度的教育机构的后续发展。美印贸易委员会表示无法遵守这一规定，认为外国机构应该自由规划其运营的利润所得。

可见，该法案存在的争议性内容及一些苛刻的限制条件使得它很难吸引到优质的国外教育机构，也不能有效地规范现有的国外教育机构，可以说该法案并没有达到预期的效果。印度的教育国际化政策有较大的改进空间。

参考文献

[1] MINISTRY OF HUMAN RESOURCE DEVELOPMENT GOVERNMENT OF INDIA. Some inputs for draft national education policy [EB/OL]. (2016-11-23) [2016-12-31]. http://www.mhrd.gov.in/sites/upload_files/mhrd/files/nep/ Inputs_Draft_NEP_2016.pdf.

[2] SINHA B. The feasibility and fallacies of internationalization of higher education in India [J]. Asia Pacific journal of education, arts and sciences, 2014, 1 (3): 7-11.

[3] GOVERNMENT OF INDIA. The foreign educational institutions (regulation of entry and operations) bills [EB/OL]. [2016-11-27]. http://karmayog.org/education/upload/29981/Foreign%20Educational%20Institutions%20Bill%202010.pdf.

[4] LEGISLATIVE BRIEF. The foreign educational institutions (regulation of entry and operations) bill [EB/OL]. (2010-10-29) [2016-11-27]. https://www.prsindia.org/uploads/media/Foreign%20Educational%20Institutions%20Regulation/Legislative%20Brief%20-%20Foreign%20Education%20Bill.pdf.

[5] UNESCO, GOVERNMENT OF INDIA. Status of international students in India for higher education [EB/OL]. (2010-10-29) [2016-11-27]. https://mhrd.gov.in/sites/upload_files/mhrd/files/statistics/FSI2014_0.pdf.

［6］PAWAR S. Internationalization of higher education in India: pathways and initiatives［J］. Journal of research & method in education, 2016, 6（3）: 53–59.

［7］戴妍，袁利平. 印度高等教育国际化的特点及趋势［J］. 比较教育研究，2010，32（9）: 72–76.

［8］DEEKSHA G. An evaluation of the foreign educational institutions bill［EB/OL］.［2016-11-27］. http://ccs. in/internship_papers/2012/262 _ an-evaluation-of- foreign-education-institutions-bill_deekhsa-gehlot.pdf/.

［9］张贵洪. 印度的国际组织外交［J］. 国际观察，2010（2）: 44–51.

［10］DEPARTMENT OF HIGHER EDUCATION. Indian national commission for cooperation with UNESCO［EB/OL］.（2016-04-19）［2016-11-16］. https://mhrd.gov.in/international-cooperation-cell-4.

［11］GOVERNMENT OF INDIA. Towards faster and more inclusive growth［EB/OL］.（2016）［2016-11-10］. http://planningcommission.nic.in/plans/planrel/app11_16jan.pdf.

（孔令帅，上海师范大学国际与比较教育研究院教授，教育学博士；陈铭霞，上海师范大学国际与比较教育研究院硕士研究生。原载《比较教育研究》2017年第5期，略有改动。）

理想与现实：沙特阿拉伯王国
高等教育国际化发展研究

马　青

建国之初的沙特阿拉伯王国（以下简称"沙特"），各种基础设施匮乏，教育被限制为清真寺中的个别化教学，教育内容为伊斯兰律法与最基本的读写知识。随着石油的发掘与开采，沙特发生了巨大变化。[1]沙特通过石油收入获得了大量财富，建立起国民教育体系，为所有公民提供从学前到大学的免费教育与职业培训。近年来，沙特政府巨额投资高等教育，2008年沙特高等教育的公共支出占沙特总财政支出的4.5%，并呈逐年增长态势，到2012年已达到6.9%。[2]沙特政府积极制定战略规划改革本国高等教育体系，并将高等教育国际化战略作为教育发展规划的核心议题和国家建设知识经济的路径之一。

2016年4月，经沙特国王批准，沙特王储穆罕默德·本·萨勒曼（Mohammad bin Salman）发布了《沙特愿景2030》（Saudi Vision 2030），并强调沙特的三大目标是成为阿拉伯与伊斯兰世界的心脏、全球性的投资强国以及连接亚欧非三大洲的全球枢纽。这一宏大的改革计划显现出作为中东传统宗教国家的沙特，在时代变化的浪潮中也在主动谋取变革。此外，作为西亚阿拉伯半岛上的重要国家，沙特具有独特的地缘政治位置，它对中国"一带一路"建设十分重要，对其高等教育发展的研究，有助于我国教育在对外交流中有的放矢。

一、沙特实施高等教育国际化战略的背景

作为伊斯兰教的诞生地，沙特在中东地区和伊斯兰国家中都具有非常重要的地位，被誉为"穆斯林的精神祖国"。然而"9·11"事件中有15名沙特籍劫机者，这使沙特受到不同于以往的国际关注，国际社会谴责沙特的普通教育与宗教课程中隐含着对非穆斯林群体的不容忍和极端

思想的内容。[3]而国内恐怖主义的出现也直接威胁到沙特王室的统治权。在这种情况下，沙特不仅受到来自国际方面，尤其是西方社会的施压，而且王国内部的新自由主义精英团体也要求沙特王室在经济社会领域开展更为彻底的改革。

当前，沙特国内经济正处于转型的关键时期。虽然沙特的石油储量与收入能够保障王国在可预见的未来保持繁荣稳定，但随着国际原油市场的不景气，沙特亟须对其资源型经济体系进行改革。《沙特愿景2030》直接指向沙特未来经济的转型发展——通过经济多元化战略摆脱传统的资源型经济体系，壮大国家的经济实力；通过战略合作伙伴计划提升沙特的开放程度，实现国家的整体转型。

沙特本国的人力资源发展也对高等教育提出改革要求。世界银行数据显示，截至2017年，沙特共有人口3294万，其中30岁以下的人口占到总人口的70%。[4]鉴于沙特年轻化的人口结构与国内的高失业率，沙特政府在《经济与人力资源发展规划2020》中强调经济发展与人力资本发展的紧密联系，指出必须提升教育机构中技术和科学教育的标准，以改善王国的人力资源。[5]《沙特愿景2030》明确提出发展人力资本项目，加强职业教育，提升女性在就业市场中的参与率。沙特社会对技能型人才的需求迫使沙特政府改革高等教育，以培养出更多符合沙特经济转型发展需求的创新型人才。

二、当前沙特高等教育国际化的战略规划

高等教育国际化与其对大学的影响得到各国院校及利益相关者的持续关注，沙特政府也积极采取措施提升本国高等教育的国际化水平。然而，作为深受宗教影响的国家，沙特政府在实施高等教育国际化战略时更倾向于采取试点改革措施以避免改革过程中的不稳定因素，故其高等教育国际化战略主要在私立高等教育与高等职业教育领域展开。

（一）卓越学院项目——为沙特高等职业教育的国际化铺平道路

卓越学院项目是沙特政府为了解决本国国民在劳动力市场上技能不足问题，提升劳动力的国际竞争力，重建职业技术教育体系的主要举措。该项目的行动纲要全面体现了沙特政府对高等教育国际化的诉求：沙特政府面向全球选择最佳的教育提供商，由其在沙特成立新型的自治学院，

这些学院由海外教育供应商独立运营，并受该项目监管与资助。沙特政府希望通过该项目培养具有良好英语技能、最大限度接触西方教育实践以及具备专业知识的人才。

2011 年，沙特政府授权人力资源发展基金与职业技术培训工会（Technical and Vocational Training Corporations）发起卓越学院项目，总投资 10 亿美元。截至目前，沙特已经同 14 个国际教育供应商达成合作关系，共在沙特开设了 37 所职业技术学院（见表 1），其中 19 所为男子学院，18 所为女子学院。[6] 这些学院由沙特政府通过公开竞标选择。[7] 卓越学院学制为 3 年，面向沙特所有高中毕业生开放，除部分专门针对沙特本地就业市场的专业外，所有专业授课语言均为英语，专业设置有商务贸易、工程学、建筑、旅游、信息技术等，颁发专科毕业文凭。

表 1 在沙特开办卓越学院的西方教育机构与企业

国家	机构名称	开办院校数量（所）
荷兰	CINOP 中东公司	3
加拿大	阿岗昆学院（Algonquin College）	1
加拿大	尼亚加拉学院（Niagara College）	2
德国	德国费斯托培训服务企业（GIZ-Festo）	1
澳大利亚	澳大利亚航空利雅得卓越学院	1
英国	劳瑞德国际大学联盟（Laureate International Universities）	9
	林肯学院	4
	牛津合作伙伴项目（TQ 教育培训机构）	4
	东北萨里技术学院（NESCOT）	1
	伦敦赫特福德学院（Hertfordshire London College）	3
	ESG 集团	4
西班牙与新西兰	蒙德拉贡 - 怀卡托理工学院（Mondragon-Wintec College）	4

卓越学院项目的实施标志着沙特政府开始在其高等教育领域引入市

场化机制，从职业技术教育体系入手，提升沙特高等教育国际化的水平，以促进沙特国内培养的毕业生与国际劳动力市场接轨。目前，沙特的卓越学院全部由海外教育机构独立开办，专业设置契合沙特劳动力市场的需求，即培养应用型技能人才，并将英语作为第一教学语言。在沙特国内就业问题的推动下，沙特开始从高等教育国际化中谋求出路，通过英语将保守的沙特社会同外部世界连接，与国外教育机构合作培养具有国际竞争力的技能型人才。

（二）阿卜杜拉国王奖学金项目——推动沙特学生走出去

阿卜杜拉国王奖学金项目设立于 2006 年 9 月，是沙特政府为高等教育领域设置的海外奖学金项目。该项目鼓励沙特学生出国留学深造，派遣的留学生包括本科生、硕士与博士研究生以及医学研究员。[8]沙特政府期冀该项目能使沙特学子接触世界一流高等院校的教学与科研，同时缓解沙特本国高校在资源及人力培养方面的困难。

阿卜杜拉国王奖学金项目最初发布于 2005 年 5 月第 5387 号皇家指令，之后阿卜杜拉国王宣布继续实施该奖学金项目到 2020 年，并由政府提供 32 亿美元的拨款资助。[9]国王奖学金项目由教育部管理，沙特教育部根据国家发展需要选拔并派遣优秀的沙特学子前往海外知名大学研修。为了支持奖学金项目的顺利开展，教育部在沙特驻外使馆中设立海外文化使团，其中亚太区域有 20 个，欧洲和非洲共有 6 个，美洲有 2 个。[10]沙特教育部监察司的数据显示，在过去 5 年间，获得国王奖学金项目的公派留学生人数出现了前所未有的增长。人数从 2008 年的 2.76 万增长到 2012 年的 11.3 万，年增长率为 42.3%。[2]

阿卜杜拉国王奖学金项目虽然是沙特政府为改善本国教育质量，并通过培养一批新的技术专家来创建经济动力的一项临时方案，但是该项目选拔并派遣了大量沙特优秀学子到世界知名高等学府求学，直接提升了沙特人力资源的学术和技能水平，缓解了沙特本国高等教育资源紧张的局面。此外，该项目的实施促进了沙特与世界各国开展学术、文化方面的交流。

（三）阿卜杜拉国王科技大学——吸引国际学生走进来

作为沙特建设的高规格研究型大学，阿卜杜拉国王科技大学（King Abdullah University of Science and Technology，以下简称"国王科技大学")从 2009 年诞生之日起就获得了国际社会的广泛关注。大学在建校之初获得阿卜杜拉国王投资的 100 亿美元,成为世界上经济实力排名第六的高校。[11]该大学的建立被认为是推动沙特从资源型经济体转型为知识型经济体的重要催化剂,也可谓沙特自建国后在其高等教育领域中实施的一项突破性创举。

国王科技大学在办学目标中强调科学知识与竞争的全球化性质,旨在短时期内建设成为世界一流的研究型大学,并成为沙特未来发展高等教育的模范性院校。因此从筹备阶段起,国王科技大学就作为一所面向全世界开放的国际化大学,聘请与招收来自不同国家和地区的顶尖师资及优秀学生。国王科技大学官方发布的数据显示,在第一年招收的 840 名学生中,沙特籍学生只有 246 名,而且历年申请该校的学生平均绩点高于 3.7。[11]不同于沙特其他高校将阿拉伯语与宗教课程设为必修课程,国王科技大学的课程设置完全世俗化,并将英语作为第一教学与研究语言;在院系设置上不受限于传统高校模式下的单一学科/系/所,将专业以跨学科的方式设为生物科学与环境学、材料科学与工程学、数学与计算机科学。

在管理模式上,国王科技大学是由沙特阿美石油公司管理的自治高等教育机构,拥有独立的董事会。这种独立于教育部管理的监管方式使国王科技大学能够脱离传统的官僚行政规范,并且在制定学校的发展战略方面有充分的灵活性。虽然沙特高等教育体系的官方管理实体部门为教育部,但是沙特政府通过国王科技大学创建了一个平行监管体系,由沙特国王直接授权阿美石油公司全权管理该校。事实上,这种平行监管体系只是一种试验性改革措施,鉴于沙特政府目前无法对整个高等教育体系实施系统性改革,因此通过平行监管体系,赋予国王科技大学发展所需的最大自主权,同时避免政府被直接卷入对国王科技大学的各项舆论争议中。

此外,国王科技大学在建校之日起就将自身定位为面向全世界开放的国际化大学,突破了沙特社会恪守的男女隔离的性别单一制教育模式,成为沙特国内第一所允许男女混合学习的大学。对于传统的沙特社会而言,男女混合学习违背了伊斯兰传统价值观与社会习俗,国王科技大学的创建也由此在国内引发争议。但是沙特政府出于对未来沙特经济、社会发展需要的考虑,希望通过这一突破沙特诸多传统习俗的新型院校来探索沙特未来高等教育的发展方向,并且渴望通过国王科技大学来改变世人心中沙特教育保守落后的形象。

在提升本校的国际化水平方面，国王科技大学注重开展大量的国际合作。为了更好地提升院校的科研能力，国王科技大学设计实施了三项战略。第一项战略为"特殊伙伴项目"，该项目使用谅解备忘录的形式与海外研究机构合作，协助建立国王科技大学本校的科研实验室。例如，国王科技大学与伍兹霍尔海洋研究所（Woods Hole Oceanographic Institute）合作建设了致力于红海生物科学研究的国际试验站。[12] 第二项战略为"学术卓越联盟计划"，即与世界顶尖高校合作开发国王科技大学的课程与教育项目。在此计划下，国王科技大学已经与诸多知名院校签署了一系列协议，包括斯坦福大学、加州大学伯克利分校以及剑桥大学等。第三项战略为"全球研究合作项目"，国王科技大学通过该项目资助其他国家知名院校的科学家与工程师开展与沙特、中东发展领域相关的重要研究课题，以此建立起国王科技大学遍布全世界的研究足迹。全球研究合作项目的资助对象为多学科的研究中心、知名科学家领导的研究小组以及博士后研究员，一旦研究提案获得通过，可获得每年10—200万美元的资助基金，资助期为3年。尽管目前国王科技大学的国际化战略是通过其背后大量的资金投入实现的，但这一系列措施的实施使国王科技大学在最短的时间内与世界上知名院校的一流科学家和工程师建立了合作关系，并且通过全球研究合作项目为国王科技大学引进了超过400位国际一流的科研与教学人员。

三、沙特高等教育国际化战略的特点及其存在的问题

（一）沙特实施高等教育国际化战略的特点

受地缘环境、政治制度以及宗教地位等诸多因素的影响，沙特无法像其他国家，包括邻近的阿联酋或卡塔尔等海湾国家一样，在高等教育上采取开放和完全西化的改革措施，这使得沙特的高等教育国际化之路具有自身的特点。

首先，沙特采取的高等教育国际化战略是国家内外部因素共同作用的结果，因而其最终战略目标和具体实施的措施具有非常鲜明的指向性和实用性特点。促使沙特实施高等教育国际化的一个重要外因来自国际环境的施压，沙特政府需要利用教育交流的窗口消除因"9·11"事件在国际社会中造成的负面影响。通过设立"创建世界一流的高等教育体

系"这一终极改革目标，沙特希望在其"资源大国""宗教影响大国"等传统标签之外，增加"教育大国"和"科技创新大国"两个新的标签，进一步改善和提升沙特在中东地区乃至全世界的形象和地位。《沙特愿景2030》提出：到2030年，至少让5所沙特高校成为世界前200强的高校。从院校的国际排名来界定世界一流虽然有其不足的方面，但也恰恰显示出当前沙特对建设世界一流的院校与教育体系的殷切希望。同时，沙特国内所面临的经济产业结构转型也促使沙特在制定教育国际化战略时具有非常明显的实用性倾向，其改革措施和资源配比多偏向于理工、商学和自然科学等此类可以通过短时间的大量资金投入、政策倾斜、人才引进来获得丰硕成果的学科，希望在快速产出成果的同时进一步实现科研成果的转化，用于服务沙特的经济产业结构转型。

其次，沙特政府在其实施的教育国际化战略中展现出一种新自由主义与国家主义的融合与冲突。在这种方式下，沙特政府一方面寄希望于通过引进与借鉴国际优良办学实践，放权给私立教育领域等方式来实现本国高等教育的现代化与国际化；另一方面又严格监控其公立教育体系，确保引进的教育经验不会与伊斯兰文化价值观相冲突，由此得以维护国家教育体系所独有的特点。例如，通过卓越学院项目引进海外办学机构，以西方精英高校模式创办国王科技大学等，都属于沙特政府大手笔实施的"新自由主义"教育改革，但其对公立高等教育体系的改革持谨慎态度，中央集权化的管理模式使得公立院校的改革自主权甚微。可以说，这种新自由主义与国家主义改革方式的融合与冲突，一方面反映了沙特政府在面对国家发展瓶颈、在当前中东地区权力大洗牌与格局重塑之际，通过教育改革提升沙特的整体软实力，确立沙特在中东和伊斯兰世界的领导地位的远大抱负；另一方面体现了沙特政府为了维护伊斯兰教正统性及其文化价值观，在进行高等教育国际化改革的同时，希望保留其民族性特点，拒绝全盘照搬、一味西化的使命意识。

最后，沙特实施的教育国际化改革与当政者及其政府对高等教育的重视与引导有极大关系。这直接体现在政府教育预算的大幅度提升，通过雄厚的财政支持为高等教育的国际化发展提供坚实保障。据统计，2014年，沙特用于教育的开支占政府预算的25%，是世界上教育经费最多的国家之一。[13] 从当前沙特在教育领域实施的国际化战略来看，更多是采用自上而下式的执行方式，即政府根据国家发展需求制定教育改革规划，然后再下达到各个高校具体实施。一方面，这是基于沙特文化中固有的结构化管理模式，沙特王室、乌里玛阶层以及由此形成的官僚主义风气使得教育领域中也盛行上行下效的实施方式；另一方面，沙特政府需要考量国内外的各种影响因素，实施有针对性的教育改革。虽然从政府层面制定教育国际化发展规划削弱了院校的自主权，但是政府引导下的沙特高等教育国际化发展能够将国家的战略需求更好地融合进教育规划之中。沙特政府在制定国家战略规划过程中要求教育部参与制定规划，如科学技术国家规划、国家工业战略等。这些战略规划虽由其他国家部门主管负责，但是教育部可以根据高等教育的发展现状对其提出建议，并将其同高等教育的发展结合起来，使沙特的高等教育发展方向契合国家的需要。

（二）沙特实施高等教育国际化战略中存在的问题

1. 维护传统与力主创新：改革派与保守派之间的冲突

当前，沙特高等教育改革中面临的最大障碍来自国内改革派与保守派之间的博弈。这种博弈又可被视为维护伊斯兰传统文化与引进西方文化价值观之间的冲突。沙特的改革派包括接受过西方高等教育的中产阶级和来自私立院校的外籍专家，他们认可新自由主义思想，希望政府实施政治经济改革与对外开放，使沙特与国际接轨。而沙特的保守派大多为宗教领袖乌里玛，即能对涉及宗教的问题发表意见的权威穆斯林学者。由于沙特王室与伊斯兰瓦哈比派之间的深刻关系，乌里玛能够在国家的发展决策方面发挥重大影响。为了得到乌里玛对国家政策的默许与支持，沙特政府允许他们干涉文化领域、课程开发以及管理教育机构。[14]以宗教领袖为代表的保守派恪守传统，极力维护伊斯兰正统的教义，不受外来文化价值观的影响。

文化与宗教之间的紧密关系是沙特教育文化中的关键因素。作为伊斯兰教发源地，沙特承担着维护伊斯兰教正统性的使命。乌里玛在沙特社会中的作用就是时刻监管政府及公众行为，通过审查制度确保本地和外来的文化思想不偏离伊斯兰教义的轨迹。[15]因此，保守派认为当前的高等教育国际化改革措施正在使沙特的文化习俗和国家身份处于被教育领域的技术和全球化侵蚀的危险之中。在保守派看来，自由主义改革派正在用一系列措施使伊斯兰西化，而改革取得的进步则是以违背伊斯兰教义与传统价值观为代价的。由于国王科技大学第一次将男女混合教育引入沙特高校，因此其成立被保守派认为是"分裂宗教，破坏伊斯兰教的价值观念以及道德准则"[16]。而沙特的自由主义精英则把保守派视为反对进步、科学与知识发展的反动派。沙特高等教育国际化战略之所以采用渐进式、分块式的推进方式，就是沙特政府在面对改革派与保守派之间博弈时做出的妥协方案，既保证沙特公立高等教育和宗教教育继续维护并传播传统的文化价值观，又通过外派留学生和发展私立高等教育来推动沙特本国高等教育的国际化发展与对外开放。

2.当务之急与长远发展：实用主义的改革策略与沙特高等教育的可持续发展

从当前沙特政府实施的措施可以看出，沙特的高等教育国际化战略更多是从实用主义的角度出发，指向国内资源型经济的快速转型发展，但是这种应急式方案并没有从长远利益出发考虑沙特高等教育的可持续发展。

首先，沙特在将高等教育改革置于国家发展规划中的优先事项时，没有同步改革国家的初等教育和中等教育。虽然高等教育机构是人才培养的重要基地，但是基础教育的好坏直接影响高等教育的生源质量，并进一步影响高等教育的整体质量。长期以来，沙特的基础教育注重说教式教学，宗教教育占很大比重。沙特高等教育的招生方式仍具备选拔性质，部分国内著名院校的入学竞争非常激烈。如果沙特基础教育的发展质量不能与其目前巨额投资的高等教育相匹配，则沙特很难实现其在国内发展人力资本以改善经济的目标。

其次，为了回应就业市场和全球化的需求，沙特在提升本国高等教育国际化水平的改革中过分关注并鼓励科学与职业技术教育的发展，忽视了人文社会科学研究。以阿卜杜拉阿其兹国王大学（King Abdul Aziz University）为例，该校学者2013年在国际刊物上发表文章数量接近850篇，比2010年的发表数量高出4倍多，但是发表领域高度集中在数学、化学以及药学领域，其人文社会科学领域的文章发表数量与引用率都非常低。[17]虽然沙特的教育改革措施旨在有效解决国内就业市场的燃眉之急并快速产出大量的科研成果，但是从长远看，这并不利于沙特高等教育的可持续发展。健康的高等教育体系应该是各门学科都发展完善，呈现"百花齐放"的局面，人文社会科学学科的研究不足势必导致沙特高等教育发展的后劲不足。

最后，由于国内生源质量低下，再加上本地合格师资的不足，沙特新开办的高校为响应政府"创建世界一流高校"的号召而大量招聘外籍教师、招收海外生源。虽然这一措施有利于提升沙特高等教育的国际化水平，但是这种国际流动的背后是沙特用高薪与优厚的奖学金制度吸引海外教师与国际优质生源。与此同时，沙特的移民控制非常严格，根据沙特的法律规定及其国内生存环境，国际学生在毕业后移民定居的可能性并不大，因而沙特高校吸引来的国际学生无法转化为本国人才，沙特文化固有的封闭性与保守性并没有为吸引国际人才创建合理的机制。再加上沙特没有切实培养本国的优秀师资力量与生源，使得国家人才培养的"沙特化"① 政策再次陷入恶性循环。

3. 理想与现实：沙特实施高等教育国际化战略的目标与教育发展现状之间的差距

近年来，沙特政府在高等教育领域实施了一系列革新政策与资助机制，沙特高等教育国际化战略的目标在于提升高等教育体系的整体质量与国际形象，创建"世界一流的高等教育体系"，但是这一目标对于整体基础薄弱的沙特高等教育体系而言太过理想化。

首先，学术目标与文化准则之间存在着距离。实施高等教育国际化意味着高校必须以开放的国际化视野发展学术，但是沙特高等教育体系的重要支柱之一就是以伊斯兰教义为基础的文化。沙特国家报告明确指出，沙特教育的首要目标是培养学生对伊斯兰教的忠诚，明确科学与伊斯兰教的整体和谐。[18] 为了学习伊斯兰教义，沙特教育机构肯定灌输式学习，沙特的大学教育切实反映了这种传统：学校强调死记硬背、说教式教学以及总结性评价。实施高等教育国际化战略之后，沙特政府在高等教育领域开放英语教学，并逐渐加强学校中的世俗教育，但是其教育体系一直浸润在伊斯兰传统价值观之下，加上宗教权威的干预，政府无法对建国以来制定的服务于宗教正统性的教育政策进行彻底改革。虽然在高等教育领域引进了西方教育模式，但是沙特国内并没有在本国传统文化与西方文化价值观或者科学技术之间找到一个平衡点，从而营造有利于高等教育改革的环境。

其次，沙特的高等教育国际化战略在当前阶段只面向职业技术教育和私立高等院校，没有大刀阔斧地在整个高等教育体系中实行，这从侧面说明沙特公立高等教育开放与改革之路的艰难。同时，越来越多的海

---

① 沙特政府于20世纪70年代制定了一项政策，旨在逐渐用沙特本国人才代替沙特劳动力市场中的外籍员工。

外机构与私立院校的出现使沙特面临着如何确保这些机构办学质量的问题。虽然沙特政府早在 2005 年就建立了国家学术评估与认证体系，但是海外机构的繁多与提供教育形式的多样使质量保障成为难题。加拿大的阿岗昆学院就在其官方网站上指明：参与卓越学院项目是为了营利以及确保院校的运转预算，并将营利所得再次投入加拿大国内的院校建设。[19]换言之，依靠雄厚的经济实力，沙特在短时期内建设几所类似于国王科技大学的高规格研究型大学完全没有困难，但是如果其目标是建设"世界一流高等教育体系"，目前的改革力度与覆盖层面尚远远不够。

最后，沙特教育体系实施男女分离的教育制度并不利于国际化战略的实施以及高等教育的开放及对外形象。一方面，沙特通过奖学金制度将越来越多的沙特学子送出国门。对在外求学的沙特学生而言，他们从性别隔离最为严重的国家走向性别混合以及两性关系开放的西方世界，这有可能对沙特学子的文化身份或国家竭力维护的伊斯兰价值观带来负面影响。另一方面，沙特通过奖学金计划与新成立的高校来吸引外国学生。根据沙特教育部的统计数据，2015 年在沙特留学的非沙特籍学生数量为 32000 名，生源来自世界上的 155 个国家。[20]但是，当前只有国王科技大学允许男女学生混合学习，而沙特其他的公私立院校一律分设男子学院和女子学院。这意味着大多数来沙特学习的留学生集中来自中东地区或者伊斯兰教国家。沙特的高等教育发展方向是面向全世界，然而在现实中，沙特教育体系无法废除性别隔离制，这成为沙特高校在吸引世界其他国家的学生求学及提升国际化水平方面的一大不利因素。

四、结语

近年来沙特政府在高等教育领域实施了一系列改革措施，推进高等教育国际化战略，表明沙特政府欲以开放包容的姿态发展其高等教育，而《沙特愿景 2030》的提出更彰显出雄心勃勃的沙特政府旨在通过宏大改革计划实现王国整体转型的决心。然而，鉴于沙特特殊的地缘、政教合一的政治体制以及宗教浸润式的文化背景等主客观因素，沙特的高等教育改革面临诸多障碍：国内保守派与改革派之间的冲突；高等教育国际化对实用主义的过分强调；在引进外国办学机构与人才的同时，没有同步寻求适合本国国情的先进教育理念，由内而外地改革高等教育体制。就沙特政府而言，当前阶段仍需解决高等教育面向全球化的改革目标与维护传统文化价值观之间的冲突问题，在着眼当务之急的同时思考高等教育的可持续发展。而中国在实施"一带一路"倡议的过程中，充分了解当前沙特高等教育国际化转型中的困局，有助于制定具有针对性的措施，在坚持我国教育改革方针的基础上，有效地帮助"一带一路"沿线国家，实现"一带一路，教育先行"的构想，通过教育交流搭建民心相通的桥梁。

参考文献

［1］温布兰特.沙特阿拉伯史［M］.韩志斌，王泽壮，尹斌，译.上海：东方出版中心，2009.

［2］沙特阿拉伯高等教育部监察司.沙特阿拉伯高等教育指标及国际比较［M］.郭亚嬛，杨平，译.北京：朝华出版社，2013.

［3］FREEDOMHOUSE. Saudi Arabia's curriculum of intolerance［EB/OL］.（2017-09-03）［2018-01-29］. http://www.freedomhouse.org/ uploads/special report/48.pdf.

［4］WORLD BANK. Population and age dependency ratio（% of working population）［EB/OL］.［2018-07-10］. https://databank.worldbank.org/views/reports/reportwidget.aspx?Report_Name=CountryProfile&Id=b450fd57&tbar=y&dd=y&inf=n&zm=n&country=SAU.

［5］ACHOUI M M. Human resource development in Gulf countries: an analysis of the trends and challenges facing Saudi Arabia［J］. Human resource development international, 2009, 12（1）: 35-46.

［6］HA P L, BARNAWI O Z. Where English, neoliberalism, desire and internationalization are alive and kicking: higher education in Saudi Arabia today［J］. Language and education, 2015, 29（6）: 545-565.

［7］All international colleges under the technical and vocational training corporations［EB/OL］.［2017-11-10］. http://www.coe.com.sa/EN/Trainees/Pages/AllColleges.aspx.

［8］沙特阿拉伯高等教育部规划和信息司.沙特阿拉伯高等教育现状：2012［M］.杨平，马成忠，译.北京：朝华出版社，2012.

［9］ANNALISA P. A new perspective on the quest for education: the Saudi Arabian way to knowledge society［J］. Higher education studies, 2013, 3（6）: 25-34.

［10］BUKHARI F, DENMAN B. Student scholarships in Saudi Arabia: implications and opportunities for overseas engagement［M］//SMITH L, ABOUAMMOH A. Higher education in Saudi Arabia. Netherlands: Springer, 2013: 151-158.

［11］KING ABDULLAH UNIVERSITY OF SCIENCE AND TECHNOLOGY. Media relations［EB/OL］.［2017-10-20］. http://www.kaust.edu.sa/media-relations.html.

［12］HUNTINGTON W. The global research partnership of KAUST: a model for research universities in the 21st Century［J］. Science and education policies in central and eastern

Europe countries, 2010: 29-32.

[13] KOCH N. The shifting geopolitics of higher education: Inter/nationalizing elite universities in Kazakhstan, Saudi Arabia, and beyond [J]. Geoforum, 2014, 56: 46-54.

[14] PROKOP M. Saudi Arabia: the politics of education [J]. International affairs, 2003, 79 (1): 77-89.

[15] OTTERBECK J. Wahhabi ideology of social control versus a new publicness in Saudi Arabia [J]. Contemporary Islam, 2012, 6 (3): 341-353.

[16] MEIJER R. Reform in Saudi Arabia: the gender-segregation debate [J]. Middle East policy, 2010, 17 (4): 80-100.

[17] SCHMOCH U, FARDOUN H M, MASHAT A S. Establishing a world-class university in Saudi Arabia: intended and unintended effects [J]. Scientometrics, 2016, 109 (2): 1191-1207.

[18] PAVAN A. Higher education in Saudi Arabia: rooted in heritage and values, aspiring to progress [J]. International research in higher education, 2016, 1 (1): 91-100.

[19] ALGONQUIN COLLEGE. Wins bid for new female and male campuses in Saudi Arabia [EB/OL]. (2018)[2018-03-02]. https://www.algonquincollege.com/public-relations/.

[20] MINISTRY OF EDUCATION. Kingdom of Saudi Arabia, 32 thousand scholarships for students of 155 countries in Saudi Universities [EB/OL]. [2018-01-23]. http://www. mohe. gov.sa/en/news/pages.

（马青，华东师范大学国际与比较教育研究所博士研究生。原载《比较教育研究》2019 年第 6 期，略有改动。）

后 记

《"一带一路"教育共同体建设与教育国际化研究》一书是《比较教育研究》编辑部在《推进共建"一带一路"教育专题研究》（教育科学出版社 2017 年 12 月出版）基础上推出的又一部专题著作。本书集中了 2017—2019 年《比较教育研究》刊发的"一带一路"（"丝绸之路经济带"和"21 世纪海上丝绸之路"的简称）教育专题的最新研究成果。

随着"一带一路"建设的深入推进，"一带一路"教育研究也在不断深化，如果说《推进共建"一带一路"教育专题研究》一书更多地反映了"一带一路"沿线区域、国家教育研究成果的话，那么《"一带一路"教育共同体建设与教育国际化研究》则重在体现教育研究者对新时代我国教育开放大格局的认识与思考，如在世界教育坐标体系中认识中国教育、以人类命运共同体理念推进我国教育国际化、发挥教育外交作用推进"一带一路"建设、通过教育交流合作促进"一带一路"教育共同体建设等，这些都表明"一带一路"教育研究正在深化。

本书是《比较教育研究》编辑部集体工作的成果。与此同时，《"一带一路"教育共同体建设与教育国际化研究》也是教育部人文社会科学重点研究基地北京师范大学国际与比较教育研究院的重要成果。在本书即将出版之际，我们诚挚感谢教育科学出版社把本书列为重点出版选题，衷心感谢责任编辑对本书的精心编校。同时，我们要感谢北京师范大学教育学部黄秦辉、修宪如、吴桐同学协助我们完成许多具体工作。感谢所有为本书出版付出辛劳的同志！

书中疏漏之处，敬请读者批评指正。

《比较教育研究》执行主编　鲍东明

出 版 人　郑豪杰

责任编辑　沈倩倩　张　璞

版式设计　孙欢欢

责任校对　贾静芳

责任印制　叶小峰

图书在版编目（CIP）数据

"一带一路"教育共同体建设与教育国际化研究 / 顾明远等主编. —北京：教育科学出版社，2023.12

　ISBN 978-7-5191-3474-7

　Ⅰ.①一…　Ⅱ.①顾…　Ⅲ.①教育—国际化—研究—中国　Ⅳ.① G52

中国国家版本馆 CIP 数据核字（2023）第 113852 号

"一带一路"教育共同体建设与教育国际化研究

"YIDAIYILU" JIAOYU GONGTONGTI JIANSHE YU JIAOYU GUOJIHUA YANJIU

出 版 发 行	教育科学出版社			
社　　　址	北京·朝阳区安慧北里安园甲 9 号	邮　　　编	100101
总编室电话	010-64981290	编辑部电话	010-64989234
出版部电话	010-64989487	市场部电话	010-64989009
传　　　真	010-64891796	网　　　址	http://www.esph.com.cn
经　　　销	各地新华书店		
制　　　作	高碑店市格律图文设计有限公司		
印　　　刷	唐山玺诚印务有限公司		
开　　　本	720 毫米 × 1020 毫米　1/16	版　　　次	2023 年 12 月第 1 版
印　　　张	24.75	印　　　次	2023 年 12 月第 1 次印刷
字　　　数	384 千	定　　　价	79.00 元